Gault&Millau

Wein · Erlebnis Weinwelt
Sekt · Bier · Schnaps · Fruchtsaft
Likör · Honig · Speck · Kernöl

HERAUSGEBER
Karl Hohenlohe

CHEFREDAKTION
Martina Hohenlohe

REDAKTION WEIN/SEKT
Petra Bader

REDAKTION BIER
Florian Holzer

REDAKTION SCHNAPS
Wolfgang Lukas

www.gaultmillau.at

STEIRISCHES KÜRBIS KERNÖL g.g.A.

Fällst als Kind ins Kernölfass, wirst auch du zum Weltcup-Ass.

CONNY HÜTTERS WEISHEITEN

100 % reines Kürbiskernöl aus Erstpressung. Gesicherte Herkunft der Kerne aus exakt definierten Gebieten, gepresst nach traditionellem Verfahren erkennen Sie am g.g.A.-Siegel mit der grün-weißen Banderole.

www.steirisches-kuerbiskernoel.eu

Mit Unterstützung von Bund, Ländern und Europäischer Union

INHALT

WEIN
Einleitung, Rankings, Auszeichnungen	5
Niederösterreich und Wien	30
Burgenland	146
Steiermark & Bergland	200

NEU ERLEBNIS WEINWELT
Weingüter mit Haubenküche	228
Weingüter mit Heurigem oder Buschenschank	238
Weingüter mit visionärer Architektur	250
Weingüter mit Geschichte	264
Weingüter zum Übernachten	274
Weingüter für Feste und Feiern	284

SEKT
Einleitung und Auszeichnungen	290
Sektkellereien in Österreich	294

BIER
Einleitung und Auszeichnungen	306
Brauereien in Österreich	314

SCHNAPS
Einleitung und Auszeichnungen	352
Brennereien in Österreich	355

FRUCHTSAFT
Einleitung und Auszeichnungen	370
Saftproduzenten in Österreich	373

BEWERTUNGEN
Likör, Honig, Speck, Steirisches Kürbiskernöl	378
Jahrgangsbewertungen	400

INDEX A–Z   401

IMPRESSUM   10

LIEBE WEINFREUNDINNEN, LIEBE WEINFREUNDE,

bereits zum 32. Mal wird heuer der Gault&Millau Weinguide aufgelegt. Auf der Suche nach den besten Weinen, Kollektionen, Entdeckungen und mehr sahen wir uns vor Ort in allen heimischen Regionen um. Ich freue mich sehr, Ihnen die Ergebnisse auf den folgenden Seiten präsentieren zu dürfen.

Eine Vielzahl an Weinen wurde für die aktuelle Ausgabe verkostet. Die besten davon, rund 2500, sind hier zusammengefasst. Ein Großteil stammt aus dem Jahrgang 2018. **Das vergangene Weinjahr war eines der frühesten in der Geschichte und eines der heißesten dazu.** Schon im April stiegen die Temperaturen stark. Die Rebblüte begann Mitte Mai und somit rund drei Wochen vor dem Termin eines durchschnittlichen Jahres. Von da an waren die Weinbauern im Dauerstress, um ihre Pflanzen so gut wie möglich zu versorgen. Über die vergangenen 50 Jahre beobachteten die Winzer, dass sich das Vegetationsjahr der Weinreben immer weiter nach vorne verschiebt. Der Rebstock blüht früher, die Trauben werden zeitiger reif – so der Rückblick und auch die Tendenz für die kommenden Jahre.

In allen Regionen befindet sich die Landwirtschaft in einem intensiven Prozess, um auf die Spuren des Klimawandels zu reagieren. Das Überdenken von Rebsorten, die Eignung der Lagen oder Erziehungssysteme sind nur einige Faktoren, die helfen sollen, mit den steigenden Temperaturen besser umgehen zu können. **Der Sommer 2018 mit seinen Rekordtemperaturen war trocken bis sehr trocken. Dies bedeutete viel Stress für die Menschen und ihre Reben.** Die Hitze, oft jenseits der 30-Grad-Grenze, und das fehlende Wasser brachten vor allem die Junganlagen, die noch nicht tief verwurzelt sind, an die Belastungsgrenze. Sofern Bewässerungsvorrichtungen vorhanden, standen diese im Dauereinsatz. Daneben setzten die Winzer etliche weinbauliche Maßnahmen, wie ein optimales Laubmanagement, gegen Trockenstress. Alles in allem entpuppte sich der Jahrgang aber dann doch anders als erwartet. Die Weine zeigen sich nicht so alkoholreich und säurearm wie befürchtet.

Die meisten Weißweine wirken sehr rebsortentypisch, etwas kraftvoller, aber nicht zu üppig.

Die Säure ist zwar etwas niedriger als gewöhnlich, bringt aber einen guten Trinkfluss. Ein großes Plus war die hohe physiologische Reife des Traubenmaterials, welche schlussendlich für eine gute Balance sorgte. Der Konsument kann sich auf Weine mit Spannung und Substanz freuen.

In Sachen Herkunftsmarketing tat sich im Frühjahr wieder etwas. Neu in der DAC-Familie ist die Steiermark. Die Weine gliedern sich als erste Österreichs in Regions-, Orts- und Lagenweine und stellen somit ein Novum dar. Das Carnuntum folgt angelehnt daran im nächsten Jahr. Auch in den Regionen Wachau, Wagram und Thermenregion wird aktuell heftig über die Einführung des DAC-Systems diskutiert. Wir dürfen auf die weitere Entwicklung gespannt sein.

Ich wünsche Ihnen viel Spaß beim Lesen und Entdecken.

Petra Bader

Petra Bader

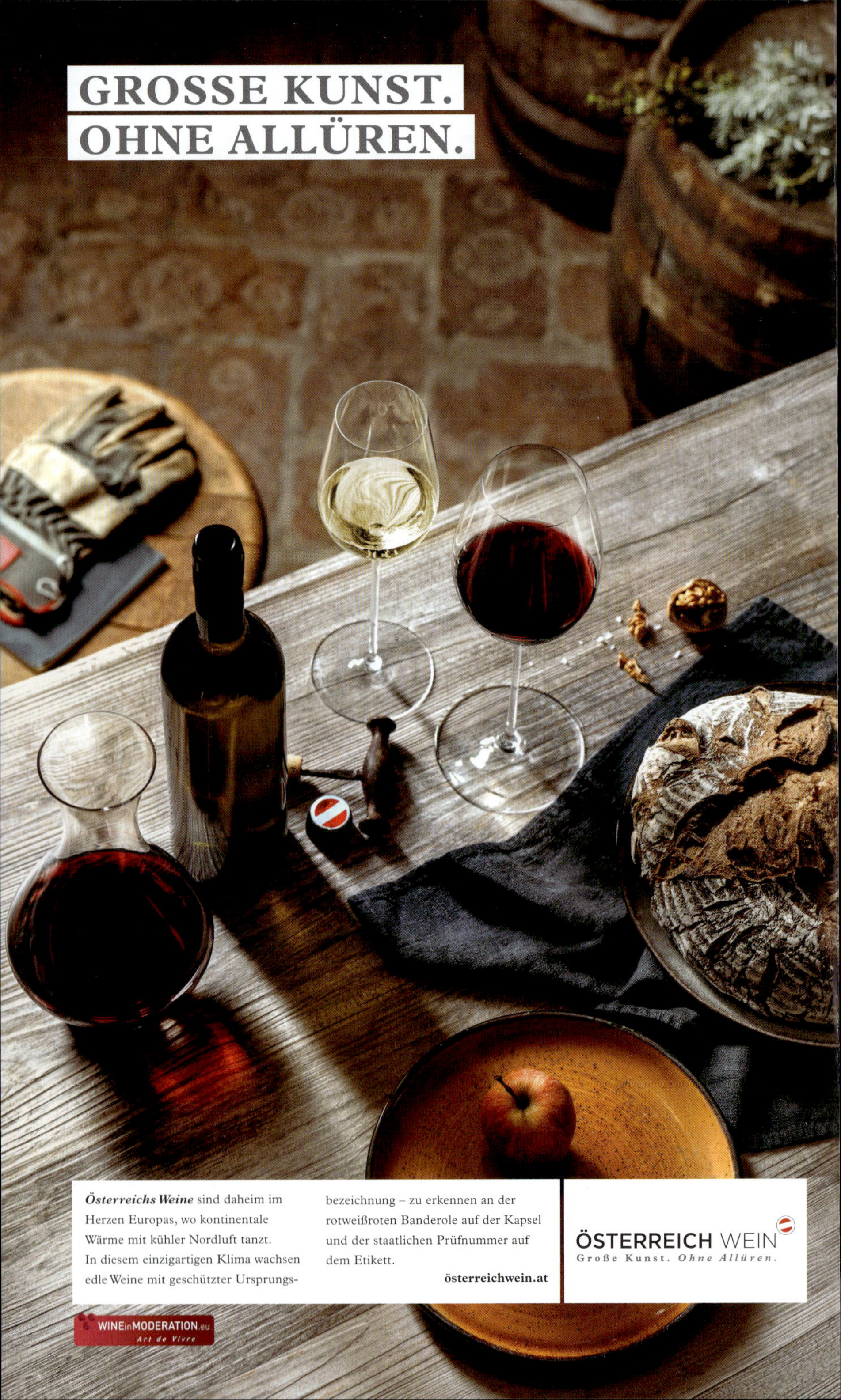
GROSSE KUNST.
OHNE ALLÜREN.
Österreichs Weine sind daheim im Herzen Europas, wo kontinentale Wärme mit kühler Nordluft tanzt. In diesem einzigartigen Klima wachsen edle Weine mit geschützter Ursprungsbezeichnung – zu erkennen an der rotweißroten Banderole auf der Kapsel und der staatlichen Prüfnummer auf dem Etikett.
österreichwein.at
ÖSTERREICH WEIN
Große Kunst. Ohne Allüren.
WINEinMODERATION.eu
Art de Vivre

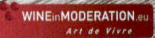

BEWERTUNGEN/SYMBOLE

 **19 UND 20 VON 20 PUNKTEN**
Weine von Weltklasse, Weine mit souveräner Strahlkraft, und rarer Größe, ausgestattet mit großem Lagerpotenzial.

 18 UND 17 VON 20 PUNKTEN
Großartige Weine, die das Beste des Jahrgangs und der jeweiligen Weinregion repräsentieren. Weine, welche die Philosophie des Winzers, den Charakter von Rebsorte und Boden perfekt widerspiegeln.

 16 UND 15 VON 20 PUNKTEN
Sehr gute Weine, die Herz und Seele erfreuen und ein großartiges Essen nicht nur ergänzen, sondern bereichern. Weine mit Seele und Ausdruck.

 14 UND 13 VON 20 PUNKTEN
Gute, charmante Weine, die aufgrund ihrer Klarheit, Fruchtigkeit und Direktheit gefallen. Weine, die man täglich trinken kann und an denen man nie den Spaß verliert.

12 VON 20 PUNKTEN
Saubere, einfache Weine für jede Gelegenheit.

- ♥ Lieblingsweine der Redaktion
- • Awards und Auszeichnungen
- Ⓝ Neu im Guide
- 1ÖTW: 1. Lage der Österreichischen Traditionsweingüter
- 1STK: Erste Lage der Steirischen Terroir- und Klassikweingüter
- GSTK: Große Lage der Steirischen Terroir- und Klassikweingüter
- Die so gekennzeichneten Weinbaubetriebe arbeiten organisch-biologisch oder biodynamisch und sind entsprechend zertifiziert.
- Unter dem Dach des Verbandes Demeter organisieren sich Weingüter, die nach den Lehren Rudolf Steiners handeln und biodynamisch zertifiziert sind.
- Die Mitglieder des Vereins Respekt richten sich in ihrer Arbeit nach biodynamischen Richtlinien, die sie ins 21. Jahrhundert übersetzen.
- € Bei den Preisen handelt es sich um Ab-Hof-Preise.

DAC steht für „Districtus Austriae Controllatus", was übersetzt so viel heißt wie „kontrollierte österreichische Herkunftsbezeichnung". Mit DAC werden seit März 2003 geprüfte, regionaltypische Qualitätsweine aus Österreich bezeichnet. Aus Platzgründen haben wir diese Weine bei den enstsprechenden Regionen mit * für DAC und mit ** für DAC Reserve plus dem entsprechenden Gebiet gekennzeichnet.

JURY

DIE 13 WEINTESTER DES GAULT&MILLAU

PETRA BADER
Die Liebe zum Wein wurde der deutschen Winzertocher sozusagen in die Wiege gelegt. Als Sommelière arbeitete sie unter anderem im Restaurant Imperial des Schlosses Bühlerhöhe bei Baden-Baden und bei Dieter Müller im Schlosshotel Lerbach. In Salzburg führte sie mit dem Perkeo ihr eigenes, sehr spezielles Restaurant. Heute ist sie als Autorin für Wein- und Kulinarikthemen tätig.

ERIC BOUTON
Der aus dem französischen Rochefort-sur-Mer stammende Sommelier Eric Bouton arbeitete während seiner Laufbahn in Restaurants wie dem Le Rosalp im schweizerischen Verbier oder im Le Ciel in Wien. Der Qualitätsfanatiker gilt als besonders sensibler Verkoster mit großer Erfahrung, nicht zuletzt bei holzfassausgebauten Weinen. Seit 2005 ist er Area Export Manager bei der Firma Monin.

HERMANN BOTOLEN
Hermann Botolen ist eines der Urgesteine der heimischen Weinszene und genießt einen ausgezeichneten Ruf als Verkoster. Seit zwei Jahren führt er sein eigenes Restaurant, das Fuhrmann, in der Wiener Innenstadt. Seine beruflichen Stationen führten ihn unter anderem in den legendären Altwienerhof, zum Meinl am Graben und in den burgenländischen Taubenkobel.

STEVE BREITZKE
Steve Breitzke prägt mit seinem speziellen und enorm qualitätsfokussierten Stil sein eigenes Weinbistro MAST in Wien, das er mit dem Sommelierkollegen Mathias Pitra führt. Wichtige Einträge in seinem Lebenslauf sind die Restaurants Döllerer in Golling, Palais Coburg und Loft im Sofitel, beide in Wien, sowie das Restaurant Dieter Müller im Schlosshotel Lerbach.

DANIELA DEJNEGA
Beim Studium an der BOKU Wien entdeckte die gebürtige Oberösterreicherin, dass die Weinwelt mehr zu bieten hat als Weißen Spritzer. So absolvierte sie mit großer Begeisterung die Weinakademie in Rust, arbeitet heute für ein Weinbau-Fachmagazin, schreibt für mehrere Weinzeitschriften und ist gefragtes Jurymitglied bei Weinwettbewerben im In- und Ausland.

GERHARD ELZE
Gut 15 Jahre war Gerhard Elze Bereichsleiter der Österreichischen Weinmarketing Gesellschaft. Seit 2014 führt er seine eigene Weinberatungsfirma. Der langjährige Sommelier kann auf einen enormen Erfahrungsschatz zurückgreifen und kennt wie kaum ein anderer die Zusammenhänge der heimischen Weinwirtschaft. Sein geschulter Gaumen macht ihn zum wertvollen Teil des Teams.

DARREL JOSEPH
Der in Wien wohnhafte Amerikaner Darrel Joseph arbeitet als Weinjournalist vor allem für die britischen Magazine „Decanter" und „Harpers Wine & Spirit". Er ist anerkannter Verkoster mit Spezialgebiet Zentral- und Osteuropa und moderiert national und international Weintastings. Außerdem übersetzt er Fachtexte aus der deutschen in die englische Sprache.

DIE WERTUNGEN ergeben sich folgendermaßen: Alle Weine wurden von einem Team, bestehend aus zwei bis drei Mitgliedern der Jury, blind verkostet und bewertet. Pro Tag wurden die Weine von durchschnittlich 12 bis 15 Weingütern getestet. Die Bewertungen wurden in den Regionen vor Ort durchgeführt, erfasst und daraus ein Durchschnittswert errechnet, der auf eine halbe Dezimale aufgerundet wurde. Fragwürdige Weine oder solche, bei denen die Bewertung auffällig divergierte, wurden diskutiert und nachverkostet. Für alle Tastings wurden Gabriel-Gold-Gläser verwendet.

HELMUT KNALL
Der in Wien und in der Toskana lebende ehemalige Gastronom und heutige Weinjournalist und -kritiker verantwortet das Online-Magazin „winetimes" und ist seit langen Jahren intimer Kenner der heimischen Weinszene. Er ist als kenntnisreiches Jurymitglied bei vielen nationalen und internationalen Verkostungen gefragt.

RENÉ KOLLEGGER
Der hochtalentierte Sommelier lernte sein Handwerk in bekannten Restaurants wie im Traditionshaus Erbprinz in Ettlingen, der Summer Lodge in Dorset in Großbritannien und den Genusswelten Döllerer in Golling. Er schätzt Gereiftes und beschäftigt sich sehr mit dem Alterungspotenzial von Weinen. Das kommt heute seinen Gästen im Restaurant Maitz zugute.

WALTER KUTSCHER
Walter Kutscher nennt sich laut Eigendefinition einen Schnittling auf vielen Weinsuppen. Der bekannte Fachjournalist und Vizepräsident des Wiener Sommeliervereins gibt sein umfangreiches Wissen unter anderem in der Sommelierausbildung am WIFI in Wien weiter und ist Lektor an der Fachhochschule Eisenstadt und an der Universität für Bodenkultur in Wien.

DANIEL SCHICKER
Der gebürtige Tiroler ist Diplomsommelier und Certified Master Sommelier. Seine Laufbahn führte ihn unter anderem als stellvertretender Chefsommelier in den Kaiserhof in Ellmau, zum Stanglwirt in Going und ins Landhaus Bacher in Mautern. Heute ist er verantwortlicher Sommelier im Mühltalhof und stellt dort spannende Weinbegleitungen zu Philip Rachingers Kreativ-Menüs zusammen.

LUZIA SCHRAMPF
Die Fachjournalistin Luzia Schrampf hat sich auf den Bereich Wein spezialisiert. 2003 schloss sie die Weinakademie in Rust ab, für die sie heute als Vortragende tätig ist. Daneben führt sie zahlreiche Fachkollegen aus dem Ausland in die österreichische Weinszene ein. 2008 veröffentlichte sie als Autorin das Buch „Weinmacher – Österreichs Winzer im Aufbruch".

CHRISTIAN ZACH
Der gebürtige Steirer Christian Zach ist Sommelier durch und durch. Als Verkoster zeichnen ihn ein besonders sensibler Gaumen und das richtige Gespür für qualitätsvolle Trends aus. Seine wichtigsten beruflichen Stationen waren bei Otto Koch im Le Gourmet in München und bei Reinhard Gerer im Wiener Korso. Mit Gerhard Fuchs betreibt er das Toprestaurant Die Weinbank.

STEFAN BRANDL (ASSISTENZ)
Der junge Niederösterreicher ist am Weingut der Eltern in Zöbing im Kamptal aufgewachsen, lebt und arbeitet dort heute mit. Seine Ausbildung hat er mit Matura und dem Abschluss zum Facharbeiter in der VinoHAK Krems abgeschlossen. Er engagierte sich sehr bei unseren Blindverkostungen und gewährte so einen reibungslosen Ablauf.

IMPRESSUM

Herausgeber	Karl Hohenlohe, Mag. Martina Hohenlohe
Chefredakteurin	Mag. Martina Hohenlohe
Redaktionelle Leitung Wein und Sekt	Petra Bader, *petra.bader@gaultmillau.at*
Redaktion Bier	Florian Holzer, *florian.holzer@chello.at*
Redaktion Schnaps	Ing. Wolfgang Lukas
Mitarbeiter der Redaktion	Paul Golger, *paul.golger@gaultmillau.at*
	MMag. Eva Primavesi, *eva@primavesi.at*
	Mag. Daniela Riedl, BA, *daniela.riedl@gaultmillau.at*
	Mag. Tamara Schramek, BA, *tamara.schramek@gaultmillau.at*
	Mag. Isabella Udovc *isabella.udovc@gaultmillau.at*
	Mag. Wolfgang Schedelberger, *wolfgang@schedelberger.at*
	Franziska Ettmeier, *franziska.ettmeier@gaultmillau.at*
	Jennifer Rahberger, *jennifer.rahberger@gaultmillau.at*
	Mag. Daniela Illich, Bakk., *daniela.illich@me.com*
	Jürgen Schmücking, *juergen@schmuecking.bio*
	Elisabeth Sperr MSc, *elisabeth.sperr@gaultmillau.at*
Technische Umsetzung	i-security, 1050 Wien
	Blacksheep Productions
Lektorat	Christa Fuchs
Leserservice Österreich	*Leserservice@gaultmillau.at*
	Gault&Millau, Strohgasse 21a, A-1030 Wien
	Tel.: +43(0)1/712 43 84-25
Internet	www.gaultmillau.at
Vertrieb A	Mohr-Morawa, Wien,
	Tel.: +43(0)1/680140, Fax: +43(0)1/6887130,
Vertrieb D/CH	Libri GmbH, Friedensallee 273, 22763 Hamburg
	Tel.: +49 (0)40 85 39 80, *Libri@libri.de*
Anzeigen-Vertretung	Karl Hohenlohe, Strohgasse 21a, 1030 Wien,
	Tel.: +43(0)1/7124384, *office@hohenlohe.at*
	Josef Jungmann, Strohgasse 21a, 1030 Wien,
	Tel.: +43(0)1/7124384-31,
	josef.jungmann@gaultmillau.at
Satz, Umbruch, Repro	Renner Print+Media GmbH,
	A-5202 Neumarkt am Wallersee,
	www.renner-print.at
Herstellung/Herstellungsort	Print Alliance HAV Produktions GmbH,
	A-2540 Bad Vöslau, www.printalliance.at
Verlag	KMH Media Consulting GesmbH,
	Strohgasse 21a, A-1030 Wien,
	Tel.: +43(0)1/7124384
	© by Gault&Millau S. A.
	© by KMH Media Consulting GesmbH
	Alle Rechte vorbehalten.
ISBN	978-3-9504053-8-5

Eine Verwertung des urheberrechtlich geschützten Gault&Millau und aller in ihm enthaltenen Beiträge und Abbildungen, insbesondere durch Vervielfältigung oder Verbreitung, ist ohne vorherige schriftliche Zustimmung des Verlages unzulässig und strafbar, soweit sich aus dem Urheberrechtsgesetz nichts anderes ergibt. Insbesondere ist eine Einspeicherung oder Verarbeitung des auch in elektronischer Form vertriebenen Werkes in Datensystemen ohne Zustimmung des Verlages unzulässig. Für die Zusammenstellung dieses Führers ließen wir größtmögliche Sorgfalt walten, trotzdem können Daten oder Preise falsch oder überholt sein. Eine Haftung können wir auf keinen Fall übernehmen. Druck- und Satzfehler vorbehalten.

saintstephens | Foto: Monika Saulich

WENN WIR UNSERE RESSOURCEN WEITERHIN SO VERSCHWENDEN, HABEN WIR BALD ALLE EIN PROBLEM!

Leo Hillinger
BIO-Winzer, Puls4-Investor,
Business Angel und Klimaaktivist

tele-klimainitiative.at – Diese Welt ist noch zu retten!

tele

Weinbaugebiete Österreich

Österreichs 40 Qualitätsrebsorten

WEISSWEIN
Grüner Veltliner
Welschriesling
Müller-Thurgau
Weißburgunder
Riesling
Chardonnay
Sauvignon Blanc
Neuburger
Muskateller
Frühroter Veltliner
Scheurebe
Muskat Ottonel
Traminer
Bouvier

Grauburgunder
Roter Veltliner
Goldburger
Rotgipfler
Zierfandler
Sylvaner
Jubiläumsrebe
Furmint
Blütenmuskateller
Goldmuskateller
Muscaris
Souvignier Gris

ROTWEIN
Zweigelt
Blaufränkisch
Blauer Portugieser
Blauburger
St. Laurent
Pinot Noir
Merlot
Cabernet Sauvignon
Blauer Wildbacher
Roesler
Syrah
Cabernet Franc
Rosenmuskateller
Rathay

ÖSTERREICH WEIN

www.österreichwein.at | Stand 1. September 2019

Generische Weinbaugebiete & wichtigste Rebsorten

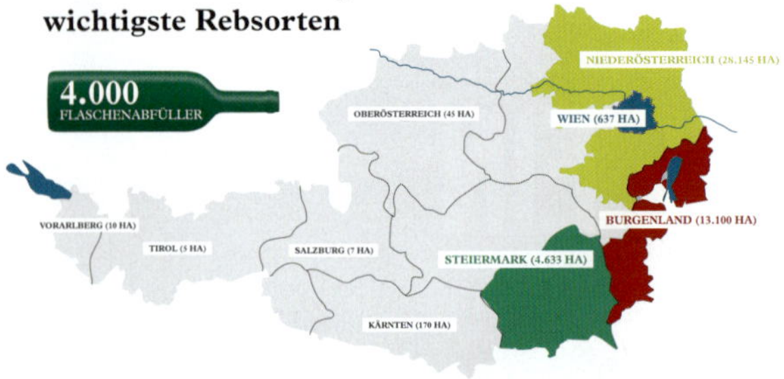

NIEDERÖSTERREICH (28.145 HA)
OBERÖSTERREICH (45 HA)
WIEN (637 HA)
VORARLBERG (10 HA)
BURGENLAND (13.100 HA)
TIROL (5 HA)
SALZBURG (7 HA)
STEIERMARK (4.633 HA)
KÄRNTEN (170 HA)

4.000 FLASCHENABFÜLLER

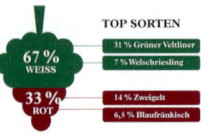

TOP SORTEN
31 % Grüner Veltliner
7 % Welschriesling
14 % Zweigelt
6,5 % Blaufränkisch

67 % WEISS
33 % ROT

Aufteilung Weiß- & Rotwein
Niederösterreich
Wien
Burgenland
Steiermark

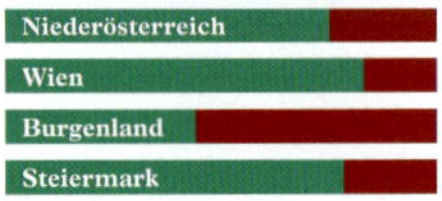

Niederösterreich
- Grüner Veltliner
- Welschriesling
- Riesling
- Müller-Thurgau
- Weißburgunder
- Chardonnay
- Neuburger
- Frühroter Veltliner
- Roter Veltliner
- Zweigelt
- Blauer Portugieser
- St. Laurent
- Pinot Noir
- Blaufränkisch

Burgenland
- Blaufränkisch
- Zweigelt
- St. Laurent
- Merlot
- Cabernet Sauvignon
- Pinot Noir
- Grüner Veltliner
- Welschriesling
- Chardonnay
- Weißburgunder
- Muskat Ottonel
- Neuburger
- Sauvignon Blanc

Steiermark
- Welschriesling
- Sauvignon Blanc
- Weißburgunder
- Morillon (Chardonnay)
- Muskateller
- Traminer
- Grauburgunder
- Blauer Wildbacher (als Schilcher)
- Zweigelt
- Pinot Noir

Wien
- Grüner Veltliner
- Riesling
- Weißburgunder
- Gemischter Satz
- Chardonnay
- Welschriesling
- Traminer
- Zweigelt
- Pinot Noir

Spezifische Weinbaugebiete mit und ohne DAC-Status

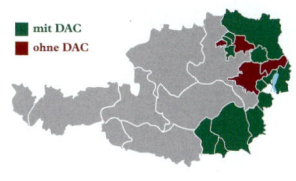

■ mit DAC
■ ohne DAC

4 spezifische Weinbaugebiete ohne DAC und ihre Fokusrebsorten

Wachau: Grüner Veltliner, Riesling

Wagram: Grüner Veltliner, Roter Veltliner

Carnuntum: Zweigelt, Blaufränkisch

Thermenregion: Zierfandler, Rotgipfler, St. Laurent, Pinot Noir

13 spezifische Weinbaugebiete mit DAC und ihre Fokusrebsorten

Weinviertel DAC: Grüner Veltliner

Mittelburgenland DAC: Blaufränkisch

Traisental DAC: Grüner Veltliner, Riesling

Kremstal DAC: Grüner Veltliner, Riesling

Kamptal DAC: Grüner Veltliner, Riesling

Leithaberg DAC: Pinot Blanc (Weißburgunder), Chardonnay, Grüner Veltliner, Neuburger, Blaufränkisch)

Eisenberg DAC: Blaufränkisch

Neusiedlersee DAC: Zweigelt

Wiener Gemischter Satz DAC: Gemischter Satz

Rosalia DAC: Blaufränkisch, Zweigelt

Vulkanland Steiermark DAC: Welschriesling, Pinot Blanc (Weißburgunder), Chardonnay, Grauburgunder, Riesling, Gelber Muskateller, Sauvignon Blanc, Traminer

Südsteiermark DAC: Welschriesling, Pinot Blanc (Weißburgunder), Chardonnay, Grauburgunder, Riesling, Gelber Muskateller, Sauvignon Blanc, Traminer

Weststeiermark DAC: Welschriesling, Pinot Blanc (Weißburgunder), Chardonnay, Grauburgunder, Riesling, Gelber Muskateller, Sauvignon Blanc, Traminer, Blauer Wildbacher (als Schilcher)

DIE GROSSEN
10

Weißweine

#	Rating	Score	Price	Wine
1	★★★★★	19,5	€ 38,00	Riesling Smaragd Ried Schütt 2018, Knoll
2	★★★★★	19,5	€ 50,40	Riesling Kamptal DAC Reserve Zöbinger Heiligenstein 1ÖTW Alte Reben 2018, Bründlmayer
3	★★★★★	19,5	€ 42,00	Sauvignon Blanc Zieregg GSTK 2017, Tement
4	★★★★★	19,5	€ 39,00	Sauvignon Blanc Ried Nussberg GSTK 2017, Gross
5	★★★★★	19,5	€ 42,00	Sauvignon Blanc Zieregg Steinriegel GSTK 2017, Tement
6	★★★★★	19	€ 47,00	Chardonnay Katterstein 2017, Kollwentz – Römerhof
7	★★★★★	19	€ 55,00	Grüner Veltliner Smaragd Ried Zwerithaler Kammergut 2018, Prager
8	★★★★★	19	€ 55,00	Grüner Veltliner Smaragd M 2018, F. X. Pichler
9	★★★★★	19	€ 40,00	Furmint Garten Eden 2017, Michael Wenzel
10	★★★★★	19	€ 28,00	Sauvignon Blanc Numen Fumé blanc 2017, Johannes Zillinger

Rotweine

#	Rating	Score	Price	Wine
1	★★★★★	19,5	€ 52,00	Blaufränkisch Mariental 2016, Ernst Triebaumer
2	★★★★★	19,5	€ 49,00	Blaufränkisch Dürrau 2016, Weninger
3	★★★★★	19	€ 59,50	Cuvée rot G 2015, Gesellmann
4	★★★★★	19	€ 38,00	Blaufränkisch Kalkofen 2017, Weninger
5	★★★★★	19	€ 52,00	Blaufränkisch Eisenberg DAC Reserve 2015, Schiefer
6	★★★★★	19	€ 55,00	Cuvée rot Steinzeiler 2016, Kollwentz – Römerhof
7	★★★★★	19	€ 49,00	Blaufränkisch Leithaberg DAC Alter Berg 2016, Gernot und Heike Heinrich
8	★★★★★	19	€ 28,00	Blaufränkisch Eisenberg DAC Reserve Reihburg 2017, Kopfensteiner
9	★★★★	18,5	€ 32,90	Blaufränkisch Koregg 2017, Karl Schnabel
10	★★★★	18,5	€ 49,00	Blaufränkisch Hetfleisch 2015, Jutta Ambrositsch

Süßweine

#	Rating	Score	Price	Wine
1	★★★★★	19,5	€ 28,00	Sämling 88 Trockenbeerenauslese 2017, Angerhof – Tschida
2	★★★★★	19,5	€ 40,00	Cuvée weiß Trockenbeerenauslese N° 3 Grande Cuvée 2016, Weinlaubenhof Kracher
3	★★★★★	19	€ 38,00	Cuvée weiß Ruster Ausbruch Auf den Flügeln der Morgenröte 2017, Heidi Schröck
4	★★★★★	19	€ 35,00	Furmint Ruster Ausbruch 2016, Michael Wenzel
5	★★★★★	19	€ 12,50	Sämling 88 Beerenauslese 2017, Angerhof – Tschida
6	★★★★★	19	€ 38,00	Rosenmuskateller Trockenbeerenauslese N° 1 2016, Weinlaubenhof Kracher
7	★★★★	18,5	€ 14,00	Cuvée weiß Beerenauslese Seewinkel 2014, Velich
8	★★★★	18,5	€ 49,00	Sauvignon Blanc Trockenbeerenauslese Kranachberg 2013, Sattlerhof
9	★★★★	18,5	€ 23,00	Sämling 88 Trockenbeerenauslese 2016, Haider
10	★★★★	18,5	€ 24,00	Sauvignon Blanc Trockenbeerenauslese Ried Buch 2017, Frauwallner Straden

RANKING NACH REBSORTEN

Grüner Veltliner

#		Pkt	Preis	Wein
1		19	€ 55,00	Grüner Veltliner Smaragd Ried Zwerithaler Kammergut 2018, Prager
2		19	€ 55,00	Grüner Veltliner Smaragd M 2018, F. X. Pichler
3		19	€ 29,00	Grüner Veltliner Smaragd Ried Steinertal 2018, Alzinger
4		19	€ 115,00	Grüner Veltliner Smaragd Unendlich 2017, F. X. Pichler
5		19	€ 33,00	Grüner Veltliner Smaragd Kreuzberg 2018, Georg Frischengruber
6		19	€ 39,90	Grüner Veltliner Kamptal DAC Res. Langenloiser Käferberg 1ÖTW 2018, Bründlmayer
7		19	€ 26,00	Grüner Veltliner Kamptal DAC Ried Grub 1ÖTW 2018, Schloss Gobelsburg
8		19	€ 34,00	Grüner Veltliner Kamptal DAC Ried Lamm 1ÖTW 2018, Jurtschitsch
9		19	€ 32,00	Grüner Veltliner Ried Feuersbrunner Rosenberg 1ÖTW 2018, Bernhard Ott
10		18,5	€ 39,50	Grüner Veltliner Radikal 2017, Herbert Zillinger

Riesling

#		Pkt	Preis	Wein
1		19,5	€ 38,00	Riesling Smaragd Ried Schütt 2018, Knoll
2		19,5	€ 50,40	Riesling Kamptal DAC Res. Zöbinger Heiligenstein 1ÖTW Alte Reben 2018, Bründlmayer
3		19	€ 26,00	Riesling Tradition 2017, Schloss Gobelsburg
4		19	€ 29,00	Riesling Ried Preussen-Nussberg 1ÖTW 2017, Mayer am Pfarrplatz
5		19	€ 30,00	Riesling Kamptal DAC Ried Heiligenstein 1ÖTW Zöbing 2017, Hirsch
6		19	€ 33,00	Riesling Selection Ried Pfaffenberg 2018, Knoll
7		19	€ 45,00	Riesling Reserve M 2018, F. X. Pichler
8		19	€ 26,00	Riesling Kamptal DAC Zöbinger Heiligenstein 1ÖTW 2018, Birgit Eichinger
9		19	*	Riesling Smaragd Singerriedel 2018, Franz Hirtzberger
10		19	€ 29,00	Riesling Smaragd Ried Steinertal 2018, Alzinger

Chardonnay/Morillon/Weißburgunder/Grauburgunder

#		Pkt	Preis	Wein
1		19	€ 47,00	Chardonnay Katterstein 2017, Kollwentz – Römerhof
2		19	€ 42,00	Chardonnay Tiglat 2017, Velich
3		19	€ 52,00	Chardonnay Gloria 2017, Kollwentz – Römerhof
4		19	€ 53,40	Chardonnay Ried Pössnitzberg Alte Reben GSTK 2017, Erwin Sabathi
5		18,5	€ 30,00	Morillon Ried Flamberg GSTK 2017, Lackner Tinnacher
6		18,5	€ 40,70	Chardonnay Ried Obegg GSTK 2017, Erich & Walter Polz
7		18,5	€ 42,00	Morillon Zieregg GSTK 2017, Tement
8		18,5	€ 37,00	Morillon Ried Moarfeitl GSTK 2017, Neumeister
9		18,5	€ 37,00	Grauburgunder Ried Saziani GSTK 2017, Neumeister
10		18	€ 40,00	Weißburgunder Muschelkalk Alte Reben 2017, Kolfok

Weingut gibt keinen Preis an *

Blaufränkisch

1	ĸĸĸĸ	19,5	€ 52,00	Blaufränkisch Mariental 2016, Ernst Triebaumer
2	ĸĸĸĸ	19,5	€ 49,00	Blaufränkisch Dürrau 2016, Weninger
3	ĸĸĸĸĸ	19	€ 38,00	Blaufränkisch Kalkofen 2017, Weninger
4	ĸĸĸĸ	19	€ 52,00	Blaufränkisch Eisenberg DAC Reserve 2015, Schiefer
5	ĸĸĸĸ	19	€ 49,00	Blaufränkisch Leithaberg DAC Alter Berg 2016, Gernot und Heike Heinrich
6	ĸĸĸĸĸ	19	€ 28,00	Blaufränkisch Eisenberg DAC Reserve Reihburg 2017, Kopfensteiner
7	ĸĸĸ	18,5	€ 32,90	Blaufränkisch Koregg 2017, Karl Schnabel
8	ĸĸĸ	18,5	€ 49,00	Blaufränkisch Hetfleisch 2015, Jutta Ambrositsch
9	ĸĸĸ	18,5	€ 28,00	Blaufränkisch Ried Hussi 2017, Gober & Freinbichler
10	ĸĸĸ	18,5	€ 18,00	Blaufränkisch Eisenberg DAC Reserve 2017, Wachter Wiesler

Pinot Noir/St. Laurent

1	ĸĸĸ	18,5	€ 36,60	St. Laurent Ried Holzspur 2016, Johanneshof Reinisch
2	ĸĸĸ	18,5	€ 31,40	Pinot Noir Reserve 2017, Gerhard Markowitsch
3	ĸĸĸ	18	€ 19,80	St. Laurent Reserve 2017, Schneider
4	ĸĸĸ	18	€ 35,00	Pinot Noir Reserve Black Edition 2016, Ebner-Ebenauer
5	ĸĸĸ	18	€ 23,80	St. Laurent Alte Reben 2017, Philipp Grassl
6	ĸĸĸ	18	€ 22,00	Pinot Noir Kleiner Wald 2017, Michael Wenzel
7	ĸĸĸ	18	€ 23,00	Pinot Noir Reserve 2017, Domäne Wachau
8	ĸĸĸ	18	€ 32,00	St. Laurent Rosenberg 2017, Pittnauer
9	ĸĸĸ	18	€ 31,00	Pinot Noir 2017, Claus Preisinger
10	ĸĸĸ	18	€ 18,00	Pinot Noir Langenlois 2017, Fred Loimer

Cuvée rot

1	ĸĸĸĸĸ	19	€ 59,50	Cuvée rot G 2015, Gesellmann
2	ĸĸĸĸĸ	19	€ 55,00	Cuvée rot Steinzeiler 2016, Kollwentz – Römerhof
3	ĸĸĸ	18,5	€ 61,40	Cuvée rot M1 2016, Gerhard Markowitsch
4	ĸĸĸ	18,5	€ 50,00	Cuvée rot Rêve de Jeunesse 2016, Pöckl
5	ĸĸĸĸ	18,5	€ 37,00	Cuvée rot Admiral 2016, Pöckl
6	ĸĸĸ	18,5	€ 60,00	Cuvée rot elegy 2015, Silvia Heinrich
7	ĸĸĸ	18,5	€ 54,00	Cuvée rot Comondor 2017, Anita und Hans Nittnaus
8	ĸĸĸ	18,5	€ 28,00	Cuvée rot Xur 2017, Werner Achs
9	ĸĸĸ	18	€ 32,00	Cuvée rot Ried Gabarinza 2016, Andreas Gsellmann
10	ĸĸĸ	18	€ 25,00	Cuvée rot Fürstliches Prädium 2015, Schmelzer's Weingut

Gault&Millau
CHANNEL

Peter Knogl

Stefan Heilemann

— GaultMillau —
— Newsletter —

Jetzt gratis abonnieren!

www.gaultmillau.ch

GROSSE WEINE
KLEINE PREISE

	18	€ 8,00	Grauburgunder Goldberg 2018, Georg und Katharina Preisinger, Gols
	18	€ 9,00	Gewürztraminer Auslese 2017, Juris, Gols
	18	€ 11,00	Neuburger Ried Vordernberg 2018, Philipp Bründlmayer, Grunddorf
	18	€ 11,00	Grüner Veltliner Traisental DAC Reserve Ried Rosengarten 2017, Leopold Figl, Traismauer
	18	€ 12,00	Grüner Veltliner Kamptal DAC Strasser Wechselberg 2018, Birgit Eichinger, Straß im Straßertal
	18	€ 12,00	Traminer Beerenauslese 2017, Feiler-Artinger, Rust
	18	€ 12,00	St. Laurent Ried Frauenfeld 2017, Schneider, Tattendorf
	19	€ 12,50	Sämling 88 Beerenauslese 2017, Angerhof – Tschida, Illmitz
	18	€ 12,50	Chardonnay Beerenauslese 2017, Angerhof – Tschida, Illmitz
	18	€ 12,50	Furmint vom Sandstein 2018, Herrenhof Lamprecht, Markt Hartmannsdorf
	18	€ 12,90	Weißburgunder Ried Hasel 2017, Johann Topf, Straß im Straßertal
	18	€ 12,90	Riesling Ried Kugler 2018, Weinrieder, Kleinhadersdorf – Poysdorf
	18	€ 13,00	Grüner Veltliner Urgestein Natural 2017, Matthias Hager – Weinbeisserei, Mollands
	18	€ 13,00	Gewürztraminer 2018, RM Roland Minkowitsch, Mannersdorf
	18	€ 13,60	Riesling Spätlese 2015, Schlossweingut Graf Hardegg, Seefeld-Kadolz
	18,5	€ 14,00	Cuvée weiß Beerenauslese Seewinkel 2014, Velich, Apetlon
	18	€ 14,00	Blaufränkisch Fabian 2016, Bernhard Ernst, Deutschkreutz
	18	€ 14,00	Weißburgunder Ried Hochschopf 2018, Markus Huber, Reichersdorf
	18	€ 14,60	Grüner Veltliner Ried Retzer Stein 2017, Rudolf Fidesser, Platt
	18	€ 14,60	Weißer Traminer Ried Sandberg 2017, Rudolf Fidesser, Platt
	18	€ 14,80	Gemischter Satz Wien DAC Ried Neuberg 68er 2018, Fuhrgassl-Huber, Wien
	18	€ 15,00	Riesling Beerenauslese 2017, Leopold Figl, Traismauer
	18	€ 15,00	Cuvée rot Prelude 2017, Iby-Lehrner, Horitschon
	18	€ 15,00	Grüner Veltliner Weinviertel DAC Reserve Ried Feuerberg 2017, Seher, Platt
	18	€ 15,00	Blaufränkisch Mittelburgenland DAC Reserve Glimmerschiefer 2017, Juliana Wieder, Neckenmarkt
	18,5	€ 16,00	Riesling Kamptal DAC Reserve Ried Zöbinger Kogelberg 1ÖTW 2017, Brandl, Zöbing
	18	€ 16,00	Riesling Kamptal DAC Reserve Ried Zöbinger Heiligestein 1ÖTW 2017, Brandl, Zöbing
	18	€ 16,60	Blaufränkisch Mittelburgenland DAC Res. Vom Lehm 2017, Bauer-Pöltl, Horitschon-Unterpetersdorf
	18	€ 17,00	Grüner Veltliner Smaragd Ried Kreuzberg 2018, Josef Fischer, Rossatz
	18	€ 17,00	Riesling Smaragd Ried Kirnberg 2018, Josef Fischer, Rossatz
	18	€ 17,00	Riesling Smaragd Ried Kreuzberg 2018, Josef Fischer, Rossatz
	18	€ 17,00	Riesling Kamptal DAC Reserve Ried Seeberg 1ÖTW 2017, Steininger, Langenlois
	18	€ 17,00	Blaufränkisch Eisenberg DAC Reserve gonzalo 2016, StephanO, Deutsch Schützen
	18,5	€ 18,00	Grüner Veltliner Kamptal DAC Strasser Gaisberg 1ÖTW 2018, Birgit Eichinger, Straß im Straßertal
	18,5	€ 18,00	Blaufränkisch Eisenberg DAC Reserve 2017, Wachter-Wiesler, Deutsch Schützen
	18	€ 18,00	Traminer Steiermark DAC Ried Stradener Rosenberg 2018, Frauwallner Straden
	18	€ 18,00	Roter Veltliner Ried Mordthal 2018, Josef Fritz, Zaussenberg am Wagram

AUSZEICHNUNGEN

WEIN DES JAHRES 2020

2016 Blaufränkisch Mariental

Wie kaum ein zweiter Rotwein steht der Mariental der Triebaumers für die Sorte Blaufränkisch und für Österreich. Seine Attribute: Spannung, Struktur und Tiefgründigkeit. Die Familie begleitet ihn das Jahr über in ihrer ganz eigenen, kompromisslosen Art. Die Trauben wachsen auf Korallenkalk, die Exposition der Lage zum See ist wie geschaffen, um die Beeren physiologisch perfekt ausreifen zu lassen. Eine selektive Handlese ist der nächste, essenzielle Schritt. Nur das, was man mit Hochgenuss essen kann, wird geerntet. Die Arbeit im Keller ist so reduziert wie möglich, Spontanvergärung und eine lange, ruhige Reifezeit sind Pflicht. Was herauskommt, ist an Authentizität nicht zu überbieten. Der 2016er hat eine ganz eigene Stellung bei den Triebaumers. 30 Jahre nach ihrem legendären Mariental 1986 entstand ein besonders eleganter und finessenreicher Blaufränker voll Herzblut, tief verwurzelt in Rust und doch weltoffen.

Ernst Triebaumer
Raiffeisenstraße 9, 7071 Rust, Burgenland

2019	2015 Welschriesling Ruster Ausbruch Auf den Flügeln der Morgenröte, Heidi Schröck, Burgenland
2018	2015 Sauvignon Blanc Zieregg, Tement, Südsteiermark
2017	2013 Blaufränk. Königsb. Alte Weing., Uwe Schiefer, Eisenberg
2016	2013 Riesling Schneiderberg Eiswein, Weinrieder, Weinviertel
2015	2013 Riesling Unendlich Smaragd, F.X. Pichler, Wachau

AUSZEICHNUNGEN

ALTERNATIVER WEIN DES JAHRES 2020

© Johannes Zillinger

2017 Sauvignon Blanc Numen Fumé Blanc

Im Guide 2015 unsere Entdeckung des Jahres, hat sich Johannes Zillinger zu einer der wichtigen Persönlichkeiten der Naturwein-Szene entwickelt. Seine Serie ist in ihrer Eigenständigkeit stets brillant. Das Herz des Winzers hängt besonders am Sauvignon Blanc. Der Numen Fumé Blanc ist für ihn das Statement eines ganz eigenen Sauvignonstils, abseits aller Konventionen. Die Trauben stammen von der Ried Kellerberg, wo die Zillingers 2004 speziell selektierten Sauvignon auf Zweigeltunterlagen veredelt haben. Die Trauben, die von dort kommen, sind kleinbeerig und voll urwüchsigem Aroma. Der Winzer vergärte sie 2017 sieben Tage auf der Maische, bevor er den jungen Wein eininhalb Jahre auf der Vollhefe reifen ließ. Was herauskam, ist ein eigenständiger Sauvignon, der sich in keine Schublade stecken lässt. Im Duft spielt seine klare Cassisfrucht mit Kräuterwürze, er ist engmaschig, sein feines Tannin gibt ihm den perfekten Grip. Ein Wein mit viel Länge und unbeugsamem Charakter.

Johannes Zillinger
Landstraße 70, 2245 Velm-Götzendorf, Weinviertel

2019	2015 Roter Traminer H, Roland Tauss, Südsteiermark
2018	2015 Blaufränkisch ErDELuftGRAsundreBEN, Claus Preisinger, Neusiedlersee
2017	2011 Ex Vero II, Werlitsch – Ewald Tscheppe, Südsteiermark
2016	2013 Traminer Maische, Andreas Gsellmann, Neusiedlersee
2015	2012 Lysegrøn, Franz Strohmeier, Weststeiermark

AUSZEICHNUNGEN

© Karl Schnabel

AUSNAHMEWINZER DES JAHRES 2020

Karl Schnabel ist ein echter, gerader und unangepasster Typ, ganz so wie die Weine, die er macht. Kompromisse einzugehen ist nicht das Seine. Gut so. Hinter diesem ersten Eindruck verbirgt sich ein Mensch mit viel Gefühl für die Natur, mit großem Bewusstsein und Sensibilität für das ihm anvertraute Land. Schnabels Weingut liegt im südsteirischen Sausal.

Handarbeit ist bei ihm nicht nur eine leere Worthülse oder ein Marketinggag.

Wer den Winzer kennengelernt hat, weiß, dass er das Gras unter seinen Reben wirklich noch mit der Sense selbst mäht, dass er die Präparate zur Pflanzenstärkung mit der Buckelspritze ausbringt und dass er aus eigener Kraft alles nur Erdenkliche tut, dass seine schwindelerregend steilen Weingärten (Koregg, Hochegg und Kreuzegg) gesund und vital sind. Kühe weiden auf seinen Flächen. Sie sind für ihn das Sinnbild eines lebendigen Hofkreislaufes und das gelungene Zusammenspiel in der Natur. All das ist selbstredend kostspielig und mühsam, lohnt für den Winzer aber jeden Moment des Jahres. Schnabel versteht es außerdem wie kein Zweiter in der Steiermark Rotweine zu keltern. Sie sind von außerordentlicher Tiefe und dabei schlicht auf den Punkt gebracht. Das ist seine zweite große Kunst. Wir sind beeindruckt von der schier unerschöpflichen Energie unseres Ausnahmewinzers des Jahres.

Karl Schnabel
Maierhof 34, 8443 Gleinstätten, Südsteiermark

2019	Michael Gindl, Weinviertel
2018	Gottfried Lamprecht – Herrenhof Lamprecht, Vulkanland Steiermark
2017	Marcus Gruze und Uta Slamanig – Georgium, Bergland
2016	Christian Tschida, Neusiedlersee
2015	Michael Wenzel, Burgenland

AUSZEICHNUNGEN

KOLLEKTION DES JAHRES 2020

Emmerich Knoll nennt 2018 einen Überraschungsjahrgang. Vieles, was allgemein befürchtet wurde, hat sich glücklicherweise nicht bewahrheitet.

Im Frühjahr trieben die Reben zeitig aus, der Sommer war lang und besonders heiß, die Ernte startete so früh wie kaum je zuvor.

Üppige Gewächse mit wenig Säure und molligem Charakter standen im Raum. Was jetzt in den Flaschen ist, zeigt jedoch ein anderes Gesicht. Wer gut gearbeitet hatte, wurde mit Weinen voll präziser Kraft, Geradlinigkeit und schöner Lagentypizität belohnt. Im Fall des Weingutes Knoll kommt eine herrliche Eleganz dazu. Es entstand schlicht eine fantastische Serie, die sich in die Knoll'sche Kultweinriege mühelos einreiht. Die Ried Schütt spiegelt sowohl beim Veltliner als auch beim Riesling ihren herrlich steinigen Charakter wider, der Pfaffenberg ist in seiner Typizität kaum zu überbieten. Er duftet nach reifem roten Apfel und hat eine saftige, präsente Säure. Mehr als gelungen ist auch der Gelbe Traminer, der durch seinen animierenden Trinkfluss punktet. In den Schlüsselpositionen für diesen Erfolg: Emmerich junior im Keller und sein Bruder August im Weingarten. Bei den Eltern, Emmerich und Monika Knoll, laufen alle Fäden zusammen. Gratulation zur Kollektion des Jahres an die ganze Familie!

Knoll
Unterloiben 10, 3601 Dürnstein, Wachau

2019 Anita und Hans Nittnaus, Neusiedlersee
2018 Kollwentz – Römerhof, Leithaberg
2017 Bründlmayer, Kamptal
2016 Sattlerhof, Südsteiermark
2015 Weninger, Mittelburgenland

AUSZEICHNUNGEN

ENTDECKUNG DES JAHRES 2020

Es war der Wunsch nach einem gesünderen und bewussteren Leben, der Armin Kienesberger bewegte, sich der Landwirtschaft zuzuwenden. Der ehemalige Steinmetz pflanzte 2014 unweit von Grieskirchen in Oberösterreich rund zwei Hektar Weingärten.

Dort wachsen heute, biodynamisch gepflegt und nach Demeter zertifiziert, unter anderem Weißburgunder, Grüner Veltliner, Pinot Noir und Zweigelt.

Der Quereinsteiger machte eine Ausbildung als Weinbau- und Kellermeister in Krems und absolvierte ein Praktikum im Weingut Schmelzer in Gols. Dort wurde er endgültig von der Weinmacherei mit wenig Intervention überzeugt. Kienesbergers Trauben werden per Hand geerntet und danach ohne viel Aufhebens zu ausdrucksstarken Weinen vinifiziert. Zur Palette gehören neben klassischen, reinsortigen Beispielen auch ein herrlicher Pét Nat und zwei maischevergorene Naturals. Die Serie ist es unbedingt wert, entdeckt zu werden. Bravo für dieses mehr als gelungene Start-up. Der Weingutsname – Casa Amore Wein – ist in seiner Mehrdeutigkeit durchaus gewagt. Für die Kienesbergers, deren Haus im toskanischen Stil errichtet wurde, ist es ganz einfach der Ort, wo Weine mit viel Liebe entstehen. Ihr Maskottchen, die blaue Ape, dient als Gefährt zur Auslieferung der Weine.

Casa Amore Wein – Armin Kienesberger
Oberschaffenberg 12, 4707 Schlüßlberg, Bergland

2019	Gober & Freinbichler, Mittelburgenland		2016	Michael Auer, Carnuntum
2018	Kolfok, Stefan David Wellanschitz, Mittelburgenland		2015	Johannes Zillinger, Weinviertel
2017	Stefan und Bernhard Schauer, Südsteiermark			

AUSZEICHNUNGEN

WEINKARTE DES JAHRES 2020

3000 beziehungsweise 5000 – das sind die beeindruckenden Zahlen, die die Weinkarte des Burg Vital Resorts in Oberlech ausmachen. 3000 Positionen sind aktuell gelistet.

5000 verschiedene Weine liegen insgesamt in den hauseigenen Weinkellern.

Darunter viele, die der junge Patron Maximilian Lucian und sein talentierter Sommelier Michael Bauer noch nicht als trinkreif erachten oder die als Geheimtipps für besondere Momente weiter schlummern dürfen. Die Geschichte der Weinkarte begann bescheiden. Thomas Lucian, Maximilians Vater, hat sie aus einer kleinen Basis heraus mit viel Herzblut, Wissen und Geschmackssicherheit aufgebaut. Schon vor Jahrzehnten sammelte er genau die richtigen Weine. So wuchs die Auswahl mit der heutigen enormen Jahrgangstiefe und Angebotsbreite stetig an. Darunter rare und gesuchte Juwele. Schwerpunkte waren schon immer Österreich, Italien, Spanien und Frankreich – vor allem Bordeaux. Bis heute sind noch viele Perlen aus Burgund dazugekommen. Wie an einer Kette sind sie hier auf den unzähligen Seiten aneinandergereiht. Es ist schwer möglich, auf dieser außergewöhnlichen Weinkarte nicht fündig zu werden. Ein Schatz von unglaublichem Wert.

Burg Vital Resort
Oberlech 568, 6764 Lech am Arlberg

2019	Palais Coburg Residenz, Wien		2016	Die Weinbank, Ehrenhausen
2018	Amador, Wien		2015	Restaurant Floh, Langenlebarn
2017	Pub Klemo, Wien			

AUSZEICHNUNGEN

WEINKARTE DES JAHRES 2020
SCHWERPUNKT ÖSTERREICH

Der Sodoma in Tulln besteht über viele Jahrzehnte und ist als Anlaufpunkt für eine prachtvolle Auswahl an heimischen Weinen weit bekannt und geschätzt. Kongenial dazu: der klare, heimatverbundene und bodenständige Küchenstil. Besonders sympathisch ist hier die Zusammenarbeit der ganzen Familie. So wurde das Gasthaus nahe der großen Weinregionen Niederösterreichs zur Anlaufstelle für viele genussaffine Weinliebhaber und Menschen, die sich dem Patron, Josef „Pepi" Sodoma, und seinen Empfehlungen vorbehaltlos anvertrauen.

Der passionierte Wirt ist und war schon immer ein großer Kuppler zwischen der Küche und dem österreichischen Wein.

Seine Empfehlungen sind auf dem Punkt, die Weinkarte eine Fundgrube des Allerbesten, was hierzulande gekeltert wird.

Und das in einer sehr guten Angebotsbreite und vor allem in einer großen Jahrgangstiefe. Viele Winzer sind natürlich immer wieder zu Gast. Zwischen ihnen und Sodoma rennt der Schmäh. Und für sie hat der „Pepi" natürlich auch die eine oder andere besondere Flasche von außerhalb der Landesgrenzen in seinem Weinbuch gelistet.

Sodoma
Bahnhofstraße 48, 3430 Tulln

Patronanz: ÖWM

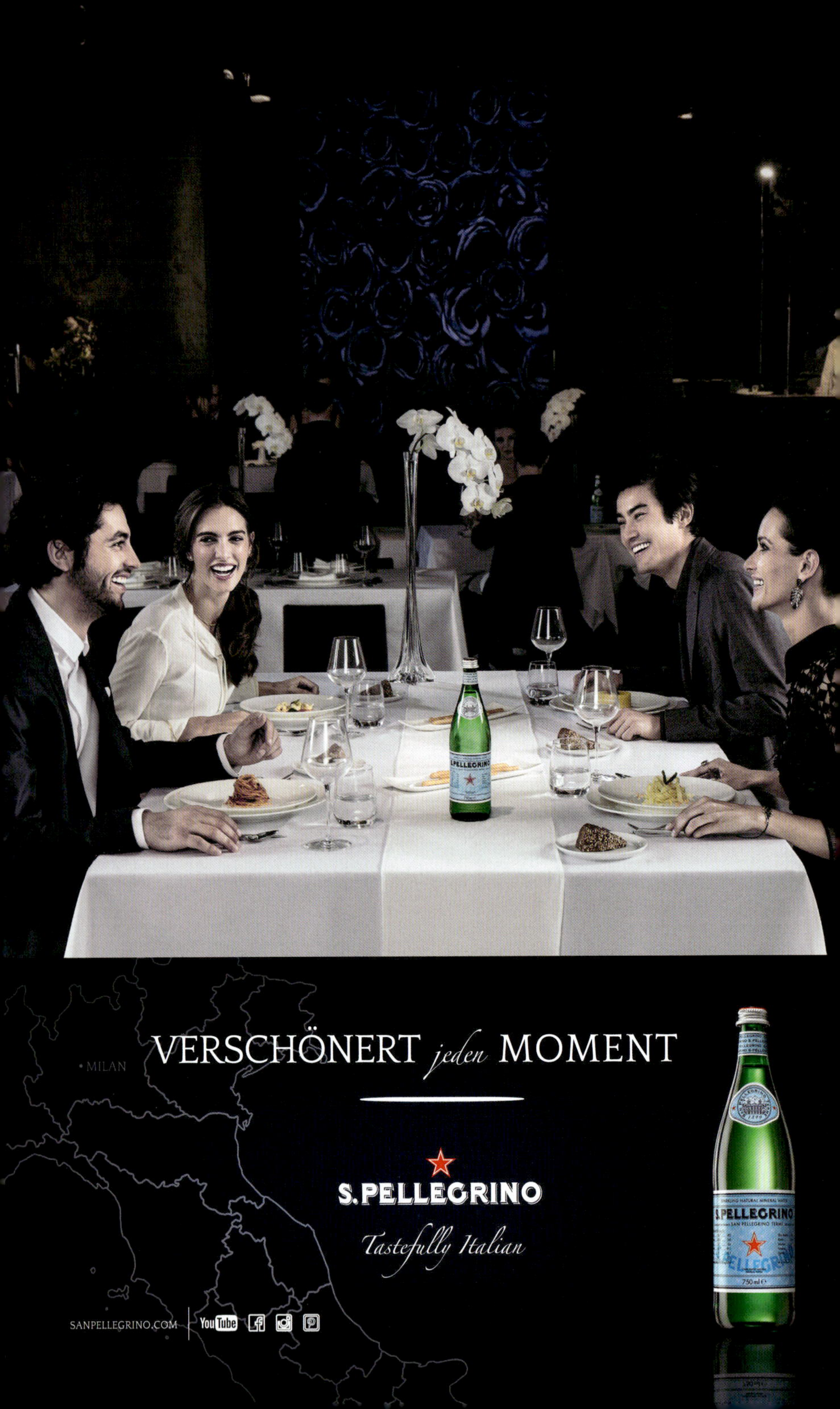

VERSCHÖNERT *jeden* MOMENT

Tastefully Italian

SANPELLEGRINO.COM

AUSZEICHNUNGEN

SOMMELIER DES JAHRES 2020

© Wasserbauer

Er ist Teil eines der stimmigsten Restaurantkonzepte – Simon Schubert, vinologischer Part des Wiener Aend. Er und Küchenchef Günzel kennen einander gut und lange, vertrauen sich und wissen genau, wie der andere tickt. Schubert ist ein eminent wichtiger Faktor für das Restaurant und prägt es mit seiner ruhigen Persönlichkeit.

> **Er hat nicht nur eine sehr gute Hand, was die Auswahl auf der breit gefächerten Weinkarte anbelangt, sondern ist auch ein herrlich unprätentiöser Gastgeber.**

In Schubert sieht man sich nie dem Typ Oberlehrer oder Weinsuperstar gegenüber. Sich in seine Hände zu begeben wird dadurch ganz leicht. Die Schwelle zum oft mit viel Tamtam bedachten Wein fällt im Aend wie selbstverständlich weg und der Genuss wird unbeschwert. Trends sind dem sensiblen Sommelier eigentlich ein Graus und ihnen nachzulaufen noch mehr. Er schätzt Bewährtes, beobachtet aber trotzdem jede spannende Entwicklung der Szene. Mit seiner enorm geschmackssicheren (Wein-)Begleitung wird ein Menü erst wirklich perfekt. Er überrascht mit Klassikern und Individuellem aus aller Herren Länder und natürlich mit den wirklich guten Sachen aus Österreich. Und genau das wirkt bei ihm nie angestrengt oder gewollt, sondern lustvoll entspannt. Er ist unser mehr als würdiger Sommelier des Jahres.

Simon Schubert – Restaurant Aend
Mollardgasse 76, 1060 Wien

Patronanz: SAN PELLEGRINO

2019 René Antrag, Restaurant Steirereck, Wien	2016 Hermann Botolen, Dombeisl, Wien
2018 Josef Neulinger, Almhof Schneider, Lech am Arlberg	2015 Alexander Koblinger, Restaurant Obauer, Werfen
2017 Steve Breitzke, Das Loft, Wien	

DIE BESTEN

#		Pkt.	Wein
1	🍇🍇🍇🍇🍇	19,5	Riesling Smaragd Ried Schütt 2018, Knoll
2	🍇🍇🍇🍇🍇	19,5	Riesling Kamptal DAC Res. Zöbinger Heiligenstein 1ÖTW Alte Reben 2018, Bründlmayer
3	🍇🍇🍇🍇🍇	19	Grüner Veltliner Smaragd Ried Zwerithaler Kammergut 2018, Prager
4	🍇🍇🍇🍇🍇	19	Grüner Veltliner Smaragd M 2018, F. X. Pichler
5	🍇🍇🍇🍇🍇	19	Sauvignon Blanc Numen Fumé Blanc 2017, Johannes Zillinger
6	🍇🍇🍇🍇🍇	19	Grüner Veltliner Smaragd Ried Steinertal 2018, Alzinger
7	🍇🍇🍇🍇🍇	19	Riesling Tradition 2017, Schloss Gobelsburg
8	🍇🍇🍇🍇🍇	19	Riesling Ried Preussen-Nussberg 1ÖTW 2017, Mayer am Pfarrplatz
9	🍇🍇🍇🍇🍇	19	Grüner Veltliner Smaragd Unendlich 2017, F. X. Pichler
10	🍇🍇🍇🍇🍇	19	Grüner Veltliner Smaragd Kreuzberg 2018, Georg Frischengruber
11	🍇🍇🍇🍇🍇	19	Riesling Kamptal DAC Ried Heiligenstein 1ÖTW Zöbing 2017, Hirsch
12	🍇🍇🍇🍇🍇	19	Grüner Veltliner Kamptal DAC Res. Langenloiser Käferberg 1ÖTW 2018, Bründlmayer
13	🍇🍇🍇🍇🍇	19	Riesling Selection Ried Pfaffenberg 2018, Knoll
14	🍇🍇🍇🍇🍇	19	Grüner Veltliner Kamptal DAC Ried Grub 1ÖTW 2018, Schloss Gobelsburg
15	🍇🍇🍇🍇🍇	19	Riesling Reserve M 2018, F. X. Pichler
16	🍇🍇🍇🍇🍇	19	Riesling Kamptal DAC Zöbinger Heiligenstein 1ÖTW 2018, Birgit Eichinger
17	🍇🍇🍇🍇🍇	19	Grüner Veltliner Kamptal DAC Ried Lamm 1ÖTW 2018, Jurtschitsch
18	🍇🍇🍇🍇🍇	19	Riesling Smaragd Singerriedel 2018, Franz Hirtzberger
19	🍇🍇🍇🍇🍇	19	Riesling Smaragd Ried Steinertal 2018, Alzinger
20	🍇🍇🍇🍇🍇	19	Grüner Veltliner Ried Feuersbrunner Rosenberg 1ÖTW 2018, Bernhard Ott

WACHAU

Traumhaft schöne Landschaft im engen Donautal mit uralten Steinterrassen auf kargem Urgesteinsboden. Hier entstehen die gesuchten Weine, die zu den besten der Welt gehören.

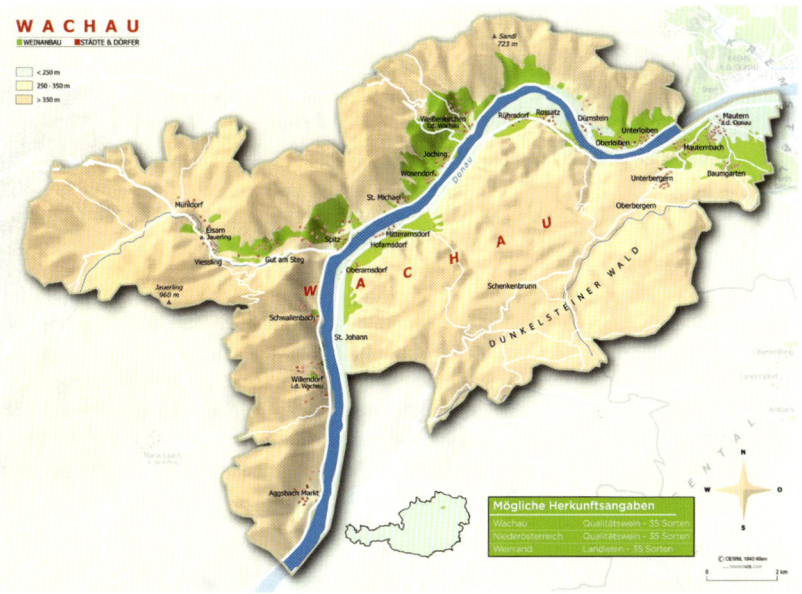

LIEBLINGSWEIN DER REDAKTION

2018 Grüner Veltliner Kreuzberg Smaragd – Georg Frischengruber
Wein-Tester des Gault&Millau: Hermann Botolen

Ein echter Charakter-Veltliner: kraftvoll in seiner gelben Frucht, mit frischen Williams-Birne-Noten, viel rauchiger Würze und einem leichten Tabakeindruck. Am Gaumen ist der Wein kraftvoll, geprägt von Mineralität, kernig und straff, hat eine immense Länge und langes Lagerpotenzial.

WEINGÜTER IN DER WACHAU

Alzinger
3601 Unterloiben 11
Tel.: 02732 77900
weingut@alzinger.at
www.alzinger.at

Leo Alzinger hat sich über die Jahre einen außerordentlichen Ruf für seine stets brillante Weinserie geschaffen. Diese Ausdruckskraft rührt sicher zum einen Teil daher, dass er bei der Ernte eine „Botrytis-Null-Toleranz"-Linie verfolgt. Seine Rieslinge und Veltliner strahlen immer in großer Klarheit und Riedentypizität. Vor allem jene vom Steinertal zeigen eine straffe Mineralität. Diese steinige Aromatik mischt sich beim markanten Riesling Smaragd 2018 mit Zitrus- und Apfelfrucht.

19	❀❀❀❀	Grüner Veltliner Ried Steinertal 2018 Smaragd
19	❀❀❀❀	Riesling Ried Steinertal 2018 Smaragd
18,5	❀❀❀❀	Riesling Ried Loibenberg 2018 Smaragd
18	❀❀❀❀	Grüner Veltliner Ried Liebenberg 2018 Smaragd
18	❀❀❀❀	Grüner Veltliner Ried Loibenberg 2018 Smaragd
17,5	❀❀❀❀	Riesling Ried Hollerin 2018 Smaragd
17,5	❀❀❀❀	Riesling Ried Höhereck 2018 Smaragd
17	❀❀❀❀	Grüner Veltliner Ried Mühlpoint 2018 Smaragd
17	❀❀❀❀	Riesling Ried Liebenberg 2018 Smaragd
16	❀❀❀	Grüner Veltliner Ried Mühlpoint 2018 Federspiel
15,5	❀❀❀	Grüner Veltliner Ried Hochstrasser 2018 Federspiel

Top-Weine vergangener Jahrgänge:
19	❀❀❀❀	Riesling Ried Steinertal 2013 Smaragd
19	❀❀❀❀	Grüner Veltliner Ried Steinertal 2017 Smaragd
19	❀❀❀❀	Riesling Ried Steinertal 2017 Smaragd

Atzberg
3620 Spitz
Kirchenplatz 13
Tel.: 02713 2450
office@atzberg.at
www.atzberg.at

Der heuer verstorbene Weinpfarrer Hans Denk war profunder Kenner der Wachauer Weine und sprach jahrelang über das enorme Potenzial der seit Jahrzehnten nicht mehr bewirtschafteten Riede Atzberg bei Spitz. Zwei Hektar Veltlinerreben wurden 2007 daraufhin am Atzberg rekultiviert. Die harte Arbeit im steilen, schwierig zu bewirtschaftenden Terroir lohnt sich. Franz Josef Gritsch keltert aus den Trauben jedes Jahr zwei kraftvolle, stilsichere Veltliner, wie sie besser nicht sein könnten.

18,5	❀❀❀❀	Grüner Veltliner Atzberg Obere Steilterrassen 2018 Smaragd
18	❀❀❀❀	Grüner Veltliner Atzberg Steilterrassen 2018 Smaragd

Top-Weine vergangener Jahrgänge:
18,5	❀❀❀❀	Grüner Veltliner Atzberg Steilterrassen 2016
18,5	❀❀❀❀	Grüner Veltliner Atzberg Obere Steilterrassen 2016
18	❀❀❀❀	Grüner Veltliner Atzberg Obere Steilterrassen 2014

WEINGÜTER IN DER WACHAU

Domäne Wachau
3601 Dürnstein 107
Tel.: 02711 371
office@domaene-wachau.at
www.domaene-wachau.at

Die Genossenschafter aus Dürnstein sind natürlich wieder, wie jedes Jahr, eine Bank für ihre fantastischen Rieslinge und Veltliner Smaragde. Allen voran jene vom Kellerberg mit ihrer Struktur und Mineralität. Was daneben höchst spannend bleibt, sind die Sideprojekte, die Roman Horvath MW und Heinz Frischengruber entwickeln. Zum Klassiker geworden ist der hochwertige Rosé 1805. Mit viel Format zeigt sich auch die Pinot Noir Reserve – würzig, beerig und voll burgundischem Spirit.

18,5		Grüner Veltliner Ried Kellerberg 2018 Smaragd	€ 26,00
18,5		Riesling Ried Kellerberg 2018 Smaragd	€ 26,00
18		Grüner Veltliner Ried Axpoint 2018 Smaragd	€ 23,00
18		Riesling Ried Singerriedel 2018 Smaragd	€ 26,00
18		Pinot Noir 2017 Reserve	€ 23,00
17,5		Gemischter Satz Uralt-Reben 2018 Smaragd	€ 23,00
17,5		Grüner Veltliner Ried Achleiten 2018 Smaragd	€ 26,00
17,5		Riesling Ried Achleiten 2018 Smaragd	€ 26,00
17		Roter Traminer Ried Setzberg 2018 Reserve	€ 23,00
17		Rosé 1805 2018 Reserve	€ 14,00

Top-Weine vergangener Jahrgänge:

19		Riesling Ried Kellerberg 2014 Smaragd
19		Riesling Ried Kellerberg 2015 Smaragd
19		Riesling Ried Kellerberg 2015 Trockenbeerenauslese

© ÖWM Herbert Lehmann

WEINGÜTER IN DER WACHAU

Johann Donabaum
3620 Spitz
Laaben 15
Tel.: 02713 2488
0676 931 31 50
info@weingut-donabaum.at
www.weingut-donabaum.at

Bereits 1996, mit nur 20 Jahren, hat Johann Donabaum den Weinbaubetrieb in Spitz von seinem Vater übernommen. Sein Ziel: in Kürze zu den Leadern der Wachau zu gehören. Das ist ihm bestens gelungen. Bravo! Sein Weg: Die Flächen wurden verdreifacht, der Ertrag halbiert und der Fokus vom einstigen Heurigenbetrieb auf die Produktion von Spitzenweinen gelegt. Das gelang ihm mit viel Ehrgeiz, im Zusammenspiel mit der Elterngeneration und mit Trauben aus besten Rieden.

18	♕♕♕♕	Grüner Veltliner Ried Spitzer Point 2018 Smaragd	€ 25,00
18	♕♕♕♕	Grüner Veltliner Limitierte Edition 2018 Smaragd	€ 47,00
18	♕♕♕♕	Riesling Ried Setzberg 2018 Smaragd	€ 25,00
18	♕♕♕♕	Riesling Limitierte Edition 2018 Smaragd	€ 47,00
17,5	♕♕♕♕	Grüner Veltliner Ried Wösendorfer Kirchweg 2018 Smaragd	€ 21,00
17	♕♕♕♕	Riesling Weissenkirchner 2018 Smaragd	€ 17,50
17	♕♕♕	Riesling 2018 Auslese	€ 25,00
16,5	♕♕♕♕	Grüner Veltliner Ried Zornberg 2018 Smaragd	€ 15,00
16,5	♕♕♕♕	Riesling Ried Offenberg 2018 Smaragd	€ 25,00
15,5	♕♕♕♕	Grüner Veltliner Peunt 2018 Federspiel	€ 11,00
15,5	♕♕♕♕	Riesling Spitzer 2018 Federspiel	€ 12,50

Top-Weine vergangener Jahrgänge:

18,5	♕♕♕♕	Riesling Limitierte Edition 2013 Smaragd
18,5	♕♕♕♕	Riesling Limitierte Edition 2016 Smaragd
18,5	♕♕♕♕	Grüner Veltliner Ried Spitzer Point 2017 Smaragd

Laaben 15, 3620 Spitz
www.weingut-donabaum.at

WEINGÜTER IN DER WACHAU

Josef Fischer
3602 Rossatz 58
Tel.: 0650 496 24 44
office@huchenfischer.at
www.huchenfischer.at

Josef Fischer, der auch als professioneller Fischzüchter der raren Gattung Huchen bekannt ist, keltert Trauben aus den besten Lagen in Rossatz. Seit 1898 wird sein Weingut, heute in fünfter Generation, bewirtschaftet. Die Weingärten umfassen insgesamt eine Fläche von neun Hektar, bei den Sorten beschränkt man sich auf die Hauptdarsteller der Wachau, den Grünen Veltliner und den Riesling. Sie befinden sich in den Toplagen Kirnberg, Steiger, Zanzl, Kreuzberg sowie der Ried Frauenweingärten.

18	Grüner Veltliner Ried Kreuzberg 2018 Smaragd	€ 17,00
18	Grüner Veltliner Privat 2018 Smaragd	€ 19,50
18	Riesling Ried Kirnberg 2018 Smaragd	€ 17,00
18	Riesling Ried Kreuzberg 2018 Smaragd	€ 17,00
17,5	Grüner Veltliner Ried Frauenweingärten 2018 Smaragd	€ 16,00
17,5	Riesling Ried Steiger 2018 Smaragd	€ 15,00
17	Grüner Veltliner Ried Steiger 2018 Smaragd	€ 14,00
16,5	Riesling Ried Kirnberg 2018 Federspiel	€ 9,00
16	Riesling Ried Steiger 2018 Federspiel	€ 9,00
15,5	Grüner Veltliner Ried Steiger 2018 Federspiel	€ 9,00
15,5	Grüner Veltliner Ried Zanzl 2018 Federspiel	€ 9,00

Top-Weine vergangener Jahrgänge:

18	Grüner Veltliner Ried Frauenweingärten 2017 Smaragd	
18	Grüner Veltliner Ried Kreuzberg 2017 Smaragd	
17,5	Riesling Ried Kirnberg 2017 Smaragd	

Georg Frischengruber
3602 Rührsdorf
Am Platzl 19
Tel.: 02714 6354
wein@frischengruber.at
www.frischengruber.at

Die Weingärtnerei Frischengruber liegt im Herzen der Wachau, in Rossatz. Bewirtschaftet werden zehn Hektar Weingärten, die sich rund um den Ort erstrecken. Spannend ist die Serie „Meine Welt", für die der Winzer Riesling, Grünen Veltliner und Weißburgunder in mehrmals vorher gebrauchten Barriques ausbaut. Diese Lagerung gibt ihnen eine zusätzliche Dimension. Großartig, ja einzigartig ist das, was der Winzer vom Kreuzberg erntet und als hochkomplexen Veltliner in die Flasche bringt.

❤ **Lieblingswein der Redaktion**

19	Grüner Veltliner Kreuzberg 2018 Smaragd ❤	€ 33,00
18,5	Grüner Veltliner Meine Welt 2018 Smaragd	€ 33,00
18	Riesling Kirnberg 2018 Smaragd	€ 19,90
18	Weißburgunder Meine Welt 2018 Smaragd	€ 33,00
17,5	Grüner Veltliner Kirnberg 2018 Smaragd	€ 18,00
17,5	Riesling Meine Welt 2017 Smaragd	€ 33,00
17	Grüner Veltliner Zanzl 2018 Smaragd	€ 19,00
16,5	Grüner Veltliner Steiger 2018 Federspiel	€ 9,50
16	Grüner Veltliner Frauenweingärten 2018 Federspiel	€ 9,50
15,5	Grüner Veltliner Kellerweingärten 2018 Federspiel	€ 9,00

Top-Weine vergangener Jahrgänge:

18,5	Grüner Veltliner Kreuzberg 2017 Smaragd	
18,5	Grüner Veltliner Meine Welt 2017 Smaragd	
18,5	Riesling Meine Welt 2016	

WEINGÜTER IN DER WACHAU

Graben Gritsch

3620 Spitz
Viessling 21
Tel.: 02713 8478
0676 5494366
weingut@josef-gritsch.net
www.josef-gritsch.net

Der Spitzer Graben verläuft sieben Kilometer von Spitz bis nach Mühldorf. Zur Linken erhebt sich der Jauerling, 1000 Meter hoch und eminenter Klimafaktor, zur Rechten liegen die felsdurchsetzten Weinterrassen. Im Graben herrschen kühle Winde und kalte Nächte, die Böden sind geprägt von Glimmerschiefer und Trockensteinmauern. Gritschs Weinserie ist ein Abbild dieser Voraussetzungen. Nicht umsonst nennt man sich Graben Gritsch. Gearbeitet wird als reines Family Business.

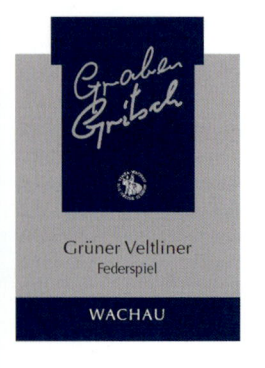

17,5	🍇🍇🍇	Grüner Veltliner Ried Schön 2018 Smaragd	€ 18,00
17,5	🍇🍇🍇	Riesling Ried Setzberg 2018 Smaragd	€ 20,00
17	🍇🍇🍇	Grüner Veltliner Spitzer Graben 2018 Smaragd	€ 16,00
16,5	🍇🍇🍇	Grüner Veltliner Ried Schön 2018 Federspiel	€ 9,00
16	🍇🍇🍇	Gelber Muskateller Ried Setzberg 2018	€ 10,00
16	🍇🍇🍇	Grüner Veltliner Spitzer Graben 2018 Federspiel	€ 8,00

Top-Weine vergangener Jahrgänge:

18,5	🍇🍇🍇	Grüner Veltliner Ried Schaffenfeld 2017 Smaragd
18	🍇🍇🍇	Grüner Veltliner Ried Schön 2012 Smaragd
18	🍇🍇🍇	Grüner Veltliner Ried Schön 2017 Smaragd

Grabenwerkstatt ⓝ

3622 Trandorf
Brandstatt 8
Tel.: 0650 6473920
weingut@grabenwerkstatt.at
www.grabenwerkstatt.at

Gegründet wurde die Grabenwerkstatt 2014. Die Idee dafür entstand, als Michael Linke und Franz Hofbauer gemeinsam in Neuseeland arbeiteten. Biodynamische Prinzipien spielen hier genauso eine Rolle wie die akribische Auseinandersetzung mit jedem einzelnen Rebstock, Handarbeit und der Versuch, dem Geist des Ortes auf die Spur zu kommen. Die Grabenwerkstatt steht also vor allem für die Herkunft der Weine, sprich den Spitzer Graben mit seinem teils extremen Terroir.

18	🍇🍇🍇	Riesling Ried Trenning 2018 Smaragd	€ 45,00
18	🍇🍇🍇	Riesling Ried Bruck 2018 Smaragd	€ 45,00
17,5	🍇🍇🍇	Grüner Veltliner Ried Brandstatt 2018 Smaragd	€ 45,00
17	🍇🍇🍇	Grüner Veltliner Grabenwerk 2018	€ 18,00
16	🍇🍇	Grüner Veltliner Wachauwerk 2018	€ 14,00

WEINGÜTER IN DER WACHAU

FJ Gritsch

3620 Spitz
Kirchenplatz 13
Tel.: 02713 2450
office@gritsch.at
www.gritsch.at

Franz Josef Gritsch versteht sein Handwerk. Seine Veltliner und Rieslinge sind jedes Jahr ein genaues Abbild des Terroirs und seiner Handschrift. Was uns aber heuer in der Verkostung besonders fasziniert hat, ist der Neuburger vom 1000-Eimerberg. Ein Wein voll nussiger Noten, die mit einem feinen Biskuitton hinterlegt sind. Am Gaumen ist er herrlich cremig, mit dem richtigen und wichtigen Anteil an Säure ausgestattet, sodass er schlicht und einfach elegant über den Gaumen gleitet.

18,5		Riesling Kalkofen 2018 Smaragd
18		Grüner Veltliner Hochrain 2018 Smaragd
18		Neuburger 1000-Eimerberg 2018 Smaragd
18		Riesling 1000-Eimerberg 2018 Smaragd
17,5		Grüner Veltliner Singerriedel 2018 Smaragd
17,5		Grüner Veltliner Steinporz 2018 Smaragd
17,5		Riesling Setzberg 2018 Smaragd
17		Grüner Veltliner Loibenberg 2018 Smaragd
17		Riesling Dürnsteiner Burg 2018 Reserve
16		Riesling 1000-Eimerberg 2018 Federspiel
15,5		Grüner Veltliner Klaus 2018 Federspiel

Top-Weine vergangener Jahrgänge:

19		Grüner Veltliner Loibenberg 2017 Smaragd
18,5		Grüner Veltliner Singerriedel 2017 Smaragd
18,5		Grüner Veltliner Hochrain 2017 Smaragd

Franz Hirtzberger

3620 Spitz
Kremser Straße 8
Tel.: 02713 2209
weingut@hirtzberger.com
www.hirtzberger.com

2018 gibt es bei Franz Hirtzberger eine Kollektion an Veltlinern und Rieslingen, wie man sie vom Doyen aus Spitz erwartet: saftig, dicht, kraftvoll, mit Weinen voll Schmelz und Ausdruck. Unser persönlicher Favorit aus der Serie ist allerdings der Weißburgunder Steinporz. Er zeigt sich in einer besonders schönen Rebsortentypizität, duftet nach Mandeln und hellen Blüten, hat eine feine, cremige Struktur am Gaumen und bleibt im Nachhall lange haften – ein mehr als idealer Speisenbegleiter.

19		Riesling Singerriedel 2018 Smaragd
18,5		Riesling Steinporz 2018 Smaragd
18		Grüner Veltliner Honivogl 2018 Smaragd
18		Riesling Hochrain 2018 Smaragd
18		Weißburgunder Steinporz 2018 Smaragd
17,5		Grauburgunder Pluris 2018 Smaragd
17,5		Grüner Veltliner Axpoint 2018 Smaragd
17,5		Riesling Setzberg 2018 Smaragd
17		Grüner Veltliner Rotes Tor 2018 Smaragd
16,5		Grüner Veltliner Kirchweg 2018 Smaragd
16		Grüner Veltliner Rotes Tor 2018 Federspiel

Top-Weine vergangener Jahrgänge:

19,5		Riesling Singerriedel 2011 Smaragd
19		Riesling Singerriedel 2015 Smaragd
19		Riesling Singerriedel 2016 Smaragd

WEINGÜTER IN DER WACHAU

Högl
3620 Spitz
Viessling 31
Tel.: 02713 8458
office@weingut-hoegl.at
www.weingut-hoegl.at

Vor einigen Jahren hat der weithin bekannte und hochgeschätzte Josef Högl in seinem Betrieb im Spitzer Graben talentierte Unterstützung bekommen. Sein Sohn Georg, auf der VINOHAK in Krems und einem Weingut im deutschen Württemberg ausgebildet, kehrte mit frischen Ideen nach Hause zurück. Er verkostet viel, ist ein sensibler Beobachter der Weinszene und hat vor allem das Wichtigste für einen Winzer verinnerlicht: Leidenschaft für die Reben, den Keller und vor allem für den Wein.

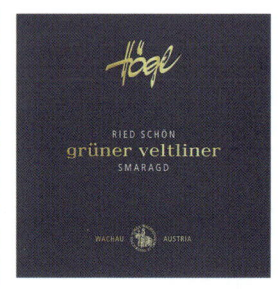

19	✦✦✦✦✦	Riesling Bruck Alte Parzellen 2018 Smaragd	€ 41,20
18,5	✦✦✦✦	Grüner Veltliner Schön Alte Parzellen 2018 Smaragd	€ 41,20
18	✦✦✦✦	Grüner Veltliner Dürnsteiner Kaiserberg 2018 Smaragd	€ 40,00
18	✦✦✦✦	Riesling Bruck 2018 Smaragd	€ 27,00
17,5	✦✦✦✦	Grüner Veltliner Schön 2018 Smaragd	€ 27,00
17	✦✦✦✦	Gelber Muskateller Bruck 2018 Smaragd	€ 21,10
17	✦✦✦✦	Grüner Veltliner 1000-Eimerberg 2018 Smaragd	€ 27,00
16,5	✦✦✦✦	Chardonnay 2017 Reserve	€ 27,00
16,5	✦✦✦✦	Riesling Vision 2018 Smaragd	€ 27,00
15,5	✦✦✦✦	Sauvignon Blanc 2017 Reserve	€ 27,00

Top-Weine vergangener Jahrgänge:

19	✦✦✦✦✦	Riesling Loibner Vision 2011 Smaragd
18,5	✦✦✦✦	Grüner Veltliner Schön Alte Parzellen 2017 Smaragd
18,5	✦✦✦✦	Riesling Bruck Alte Parzellen 2017 Smaragd

Jäger
3610 Weißenkirchen
in der Wachau 1
Tel.: 02715 2535
0664 230 78 49
jaeger@weingut-jaeger.at
www.weingut-jaeger.at

Von Roman Jäger durften wir heuer eine breite Palette an Federspielen kosten, die uns sehr überzeugte. Bravo für den Veltliner Klaus (schöne Mineralität, pfeffrige Würze) und den Weitenberg (gelbfruchtiges, kräuterwürziges Bukett) sowie den Riesling Achleiten (lebendige Struktur, feine Pikanz). Aber auch im ganz leichten Bereich, beim Steinfeder – leider wird dieser immer seltener – kann Jäger überzeugen. Herrlich sind auch seine feinen und eleganten Smaragde.

18	✦✦✦✦	Grüner Veltliner Achleiten 2018 Smaragd	€ 22,00
18	✦✦✦✦	Riesling Steinriegl 2018 Smaragd	€ 24,00
17,5	✦✦✦✦	Grüner Veltliner Vorder Seiber 2018 Smaragd	€ 20,00
17	✦✦✦✦	Riesling Achleiten 2018 Smaragd	€ 22,00
16,5	✦✦✦	Grüner Veltliner Weitenberg 2018 Federspiel	€ 9,80
16,5	✦✦✦	Grüner Veltliner Klaus 2018 Federspiel	€ 9,80
16,5	✦✦✦	Riesling Achleiten 2018 Federspiel	€ 12,50
15,5	✦✦✦	Grüner Veltliner Vorder Seiber 2018 Federspiel	€ 9,80
15	✦✦✦	Grüner Veltliner 2018 Steinfeder	€ 7,70

Top-Weine vergangener Jahrgänge:

18	✦✦✦✦	Grüner Veltliner Achleiten 2013 Smaragd
18	✦✦✦✦	Riesling Steinriegl 2014 Smaragd
18	✦✦✦✦	Grüner Veltliner Vorder Seiber 2016 Smaragd

WEINGÜTER IN DER WACHAU

Josef Jamek
3610 Joching
Josef-Jamek-Straße 45
Tel.: 02715 2235
info@weingut-jamek.at
www.jamekwein.at

Josef Jamek, der als eine der wichtigsten Persönlichkeiten des Weinbaus in der Wachau galt, gründete mit seiner Frau Edeltraud das Traditionsunternehmen. Eine Tradition, die schon 100 Jahre zählt. Jutta und Hans Altmann sind Bewahrer und Entwickler dieser Wachauer Institution. Das Weingut Jamek bewirtschaftet 25 Hektar in den renommiertesten Rieden der Wachau. In der bekannten Steillage Ried Klaus gedeiht ein Riesling mit Kultstatus von ausgeprägter Komplexität und höchster Aromatik.

Punkte		Wein
18,5	🍇🍇🍇	Riesling Ried Klaus 2018 Smaragd
18	🍇🍇🍇	Grüner Veltliner Ried Liebenberg 2018 Smaragd
17,5	🍇🍇🍇	Grüner Veltliner Ried Achleiten 2018 Smaragd
17,5	🍇🍇🍇	Riesling Dürnsteiner Freiheit 2018 Smaragd
17,5	🍇🍇🍇	Weißburgunder Ried Hochrain 2018 Smaragd
16,5	🍇🍇🍇	Riesling Ried Klaus 2018 Federspiel
16	🍇🍇🍇	Grüner Veltliner Ried Achleiten 2018 Federspiel
15,5	🍇🍇	Gelber Muskateller Vierblattl 2018 Federspiel

Top-Weine vergangener Jahrgänge:

18,5	🍇🍇🍇	Riesling Ried Klaus 2013 Smaragd
18,5	🍇🍇🍇	Riesling Ried Klaus 2016 Smaragd
18,5	🍇🍇🍇	Riesling Ried Klaus 2017 Smaragd

Kartäuserhof – Karl Stierschneider
3610 Weißenkirchen
Kremser Straße 6
Tel.: 02715 2374
0664 2103311
karl@stierschneider.at
www.stierschneider.at

Das Weingut wurde im Jahre 1380 als Lesehof der Kartause Aggsbach erbaut, daher der Name Kartäuserhof. Im Jahre 1862 übernahm die Familie Stierschneider den Betrieb. Schritt für Schritt hat man ihn erweitert. Die Weingärten befinden sich in südlich exponierten Terrassenlagen der Rieden Achleiten, Klaus, Weitenberg, Hinterkirchen, Steinriegl und Pichl-Point. Hinter der Produktion stehen bestes technisches und önologisches Know-how und die Erfahrung von Generationen.

17	🍇🍇🍇	Riesling Achleiten 2018 Smaragd
16,5	🍇🍇	Grüner Veltliner Urbestand 2018 Smaragd
16	🍇🍇	Grüner Veltliner Klaus 2018 Federspiel
16	🍇🍇	Riesling Steinriegl 2018 Federspiel
15,5	🍇🍇	Grüner Veltliner Achleiten 2018 Federspiel
15	🍇🍇	Rosenmuskateller 2018

Top-Weine vergangener Jahrgänge:

18	🍇🍇🍇	Riesling Achleiten 2014 Smaragd
18	🍇🍇🍇	Grüner Veltliner Ultimo 2011 Smaragd
18	🍇🍇🍇	Riesling Achleiten 2017 Smaragd

WEINGÜTER IN DER WACHAU

Knoll
3601 Dürnstein
Unterloiben 10
Tel.: 02732 79355
weingut@knoll.at
www.knoll.at

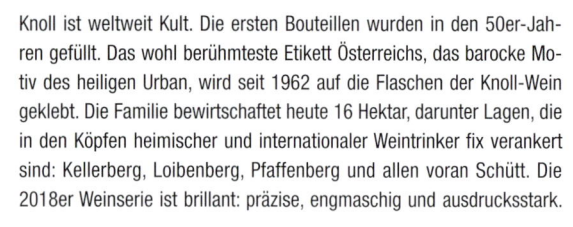

Knoll ist weltweit Kult. Die ersten Bouteillen wurden in den 50er-Jahren gefüllt. Das wohl berühmteste Etikett Österreichs, das barocke Motiv des heiligen Urban, wird seit 1962 auf die Flaschen der Knoll-Wein geklebt. Die Familie bewirtschaftet heute 16 Hektar, darunter Lagen, die in den Köpfen heimischer und internationaler Weintrinker fix verankert sind: Kellerberg, Loibenberg, Pfaffenberg und allen voran Schütt. Die 2018er Weinserie ist brillant: präzise, engmaschig und ausdrucksstark.

Kollektion des Jahres 2020

19,5		Riesling Ried Schütt 2018 Smaragd	€ 38,00
19		Riesling Ried Pfaffenberg 2018 Selection	€ 33,00
18,5		Grüner Veltliner Ried Schütt 2018 Smaragd	€ 30,00
18,5		Riesling Ried Kellerberg 2018 Smaragd	€ 33,00
18,5		Riesling Loibner Vinothekfüllung 2018 Smaragd	€ 48,00
18		Gelber Traminer Loibner 2018 Smaragd	€ 33,00
18		Grüner Veltliner Ried Loibenberg 2018 Smaragd	€ 30,00
18		Grüner Veltliner Loibner Vinothekfüllung 2018 Smaragd	€ 40,00
17,5		Riesling Ried Loibenberg 2018 Smaragd	€ 33,00
17		Grüner Veltliner Ried Kreutles 2018 Federspiel	€ 15,00

Top-Weine vergangener Jahrgänge:

19,5		Riesling Ried Schütt 2015 Smaragd	
19,5		Riesling Ried Kellerberg 2012 Smaragd	
19,5		Riesling Ried Schütt 2016 Smaragd	

Karl Lagler
3620 Spitz
Am Hinterweg 17
Tel.: 02713 2939
info@laglers.at
www.laglers.at

Seit 1789 ist der Name Lagler mit dem heutigen Familiensitz verbunden, aber erst Ende der 1970er-Jahre vollzog sich der Wandel vom reinen Traubenproduzenten zum selbst vermarktenden Betrieb. Die Laglers besitzen Weingärten in den besten Spitzer Lagen: Steinborz, Tausendeimerberg, Axpoint, Setzberg, Hartberg, Atzberg, Burgberg. Hier kultivieren sie die typischen Sorten der Region: Grünen Veltliner und Riesling, aber auch Muskateller und Pinot Noir befinden sich im Rebsortenportfolio.

17		Grüner Veltliner Steinborz 2018 Smaragd	€ 19,90
17		Riesling 1000Eimerberg 2018 Smaragd	€ 25,00
17		Riesling Steinborz 2018 Smaragd	€ 25,00
16		Gelber Muskateller Hartberg 2018	€ 10,90
15,5		Grüner Veltliner 2018 Steinfeder	€ 8,50
15,5		Grüner Veltliner Burgberg 2018 Federspiel	€ 9,90
15,5		Riesling Setzberg 2018 Federspiel	€ 13,50
15		Grüner Veltliner Spitzer 2017 Federspiel	€ 9,00
14		Pinot Noir 2015	€ 18,90

Top-Weine vergangener Jahrgänge:

18		Grüner Veltliner Elisabeth 2017 Smaragd	
17,5		Grüner Veltliner Steinborz 2017 Smaragd	
17,5		Riesling Steinborz 2017 Smaragd	

WEINGÜTER IN DER WACHAU

Erich Machherndl

3610 Wösendorf
Hauptstraße 1
Tel.: 02715 2282
0664 3504053
office@machherndl.com
www.machherndl.com

Erich Machherndl gehört zu den kreativen Menschen in der Wachau. Stillstand ist für ihn nicht möglich, er lotet gerne aus, probiert Neues. Natürlich ist er auch den klassischen heimischen Sorten verbunden, keltert stets fließende und authentische Rieslinge und Veltliner. Daneben wird in seinem Keller aber auch Grauburgunder maischevergoren (sehr gut: der 2017er), oder es entsteht höchst spannender Rotwein wie der kräuterwürzige, elegante und rebsortentypische Syrah Pulp Fiction.

18		Grüner Veltliner for friends only (aus der Magnum) 2017 Smaragd	€ 40,00
17,5		Grüner Veltliner Kollmitz 2018 Smaragd	€ 20,00
17,5		Riesling Kollmütz 2018 Smaragd	€ 20,00
17		Cuvée weiß Pulp Fiction No. 5 2017	€ 20,00
17		Grauburgunder maischevergoren 2017	€ 40,00
16,5		Grüner Veltliner Postolern 2018 Smaragd	€ 25,00
16,5		Syrah Pulp Fiction No. 4 2017	€ 17,00
16		Cuvée weiß Pulp Fiction No. 3 2017	€ 14,00
15,5		Grüner Veltliner Bachsatz 2017 Federspiel	€ 14,00
15,5		Riesling Mitz&Mütz 2018 Federspiel	€ 14,00

Top-Weine vergangener Jahrgänge:

18		Grüner Veltliner Steinwand Maische 2015 Smaragd
18		Grüner Veltliner Steinwand 2016 Smaragd
18		Riesling Kollmütz 2016 Smaragd

Nikolaihof Wachau

3512 Mautern
Nikolaigasse 3
Tel.: 02732 82901
wein@nikolaihof.at
www.nikolaihof.at

Der Nikolaihof Wachau umfasst rund 22 Hektar Weinbaufläche, die nach den Demeter-Richtlinien bewirtschaftet werden. Nikolaus Saahs führt den Betrieb. Seine Philosophie ist es, der Natur ihren Lauf zu lassen, so wenig wie möglich einzugreifen und den Weinen ausreichend Zeit zu geben, sich zu entwickeln. Das ist ein wichtiger Faktor für die Strahlkraft der Weine. Einige kommen erst mit der richtigen Reife zum Kunden, die Vinothek wird in der Regel frühestens nach 15 Jahren im Fass gefüllt.

18,5		Riesling Vinothek 2002
18		Riesling Steiner Hund 2014
17,5		Grüner Veltliner Im Weingebirge Baumpresse 2013
17,5		Riesling Klause Am Berg 2012
17		Riesling Vom Stein 2011 Federspiel
16,5		Grüner Veltliner Im Weingebirge 2018 Federspiel
16,5		Riesling Vom Stein 2018 Federspiel
15,5		Grüner Veltliner Zwickl 2018

Top-Weine vergangener Jahrgänge:

19		Riesling Vinothek 1997
18,5		Riesling Vinothek 2000
18		Riesling Im Weingebirge Baumpresse 2013

WEINGÜTER IN DER WACHAU

Anton Nothnagl

3620 Spitz
Radlbach 7
Tel.: 02713 2612
weingut@nothnagl.at
www.nothnagl.at

Das Weingut, der Rondellenhof, liegt im Spitzer Ortsteil Radlbach. Mit dem Jahr 1872 ist es im Besitz der Familie. Seit der Absolvierung der Weinbauschule Krems arbeitet Anton Nothnagl im Betrieb, seit 1997 leitet er ihn. Wichtig sind ihm seine Rieden. Das Portfolio kann sich sehen lassen. Es setzt nicht nur auf Riesling und Grünen Veltliner, sondern ist vielmehr offen für eine breitere Rebsortenpalette. Heuer kosteten wir noch den eleganten Weißburgunder sowie den hellfruchtigen Chardonnay.

17	Grüner Veltliner Ried Steinporz 2018 Smaragd	€ 12,50
16,5	Grüner Veltliner Ried Setzberg 2018 Smaragd	€ 12,50
16,5	Grüner Veltliner Ried Burgberg 2018 Smaragd	€ 12,50
16,5	Riesling Ried Setzberg 2018 Smaragd	€ 13,00
16	Chardonnay Ried Pluris 2018 Smaragd	€ 12,00
16	Grüner Veltliner Ried Burgberg 2018 Federspiel	€ 8,00
16	Weißburgunder Ried Steinporz 2018 Smaragd	€ 12,00
15,5	Grüner Veltliner Ried Steinporz 2018 Federspiel	€ 8,00
15,5	Riesling Ried Burgberg 2018 Federspiel	€ 9,00

Top-Weine vergangener Jahrgänge:

17,5	Riesling Ried Setzberg 2010 Smaragd
17,5	Riesling Ried Setzberg 2011 Smaragd
17	Grüner Veltliner Ried Setzberg 2017 Smaragd

F. X. Pichler

3601 Dürnstein
Oberloiben 57
Tel.: 02732 85375
weingut@fx-pichler.at
www.fx-pichler.at

Um eine solch klare Weinserie wie jene von Lucas Pichler zu vinifizieren, bedarf es vieles. Wichtige Voraussetzungen sind für ihn: ausschließlich Handlese der hochwertigsten, physiologisch reifsten Trauben in mehreren Durchgängen, schonende Verarbeitung und traditioneller Ausbau der Weine im großen Eichenholzfass, konsequenter Verzicht auf jegliche Aufzuckerung, Schönung und Konzentration. All das sorgt für Natürlichkeit und Nachvollziehbarkeit der Qualität.

19	Grüner Veltliner M 2018 Smaragd
19	Grüner Veltliner Unendlich 2017 Smaragd
19	Riesling M 2018 Reserve
18,5	Riesling Ried Kellerberg 2018 Smaragd
18	Grüner Veltliner Ried Liebenberg 2018 Smaragd
18	Grüner Veltliner Ried Kellerberg 2018 Smaragd
17,5	Grüner Veltliner Ried Loibenberg 2018 Smaragd
17,5	Riesling Ried Loibenberg 2018 Smaragd
17	Grüner Veltliner Ried Steinertal 2018 Smaragd
17	Riesling Ried Steinertal 2018 Smaragd
17	Gelber Muskateller Ried Loibenberg 2018 Auslese

Top-Weine vergangener Jahrgänge:

19,5	Riesling Ried Kellerberg 2012 Smaragd
19,5	Riesling Unendlich 2015 Smaragd
19,5	Riesling Ried Kellerberg 2016 Smaragd

WEINGÜTER IN DER WACHAU

Franz Pichler
3610 Wösendorf
Hauptstraße 68
Tel.: 02715 23070
0664 3970160
weingut.pichler@aon.at
www.f-pichler.at

Gut drei Jahrzehnte ist es her, dass Franz Pichler auf ein paar Kleinstparzellen sein Weingut in Wösendorf gründete – in der Zwischenzeit bewirtschaftet er sieben Hektar, auf denen er seit mehreren Jahren mit seinem Sohn Franz kooperiert. Sie versuchen, die Trauben aus ihren Weingärten so spät wie möglich zu ernten, oft erst im November. Ihre Weine sind daher auch immer sehr kräftig und markant. Unser Topwein heuer: der kühle, präzise Riesling Gaisberg.

18		Riesling Gaisberg 2018 Smaragd	€ 25,00
17,5		Grüner Veltliner Kollmütz DB 2017 Smaragd	€ 36,00
17		Grüner Veltliner Kollmitz 2018 Smaragd	€ 22,00
17		Riesling Harzenleiten 2017 Smaragd	€ 25,00
16,5		Grüner Veltliner Hochrain 2018 Smaragd	€ 19,00
16,5		Riesling Kollmitz 2018 Smaragd	€ 22,00
16		Riesling Terrassen 2018 Federspiel	€ 13,00
16		Weißburgunder Gaisberg 2017 Smaragd	€ 18,00
15		Chardonnay Smaragd	€ 18,00
15		Grüner Veltliner Bachgarten 2018 Federspiel	€ 11,00

Top-Weine vergangener Jahrgänge:

19	Riesling Harzenleiten 2011 Smaragd	
18	Grüner Veltliner Kollmitz 2011 Smaragd	
18	Riesling Kollmitz 2011 Smaragd	

Rudi Pichler
3610 Wösendorf
Marienfeldweg 122
Tel.: 02715 2267
0664 3445742
weingut@rudipichler.at
www.rudipichler.at

Seit 1731 betreibt die Familie Pichler Weinbau in Wösendorf. 1997 übernimmt Rudi III. die Verantwortung, erweitert die Weingärten und baut 2004 einen neuen Keller, der den heutigen Qualitätsanforderungen entspricht und auch in architektonischer Hinsicht Tradition und Moderne verbindet. Aktuell werden 12,5 Hektar Weingärten bewirtschaftet. Besonders ist Jahr für Jahr der unnachahmliche Stil des Winzers – markant, dynamisch, fast fordernd und sehr eigenständig.

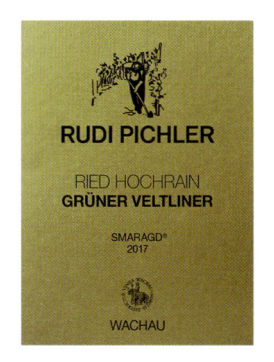

19		Riesling Achleithen 2018 Smaragd	€ 42,00
18		Grüner Veltliner Achleithen 2018 Smaragd	€ 42,00
18		Riesling Hochrain 2018 Smaragd	€ 26,00
17,5		Grüner Veltliner Hochrain 2018 Smaragd	€ 26,00
17,5		Riesling Terrassen 2018 Smaragd	€ 16,00
17,5		Riesling Kirchweg 2018 Smaragd	€ 26,00
17,5		Weißburgunder Kollmütz 2018 Smaragd	€ 18,00
17		Grüner Veltliner Kollmütz 2018 Smaragd	€ 26,00
16,5		Riesling 2018 Federspiel	€ 10,80
16		Grüner Veltliner Terrassen 2018 Smaragd	€ 16,00
15		Grüner Veltliner 2018 Federspiel	€ 10,80

Top-Weine vergangener Jahrgänge:

19,5	Riesling Achleithen 2013 Smaragd	
19,5	Riesling Achleithen 2015 Smaragd	
19,5	Riesling Achleithen 2016 Smaragd	

WEINGÜTER IN DER WACHAU

Prager
3610 Weißenkirchen
Wachaustraße 48
Tel.: 02715 2248
prager@weissenkirchen.at
www.weingutprager.at

Anton Bodensteins Weine haben immer etwas ganz Eigenständiges: Es sind ganz zweifellos große Wachauer Rieslinge und Veltliner, fest auf das jeweilige Terroir gegründet, präzise und klar in der Sortenaromatik und ganz selbstverständlich tief und lang. Die Passion des Winzers ist die Geologie. Schier unergründlich sind die feinen Unterschiede der einzelnen Weinbergslagen, enorm vielfältig deren Facetten. Großartige Spannung hat der Veltliner vom Zwerithaler Kammergut.

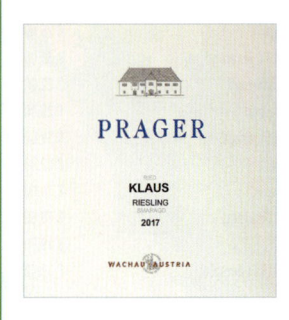

19	🍇🍇🍇🍇	Grüner Veltliner Ried Zwerithaler Kammergut 2018 Smaragd
19	🍇🍇🍇🍇	Riesling Ried Klaus 2018 Smaragd
18,5	🍇🍇🍇🍇	Grüner Veltliner Ried Achleiten Stockkultur 2018 Smaragd
18,5	🍇🍇🍇🍇	Grüner Veltliner Wachstum Bodenstein 2018 Smaragd
18,5	🍇🍇🍇🍇	Riesling Wachstum Bodenstein 2018 Smaragd
18	🍇🍇🍇🍇	Riesling Ried Achleiten 2018 Smaragd
17,5	🍇🍇🍇	Grüner Veltliner Ried Achleiten 2018 Smaragd
17	🍇🍇🍇	Riesling Ried Steinriegl 2018 Federspiel
16	🍇🍇	Grüner Veltliner Ried Hinter der Burg 2018 Federspiel

Top-Weine vergangener Jahrgänge:

19	🍇🍇🍇🍇	Grüner Veltliner Wachstum Bodenstein 2016 Smaragd
19	🍇🍇🍇🍇	Riesling Wachstum Bodenstein 2016 Smaragd
19	🍇🍇🍇🍇	Grüner Veltliner Wachstum Bodenstein 2017 Smaragd

Schmelz
3610 Joching
Weinbergstraße 14
Tel.: 02715 2435
0664 1320677
info@schmelzweine.at
www.schmelzweine.at

Seit 150 Jahren wird das Weingut Schmelz als Familienbetrieb geführt. Bereits die vergangenen 30 Jahre spielte man in der vordersten Riege der Weingüter der Wachau mit. Auch wenn man hier mit der Zeit geht, sind die Werte im Betrieb doch traditionell verhaftet und im Prinzip gestern wie heute gültig: Leidenschaft für die Natur, Sorgfalt bei der Arbeit in den Weingärten, Respekt gegenüber den Rebstöcken und das Einbringen von Erfahrung. Die moderne Vinifikation gibt den letzten Schliff.

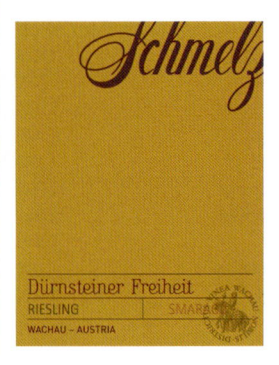

18,5	🍇🍇🍇🍇	Riesling Dürnsteiner Freiheit 2018 Smaragd	€ 22,00
18	🍇🍇🍇🍇	Grüner Veltliner Ried Steinertal 2018 Smaragd	€ 20,00
18	🍇🍇🍇🍇	Riesling Ried Steinriegl 2018 Smaragd	€ 21,00
17,5	🍇🍇🍇	Grüner Veltliner Ried Pichl Point 2018 Smaragd	€ 18,50
17,5	🍇🍇🍇	Grüner Veltliner Ried Loibenberg 2018 Smaragd	€ 18,00

Top-Weine vergangener Jahrgänge:

18,5	🍇🍇🍇🍇	Grüner Veltliner Best of 2016 Smaragd
18,5	🍇🍇🍇🍇	Riesling Dürnsteiner Freiheit 2016 Smaragd
18	🍇🍇🍇🍇	Grüner Veltliner Ried Steinertal 2017 Smaragd

WEINGÜTER IN DER WACHAU

Tegernseerhof

3601 Unterloiben 12
Tel.: 02732 85362
office@tegernseerhof.at
www.tegernseerhof.at

Die Geschichte des Tegernseerhofs reicht über 1000 Jahre zurück, als Kaiser Heinrich II. dem Benediktinerkloster Tegernsee „zwei Huben Land" in der Wachau schenkte. Im Jahr 1176 wurde darauf der Tegernseerhof errichtet – benannt nach seinem Eigentümer. Heute, viele Jahrhunderte später, ist er bereits in der fünften Generation im Besitz der Familie Mittelbach. Sein Name ist erhalten geblieben wie das uralte Wissen über Wein. Geführt wird der Hof von Martin Mittelbach.

18,5	🍇🍇🍇🍇	Grüner Veltliner Ried Höhereck 2018 Smaragd	€ 28,00
18,5	🍇🍇🍇🍇	Riesling Ried Steinertal 2018 Smaragd	€ 28,00
18,5	🍇🍇🍇🍇	Riesling Ried Kellerberg 2018 Smaragd	€ 28,00
18	🍇🍇🍇🍇	Grüner Veltliner Ried Schütt 2018 Smaragd	€ 28,00
17,5	🍇🍇🍇🍇	Grüner Veltliner Ried Loibenberg 2018 Smaragd	€ 24,00
17,5	🍇🍇🍇🍇	Riesling Ried Loibenberg 2018 Smaragd	€ 24,00
17	🍇🍇🍇🍇	Riesling Bergdistel 2018 Smaragd	€ 18,00
16,5	🍇🍇🍇	Grüner Veltliner Bergdistel 2018 Smaragd	€ 18,00

Top-Weine vergangener Jahrgänge:

19	🍇🍇🍇🍇	Riesling Ried Kellerberg 2011 Smaragd
19	🍇🍇🍇🍇	Riesling Ried Steinertal 2016 Smaragd
18,5	🍇🍇🍇🍇	Riesling Ried Kellerberg 2017 Smaragd

Weinhofmeisterei Mathias Hirtzberger

3610 Wösendorf
Hauptstraße 142
Tel.: 02715 22955
buero@weinhofmeisterei.at
www.weinhofmeisterei.at

Die Weinhofmeisterei wird von Hanna und Mathias Hirtzberger geführt, die vor einigen Jahren aus glücklicher Fügung begannen, Flächen in Bestlagen von Wösendorf zu kaufen und zu bewirtschaften. Mit dem neuen Weingut ist ein vor fünf Jahren begonnener Traum von Mathias Hirtzberger wahr geworden. Das charakteristische Gebäude das in Ziegelbauweise errichtet wurde, ist kein wuchtiger Bau, sondern wurde wie ein Lesehof als Einheit mit drei Gebäuden geplant.

18	🍇🍇🍇🍇	Riesling Kollmitz 2018 Smaragd
18	🍇🍇🍇	Grüner Veltliner 2017 Beerenauslese
17,5	🍇🍇🍇🍇	Grüner Veltliner Spitaler 2018 Smaragd
17,5	🍇🍇🍇🍇	Grüner Veltliner Kollmütz 2018 Smaragd
17	🍇🍇🍇🍇	Grüner Veltliner Greif 2018 Smaragd
17	🍇🍇🍇🍇	Riesling Bach 2018 Smaragd
16,5	🍇🍇🍇	Riesling Zier 2018 Smaragd
16	🍇🍇🍇	Grüner Veltliner Treu 2018 Federspiel

Top-Weine vergangener Jahrgänge:

18	🍇🍇🍇🍇	Grüner Veltliner Kollmütz 2016 Smaragd
18	🍇🍇🍇🍇	Grüner Veltliner Kollmütz 2017 Smaragd
18	🍇🍇🍇🍇	Riesling Kollmitz 2017 Smaragd

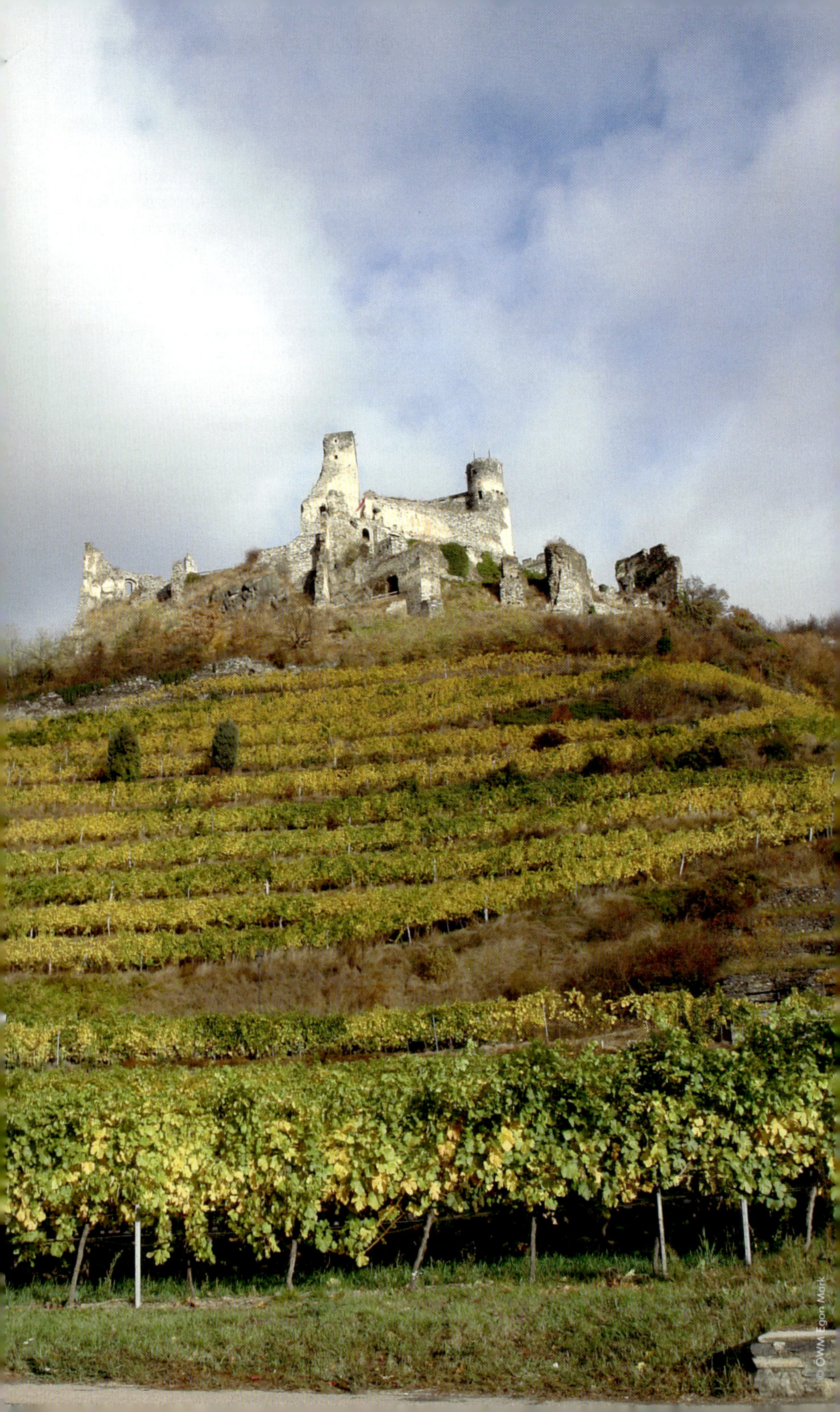

© ÖWM Egon Mark

KREMSTAL

Weitläufige Löss-Landschaften und offenes Gelände mit einem milden, ausgewogenen Klima prägen das Kremstal. Vor allem Grüner Veltliner, aber auch Riesling und Burgunder gedeihen hier prächtig.

LIEBLINGSWEIN DER REDAKTION

2017 Grüner Veltliner Spiegel – Mantlerhof
Wein-Tester des Gault&Millau: Daniel Schicker

„The dark side of Grüner Veltliner": rauchig, moosig, samt expressiver dunkler Würze. Am Gaumen dann viel Dichte, gelber Apfel und eine gute Pikanz. Nur wenige verstehen es, den Lagencharakter so einzufangen wie die Mantlers. Beeindruckend, wie sanft dieser Riese jetzt schon ist. Mehr davon!

WEINGÜTER IM KREMSTAL

Wolfgang Aigner

3500 Krems
Wiener Straße 133
Tel.: 02732 84558
0664 2001612
info@aigner-wein.at
www.aigner-wein.at

Das Weinmachen wurde Wolfgang Aigner in die Wiege gelegt. Heute werden rund 15 Hektar in der Kremser Region bewirtschaftet. Zu den Toplagen zählen dabei Sandgrube, Frechau und Weinzierlberg. Das Weingut wird als Familienbetrieb geführt, zu dem noch ein stattliches Gästehaus gehört. Hauptaugenmerk legt Wolfgang Aigner auf den Grünen Veltliner, von dem er eine breite Kollektion vinifiziert. Unser Topwein: der pfefferwürzige, nach Tabak duftende Frechau.

17,5		Grüner Veltliner Ried Frechau 2017 **	€ 24,80
17		Grüner Veltliner Ried Obere Sandgrube 2017 **	€ 13,50
16		Grüner Veltliner Sandgrube 2018 *	€ 8,00
15,5		Riesling Ried Weinzierlberg 2018 *	€ 7,90
15		Gelber Muskateller 2018	€ 7,90
15		Grüner Veltliner Weinzurl 2018 *	€ 6,80
13,5		Sauvignon Blanc 2018	€ 8,50

Top-Weine vergangener Jahrgänge:

18		Grüner Veltliner Privat 2014 **
18		Riesling Ried Weinzierlberg 2015 *
17,5		Grüner Veltliner Elitär 2013 **

Philipp Bründlmayer

3485 Grunddorf
Ortsring 44
Tel.: 02735 5112
0676 5706940
office@josef-bruendlmayer.at
www.philipp-bruendlmayer.at

Schon wieder eine Steigerung – Gratulation an Philipp Bründlmayer zu seiner bestechenden Weinserie. Vor allem die Rieslinge gehören mit zum Besten im Kremstal. Bravo! Uns gefällt aber auch sehr der stilsichere Neuburger, der enorm rebsortentypisch, mit feinem nussigen Duft und hellen Blüten sowie viel Charme und Finesse am Gaumen daherkommt. Der Prachtwein hat eine balancierte und stützende Säure und ist geradezu prädestiniert als Speisenbegleiter für altösterreichische Küche.

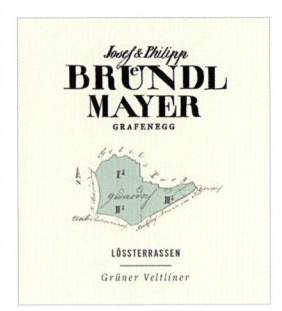

18		Neuburger Ried Vordernberg 2018	€ 11,00
18		Riesling Ried Moosburgerin 2018 **	€ 19,00
18		Riesling Ried Steingraben 2018 **	€ 19,00
17,5		Grüner Veltliner Ried Moosburgerin 2018 **	€ 19,00
17		Riesling Kaiserstiege 2018 *	€ 10,50
16,5		Grüner Veltliner Ried Vordernberg 2018 **	€ 19,00
16		Grüner Veltliner Kaiserstiege 2018 *	€ 10,50
16		Weißburgunder Konglomerat 2018	€ 9,00

Top-Weine vergangener Jahrgänge:

18,5		Riesling Steingraben 2017 **
18		Grüner Veltliner Moosburgerin 2017 **
18		Riesling Moosburgerin 2017 **

Kremstal DAC *, Kremstal DAC Reserve **

WEINGÜTER IM KREMSTAL

Buchegger
3552 Dross 300
Tel.: 02719 30056
weingut@buchegger.at
www.buchegger.at

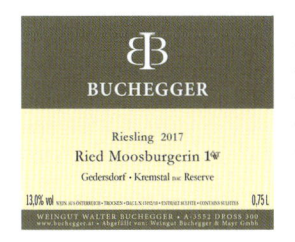

Silke Mayr und Kellermeister Michael Nastl führen das Weingut im Sinne von Walter Buchegger weiter. Sie bleiben der Weingutslinie treu und die Kollektion glänzt wie eh und je – das würde dem im Vorjahr viel zu früh verstorbenen Winzer sehr gefallen. Vor allem die Weine der Paradelage des Betriebes, der Moosburgerin (beim Riesling: facettenreiches Zitrusbukett, herrliche Pikanz und beim Veltliner: deutliche Kräuterwürze, hinterlegt mit saftiger, gelber Frucht), sind brillant und tiefgründig.

18		Grüner Veltliner Ried Moosburgerin 2018 **	€ 21,00
18		Grüner Veltliner Ried Vordernberg 2018 **	€ 24,00
18		Riesling Ried Moosburgerin 2018 **	€ 21,00
17,5		Riesling Ried Vordernberg 2018 **	€ 18,00
17		Grüner Veltliner Leopold 2018 *	€ 19,00
16		Grüner Veltliner Pfarrweingarten 2018 *	€ 15,00
16		Riesling Ried Tiefenthal 2018 *	€ 13,00
16		Roter Veltliner Ried Tiefenthal 2018	€ 13,00
15,5		Grüner Veltliner Ried Geppling 2018 *	€ 9,50

Top-Weine vergangener Jahrgänge:

18,5		Riesling Ried Moosburgerin 2013 **
18,5		Riesling Ried Moosburgerin 2014
18		Riesling Ried Moosburgerin 2017 **

Josef Dockner
3508 Höbenbach
Ortsstraße 30
Tel.: 02736 7262
winzerhof@dockner.at
www.dockner.at

Hier im Betrieb ist man spezialisiert auf Grüne Veltliner und Rieslinge, die sowohl Struktur als auch große Trinkfreudigkeit besitzen und somit viele Fans haben. Vater und Sohn Dockner betreiben ihr Weingut samt Sektmanufaktur mehr als erfolgreich. Die gesamte Familie hat Anteil daran. Es werden die Trauben von stattlichen 75 Hektar Eigenfläche sowie zusätzlich 55 Hektar von Vertragswinzern verarbeitet. Die Weine sind stets der Region verpflichtet und zeigen ihren Lagencharakter.

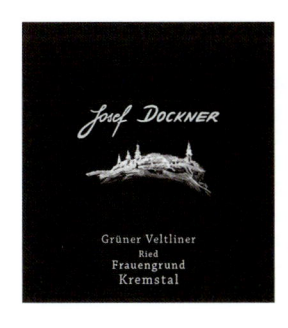

17		Grüner Veltliner Ried Lusthausberg Hollenburg 2018 *	€ 12,50
17		Grüner Veltliner Ried Leithen Tiefenfucha Privatfü. Gudrun 2017 **	€ 19,00
17		Riesling Ried Leithen Tiefenfucha Privatfüllung Sepp 2018 **	€ 19,00
16,5		Grüner Veltliner Ried Gottschelle Furth 2018 *	€ 10,00
16		Grüner Veltliner Wachau Alte Reben 2018 Reserve	€ 10,00
16		Grüner Veltliner Joe Göttweiger Berg 2017 Reserve	€ 10,00
16		Riesling Ried Gottschelle Furth 2018 *	€ 10,00
16		Riesling Ried Rosengarten Tiefenfucha 2018 *	€ 12,50

Top-Weine vergangener Jahrgänge:

18,5		Riesling Privatfüllung Sepp 2011 **
18		Riesling Ried Rosengarten 2013 Eiswein
18		Riesling Ried Rosengarten 2011 **

Kremstal DAC *, Kremstal DAC Reserve **

WEINGÜTER IM KREMSTAL

Josef Edlinger
3511 Furth-Palt
Lindengasse 22
Tel.: 02732 77622
j.edlinger@a1.net
www.edlingerwein.at

Das Weingut Edlinger ist ein traditioneller Familienbetrieb. Langsam wächst gerade die nächste Generation mit hinein. Die Geschichte reicht bis 1842 zurück. Auf den Rebflächen rund um den Göttweiger Berg, einen Bergrücken unterhalb des Stifts Göttweig, befinden sich die Weinlagen. Dort wachsen hauptsächlich Riesling und Grüner Veltliner, aber auch Pinot Noir und Merlot. Die wichtigsten Rieden sind Höhlgraben, Steiner Point, Silberbühel, Neuberg, Satzen und Katzengraben.

17	🍇🍇🍇	Riesling Silberbühel 2018	€ 10,00
17	🍇🍇🍇🍇	Grüner Veltliner Hintere Point 2017 Eiswein	€ 20,00
16,5	🍇🍇🍇	Grüner Veltliner Hintere Point 2017 **	€ 15,00
16,5	🍇🍇🍇	Grüner Veltliner Mitanaund 2017 **	€ 19,00
16,5	🍇🍇🍇	Riesling Neuberg 2018 *	€ 8,00
16	🍇🍇🍇	Pinot Noir Göttweiger Berg 2017	€ 12,00
15,5	🍇🍇	Grüner Veltliner Optimas 2018 *	€ 10,00
14,5	🍇	Merlot Göttweiger Berg 2015	€ 10,00

Top-Weine vergangener Jahrgänge:

17,5	🍇🍇🍇🍇	Riesling Neuberg 2015 **
17,5	🍇🍇🍇🍇	Riesling Silberbühel 2014
17,5	🍇🍇🍇🍇	Riesling Silberbühel 2011

Geyerhof
3511 Furth-Oberfucha
Ortsstraße 1
Tel.: 02739 2259
weingut@geyerhof.at
www.geyerhof.at

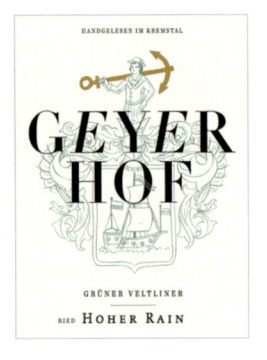

Plakative und opulente Gewächse standen noch nie im Fokus am Geyerhof. Vielmehr zeigen die Maiers mit ihren Weinen, wie individuell der Ausdruck des Jahrgangs, der Rebsorte und des Bodens sein kann. Im Keller gilt es als oberstes Ziel, die Qualität aus dem Weingarten zu halten und durch das bewusste „nicht Eingreifen" die Eigenständigkeit zu bewahren. Ein freudiges und hochwertiges Erlebnis ist der Pét Nat 360° – hier stimmt alles: Frucht, Säure, Balance, Prickeln und Nachhall.

18,5	🍇🍇🍇🍇	Riesling Ried Goldberg 1ÖTW 2017 *	€ 30,00
18	🍇🍇🍇🍇	Grüner Veltliner Ried Steinleithn 1ÖTW 2017 *	€ 19,00
18	🍇🍇🍇🍇	Riesling Ried Kirchensteig 2017 *	€ 22,00
17,5	🍇🍇🍇🍇	Grüner Veltliner Ried Gaisberg 1ÖTW 2017 *	€ 19,00
17	🍇🍇🍇	Grüner Veltliner Pét Nat 360° 2017	€ 23,00
17	🍇🍇🍇	Grüner Veltliner wildwux 2018 *	€ 13,00
17	🍇🍇🍇	Riesling Ried Johannisberg 2018 *	€ 15,00
16,5	🍇🍇🍇	Grüner Veltliner Ried Hoher Rain 2018 *	€ 9,90
16,5	🍇🍇🍇	Riesling Ried Sprinzenberg 2018 *	€ 11,40
15,5	🍇🍇	Grüner Veltliner Ried Rosensteig 2018 *	€ 8,40

Top-Weine vergangener Jahrgänge:

19	🍇🍇🍇🍇🍇	Riesling Ried Goldberg 1ÖTW 2013 **
19	🍇🍇🍇🍇🍇	Riesling Ried Goldberg 1ÖTW 2015
19	🍇🍇🍇🍇🍇	Riesling Ried Goldberg 1ÖTW 2016 *

WEINGÜTER IM KREMSTAL

Anton Hagen
3503 Krems-Rehberg
Seilerweg 45
Tel.: 02732 78160
info@weingut-hagen.at
www.weingut-hagen.at

Die Serie der Hagens ist wieder sehr gut gelungen. Was hervorzuheben ist: das besondere Preis-Genuss-Verhältnis der Weine. Im Kremser Stadtteil Rehberg liegt das Weingut von Ulrike und Anton Hagen – seit mehr als 200 Jahren ist es in Familienbesitz. Winzer Anton Hagen ist sich der langen Weinbautradition bewusst, aber auch davon überzeugt, dass diese erst in Verbindung mit behutsamem Einsatz moderner Kellerwirtschaft trinkfreudige und stilsichere Weine hervorbringt.

Punkte		Wein	Preis
17,5		Grüner Veltliner Holzgasse Alte Reben 2018 **	€ 11,30
17		Riesling Weinzierlberg 2018 *	€ 8,90
17		Riesling Altenburg 2018 *	€ 11,30
16		Grüner Veltliner Holzgasse 2018 *	€ 8,20
16		Riesling Kremsleithen 2018 *	€ 6,90
15		Gelber Muskateller Kremser 2018	€ 6,90
15		Weißburgunder Kremser 2018	€ 9,70
14		Grüner Veltliner Rehberger Weingärten 2018 *	€ 6,90

Top-Weine vergangener Jahrgänge:

17,5		Grüner Veltliner Holzgasse 2015 **	
17,5		Grüner Veltliner Alte Reben 2017 **	
17		Grüner Veltliner Holzgasse 2017 *	

Maria und Andreas Harm
3508 Krustetten, Grundgasse 51
Tel.: 02739 77137
0660 5083049
office@harmwein.at
www.harmwein.at

demeter
biodynamische Qualität

Maria und Andreas Harm haben sich 2010 für ein Leben mit den Reben und in der Natur entschieden. Bis dahin waren sie in anderen, akademischen Berufen tätig. Maria als Französischlehrerin, Andreas als Bioweinbauberater und wissenschaftlicher Forscher im Weinlabor. Heute bewirtschaften sie Flächen in berühmten Wachauer Lagen wie Hollerin oder Kellerberg sowie im Kremstal. Ganz nebenbei erwähnen sie, fast wie selbstverständlich, dass Bioweinbau für sie normaler Weinbau sei.

18		Riesling Dürnsteiner Hollerin 2017	€ 23,00
17,5		Grüner Veltliner Silberbichl Mautern 2018	€ 11,00
17		Grüner Veltliner Löss und Leben 2018 *	€ 13,50
17		Riesling Alaun 2018	€ 10,50
16,5		Gelber Muskateller 2018	€ 9,00
16,5		Grüner Veltliner Kremser Wachtberg 2018	€ 16,50

Top-Weine vergangener Jahrgänge:

17,5		Riesling Dürnsteiner Hollerin 2015	
17,5		Riesling Höll 2016	
17,5		Grüner Veltliner Kremser Wachtberg 2016 **	

Kremstal DAC *, Kremstal DAC Reserve **

WEINGÜTER IM KREMSTAL

Lesehof Stagård
3500 Krems-Stein
Hintere Fahrstraße 3
Tel.: 0660 191 70 66
office@stagard.at
www.stagard.at

bio

Urban Stagård schafft jedes Jahr eine der eindrücklichsten Riesling-Serien in Niederösterreich. Hierfür sind viel Herzblut und noch mehr Handarbeit notwendig. Und: Er bleibt dabei immer sehr genau jeder seiner acht einzelnen Rieden verpflichtet. Für uns waren es heuer der Riesling vom Schreck, der enorm steilen Lage oberhalb von Krems-Stein, der mit seiner Engmaschigkeit und Mineralität gefiel, sowie der hochkomplexe Braunsdorfer, der mit Pikanz sowie Zitrus- und Pfirsichnoten punktete.

18,5	Riesling Steiner Schreck 2018	€ 23,00
18,5	Riesling Braunsdorfer 2018	€ 23,00
18	Riesling Steiner Hund 2018	€ 23,00
18	Riesling 501 2018	€ 36,00
17	Riesling Pfaffenberg 2018	€ 23,00
17	Riesling Rock n´ 2018 Kabinett	€ 16,00

Top-Weine vergangener Jahrgänge:

18,5	Riesling Steiner Schreck 2015
18,5	Riesling Braunsdorfer 2017
18,5	Riesling Goldberg 2017

WEIN CABINET
LESEHOF STAGÅRD

RIESLING AUS STEIN

Urban Stagård sorgt mit seinen terroirgeprägten und eigenständigen Rieslingvarianten seit einiger Zeit für Höhepunkte in der österreichischen Weißweinwelt.

„Mineralisch, kühl, animierend und vielschichtig."

Das ganze Sortiment finden Sie in unserer Vinothek im Wein.Cabinet

www.stagard.at

WEINGÜTER IM KREMSTAL

Malat

3511 Furth-Palt
Hafnerstraße 12
Tel.: 02732 82934
weingut@malat.at
www.malat.at

Michael Malat führt den Familienbetrieb in Furth-Palt, zu dem neben dem Weingut eine Sektkellerei und ein wunderschönes Hotel mitten in den Weingärten gehören. Wichtig sind ihm regionstypische Weine, die aber gleichzeitig große Trinkfreude machen. Großes Augenmerk legt er dabei natürlich auf Riesling und Grünen Veltliner, die Paradesorten des Gebietes. Daneben hat er eine große Rebsortenpalette im Anbau, die vom Muskateller über Pinot Blanc, Pinot Noir und St. Laurent reicht.

17,5		St. Laurent Ried Satzen 2017	€ 20,00
17		Chardonnay Ried Hochrain 2017	€ 32,00
16		Pinot Blanc Ried Am Zaum 2018	€ 12,00
16		Pinot Noir Furth 2017	€ 12,00
15,5		Gelber Muskateller Ried Landwid 2018	€ 13,00
15,5		Grüner Veltliner Ried Höhlgraben 2018 *	€ 13,00
15,5		Cabernet Sauvignon Rosé Furth 2018	€ 9,50

Top-Weine vergangener Jahrgänge:

18		Grüner Veltliner Das Beste 2013 **	
18		Cuvée weiß 2012 Trockenbeerenauslese	
17,5		Chardonnay Ried Hochrain 2015	

Mantlerhof

3494 Gedersdorf
Brunn im Felde, Hauptstraße 50
Tel.: 02735 8248
weingut@mantlerhof.com
www.mantlerhof.com

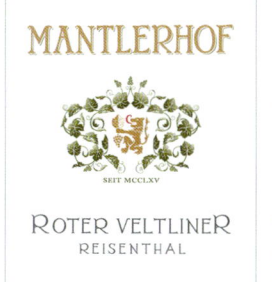

Der Mantlerhof in Gedersdorf liegt im Herzen einer der bemerkenswertesten Lösslandschaften Mitteleuropas. Der feinkörnige Aufbau des Bodens erlaubt es der Rebe tief zu wurzeln. Neben dem Klima prägt der Löss die Weine der Region am meisten. Paradelagen in diesem Sinne sind: Reisenthal, Tiefenthal, Weitgasse, Moosburgerin, Spiegel und Wieland. Neben dem eleganten, mineralischen Riesling Wieland gefallen uns heuer die beiden Beerenauslesen aus dem Jahr 2017 außergewöhnlich.

♥ **Lieblingswein der Redaktion**

18,5		Riesling 2017 Beerenauslese	€ 35,00
18		Riesling Wieland 1 ÖTW 2017 **	€ 24,00
18		Grüner Veltliner 2018 Beerenauslese	€ 35,00
17,5		Grüner Veltliner Moosburgerin 1ÖTW 2017 **	€ 14,70
17,5		Grüner Veltliner Spiegel 1ÖTW 2017 ** ♥	€ 20,00
17		Neuburger Hommage 2018	€ 11,60
17		Riesling Steingraben 1ÖTW 2017 **	€ 18,50
17		Roter Veltliner Reisenthal 2018	€ 19,50

Top-Weine vergangener Jahrgänge:

19		Riesling Steingraben 1ÖTW 2016 *	
18,5		Riesling Wieland 1ÖTW 2013 **	
18		Riesling Wieland 1ÖTW 2015 *	

Kremstal DAC *, Kremstal DAC Reserve **

WEINGÜTER IM KREMSTAL

Sepp Moser

3495 Rohrendorf bei Krems
Untere Wiener Straße 1
Tel.: 02732 70531
office@sepp-moser.at
www.sepp-moser.at

Die Familie Moser schätzt die Eigenheiten ihrer verschiedenen Terroirs und lässt daher jeden Wein im Keller in Ruhe zu dem werden, was die Natur vorgesehen hat. Das Weingut wird, als Mitglied im Verband Demeter, nach biodynamischen Grundsätzen bewirtschaftet. Die meisten Weingärten rund um das Stammhaus in Rohrendorf sind Terrassenanlagen, viele davon mit Veltliner und Riesling bestockt. Im zweiten Betrieb in Apetlon im Seewinkel konzentriert man sich auf Rot- und Süßwein.

18		Grüner Veltliner Schnabel 1ÖTW 2018 **	€ 20,00
17,5		Grüner Veltliner Gebling 1ÖTW 2018 **	€ 17,00
17,5		Riesling Gebling 1ÖTW 2018 **	€ 20,00
17,5		Riesling Gänstreiberin 2018 **	€ 25,00
17		Grüner Veltliner Breiter Rain 1ÖTW 2018 **	€ 20,00
17		Grüner Veltliner Fundamental 2017	€ 17,00
17		Zweigelt 2017 Reserve	€ 18,50
17		Pinot Blanc 2017 Beerenauslese	€ 15,00
17		Scheurebe 2017 Schilfwein	€ 25,00
16,5		Cuvée rot Banfalu 2016 Reserve	€ 18,50

Top-Weine vergangener Jahrgänge:

18		Grüner Veltliner Schnabel 1ÖTW 2016 **
18		Grüner Veltliner Breiter Rain 1ÖTW 2017 **
18		Riesling Gebling 1ÖTW 2017 **

Müller-Grossmann

3511 Furth-Palt
Lindengasse 25
Tel.: 02732 83146
0664 216443
office@mueller-grossmann.at
www.mueller-grossmann.at

Marlies Hanke und ihr Mann Florian haben heuer das Weingut von Helma Müller übernommen. Bereits die Jahre zuvor prägte die junge Winzerin das Geschehen. Für sie war und ist es wichtig, Trends wahrzunehmen und auch umzusetzen, trotz allem aber die Tradition nicht aus den Augen zu verlieren. Ihr großes Geschenk: die spezielle Kraft der Weinstöcke rund um den Göttweiger Berg, die von den ganz besonderen Löss-, Lehm-, Schotter- und Urgesteinsböden dieser Region kommt.

17,5		Grüner Veltliner Ried Steinbühel 2018 **	€ 22,00
17		Grüner Veltliner Ried Silberbichl 2018 **	€ 19,00
17		Riesling Ried Steinbühel 2018 **	€ 24,00
16,5		Weißburgunder Ried Steinpoint 2018	€ 12,00
16		Grüner Veltliner Ried Höhlgraben 2018 *	€ 14,00
15,5		Gelber Muskateller Ried Steinbühel 2018	€ 11,00
15		Chardonnay Ried Steinbühel 2018	€ 11,00
15		Zweigelt rosé 2018	€ 7,20

Top-Weine vergangener Jahrgänge:

17,5		Grüner Veltliner Ried Silberbichl 2016 **
17,5		Grüner Veltliner Ried Silberbichl 2017 **
17,5		Riesling Ried Steinbühel 2017 **

WEINGÜTER IM KREMSTAL

WEIN

Nigl

3541 Senftenberg
Kirchenberg 1
Tel.: 02719 2609
info@weingutnigl.at
www.weingutnigl.at

Österreichische Traditionsweingüter
1ᵉ ERSTE LAGEN

Im Jahrgang 2017 hat Martin Nigl eine fantastische Veltliner Trockenbeerenauslese gekeltert. Sie duftet nach Waldhonig, zeigt die typische Kräuterwürze und ist unglaublich cremig. An den Hängen entlang des Kremsflusses im Herzen des Kremstales und an den besten Plätzen für Weinbau im Gebiet in und um die Weinstadt Krems befinden sich die Lagen für Nigls Weine. Die in Terrassenform angelegten, gepflegten Weingärten zwischen Senftenberg und Krems bilden die Basis für die Qualität. Die Rebflächen sind überwiegend mit Grünem Veltliner und Riesling bestockt.

18,5	🍇🍇🍇🍇	Grüner Veltliner 2017 Trockenbeerenauslese
18	🍇🍇🍇🍇	Grüner Veltliner Herzstück Ried Kirchenberg 2018 *
18	🍇🍇🍇🍇	Riesling Privat Ried Hochäcker 1ÖTW 2018 *
18	🍇🍇🍇🍇	Riesling Rehberger Ried Goldberg 2018 *
17,5	🍇🍇🍇🍇	Grüner Veltliner Privat Ried Pellingen 1ÖTW 2018 *
17	🍇🍇🍇🍇	Grüner Veltliner 2017 Eiswein
16,5	🍇🍇🍇	Grüner Veltliner Ried Zwetl 2018
16	🍇🍇🍇	Riesling Piri 2018 *
15,5	🍇🍇🍇	Grüner Veltliner Alte Rebe 2018 *

Top-Weine vergangener Jahrgänge:

18	🍇🍇🍇🍇	Grüner Veltliner Herzstück Ried Kirchenberg 2015 *
18	🍇🍇🍇🍇	Riesling Privat Ried Pellingen 1ÖTW 2016 *
18	🍇🍇🍇🍇	Riesling Ried Goldberg 2017 *

Proidl

3541 Senftenberg
Oberer Markt 5
Tel.: 02719 2458
0676 7197670
weingut@proidl.com
www.proidl.com

Österreichische Traditionsweingüter
1ᵉ ERSTE LAGEN

Das sind markante Statement-Weine: der Grüne Veltliner und der Riesling aus der Serie Generation X – vinifiziert von Patrick Proidl. Seit gut fünf Jahren keltert der junge Winzer, neben der stets herausragenden Kollektion, zwei Weine in seinem vollkommen eigenen Stil. Diese baut er ganz langsam im 500-Liter-Fass aus. Besonders der Riesling 2017 spielt alle Stückerl. Er duftet im besten Sinne wie ein verführerischer Apfelkuchen, ist dicht und trotzdem herrlich fließend am Gaumen.

18,5	🍇🍇🍇🍇	Riesling Senftenberg Generation X 2017	€ 40,00
18	🍇🍇🍇🍇	Grüner Veltliner Senftenberg Generation X 2017	€ 30,00
17,5	🍇🍇🍇🍇	Grüner Veltliner Ried Ehrenfels 1ÖTW 2017 **	€ 22,50
17,5	🍇🍇🍇🍇	Riesling Ried Ehrenfels 1ÖTW 2017 **	€ 32,00
17,5	🍇🍇🍇🍇	Traminer Senftenberg 2017 Trockenbeerenauslese	€ 55,00
17	🍇🍇🍇🍇	Grüner Veltliner Ried Pellingen 1ÖTW 2017 **	€ 16,50
17	🍇🍇🍇🍇	Riesling Ried Pfeinberg 1ÖTW 2017 **	€ 25,00
16,5	🍇🍇🍇	Riesling Ried Hochäcker 1ÖTW 2017 **	€ 25,00

Top-Weine vergangener Jahrgänge:

19,5	🍇🍇🍇🍇🍇	Riesling 2015 Trockenbeerenauslese
19	🍇🍇🍇🍇🍇	Riesling Ried Ehrenfels 1ÖTW 2015 **
18,5	🍇🍇🍇	Riesling Senftenberger 2014 Auslese

Kremstal DAC *, Kremstal DAC Reserve **

WEINGÜTER IM KREMSTAL

Salomon Undhof
3500 Stein a. d. Donau
Undstraße 10
Tel.: 02732 83226
office@salomonwines.com
www.salomonwines.com

Die Familie Salomon macht Wein auf zwei Kontinenten. Neben ihrem Stammbetrieb in Krems gibt es die Salomon Estate in Australien, von wo ihre Rotweine kommen. Im Kremstal entstehen Rieslinge und Grüne Veltliner, die in puncto Finesse in einer eigenen Liga spielen. Sie brauchen stets eine gewisse Reifezeit, um zu wahrer Schönheit aufzublühen, dann sind sie aber mit das Charmanteste und Eleganteste, das es aus dem Kremstal in Flaschen gibt. Große Klasse ist der Riesling Pfaffenberg.

18,5		Riesling Ried Pfaffenberg 2018 **	€ 30,00
18		Riesling Ried Steiner Kögl 2018 **	€ 30,00
17,5		Grüner Veltliner Ried Lindberg 2018 **	€ 30,00
17,5		Riesling Süße Biene 2018 Beerenauslese	€ 16,00
17		Grüner Veltliner Ried Wachtberg 2018 *	€ 16,00
17		Riesling Süße Biene 2009 Beerenauslese	€ 20,00
16,5		Grüner Veltliner Kremser Tor Alte Reben 2018 **	€ 15,90
16,5		Riesling Steiner Tor Alte Reben 2018 **	€ 15,90
16,5		Riesling Ried Kögl 2018 *	€ 16,00

Top-Weine vergangener Jahrgänge:

18,5		Riesling Ried Pfaffenberg 1ÖTW 2016 **	
18,5		Riesling Ried Pfaffenberg 1ÖTW 2017 **	
18,5		Riesling Ried Steiner Kögl 1ÖTW 2017 **	

Josef Schmid
3552 Stratzing
Obere Hauptstraße 38
Tel.: 02719 8288
0676 3118634
weingut@j-schmid.at
www.j-schmid.at

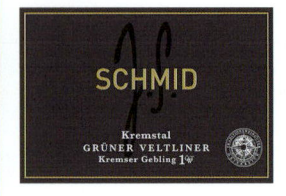

Seit 1865 ist das Weingut in Stratzing bei Krems im Eigentum der Familie. Josef Schmid führt den 20 Hektar großen Betrieb nun seit mittlerweile knapp 30 Jahren und hat sich einen sehr guten Ruf erarbeitet. Von Anfang an war das Ziel, die Weine in der gehobenen Gastronomie zu platzieren. Mit Erfolg. Die Grünen Veltliner und Rieslinge sind heute auf vielen anerkannten Weinkarten zu finden, denn sie sind herrliche Speisebegleiter. Sie punkten durch Typizität und Trinkfreudigkeit.

17		Grüner Veltliner Kremser Gebling 1ÖTW 2018 **	€ 16,00
17		Grüner Veltliner Kremser Frechau 1ÖTW 2018 **	€ 24,00
16,5		Riesling Steiner Pfaffenberg 2018 **	€ 13,50
16,5		Riesling Stratzinger Sunogeln 1ÖTW 2018 **	€ 17,00
16		Grüner Veltliner Alte Reben 2018 **	€ 12,50
16		Riesling vom Urgestein 2018 *	€ 9,50
15,5		Zweigelt Cuvée Lena Marie 2015	€ 13,00
15		Grüner Veltliner Kremser Löss 2018 *	€ 9,00

Top-Weine vergangener Jahrgänge:

18		Riesling Stratzinger Sunogeln 1ÖTW 2016 **	
17,5		Grüner Veltliner Kremser Frechau 1ÖTW 2017 **	
17,5		Riesling Stratzinger Sunogeln 1ÖTW 2017 **	

WEINGÜTER IM KREMSTAL

Stadt Krems

3500 Krems
Stadtgraben 11
Tel.: 02732 80141
office@weingutstadtkrems.at
www.weingutstadtkrems.at

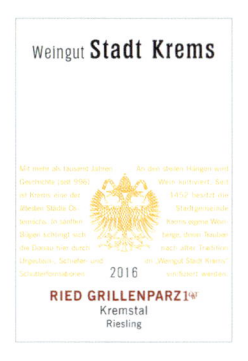

Grüner Veltliner von der Kremser Ried Wachtberg hat immer eine ganz eigene, wilde Kräuterwürzigkeit. Er lässt sich blind nahezu in jedem Veltliner-Flight erschmecken. Diese markante Art zeigt auch jedes Jahr aufs Beste der Wachtberg aus dem Keller von Fritz Miesbauer. Besonders neben seiner Würze ist seine feine Mineralität. Auch herausragend: der Riesling von der Ried Schreck, der steilsten Lage im Kremstal. Die Reben wurzeln hier im Boden von blauen Schieferplatten.

18	🍇🍇🍇🍇	Grüner Veltliner Ried Wachtberg 1ÖTW 2018 *	€ 25,00
18	🍇🍇🍇🍇	Riesling Ried Schreck 2018 *	€ 29,90
17	🍇🍇🍇🍇	Grüner Veltliner Stein 2018 *	€ 14,90
17	🍇🍇🍇🍇	Riesling Ried Grillenparz 1ÖTW 2018 *	€ 25,00
16,5	🍇🍇🍇	Riesling Stein Schieferterrassen 2018 *	€ 14,90
16	🍇🍇🍇	Grüner Veltliner Ried Weinzierlberg 2018 *	€ 10,90
15,5	🍇🍇	Riesling Steinterrassen Kremstal 2018 *	€ 9,90
14,5	🍇	Grüner Veltliner Kremstal 2018 *	€ 8,90

Top-Weine vergangener Jahrgänge:

18	🍇🍇🍇🍇	Grüner Veltliner Ried Wachtberg 1ÖTW 2016 **
18	🍇🍇🍇🍇	Riesling Ried Grillenparz 1ÖTW 2016 **
18	🍇🍇🍇🍇	Riesling Ried Grillenparz 1ÖTW 2017 **

Stift Göttweig

3511 Furth
Göttweig 1
Tel.: 02732 80140
office@weingutstiftgoettweig.at
www.weingutstiftgoettweig.at

Schon alleine die Basisweine – die Messweine in Weiß und in Rosa – überzeugen. Daneben haben Fritz Miesbauer und sein Team wieder, Lage für Lage, eine sehr schöne Weinserie gekeltert. Die Spezialisten für Riesling und Grünen Veltliner punkten besonders beim Veltliner von der Ried Gottschelle – ein Wein mit einer feinen Mineralität und Kräuterwürze. Sehr gut ist auch der Riesling Pfaffenberg, der mit seinem Duft nach rotem Apfel und seiner guten Pikanz überzeugt.

17,5	🍇🍇🍇🍇	Riesling Ried Pfaffenberg 1ÖTW 2018 *	€ 29,90
17	🍇🍇🍇🍇	Grüner Veltliner Ried Gottschelle 1ÖTW 2018 *	€ 25,00
17	🍇🍇🍇🍇	Riesling Ried Silberbichl 1ÖTW 2018 *	€ 25,00
16	🍇🍇🍇	Pinot Noir Göttweiger Berg 2017	€ 14,90
15,5	🍇🍇	Grüner Veltliner Furth 2018 *	€ 10,90
15,5	🍇🍇	Riesling Furth 2018 *	€ 10,90
15	🍇	Grüner Veltliner Messwein 2018	€ 7,50
15	🍇🍇🍇	Rosé Messwein 2018	€ 8,50

Top-Weine vergangener Jahrgänge:

18,5	🍇🍇🍇🍇	Riesling Ried Pfaffenberg 1ÖTW 2016 **
18	🍇🍇🍇🍇	Riesling Ried Pfaffenberg 1ÖTW 2015 **
18	🍇🍇🍇🍇	Riesling Ried Pfaffenberg 1ÖTW 2017 **

Kremstal DAC *, Kremstal DAC Reserve **

WEINGÜTER IM KREMSTAL

Thiery-Weber
3495 Rohrendorf
Melker Straße 1
Tel.: 02732 84467
0676 9705566
office@thiery-weber.at
www.thiery-weber.at

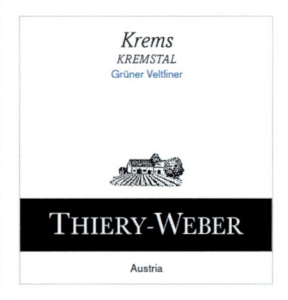

Heuer ist es wieder der Grüne Veltliner Gebling, der uns besonders begeistert. Seine tabakige, feinwürzige, sehr typische Art zieht sich vom Duft bis in den Nachhall. Die ganze Serie ist mehr als ansprechend gemacht. Erich und Maria Weber haben das Weingut 1986 von Karl Thiery mit damals fünf Hektar übernommen und es zu dem gemacht, was es heute ist: einem der Leitbetriebe des Kremstals. Seit 2005 ist Artur Toifl, der Neffe von Maria und Erich, für die Weine verantwortlich.

18		Grüner Veltliner Ried Gebling 1ÖTW 2018 **	€ 19,00
18		Riesling Ried Gebling 1ÖTW 2017 **	€ 19,00
17		Grüner Veltliner Ried Kremser Weinzierlberg 2017 *	€ 12,00
17		Riesling 2017 **	€ 9,90
17		Grüner Veltliner 2016 Beerenauslese	€ 18,00
16		Gemischter Satz Wolferl 2017	€ 20,00
16		Grüner Veltliner Artur Toifl 2018 *	€ 9,00
15,5		Cabernet Sauvignon Grand Reserve 2015	€ 20,00
15		Cabernet Sauvignon 2016 Reserve	€ 15,00

Top-Weine vergangener Jahrgänge:

18		Grüner Veltliner Artur Toifl 2011 **	
18		Grüner Veltliner Ried Gebling 1ÖTW 2017 **	
18		Riesling Ried Gebling 1ÖTW 2017 **	

Türk
3552 Stratzing
Kirchengasse 16
Tel.: 02719 28460
info@weintguttuerk.at
www.weinguttuerk.at

Franz Türk hat sich im Laufe der Jahre einen sehr guten Ruf als Veltliner-spezialist erarbeitet. Unterstützt wird er seit einiger Zeit von seinem Sohn Alexander. Mehr als 75 Prozent ihrer Rebfläche sind mit der heimischen Paradesorte bepflanzt. Auch international ist der Name Türk mittlerweile in aller Munde. Für den Koch des Jahrhunderts – Eckart Witzigmann – kreiert man einen eigenen Veltliner in einer frischen und würzigen Art, die trinkfreudig und gleichzeitig strukturiert ist.

18		Grüner Veltliner Ried Kremser Frechau 1ÖTW 2018 **	€ 28,30
17,5		Grüner Veltliner Ried Obere Kremser Sandgrube 2018 **	€ 16,50
17,5		Grüner Veltliner 2017 Trockenbeerenauslese	€ 29,90
17,5		Grüner Veltliner 2018 Eiswein	€ 23,90
17		Grüner Veltliner Ried Kremser Thurnerberg 1ÖTW 2018 **	€ 21,30
17		Riesling Ried Kremser Wachtberg 1ÖTW 2018 **	€ 17,70
16		Grüner Veltliner Kremser vom Urgestein 2018	€ 11,30
16		Grüner Veltliner Witzigmann Edition 2018	€ 13,90
15,5		Grüner Veltliner Kremser Weinberge 2018	€ 10,20
15,5		Riesling Kremser Weinberge 2018 *	€ 12,90

Top-Weine vergangener Jahrgänge:

18,5		Grüner Veltliner Ried Frechau 2010 **	
18		Grüner Veltliner Ried Kremser Frechau 1ÖTW 2016 Reserve	
18		Grüner Veltliner Ried Kremser Frechau 1ÖTW 2017 **	

WEINGÜTER IM KREMSTAL

Petra Unger
3511 Furth-Palt
Lindengasse 22
Tel.: 0676 84 86 22 82 22
office@ungerwein.at
www.ungerwein.at

Die Weingärten von Petra Unger liegen rund um die Stadt Krems. Auf Lössterrassen stehen die Grünen Veltliner, die Rieslinge wachsen auf Urgesteinsböden. Daraus keltert die Winzerin jedes Jahr eine stimmige, feine Weinserie, die daneben noch einen sehr typischen und klassisch vinifizierten Pinot Noir beinhaltet. Besonders gelungen ist der dichte, zartwürzige Grüne Veltliner Oberfeld Alte Reben. Ein Wein mit viel Dichte und Struktur, der dabei die typische Veltlinerwürze zeigt.

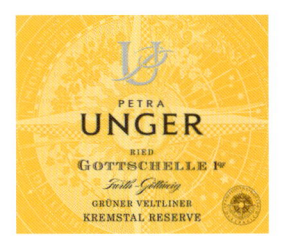

18		Grüner Veltliner Oberfeld Alte Reben 1ÖTW 2018 **	€ 18,00
17,5		Riesling Steiner Gaisberg 1ÖTW 2018 **	€ 19,00
17		Grüner Veltliner Gottschelle 1ÖTW 2018 **	€ 16,00
16,5		Riesling Steiner Hinters Kirchl 2018 *	€ 12,00
16,5		Pinot Noir Gottschelle 2017	€ 12,50
16		Riesling Stein-Terrassen 2018 *	€ 7,90
15,5		Grüner Veltliner Hintere Point 2018 *	€ 9,00

Top-Weine vergangener Jahrgänge:

17,5		Grüner Veltliner Oberfeld AR 1ÖTW 2015 **	
17,5		Grüner Veltliner Oberfeld Alte Rebe 1ÖTW 2017 **	
17,5		Riesling Gaisberg 1ÖTW 2017 **	

Vorspannhof Mayr
3552 Dross
Herrngasse 48
Tel.: 02719 300 56
0664 20 20 151
vorspannhof-mayr@aon.at
www.vorspannhof-mayr.at

Das Haus des Vorspannhofs Mayr blickt auf eine jahrhundertelange Tradition zurück. Den Grundstein für ein erfolgreiches Heute legten Anton und Brigitta Mayr, die dort auch bis 2012 ein Gasthaus führten. Heute wird der Betrieb als reines Weingut von ihrer Tochter Silke Mayr geführt, die die Weinagenden 2008 übernahm. Kellermeister Michael Nastl unterstützt sie dabei. Der Vorspannhof Mayr steht für klare, gut strukturierte Weine mit Finesse und Gebietsausdruck.

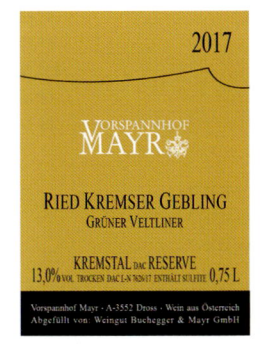

17,5		Grüner Veltliner Ried Gebling 2018 **	€ 15,00
17,5		Riesling Ried Marthal 2018 **	€ 15,00
17		Riesling Ried Kremsleithen 2018 *	€ 11,00
16,5		Gelber Muskateller 2018	€ 9,00
16,5		Riesling vom Löss 2018	€ 8,00
16		Chardonnay Ried Wolfsgraben 2018	€ 8,00
16		Grüner Veltliner Ried Loiser Weg 2018 *	€ 9,50
16		Sauvignon Blanc 2018	€ 8,00

Top-Weine vergangener Jahrgänge:

18,5		Riesling Kremser Marthal 2014	
18		Grüner Veltliner Kremser Gebling 2015 **	
18		Riesling Kremser Marthal 2015	

Kremstal DAC *, Kremstal DAC Reserve **

WEINGÜTER IM KREMSTAL

Rainer Wess
3500 Krems
Sandgrube 24
Tel.: 02732 72389
0699 126983733
info@weingut-wess.at
www.weingut-wess.at

Rainer Wess startete sein Weingutprojekt 2003 in einem kleinen, gepachteten Betrieb in Unterloiben in der Wachau. Sein Weingut entwickelte sich rasch und erfolgreich, sodass er 2009 den ehemaligen Keller des Stiftes Wilhering in der Kremser Sandgrube erwarb. Dieser wurde renoviert und auf seine Bedürfnisse adaptiert. Dort finden heute die Verarbeitung der Trauben und Reifung der Weine von 15 Hektar Weingärten, die in der Wachau und im Kremstal liegen, statt.

18		Grüner Veltliner Loibner Loibenberg 2017	€ 26,00
17,5		Grüner Veltliner Steiner Pfaffenberg 1ÖTW 2017 **	€ 26,00
17,5		Riesling Steiner Kögl 1ÖTW 2017 **	€ 26,00
17,5		Riesling Loibner Loibenberg 2017	€ 26,00
17		Grüner Veltliner Weinzierlberg 2017 **	€ 29,00
16,5		Riesling Steiner Pfaffenberg 1ÖTW 2017 **	€ 26,00
16		Riesling Krems 2018 *	€ 15,50
15		Grüner Veltliner Krems 2018 *	€ 13,50

Top-Weine vergangener Jahrgänge:
18,5		Riesling 2009 Trockenbeerenauslese	
18,5		Grüner Veltliner Weinzierlberg 2014 **	
18		Grüner Veltliner Kögl 1ÖTW 2014 **	

Reinhard Winiwarter Winery
3552 Stratzing bei Krems
Obere Hauptstraße 19
Tel.: 01 5333260
0664 1620412
office@rw-winery.com
www.rw-winery.com

Wein war schon immer die große Leidenschaft von Reinhard Winiwarter. Unterstützt wird er im Weingut vom talentierten Artur Toifl, weil er selbst, im Hauptberuf in der Immobilienbranche tätig, zu wenig Zeit hat, um sich voll um das Weinthema zu kümmern. In dieser Kooperation entsteht eine wunderbare Serie, die neben den Veltlinern auch einen eleganten Chardonnay und zwei Rosés beinhaltet (einer davon in der würzigen, dichten Stilistik und einer leicht, beerig und frisch).

17		Grüner Veltliner RW1 Steinbad 2018 *	€ 9,90
16,5		Chardonnay RW3 Steinbad 2018	€ 9,90
16,5		Zweigelt rosé RWelf 2018	€ 17,90
15,5		Grüner Veltliner RW1 green 2018 *	€ 8,40
15		Zweigelt rosé RW4 Loiserweg 2018	€ 8,90

Top-Weine vergangener Jahrgänge:
17,5		Grüner Veltliner RW2 Kr. Wolfsgraben 2017 **	
17		Grüner Veltliner RW2 Kr. Wolfsgraben 2015 **	
17		Grüner Veltliner RW2 Kr. Wolfsgraben 2016 **	

Kremstal DAC *, Kremstal DAC Reserve **

WEINGÜTER IM KREMSTAL

Winzer Krems

3500 Krems
Sandgrube 13
Tel.: 02732 85511
office@winzerkrems.at
www.winzerkrems.at

Die Winzer Krems sind Österreichs größter Qualitätsweinproduzent. Dabei konzentriert sich das Team auf die klassischen Rebsorten und die bekannten Lagen der Region. Die Trauben von 990 Hektar Fläche werden im modernen Keller mit bester technischer Ausstattung zu stilsicheren und trinkfreudigen Weinen ausgebaut. Jahr für Jahr entstehen so sehr klare und angenehm trinkbare Weine. Vom Veltliner Wachtberg mit seiner markanten Kräuterwürze sind wir besonders begeistert.

17	🍇🍇🍇🍇	Grüner Veltliner Kremser Wachtberg 2017 **	€ 12,00
16,5	🍇🍇🍇	Grüner Veltliner Edition Chremisa 2018	€ 11,00
16,5	🍇🍇🍇	Riesling Kremser Pfaffenberg 2017 **	€ 15,00
16	🍇🍇🍇	Riesling Kremser Kremsleiten Kellermeister Privat 2018 *	€ 7,60
15,5	🍇🍇🍇	Chardonnay Kellermeister Privat 2018	€ 7,20
15,5	🍇🍇🍇	Grüner Veltliner Kremser Goldberg Kellermeister Privat 2018 *	€ 7,40
14	🍇	Donauriesling Sommelier 2018	€ 5,60
13,5	🍇	Sauvignon Blanc Kellermeister Privat 2018	€ 7,20

Top-Weine vergangener Jahrgänge:

17	🍇🍇🍇🍇	Grüner Veltliner Edition Chremisa 2017

Franz Zederbauer

3511 Palt
Maria-Lager-Gasse 30
Tel.: 02732 82931
0650 5939349
weingut.zederbauer@aon.at
www.weingut-zederbauer.at

Wie schon im vergangenen Jahr ist es eine Freude, die Entwicklung des Weingutes Zederbauer zu verfolgen. Franz und seine Frau Barbara (seit heuer ausgebildete Facharbeiterin für Weinbau und Kellerwirtschaft) machen ihre Sache wirklich sehr gut. Ihre Serie ist mehr als gelungen. Wie in der Vergangenheit sticht wieder besonders der maischevergorene Grüne Veltliner heraus. Aber auch der Riesling vom Höhlgraben spielt alle Stückerl: facettenreiche Zitrusfrucht, etwas Apfel, feine Pikanz und Länge.

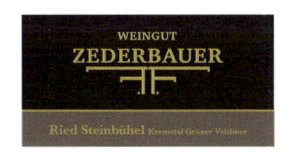

17,5	🍇🍇🍇	Grüner Veltliner Vitis Pura III 2018	€ 16,50
17,5	🍇🍇🍇	Riesling Höhlgraben 2018 *	€ 8,50
17	🍇🍇🍇	Grüner Veltliner Hochrain 2018 *	€ 7,80
16,5	🍇🍇🍇	Grüner Veltliner Höhlgraben 2018 *	€ 6,50
16,5	🍇🍇	Zweigelt 2017	€ 6,80
16	🍇🍇	Merlot 2017	€ 8,20
15,5	🍇🍇	Gelber Muskateller 2018	€ 7,10
15	🍇🍇	Blauburger Vitis Pura Nigrum I 2017	€ 18,50

Top-Weine vergangener Jahrgänge:

17,5	🍇🍇🍇	Grüner Veltliner Vitis Pura II 2017
17	🍇🍇🍇	Grüner Veltliner Vitis Pura 2016
17	🍇🍇🍇	Riesling Höhlgraben 2017

Kremstal DAC *

WEINGÜTER IM KREMSTAL

Zöhrer
3500 Krems
Sandgrube 1
Tel.: 02732 83191
weingut@zoehrer.at
www.zoehrer.at

Das Weingut der Familie Zöhrer blickt auf eine sehr lange Geschichte zurück. Die Wurzeln reichen bis zur Zeit der Babenberger um 1300. Der Stammsitz liegt an der Kremser Sandgrube. Man hat sich vor allem dem Grünen Veltliner verschrieben. Heute ist Toni Zöhrer junior verantwortlich für die Geschäfte. Er leitet den Betrieb vom Weingarten bis zum Keller und macht auch die Arbeit nach außen wie Präsentationen, für die seine Ausbildung zum Sommelier sicher nützlich ist.

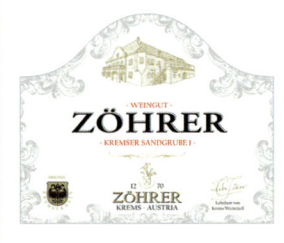

17		Grüner Veltliner Ried Kremser Gebling 2018 *	€ 16,00
17		Grüner Veltliner Urknall 2018 **	€ 26,00
16,5		Grüner Veltliner Ried Kremser Weinzierlberg 2018 *	€ 16,00
16,5		Grüner Veltliner Ried Kremser Wachtberg 2018 *	€ 16,00
15,5		Grüner Veltliner Krems 2018 *	€ 10,00

Top-Weine vergangener Jahrgänge:

17,5		Grüner Veltliner Urknall – Vision 2017 **
17		Grüner Veltliner Wachtberg – Wächter 2017 **
17		Riesling Urknall – Vision 2017 **

Alexander Zöller
3552 Droß
Hauptstraße 58
Tel.: 0650 555 25 39
office@weingutzoeller.at
www.weingutzoeller.at

(bio)

Auch heuer macht Alexander Zöller mit seiner unangepassten Weinserie wieder Furore. Bei ihm ist nichts, wie es im konventionellen Sinne sein sollte. Vielmehr überrascht der Winzer mit Salzburger Wurzeln seine Fans stets mit neuen Ideen und Weinen. So wie mit dem Müller-Thurgau mit dem Namen Paragraphenreiter. Ein Wein, der nach reifem Apfel und Zimtstange duftet, der markante Tannine hat, dabei extravagant und gleichzeitig so stilsicher daherkommt.

17,5		Müller-Thurgau Paragraphenreiter 2017
17,5		Neuburger NBOs 2016
16,5		Grüner Veltliner Ruine Vol. 3 2017
16,5		Roter Veltliner Holzgasse 2018
16,5		Zweigelt rosé 2018
16		Gemischter Satz Stierwoscha 2018
16		Müller-Thurgau Fräulein Müller macht Party 2018
16		Neuburger Limberg 2018

Top-Weine vergangener Jahrgänge:

17,5		Grüner Veltliner Fucking Terro(i)r 2017
17,5		Grüner Veltliner Ruine Vol. 2 2017
17,5		Müller-Thurgau Free Solo 2016

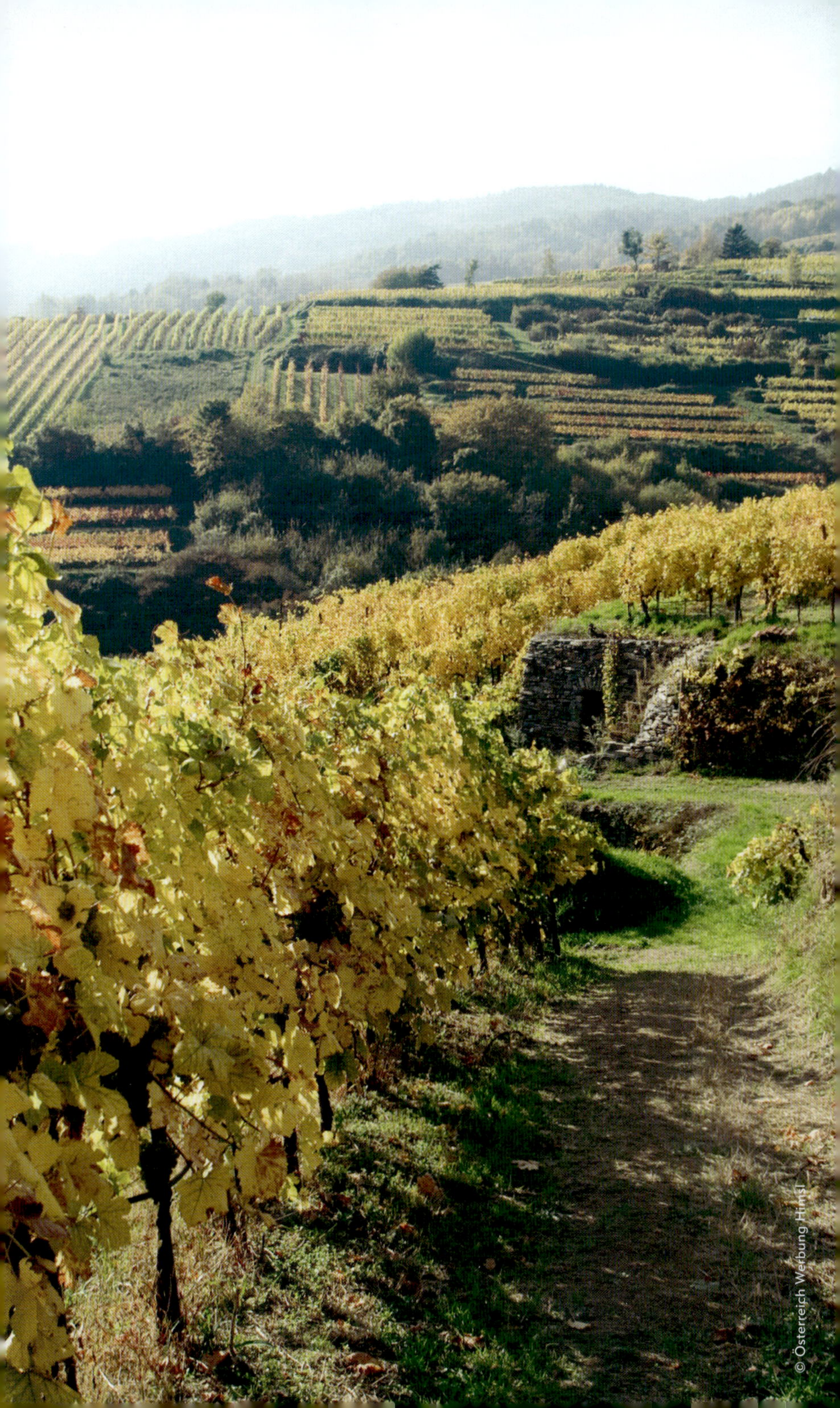

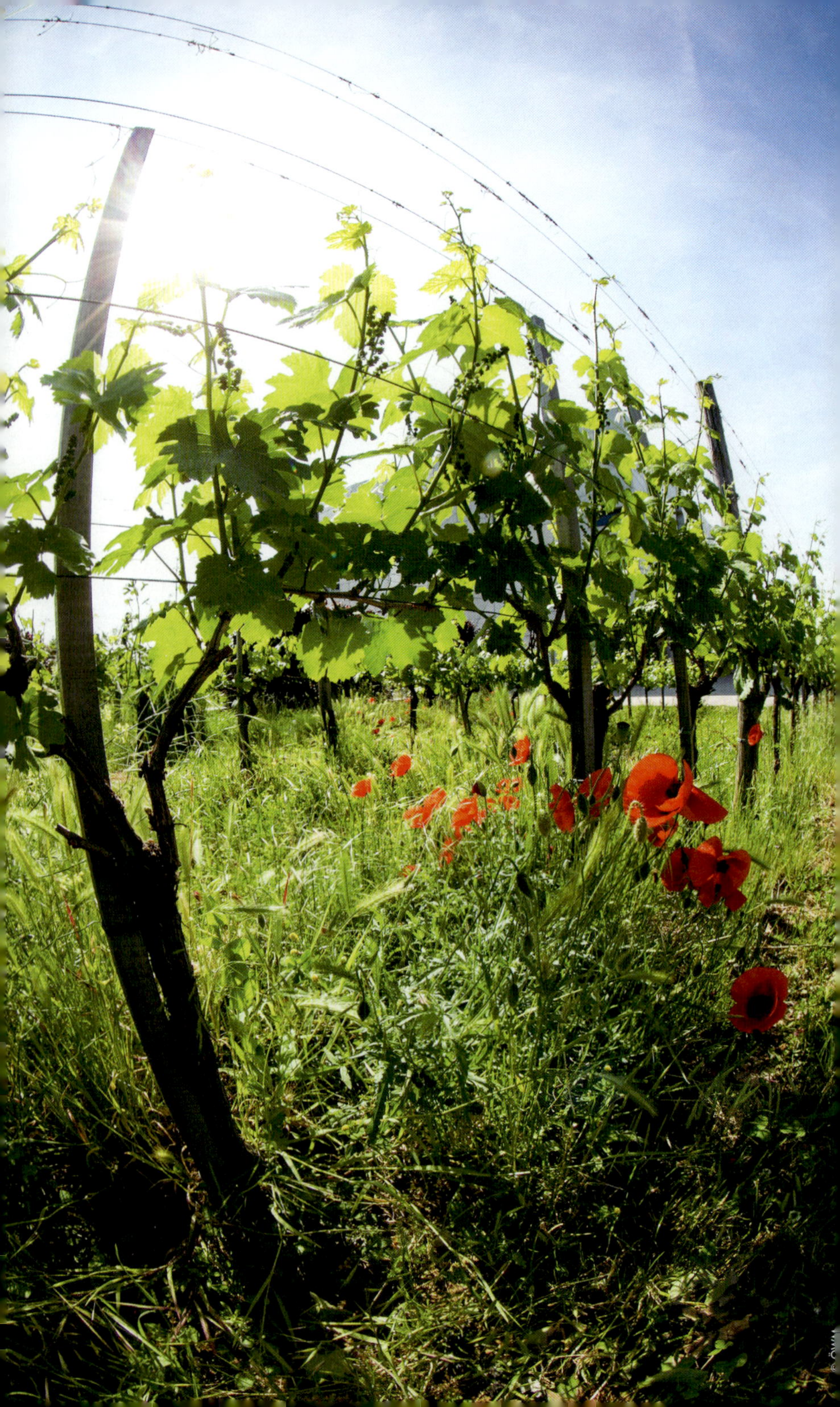

KAMPTAL

Hier finden sich Urgesteinslagen mit steilen, kargen Terrassen, mächtigen Lössböden sowie viel Sonne und kühlen Abendwinden aus dem nahen Waldviertel. All dies bildet den Charakter der Weine.

KAMPTAL
WEINANBAU · STÄDTE & DÖRFER

Mögliche Herkunftsangaben	
Kamptal DAC	Grüner Veltliner, Riesling
Kamptal DAC Reserve	Grüner Veltliner, Riesling
Niederösterreich	Qualitätswein - 35 Sorten
Weinland	Landwein - 35 Sorten

LIEBLINGSWEIN DER REDAKTION

2018 Riesling Ried Pfeiffenberg Kamptal DAC Reserve – Kurt Angerer
Wein-Tester des Gault&Millau: Darrel Joseph

Ein Wein, der Reife und Intensität samt einer schönen mineralischen Struktur repräsentiert. Die Aromatik spannt sich von Steinobstnoten im Duft über Quitte, Pfirsich und Apfel am Gaumen. Dazu kommen Feuersteinnoten und eine wunderbare Säure. Ein beispielhafter Riesling, wie er sein soll.

WEINGÜTER IM KAMPTAL

Allram

3491 Straß im Straßertal
Herrengasse 3
Tel.: 02735 2232
0664 121 59 83
weingut@allram.at
www.allram.at

Die Familie Allram besitzt ein ansehnliches Lagenportfolio mit dem Besten, was es im Kamptal gibt. Besonders stolz sind Michaela, Lorenz und Erich auf die Anlage am Zöbinger Heiligenstein, die mit viel Feingefühl nach 30 Jahren Brache rekultiviert wurde. Die alten, klassischen Steinterrassen konnten erhalten bleiben. Von hier stammt der herrliche Riesling, der uns in der Verkostung besonders überzeugte. Er hat eine feine Mineralität, Zitrusnoten, ist elegant und bleibt lange im Finale.

18		Grüner Veltliner Gaisberg 1ÖTW 2018 *	€ 21,50
18		Riesling Heiligenstein 1ÖTW 2018 *	€ 27,00
17,5		Grüner Veltliner Renner 1ÖTW 2018 *	€ 19,50
17,5		Riesling Gaisberg 1ÖTW 2018 *	€ 21,50
17		Gelber Muskateller 2017 Beerenauslese	€ 26,00
16,5		Chardonnay Wechselberg 2018	€ 15,00
16,5		Grauburgunder 2017 Reserve	€ 24,00
16,5		Grüner Veltliner Rosengartl 2018 *	€ 17,50
16		Grüner Veltliner Alte Reben 2018 *	€ 13,00
16		St. Laurent Gaisberg 2016	€ 17,00

Top-Weine vergangener Jahrgänge:

18		Grüner Veltliner Renner 1ÖTW 2017	
18		Riesling Gaisberg 1ÖTW 2017 *	
18		Riesling Heiligenstein 1ÖTW 2017 *	

Kurt Angerer

3552 Lengenfeld
Annagasse 101
Tel.: 0676 4306901
kurt.angerer@aon.at
www.kurt-angerer.at

Kurt Angerer, bodenständig und weltoffen zugleich, hat längst seinen eigenen Stil gefunden. Im westlichen Kamptal, mit seinen nach Süden und Südwesten ausgerichteten und vor den Nordwinden geschützten Rieden stehen die Weinstöcke des Winzers – autochthone österreichische ebenso wie internationale Rebsorten. Angerer ist bekannt für seine markanten Weine (Veltliner und Riesling) und auch dafür, dass er, wie kaum ein anderer Kamptaler, versteht, tiefgreifende Rotweine zu machen.

♥ **Lieblingswein der Redaktion**

18		Grüner Veltliner Ried Schreckenstein 2017 **	€ 38,00
18		Riesling Ried Pfeiffenberg 2018 ** ♥	€ 38,00
17,5		Grüner Veltliner Eichenstaude 2018 *	€ 18,60
17,5		Zweigelt Granit 2017	€ 24,00
17		Riesling Donatus 2018 *	€ 14,70
17		Riesling Ried Ametsberg 2018 **	€ 16,80
16,5		Grüner Veltliner Loam 2018 *	€ 15,20

Top-Weine vergangener Jahrgänge:

18		Riesling Ried Ametzberg 2012	
17,5		Grüner Veltliner Eichenstaude 2014	
17,5		Viognier 2015	

WEINGÜTER IM KAMPTAL

Martin & Anna Arndorfer

3491 Straß im Straßertal
Weinbergweg 16
Tel.: 02735 2254
0664 1164843
info@ma-arndorfer.at
www.ma-arndorfer.at

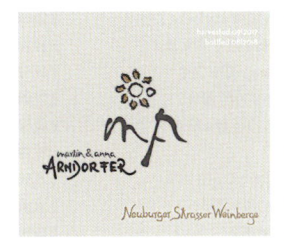

Einer der eindrücklichsten Roséweine, die wir heuer kosten konnten, war jener von Martin und Anna Arndorfer. Seine Herstellung ist sehr speziell: Zweigeltmost wird mit den Schalen von Grünem Veltliner gemeinsam vergoren. Der Wein ist weder geschönt noch filtriert und hat nur einen ganz minimalen Schwefelanteil. Bravo – ein Rosé für das ganze Jahr und ein toller Speisenbegleiter. Wundervoll ist auch der tiefgreifende und dichte Gemischte Satz vom 1958 gepflanzten Terrassenweingarten.

Punkte		Wein	Preis
18		Gemischter Satz Terrassen 1958 2017	€ 30,00
17,5		Gemischter Satz die Leidenschaft 2017	€ 26,00
17		Riesling Strasser Weinberge 2017	€ 16,00
17		Zweigelt rosé Rosa Marie 2018	€ 18,00
16,5		Roter Veltliner Terrassen 1979 2017	€ 30,00
16		Grüner Veltliner Strasser Weinberge 2017	€ 14,00
16		Müller-Thurgau Per se 2017	€ 29,00
15,5		Neuburger Strasser Weinberge 2017	€ 18,00

Top-Weine vergangener Jahrgänge:

18		Riesling die Leidenschaft 2013
18		Neuburger Strasser Weinberge 2016
18		Müller-Thurgau Per se 2016

Brandl

3561 Zöbing
Lauserkellergasse 1
Tel.: 02734 2635
office@weingut-brandl.at
www.weingut-brandl.at

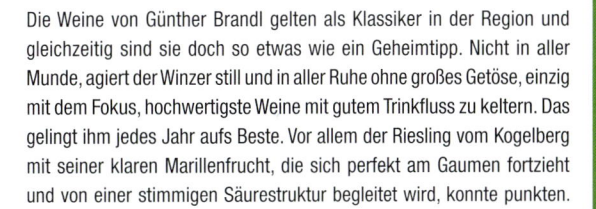

Die Weine von Günther Brandl gelten als Klassiker in der Region und gleichzeitig sind sie doch so etwas wie ein Geheimtipp. Nicht in aller Munde, agiert der Winzer still und in aller Ruhe ohne großes Getöse, einzig mit dem Fokus, hochwertigste Weine mit gutem Trinkfluss zu keltern. Das gelingt ihm jedes Jahr aufs Beste. Vor allem der Riesling vom Kogelberg mit seiner klaren Marillenfrucht, die sich perfekt am Gaumen fortzieht und von einer stimmigen Säurestruktur begleitet wird, konnte punkten.

Punkte		Wein	Preis
18,5		Riesling Ried Zöbinger Kogelberg 1ÖTW 2018 **	€ 16,00
18		Riesling Ried Zöbinger Heiligenstein 1ÖTW 2018 **	€ 16,00
17,5		Grüner Veltliner Ried Kammerner Lamm 1ÖTW 2018 **	€ 21,00
17,5		Riesling Große Reserve 2017	€ 29,00
17		Grüner Veltliner Ried Zöbinger Kogelberg 1ÖTW 2018 **	€ 15,00
16,5		Grüner Veltliner Terrassen-Zöbing 2018 *	€ 8,60
16,5		Riesling Terrassen-Zöbing 2018 *	€ 8,80
15,5		Gelber Muskateller Terrassen-Zöbing 2018	€ 8,80

Top-Weine vergangener Jahrgänge:

18,5		Riesling Ried Zöbinger Heiligenstein 1ÖTW 2016 **
18		Grüner Veltliner Ried Lamm 1ÖTW 2015 **
18		Grüner Veltliner Ried Kammerner Lamm 1ÖTW 2016 **

Kamptal DAC *, Kamptal DAC Reserve **

WEINGÜTER IM KAMPTAL

Bründlmayer

3550 Langenlois
Zwettler Straße 23
Tel.: 02734 21720
weingut@bruendlmayer.at
www.bruendlmayer.at

1er ERSTE LAGEN

Bründlmayer – das ist eine Bank im Kamptal, in Österreich und überhaupt in der Weinwelt. Mit Fug und Recht kann man behaupten, dass das, was aus dem Keller von Willi Bründlmayer und seinem Team kommt, mit zum Besten gehört, was man an Riesling und auch an Veltliner trinken kann. Und: Der Chardonnay aus dem Jahr 2017 gefällt uns daneben ausnehmend gut. Er hat ein rauchiges Bukett, hinter dem eine feine, helle Frucht liegt, er ist engmaschig, markant und dabei so elegant.

19,5		Riesling Zöbinger Heiligenstein 1ÖTW Alte Reben 2018 **	€ 50,40
19		Grüner Veltliner Langenloiser Käferberg 1ÖTW 2018 **	€ 39,90
18,5		Grüner Veltliner Kammerner Lamm 1ÖTW 2018 **	€ 49,50
18,5		Riesling Langenloiser Steinmassl 2018 *	€ 19,00
18,5		Riesling Zöbinger Heiligenstein 1ÖTW Lyra 2018 **	€ 40,20
18		Chardonnay Bründlmayer 2017	€ 29,00
18		Grüner Veltliner Langenloiser Spiegel 1ÖTW 2018 **	€ 39,90
18		Riesling Zöbinger Heiligenstein 1ÖTW 2018 *	€ 20,50
17		Grüner Veltliner Berg Vogelsang 2018 *	€ 14,90
16,5		Cuvée rot Cabernet Franc/Merlot Willi & Vincent 2015 Reserve	€ 27,90
16,5		Zweigelt 2016 Reserve	€ 22,40

Top-Weine vergangener Jahrgänge:

19,5		Riesling Zöbinger Heiligenstein 1ÖTW Alte Reben 2015 **
19,5		Riesling Zöbinger Heiligenstein 1ÖTW Alte Reben 2016 **
19,5		Riesling Zöbinger Heiligenstein 1ÖTW Alte Reben 2017 **

Ehn

3550 Langenlois
Bahnstraße 3
Tel.: 02734 2236
0664 1009480
weingut.ehn@ehnwein.at
www.ehnwein.at

1er ERSTE LAGEN

Der Stil am Weingut Ehn ist am ehesten als glasklar, strukturiert, geprägt von Trinkfreudigkeit und stets dem Terroir verpflichtet zu beschreiben. Michaela Ehn und ihr Bruder besitzen einige der besten Lagen rund um Langenlois, wie ein Stück am Heiligenstein und am Spiegel. Der Spiegel liefert die idealen Trauben für den Topwein mit dem Namen Titan. Er zeigt sich mit einem feinen Duft nach Biskuit und hellen Früchten, am Gaumen ist er stoffig, dicht und lange – ein Wein mit Potenzial.

18		Grüner Veltliner Titan Ried Spiegel 1ÖTW 2018 **	€ 21,50
17,5		Riesling Ried Zöbinger Heiligenstein 1ÖTW 2018 **	€ 17,00
17		Grüner Veltliner Ried Neuberg 2018 **	€ 11,90
16		Chardonnay 2018	€ 9,80
16		Cuvée weiß Incredibile 2015	€ 29,00
16		Gemischter Satz Ried Panzaun 2018	€ 11,90
16		Grüner Veltliner Ried Panzaun 2018 *	€ 8,90
16		Riesling Urgestein 2018 *	€ 9,80
15,5		Sauvignon Blanc 2018	€ 13,90

Top-Weine vergangener Jahrgänge:

18		Riesling Ried Zöbinger Heiligenstein 1ÖTW 2015 **
18		Riesling Ried Zöbinger Heiligenstein 1ÖTW 2016 **
17,5		Grüner Veltliner Titan Ried Spiegel 1ÖTW 2017 **

WEINGÜTER IM KAMPTAL

Birgit Eichinger

3491 Straß im Straßertal
Langenloiser Straße 365
Tel.: 02735 56480
0664 1131750
office@weingut-eichinger.at
www.weingut-eichinger.at

Landauf, landab und auch international ist Birgit Eichinger für ihre stets perfekt vinifizierte Weinkollektion bekannt. Seit Kurzem wird die Winzerin von ihrer talentierten Tochter Gloria, die nach Praktika in Österreich und Deutschland ins Weingut heimgekehrt ist, unterstützt. Besonders aufgefallen ist uns in der heurigen Verkostung der Riesling vom Heiligenstein. Er ist bestens strukturiert, hat eine gute Pikanz, eine Zitrus-Apfel-Frucht, die von feiner Mineralität begleitet wird.

19		Riesling Zöbinger Heiligenstein 1ÖTW 2018 *	€ 26,00
18,5		Grüner Veltliner Strasser Gaisberg 1ÖTW 2018 *	€ 18,00
18,5		Grüner Veltliner Kammerner Lamm 1ÖTW 2018 *	€ 26,00
18		Grüner Veltliner Strasser Wechselberg 2018 *	€ 12,00
18		Riesling Zöbinger Gaisberg 1ÖTW 2018 *	€ 20,00
17		Chardonnay Strasser Gaisberg 2018	€ 12,50
17		Roter Veltliner Strasser Stangl 2018	€ 12,50
16		Grüner Veltliner Strasser Hasel 2018 *	€ 8,50
16		Riesling Strass 2018 *	€ 9,80
15,5		Grüner Veltliner Strass 2018 *	€ 7,50

Top-Weine vergangener Jahrgänge:

18,5		Grüner Veltliner Kammerner Lamm 1ÖTW 2016 *
18,5		Riesling Zöbinger Heiligenstein 1ÖTW 2016 *
18,5		Grüner Veltliner Kammerner Lamm 1ÖTW 2017 *

Matthias Hager

3562 Mollands
Weinstraße 45
Tel.: 02733 8283
0664 1526705
wein@hagermatthias.at
www.hagermatthias.at

Tiefsinnig, charaktervoll und speziell – so lassen sich nicht nur die Weine von Matthias Hager beschreiben, sondern auch der Winzer selbst. Der Winzer war schon sehr früh gefordert, die Verantwortung in seinem Familienbetrieb zu übernehmen. Dafür kann er heute schon auf reichlich Erfahrung zurückgreifen, die ihn auch dazu bewegt hat und dabei unterstützt, seine Weingärten biodynamisch zu bewirtschaften. Die Stärke des Familienbetriebes ist die Eigenständigkeit der Weine.

18		Grüner Veltliner Urgestein Natural 2017	€ 13,00
17		Riesling Alte Reben 2016 *	€ 14,00
16,5		Riesling Terrassen 2018	€ 11,00
16		Grüner Veltliner Mollands 2018	€ 8,50
15,5		Grüner Veltliner Pét Nat 2018	€ 14,50

Top-Weine vergangener Jahrgänge:

18		Riesling Pur 2015
17		Grüner Veltliner Urgestein Natural 2016
17		Riesling Alte Reben 2016 **

Kamptal DAC *, Kamptal DAC Reserve **

WEINGÜTER IM KAMPTAL

Hirsch

3493 Kammern
Hauptstraße 76
Tel.: 02735 2460
info@weingut-hirsch.at
www.weingut-hirsch.at

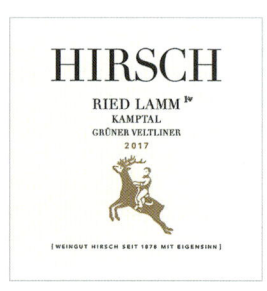

Wer vom Verkostungsraum des Weinguts in die Ferne blickt, versteht recht schnell, was das Wesen der Weine ausmacht: Der Blick geht über Weingärten und Obstbäume bis zu den markanten Erhebungen, wo Hirschs Rieden zu finden sind. Alle werden biodynamisch bewirtschaftet. Etwas ganz Besonderes ist die Hirschin: eine herrlich leichte Riesling-Interpretation mit nur 8,5 Prozent Alkohol. Eine Hommage Hannes Hirschs an seine Frau Sandra, die diesen fruchtbetonten Weinstil liebt.

Punkte		Wein	Preis
19	🍇🍇🍇🍇	Riesling Ried Heiligenstein 1ÖTW Zöbing 2017 *	€ 30,00
18,5	🍇🍇🍇🍇	Grüner Veltliner Ried Lamm 1ÖTW Kammern 2017 *	€ 30,00
18,5	🍇🍇🍇🍇	Riesling Ried Gaisberg 1ÖTW Zöbing 2017 *	€ 30,00
18	🍇🍇🍇🍇	Grüner Veltliner Ried Gaisberg 1ÖTW Kammern 2017 *	€ 21,00
18	🍇🍇🍇🍇	Grüner Veltliner Ried Grub 1ÖTW Kammern 2017 *	€ 30,00
17,5	🍇🍇🍇🍇	Grüner Veltliner Ried Renner 1ÖTW Kammern 2017 *	€ 21,00
17,5	🍇🍇🍇🍇	Riesling Hirschin 2018	€ 21,00
16,5	🍇🍇🍇	Riesling Zöbing 2018 *	€ 12,50
16	🍇🍇🍇	Grüner Veltliner Kammern 2018 *	€ 12,50

Top-Weine vergangener Jahrgänge:

18,5	🍇🍇🍇🍇	Riesling Ried Heiligenstein 1ÖTW Zöbing 2015 **	
18,5	🍇🍇🍇🍇	Riesling Ried Gaisberg 1ÖTW Zöbing 2015 **	
18,5	🍇🍇🍇🍇	Riesling Heiligenstein 1ÖTW Zöbing 2016 *	

Jurtschitsch

3550 Langenlois
Rudolfstraße 39
Tel.: 02734 21160
weingut@jurtschitsch.com
www.jurtschitsch.com

Alwin Jurtschitsch und seine Frau Stefanie sind über die Jahre für einen höchst eleganten Weinstil mit großer Lagentypizität bekannt geworden. Sie bewirtschaften ihren Betrieb biologisch. Im Keller lassen sie den Weinen Zeit und Ruhe und arbeiten ohne große Interventionen. Aus diesem Grund konnten wir heuer auch nur einen Riesling aus der 2018er-Kollektion probieren. Der Rest war bis Redaktionsschluss einfach noch nicht bereit zur Verkostung. Wir freuen uns darauf im nächsten Jahr.

Punkte		Wein	Preis
19	🍇🍇🍇🍇	Grüner Veltliner Ried Lamm 1ÖTW 2018 *	€ 34,00
18,5	🍇🍇🍇🍇	Grüner Veltliner Ried Schenkenbichl 1ÖTW 2018 *	€ 27,00
18,5	🍇🍇🍇🍇	Grüner Veltliner Ried Käferberg 1ÖTW 2018 *	€ 32,00
18	🍇🍇🍇🍇	Grüner Veltliner Ried Dechant 1ÖTW 2018 *	€ 20,00
18	🍇🍇🍇🍇	Grüner Veltliner Amour Fou 2017	€ 20,00
18	🍇🍇🍇🍇	Riesling Ried Heiligenstein 1ÖTW 2018 *	€ 22,00
17	🍇🍇🍇🍇	Grüner Veltliner Ried Loiserberg 1ÖTW 2018 *	€ 18,00
17	🍇🍇🍇🍇	Grüner Veltliner Belle Naturelle 2018	€ 15,00

Top-Weine vergangener Jahrgänge:

19,5	🍇🍇🍇🍇	Riesling Ried Heiligensetein Alte Reben 1ÖTW 2013 **	
19	🍇🍇🍇🍇	Grüner Veltliner Ried Käferberg 1ÖTW 2016 *	
19	🍇🍇🍇🍇	Riesling Ried Heiligenstein Alte Reben 1ÖTW 2017 *	

WEINGÜTER IM KAMPTAL

Leindl

3561 Zöbing
Am Wechselberg 12
Tel.: 0676 508 23 13
info@weingutleindl.at
www.weingutleindl.at

Der Heiligenstein mit seinem rötlichen, verwitterten Wüstensandstein und den Konglomeraten aus Vulkanbestandteilen ist eine der besten Rieslinglagen in Österreich. Zwischen den Rebflächen findet sich eine Flora und Fauna, wie sie sonst nur in weit südlicheren, mediterranen Gegenden anzutreffen ist. Hier hat auch Georg Leindl ein Stück Weingarten, von dem die Trauben für seinen spannenden, facettenreichen, hocheleganten Riesling mit seiner markanten Apfel-Zitrusfrucht kommen.

18		Grüner Veltliner Seeberg 2018 *	€ 23,00
18		Riesling Heiligenstein 2018 *	€ 23,00
17,5		Riesling Irbling 2018 *	€ 14,50
17		Grüner Veltliner Eichelberg 2018 *	€ 14,50
16,5		Grüner Veltliner Langenlois 2018 *	€ 8,90
16,5		Riesling Urgestein 2018 *	€ 8,90
15,5		Grüner Veltliner 2018	€ 6,70
14		Gelber Muskateller 2018	€ 9,90

Top-Weine vergangener Jahrgänge:

18		Riesling Heiligenstein 2013 **
17,5		Riesling Heiligenstein 1ÖTW 2017 *
17		Grüner Veltliner Seeberg 1ÖTW 2017 *

Fred Loimer

3550 Langenlois
Haindorfer Vögerlweg 23
Tel.: 02734 2239
weingut@loimer.at
www.loimer-shop.at

Fred Loimer macht keine konventionellen und angepassten Weine. Mit seiner Kollektion hat er vielmehr über die Jahre einen ganz eigenen Stil etabliert. Dieser zeugt von größtmöglicher Terroirtreue und so wenig Einflussnahme im Keller wie möglich. Uns gefiel heuer besonders der markante und gleichzeitig elegante Riesling Heiligenstein. Großartig waren aber auch die beiden Pinot Noirs, wobei jener aus Langenlois aufgrund seiner Struktur, gepaart mit Finesse, ein wenig mehr punkten konnte.

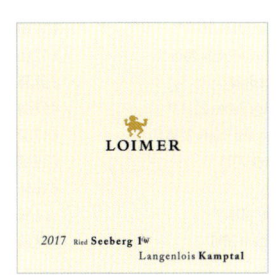

19		Riesling Zöbing Ried Heiligenstein 1ÖTW 2017 *	€ 44,00
18,5		Riesling Langenlois Ried Steinmassl 1ÖTW 2017 *	€ 30,00
18		Grüner Veltliner Langenlois Ried Käferberg 1ÖTW 2017 *	€ 33,00
18		Riesling Langenlois Ried Seeberg 1ÖTW 2017 *	€ 30,00
18		Pinot Noir Langenlois 2017	€ 18,00
17		Chardonnay Gumpoldskirchner Gumpold 2017	€ 27,00
17		Pinot Noir Gumpoldskirchen 2017	€ 18,00
16,5		Cuvée weiß Gumpoldskirchner 2017	€ 15,50
16,5		Riesling Langenloiser 2018 *	€ 16,00
16		Grüner Veltliner Langenloiser 2018 *	€ 15,00

Top-Weine vergangener Jahrgänge:

18,5		Riesling Zöbing Ried Heiligenstein 1ÖTW 2015 *
18,5		Riesling Zöbing Ried Heiligenstein 1ÖTW 2016 *
18		Grüner Veltliner Achtung! 2015

Kamptal DAC *

WEINGÜTER IM KAMPTAL

Barbara Öhlzelt

3561 Zöbing
Eichelbergstraße 32
Tel.: 02734 4857
barbara@weinberggeiss.at
www.weinberggeiss.at

Handarbeit ist für Barbara Öhlzelt im Weingarten ein großes Thema. Die Reben des Rieslings am Kogelberg sind 65 Jahre alt und werden komplett von Hand – also ohne Einsatz eines Traktors oder schwerer Maschinen – gepflegt. Alle ihre Weine stehen unter dem Symbol einer Ziege – der „Weinberggeiß". Das Sortiment gliedert sich in drei Teile: die Leichtweinlinie Zöbinger, ihre Gebiets- und Ortsweine sowie ausgesuchte Lagenweine wie Seeberg, Heiligenstein und Kogelberg.

17		Riesling Ried Zöbinger Kogelberg 2018 **	€ 18,50
16,5		Gemischter Satz Gut gegen Nordwind 2018	€ 11,50
16,5		Grüner Veltliner Ried Seeberg 2018 **	€ 11,00
16,5		Riesling Ried Zöbinger Heiligenstein 2018 **	€ 17,50
16,5		Weißburgunder Ried Hasel 2018	€ 11,50
15,5		Riesling Ried Seeberg 2018 *	€ 11,00
15		Grüner Veltliner Zöbinger 2018 *	€ 8,90
15		Riesling Zöbinger 2018 *	€ 8,90

Top-Weine vergangener Jahrgänge:

18		Riesling Ried Zöbinger Kogelberg 2015 **	
17,5		Riesling Ried Zöbinger Heiligenstein 2015 **	
17,5		Riesling Ried Zöbinger Heiligenstein 2017 **	

Rabl

3550 Langenlois
Weraingraben 10
Tel.: 02734 2303
office@weingut-rabl.at
www.weingut-rabl.at

Rudolf Rabl kann auf einen großen Schatz zurückgreifen: seine wertvollen Toplagen rund um Langenlois, wo er, in der Mehrheit, Grünen Veltliner und Riesling stehen hat. Schenkenbichl, Käferberg, Steinmassl, Steinhaus – alles Urgesteinsrieden – gehören ebenso dazu wie die Lösslagen Spiegel und Kittmannsberg. Teilweise wurzeln die Stöcke hier schon sehr lange, weshalb er entsprechende Weine mit dem Zusatz Alte Reben kennzeichnet. Vergoren wird spontan.

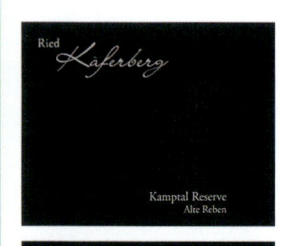

18		Riesling Ried Schenkenbichl Alte Reben 2018 **	€ 19,00
17,5		Grüner Veltliner Ried Käferberg Alte Reben 2018 **	€ 17,00
17,5		Traminer 2018 Trockenbeerenauslese	€ 22,50
17		Grüner Veltliner Ried Dechant Alte Reben 2018 **	€ 17,00
17		Grüner Veltliner Ried Loiserberg Alte Reben 2018 **	€ 17,00
17		Riesling Ried Steinhaus Rote Erde 2018 **	€ 19,00
16,5		Riesling Steinberg 2018 **	€ 14,50
15,5		Grüner Veltliner Vinum Optimum 2018 **	€ 8,80
15		Gelber Muskateller Vinum Optimum 2018	€ 8,00

Top-Weine vergangener Jahrgänge:

19		Grüner Veltliner 2011 Eiswein	
18		Riesling 2012 Beerenauslese	
18		Grüner Veltliner Ried Dechant Alte Reben 2014 **	

WEINGÜTER IM KAMPTAL

WEIN

Schloss Gobelsburg

3550 Gobelsburg
Schlossstraße 16
Tel.: 02734 2422
schloss@gobelsburg.at
www.gobelsburg.at

Es tut sich baulich etwas am Schloss Gobelsburg. Ein neuer Keller entsteht. Dieser wird perfekt auf die alte Bausubstanz des Schlosses abgestimmt und soll in seiner Ausführung an den Kreuzgang eines Klosters (im Geiste der Zisterzienser, die die Geschicke hier früher geprägt haben) erinnern. In diesem stimigen und durchdachten Arbeitsumfeld wird künftig die außergewöhnliche Kollektion an Rieslingen, Grünen Veltlinern und Burgundern entstehen. Also beste Voraussetzungen für Michael Moosbrugger, Kellermeister Franz Karner und das Team.

19		Grüner Veltliner Ried Grub 1ÖTW 2018 *	€ 26,00
19		Riesling Ried Heiligenstein 1ÖTW 2018 *	€ 30,00
19		Riesling Tradition 2017	€ 26,00
18,5		Grüner Veltliner Ried Lamm 1ÖTW 2018 *	€ 33,00
18,5		Grüner Veltliner Tradition 2017	€ 25,00
18		Grüner Veltliner Ried Spiegel 2018 *	€ 19,00
18		Grüner Veltliner Ried Renner 1ÖTW 2018 *	€ 21,00
17		Riesling Ried Gaisberg 1ÖTW 2018 *	€ 19,00
17		Pinot Noir 2016 Reserve	€ 26,00
16		Grüner Veltliner Ried Steinsetz 2018 *	€ 15,00
16		Riesling Zöbing 2018 *	€ 13,00

Top-Weine vergangener Jahrgänge:

19		Riesling Ried Heiligenstein 1ÖTW 2015 **
19		Riesling Tradition 2015
19		Riesling Ried Heiligenstein 1ÖTW 2017 *

© Komitee Kamptal

WEINGÜTER IM KAMPTAL

Steininger

3550 Langenlois
Walterstraße 2
Tel.: 02734 2372
office@weingut-steininger.at
www.weingut-steininger.at

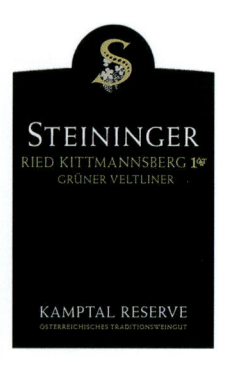

Auch heuer hat die Familie Steininger wieder eine wunderschöne Weinserie erzeugt. Unsere Favoriten dabei sind der Veltliner vom Lamm mit seiner würzigen Mineralität und der facettenreiche Riesling Seeberg. Philosophie der Steiningers ist es, Weine zu machen, welche die Frucht und den Charakter der Traube und vor allem auch der Lage zeigen. Steininger steht für spannende Stilistik und hohes Trinkvergnügen – die Aromen präsentieren sich klar und ausdrucksstark.

18	Grüner Veltliner Ried Lamm 1ÖTW 2018 **	€ 26,00
18	Riesling Ried Seeberg 1ÖTW 2018 **	€ 17,00
17,5	Grüner Veltliner Ried Kittmannsberg 1ÖTW 2018 **	€ 17,00
17,5	Grüner Veltliner Ried Kogelberg Terrassen 1ÖTW 2018 **	€ 26,00
17,5	Riesling Ried Steinhaus 1ÖTW 2018 **	€ 17,00
17,5	Riesling Ried Kogelberg 1ÖTW 2018 **	€ 26,00
17	Grüner Veltliner Grand Grü 2018 **	€ 16,00
16,5	Grüner Veltliner Loisium 2018 **	€ 10,00

Top-Weine vergangener Jahrgänge:

18	Riesling Ried Steinhaus 2015 **	
18	Riesling Ried Seeberg 2015 **	
18	Grüner Veltliner Ried Lamm 2015 **	

Johann Topf

3491 Straß im Straßertal
Talstraße 162
Tel.: 02735 2491
office@weingut-topf.at
www.weingut-topf.at

Seit 1990 führt Hans Topf das Familienweingut in Straß. Mittlerweile wird er dabei von seinen Söhnen unterstützt, die frischen Wind einbringen. Hans Peter hat in Geisenheim Internationale Weinwirtschaft studiert und verschiedene Praktika im In- und Ausland absolviert. Sein Bruder liebt die Arbeit in den Weingärten und lernte dafür im Rahmen seiner Ausbildung auf Weingütern in Deutschland und Österreich. Das Quartett wird durch Mutter Magdalena als Office-Stütze komplett.

18,5	Riesling Ried Heiligenstein 1ÖTW 2017	€ 24,60
18	Weißburgunder Ried Hasel 2017	€ 12,90
17,5	Grüner Veltliner Ried Gaisberg 1ÖTW 2017 *	€ 25,80
17,5	Grüner Veltliner Ried Offenberg 1ÖTW 2017 *	€ 25,80
17,5	Riesling Ried Wechselberg Spiegel M 1ÖTW 2017 *	€ 32,40
17	Grüner Veltliner Ried Hölle 2018 *	€ 19,20
17	Riesling Ried Wechselberg Spiegel 1ÖTW 2017	€ 25,80
17	Pinot Noir Ried Stangl HP 2016	€ 32,40
16,5	Chardonnay Ried Gaisberg 2016 **	€ 22,20

Top-Weine vergangener Jahrgänge:

18	Riesling Ried Wechselberg Spiegel 1ÖTW 2016 **	
17,5	Grüner Veltliner Ried Offenberg 1ÖTW 2017 **	
17,5	Grüner Veltliner Ried Wechselberg Spiegel M 1ÖTW 2017 **	

STEININGER
WEIN & SEKT

DIE STEININGER PHILOSOPHIE

Mit der sorten- und jahrgangsreinen Versektung der typischen Kamptaler Rebsorten haben wir eine eigene Sektphilosophie gefunden. Das Erfolgsgeheimnis beruht auf der hohen Qualität der Sektgrundweine sowie auf der behutsamen zweiten Gärung in der Flasche.

LAGENSEKTE

Bei unseren Lagensekten der Qualitätskategorie „Große Reserve" steht neben dem Jahrgang und der Sortentypizität, auch das Terroir im Vordergrund. Die Lagerung im Holzfass ergibt dichte, vielschichtige, elegante Grundweine, die anschließend zu harmonischen, cremigen Sekten weiterverarbeitet werden.

METHODE ELEMENTAR

Wir entwickelten eine neue Methode des Versektens – die „methode elementar". Dabei wird ausschließlich mit dem natürlichen Zucker der Traube gearbeitet. Der Grundwein wird in der ersten Gärung gestoppt und unfiltriert in der Flasche zum zweiten Mal vergoren. Nach der Hefelagerung wird der Sekt blank gerüttelt.

WEINGUT-STEININGER.AT

WEINGÜTER IM KAMPTAL

Weixelbaum

3491 Straß im Straßertal
Weinbergweg 196
Tel.: 02735 2269
0676 3258483
weixelbaum@vinoweix.at
www.invinoweix.at

Wahre Werte heißt das Herzstück der Weinserie im Weingut Weixelbaum. Diese Weine werden mit Angabe ihrer Riede auf die Flasche gefüllt. Durch extremes Ausdünnen und zwei bis drei Ernteduchgänge gelingt es, hierfür Trauben höchster Reife und Gesundheit zu ernten. Im Keller wird alles nach dem modernsten Stand der Technik vinifiziert. Besonders der Sauvignon Blanc aus der Ried Wechselberg-Himmel punktet bei uns durch seine saftige, balancierte Struktur und reife Frucht.

17,5		Riesling Wahre Werte Ried Gaisberg 2016 **	€ 16,00
17,5		Sauvignon Blanc Wahre Werte Ried Wechselberg–Himmel 2017	€ 12,00
17		Grüner Veltliner Wahre Werte Ried Gaisberg 2017 **	€ 16,00
16,5		Grüner Veltliner Wechselberg 2018 *	€ 9,00
16,5		Riesling Renner 2016 **	€ 10,50
16,5		Weißburgunder Wahre Werte Ried Gaisberg 2018	€ 10,50
15,5		Grüner Veltliner Stangl 2018 *	€ 7,50

Top-Weine vergangener Jahrgänge:

17,5		Riesling Wahre Werte Ried Gaisberg 2015 **
17,5		Sauvignon Blanc Anno Dazumal 2015
17,5		Riesling Anno Dazumal 2013

Wutzl ⓝ

3550 Gobelsburg
Weinstraße 15
Tel.: 02734 3467
0664 4328989
weingut.wutzl@gmx.at
www.weingut-wutzl.at

Unser Kamptaler Neuzugang im Weinguide heuer: der Betrieb des jungen Franz-Josef Wutzl. In Gobelsburg beheimatet, verfügt er mit seinen 18 Hektar Rebfläche über ein ansehnliches Riedenportfolio. Das Winzertalent hat eine sehr stimmige Weinserie gekeltert, die, nebenbei gesagt, ein perfektes Preis-Genuss-Verhältnis hat. Unser Liebling der Kollektion: der Riesling von der Ried Haide. Er duftet herrlich nach Apfel und Marille, hat eine stimmige, feine Säure und gute Eleganz.

17,5		Grüner Veltliner Ried Gebling Alte Reben 2017 **	€ 10,20
17,5		Riesling Ried Haide 2017 **	€ 9,60
16,5		Grüner Veltliner Ried Spiegel 2018 *	€ 6,80
16,5		Riesling Gobelsburg 2018 *	€ 6,80
16		Grüner Veltliner Ried Steinsetz 2018 *	€ 6,50
14,5		Chardonnay Ried Spiegel Classic 2018	€ 6,90
14,5		Sauvignon Blanc Ried Spiegel 2018	€ 7,60

Kamptal DAC *, Kamptal DAC Reserve **

© ÖWM Kamptal Kamptal

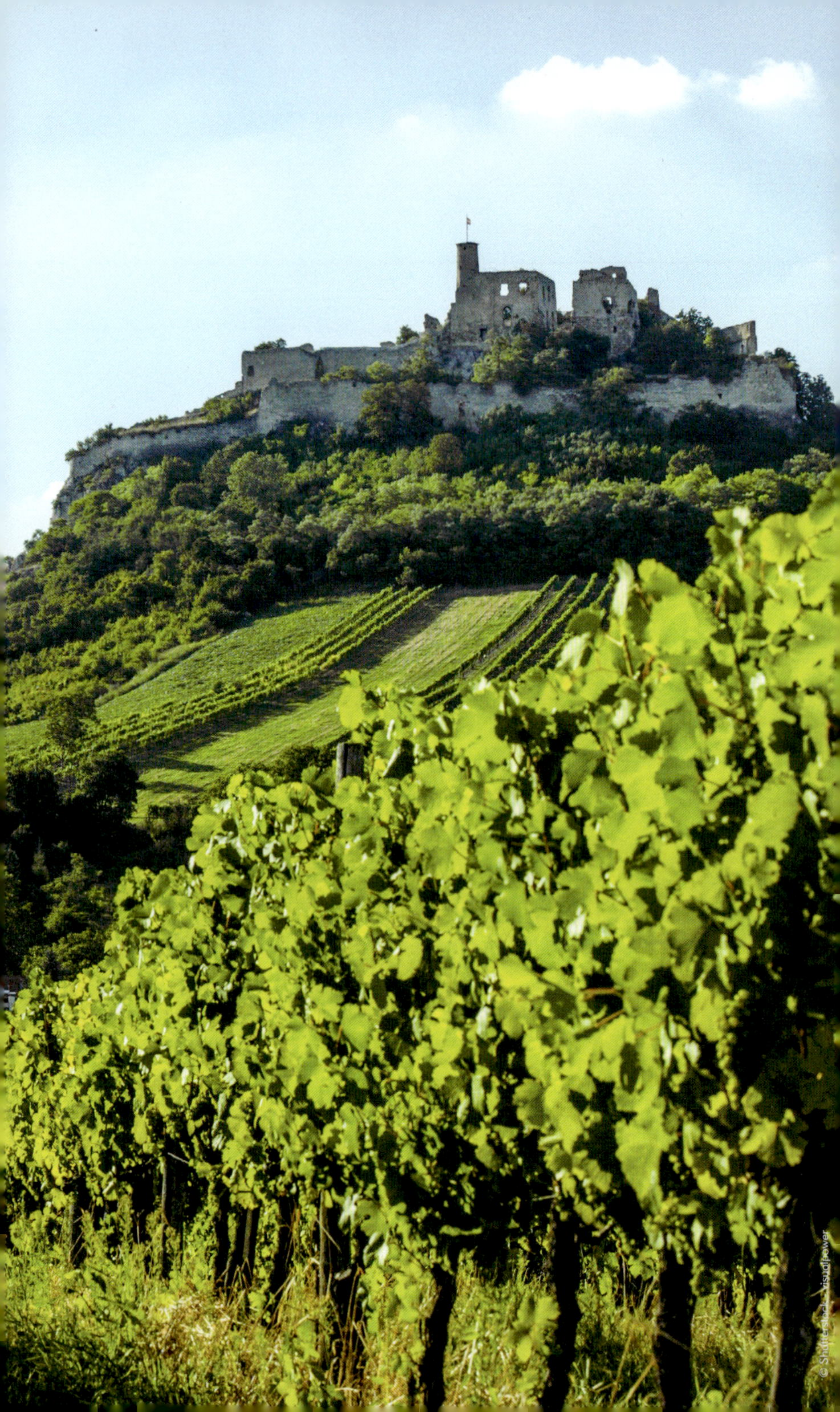

WEIN- VIERTEL

Im größten Weinbaugebiet Österreichs ist mehr als die Hälfte der Fläche mit Grünem Veltliner bepflanzt. Ihn prägt das typische Pfefferl. Im westlichen Teil existiert eine aktive Rotweinszene.

LIEBLINGSWEIN DER REDAKTION

2018 Grüner Veltliner 8000 Weinviertel DAC Reserve – Setzer
Wein-Tester des Gault&Millau: Walter Kutscher

Ein brillanter Spitzen-Veltliner, alleine sein Name „8000" verlangt nach Erklärung: 8000 Rebstöcke pro Hektar sind im Weingarten ausgesetzt. Das Ergebnis kann sich wahrlich kosten lassen: Dicht im Bukett, Nuss und gelbe Frucht dominieren. Ein Wein voll Noblesse, reifer Pikanz und Länge.

WEINGÜTER IM WEINVIERTEL

Ebner-Ebenauer
2170 Poysdorf
Laaer Straße 5
Tel.: 02552 2653
0699 155 571 000
office@ebner-ebenauer.at
www.ebner-ebenauer.at

Bei den Ebner-Ebenauers werden alle Facetten des Veltliners greifbar. Ihre 15 Hektar Rebfläche liegen kleinteilig und weit verstreut rund um Poysdorf. Diese Weingärten sind für Marion und Manfred ein vielfältiger Bodenschatz, für den sie große Dankbarkeit empfinden und die sich in ihren Weinen ausdrückt. Dazu gehören natürlich der fruchtbare Weinviertler Lössboden, aber auch pure Sandlagen, karge Kalkböden, warme Schotterlagen und schwere, wasserreiche Lehmböden.

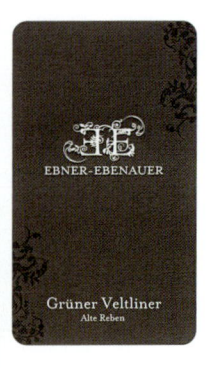

18	🍇🍇	Grüner Veltliner Alte Reben 2018 Reserve	€ 20,00
18	🍇🍇	Grüner Veltliner Black Edition 2018 Reserve	€ 35,00
18	🍇🍇🍇	Pinot Noir Black Edition 2016 Reserve	€ 35,00
17,5	🍇🍇	Roter Traminer Maxendorf 2018	€ 14,00
17	🍇🍇	Chardonnay Black Edition 2018 Reserve	€ 35,00
17	🍇🍇	Grüner Veltliner Sauberg 2018 Reserve	€ 18,00
17	🍇🍇	Riesling Alte Reben 2018 Reserve	€ 20,00
17	🍇🍇	Weißburgunder Alte Reben 2018 Reserve	€ 18,00
17	🍇🍇🍇	St. Laurent Alte Reben 2016 Reserve	€ 16,00
16	🍇🍇	Grüner Veltliner Bürsting 2018 Reserve	€ 16,00
15,5	🍇🍇	Grüner Veltliner Hermanschachern 2018	€ 14,00

Top-Weine vergangener Jahrgänge:

18,5	🍇🍇	Grüner Veltliner Black Edition 2017 Reserve	
18	🍇🍇	Grüner Veltliner Alte Reben 2017 Reserve	
18	🍇🍇🍇	Pinot Noir Black Edition 2015	

Faber-Köchl ᴺ
2130 Eibesthal
Am Schenkberg 11
Tel.: 02572 4484
0664 185 8173
office@faber-koechl.at
www.faber-koechl.at

Maria und Anna sind Winzerinnen aus Leidenschaft. Maria, dreifache Mutter, hat das Weingut 1999 als Quereinsteigerin gegründet. Nach einem Weinbaustudium sowie Praktika in Deutschland und Neuseeland kümmert sich nun Tochter Anna um den Keller. Gemeinsam pflegen die beiden ihre Reben, bei der Lese holen sie alle Trauben händisch ein. Wir gratulieren zu einer mehr als gelungenen Weinserie, die authentisch, gebietsverbunden und eigenständig ist. Top ist der Traminer!

17	🍇🍇	Roter Traminer 2018	€ 11,20
16,5	🍇	Cuvée weiß Köchl Verzeichnis Exklusiv 2017	€ 38,00
16,5	🍇🍇	Cuvée rot Köchl Verzeichnis Exklusiv 2015	€ 38,00
16	🍇	Cuvée weiß Köchl Verzeichnis 508 Auf das Wohl aller Freunde 2017	€ 9,80
16	🍇	Grüner Veltliner 2017 **	€ 18,00
16	🍇🍇	Pinot Noir 2016	€ 14,60
15,5	🍇	Grüner Veltliner Saazen 2017	€ 9,80
15,5	🍇🍇	Cuvée rot Köchl Verzeichnis 507 Heiterkeit und leichtes Blut 2017	€ 9,80

WEINGÜTER IM WEINVIERTEL

Rudolf Fidesser
2051 Platt 39
Tel.: 02945 2592
weingut@fidesser.at
www.fidesser.at

Geführt wird das biodynamische Familienweingut von Gerda und Norbert Fidesser. Sie sind täglich im Weingarten, im Keller oder bei einer Weinpräsentation unterwegs. Die Großeltern Grete und Rudolf sind mit ihrer Erfahrung und Umsicht aber genauso wenig wegzudenken wie die Jungen. Sophie studiert Weinmarketing und Rudi besucht die Wein- und Obstbauschule in Klosterneuburg. Fidessers Weinkollektion besticht durch ihre Tiefgründigkeit, Herkunftstreue, Eleganz und Energie. Bravo!

18		Grüner Veltliner Ried Retzer Stein 2017	€ 14,60
18		Weißer Traminer Ried Sandberg 2017	€ 14,60
17,5		Grüner Veltliner Ried Kapellenberg 2017	€ 9,70
17		Sauvignon Blanc Ried Sandberg 2017	€ 14,60
17		Cuvée rot Ried Retzer Parapluieberg 2015	€ 20,40
17		Pinot Noir Ried Kapellenberg 2015	€ 17,10
16		Cuvée rot Ried Kirchleiten 2016	€ 11,30

Top-Weine vergangener Jahrgänge:

18		Grüner Veltliner Ried Kapellenberg 2016
18		Sauvignon Blanc Ried Sandberg 2016
18		Weißer Traminer Ried Höhweingarten 2016

Frank
2171 Herrnbaumgarten
Kellergasse 5 und 11
Tel.: 02555 2300
0699 1013746551
frank@weingutfrank.at
www.weingutfrank.at

Die Franks betreiben ihr Weingut in Herrnbaumgarten, im nordöstlichen Weinviertel. Dabei konzentrieren sie sich auf die Klassiker der Region: vornehmlich Grünen Veltliner, daneben Zweigelt, die Burgundersorten und Riesling. Der Grüne Veltliner wächst auf Lössböden, der Zweigelt und die Burgundersorten gedeihen auf Muschelkalk und Kalkmergel. Großartig ist der 2018er Chardonnay aus der Ried beim Kirchhof – Feuerstein im Duft, engmaschig und mit großer Länge.

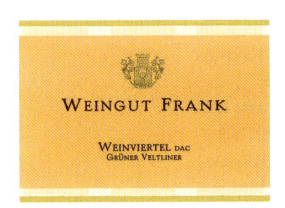

18		Chardonnay Ried beim Kirchhof Alte Reben 2018 Reserve	€ 25,00
17,5		Grüner Veltliner Ried Hoher Weg 2017 **	€ 16,00
17,5		Weißburgunder Ried Adamsbergen 2018 Reserve	€ 18,00
17		Grüner Veltliner Ried Johannesbergen 2018	€ 9,50
16		Cuvée rot M.C.S. 2017	€ 9,50

Top-Weine vergangener Jahrgänge:

17		Grüner Veltliner Ried Hoher Weg 2014
17		Grüner Veltliner Ried Hoher Weg 2012

Weinviertel DAC Reserve **

WEINGÜTER IM WEINVIERTEL

Michael Gindl

2223 Hohenruppersdorf
Marktplatz 29
Tel.: 02574 8421
0664 4136449
wein@mgsol.at
www.mgsol.at

demeter
biodynamische Qualität

Michael Gindl lässt sich nicht gerne in eine Schublade stecken. Er betreibt seine Landwirtschaft samt Weingut so, wie es für ihn stimmig ist und wie er es vom ökologischen Standpunkt aus für richtig erachtet. Im Weingarten arbeitet er nach Demeter-Richtlinien und verzichtet, so weit es geht, auf den Einsatz des Traktors zugunsten seiner Noriker. Gindls Weine sind eigenständig, voll wilder Würze und mit viel Tiefgang. Fantastisch ist der Weißburgunder Sodalis, der unbedingt dekantiert werden muss.

17,5	🍇🍇🍇🍇	Weißburgunder Sodalis 2017
16,5	🍇🍇🍇🍇	Grüner Veltliner Buteo 2017
16	🍇🍇🍇	Cuvée weiß Flora 2018
16	🍇🍇🍇	Cuvée rot Bubbles Pét Nat 2018
15	🍇🍇🍇	Grüner Veltliner little Buteo 2018

Top-Weine vergangener Jahrgänge:

18	🍇🍇🍇🍇	Grüner Veltliner Buteo12 2016
18	🍇🍇🍇🍇	Weißburgunder Sodalis 2016
17,5	🍇🍇🍇🍇	Grüner Veltliner Buteo 2016

Ingrid Groiss

2014 Breitenwaida
Tullner Straße 472
Tel.: 0676 3927703
info@ingrid-groiss.at
www.ingrid-groiss.at

Wenn jemand das Weinviertel, besonders auch international, konstant mit Topweinen repräsentiert, dann ist es die dynamische und eloquente Ingrid Groiss. Sie selbst beschreibt sich mit drei Worten: Leidenschaft, Gefühl und Zielstrebigkeit. Mit großer Leidenschaft arbeitet sie an ihrem Lebenstraum Wein, ihre Kollektion zeigt jedes Jahr, wie gefühlvoll sie dabei vorgeht. Und: Sie hat immer ein Ziel vor Augen – größtmögliche Qualität. Fantastisch heuer der dichte Veltliner von der Ried Pankraz.

18	🍇🍇🍇🍇	Grüner Veltliner Ried Pankraz 2018 Reserve
17	🍇🍇🍇🍇	Grüner Veltliner Ried Sauberg 2018 Reserve
17	🍇🍇🍇🍇	Riesling Braitenpuechtorff 2018
16,5	🍇🍇🍇🍇	Grüner Veltliner Ried In der Schablau 2018 **
16	🍇🍇🍇	Gemischter Satz Braitenpuechtorff 2018
16	🍇🍇🍇	Riesling Ried Auf der Henne 2018 Reserve
15,5	🍇🍇🍇	Gemischter Satz Bernhardt 2016 Reserve
15,5	🍇🍇🍇	Grüner Veltliner Braitenpuechtorff 2018 *

Top-Weine vergangener Jahrgänge:

17,5	🍇🍇🍇🍇	Grüner Veltliner Ried Pankraz 2017 Reserve
17	🍇🍇🍇🍇	Grüner Veltliner Ried Sauberg Tradition 2017 Reserve
17	🍇🍇🍇🍇	Riesling Ried Auf der Henne 2017 Reserve

Weinviertel DAC *, Weinviertel DAC Reserve **

WEINGÜTER IM WEINVIERTEL

Gruber Röschitz

3743 Röschitz
Winzerstraße 46
Tel.: 02984 2765
office@gruberwein.at
www.gruber-roeschitz.at

(bio)

Das Weingut in Röschitz wird von einem starken Dreierteam geführt. Die Geschwister Gruber haben sich ihre Aufgaben im Betrieb klug aufgeteilt. Christian kümmert sich um die Rebgärten, die biologisch bewirtschaftet werden, Ewald zeichnet für die einfühlsame Vinifikation verantwortlich und Maria für die Kommunikation. Mit derart gebündelter Kraft kann das Ergebnis nur überzeugend sein. Wie immer sind die Veltliner eine Bank – allen voran die Ried Reipersberg.

17	🍇🍇🍇🍇	Grüner Veltliner Ried Reipersberg 2018 *	€ 10,00
16,5	🍇🍇🍇	Gelber Muskateller 2018	€ 8,40
16,5	🍇🍇🍇	Grüner Veltliner Ried Hundspoint 2018 *	€ 10,00
16	🍇🍇🍇	Grüner Veltliner 2018 *	€ 7,20
16	🍇🍇🍇	Riesling 2018	€ 8,40
14	🍇	St. Laurent Rosé 2018	€ 8,40

Top-Weine vergangener Jahrgänge:

17,5	🍇🍇🍇🍇	Grüner Veltliner Mühlberg 2017 **
17,5	🍇🍇🍇🍇	Riesling Königsberg 2017
17,5	🍇🍇🍇🍇	Riesling Black Vintage 2016

Gschweicher

3743 Röschitz
Winzerstraße 29
Tel.: 02984 3800
0664 7652652
office@gschweicher.at
www.gschweicher.at

primary rocks

Mitten im Weinort Röschitz liegt der sogenannte Straßenseitenhof der Familie Gschweicher. Als Weißweinbetrieb ist man auf die Produktion von Grünem Veltliner spezialisiert. Den gibt es in unterschiedlichen Ausbaustufen von leicht bis kraftvoll. Hervorragend gefallen hat uns aus der Kollektion der Primary Rocks, das Aushängeschild der Gschweichers. Er stammt von 80 Jahre (!) alten Rebstöcken und strahlt heuer wieder in einer ganz besonderen, mineralischen Würze.

17,5	🍇🍇🍇🍇	Grüner Veltliner Primary Rocks 2018	€ 18,00
17,5	🍇🍇🍇🍇	Grüner Veltliner Antonius Privat 2017	€ 28,00
17	🍇🍇🍇🍇	Grüner Veltliner Ried Kellerberg 2018 **	€ 12,00
16,5	🍇🍇🍇	Grüner Veltliner Ried Königsberg 2018	€ 9,00
16	🍇🍇🍇	Sauvignon Blanc Ried Reipersberg 2018	€ 9,00
15,5	🍇🍇🍇	Grüner Veltliner Ried Galgenberg 2018	€ 8,00
15,5	🍇🍇🍇	Riesling Ried Mühlberg Reserve 2018	€ 16,00
14	🍇	Riesling Ried Reipersberg 2018	€ 9,00

Top-Weine vergangener Jahrgänge:

18	🍇🍇🍇🍇	Grüner Veltliner Primary Rocks 2010
18	🍇🍇🍇🍇	Grüner Veltliner 2010 **
18	🍇🍇🍇	Chardonnay 2015 Trockenbeerenauslese

Weinviertel DAC *, Weinviertel DAC Reserve **

WEINGÜTER IM WEINVIERTEL

Schlossweingut Graf Hardegg

2062 Seefeld-Kadolz
Großkadolz 1
Tel.: 02943 2203
office@hardegg.at
www.grafhardegg.at

bio

Hardegg zählt unbestritten zu den Topbetrieben im Weinviertel. Die beste Riede des Weingutes ist Steinbügel, wo auf kalkhaltigem Sandsteinboden die Reben südlich ausgerichtet wachsen. Hier gedeiht der spannende Viognier, der seit 20 Jahren Bestandteil des Weinportfolios ist. Aber auch der Riesling findet dort ideale Voraussetzungen. Im Jahrgang 2018 kelterte man eine fantastische Spätlese, die mit ihrem exotischen Fruchtcharme und der stimmigen Säure herrlich fließend ist.

18	♥♥♥	Riesling 2015 Spätlese	€ 13,60
17,5	♥♥	Riesling Ried Steinbügel 2018	€ 20,40
17	♥♥	Grüner Veltliner Ried Steinbügel 2018	€ 17,20
17	♥	Riesling vom Schloss 2018	€ 11,40
17	♥	Viognier V 2017	€ 22,50
17	♥♥♥	Pinot Noir Ried Steinbügel 2016	€ 20,40
16	♥	Grüner Veltliner vom Schloss 2018	€ 11,40
16	♥♥♥	Pinot Noir vom Schloss 2016	€ 13,60
15,5	♥	Pinot Noir Rosé vom Gut 2018	€ 7,70

Top-Weine vergangener Jahrgänge:

18	♥♥	Viognier V 2015
17,5	♥♥	Viognier V 2016
17	♥♥	Grüner Veltliner Ried Steinbügel 2017

Hofbauer-Schmidt

3472 Hohenwarth
Hauptstraße 54
Tel.: 02957 221
weingut@hofbauer-schmidt.at
www.hofbauer-schmidt.at

Die gemeinsame Leidenschaft der Mitglieder der Familie Hofbauer-Schmidt gehört dem Weingut in Hohenwarth, wo einander Kamptal, Wagram und Weinviertel treffen. Der Betrieb besteht bereits seit acht Generationen. Mit dem Jahr 2016 stieg Johannes nach seiner fundierten Ausbildung mit ein und sorgt für neue Ideen. Neben dem Grünen Veltliner setzt man hier auch auf den Roten Veltliner, von dem die Alten Reben eine sehr schöne, saftige, dunkelgelbe Frucht und viel Typizität zeigen.

16,5	♥	Grüner Veltliner Ried Kellerberg 2017 **	€ 13,50
16	♥	Grüner Veltliner Alte Reben 2018 **	€ 11,00
16	♥	Roter Veltliner Alte Reben 2018	€ 11,00
15,5	♥	Grüner Veltliner Ried Hochstrass 2018 *	€ 8,30
15,5	♥	Riesling Ried Köhlberg 2017	€ 11,00
15	♥	Roter Veltliner Ried Hochstrass 2018	€ 8,30
14,5	♥	Sauvignon Blanc Ried Mühlweg 2018	€ 8,30

Top-Weine vergangener Jahrgänge:

17,5	♥♥	Grüner Veltliner Alte Reben 2014

Weinviertel DAC *, Weinviertel DAC Reserve **

WEINGÜTER IM WEINVIERTEL

Julius Klein

2052 Pernersdorf
Hauptstraße 37
Tel.: 02944 8649
0676 727 28 07
mail@weingut-klein.at
www.weingut-klein.at

Julius Klein steht für trinkfreudige Grüne Veltliner, vom leichten, frischen, zart würzigen Stil bis zum tiefgreifenden, dichten und muskulösen Wein in Reservequalität. Was die Weine des jungen Winzers eint, sind ihre Spannung und Gebietstypizität. Die Grande Reserve baut Klein im Holzfass aus, was spürbar ist und dem Wein eine zusätzliche Dimension gibt, der Veltliner von der Ried Steinberg ist energisch und punktet vor allem durch seine klare Mineralität und Kräuternoten.

17,5	🍇🍇🍇🍇	Grüner Veltliner Urmeer Grande Reserve 2017
17,5	🍇🍇🍇🍇	Grüner Veltliner Ried Steinberg 2017 **
16,5	🍇🍇🍇	Grüner Veltliner Ried Rustenberg 2018
15,5	🍇🍇🍇	Grüner Veltliner Lehm & Löss 2018 *
15	🍇🍇🍇	Grüner Veltliner Ried Wiege 2018 *

Top-Weine vergangener Jahrgänge:

17	🍇🍇🍇🍇	Grüner Veltliner Urmeer Grande Reserve 2015

Roland Minkowitsch

2261 Mannersdorf
Kirchengasse 64
Tel.: 02283 3639
0650 590 00 62
weingut@roland-minkowitsch.at
www.roland-minkowitsch.at

Mit seiner aktuellen Kollektion hat Roland Minkowitsch wieder einmal gezeigt, dass er nicht nur ein Meister klassischer Grüner Veltliner und markanter Rieslinge ist. Wie kaum ein anderer versteht er sich im Weinviertel auf die Vinifizierung von Aromasorten. Sein Muskateller ist überaus stimmig in seiner Typizität und dabei doch ganz fein und elegant. Sein Gewürztraminer duftet exotisch, ein wenig nach Litschi und Orange, ist saftig und punktet auch durch seine trinkanimierende Säure.

18	🍇🍇🍇🍇	Gewürztraminer 2018	€ 13,00
17,5	🍇🍇🍇🍇	Riesling de vite Ried Lange Lissen 2018	€ 12,00
16,5	🍇🍇🍇	Gelber Muskateller 2018	€ 9,00
16,5	🍇🍇🍇	Grüner Veltliner rochus 2018	€ 9,00
16	🍇🍇🍇	Riesling de vite 2018	€ 10,00
15,5	🍇🍇🍇	Chardonnay 2018	€ 9,00
15,5	🍇🍇🍇	Grüner Veltliner 2018 *	€ 8,00

Top-Weine vergangener Jahrgänge:

18	🍇🍇🍇🍇	Gewürztraminer Premium 2013
18	🍇🍇🍇🍇	Riesling de vite Ried Lange Lissen 2017
17	🍇🍇🍇🍇	Riesling de vite Ried Lange Lissen 2016

Weinviertel DAC *, Weinviertel DAC Reserve **

WEINGÜTER IM WEINVIERTEL

Christian Mrozowski

2223 Hohenruppersdorf
Sulzer Straße 16
Tel.: 0664 357 77 00
wein@mrozowski.at
www.mrozowski.at

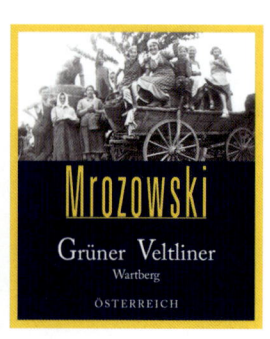

bio

Sein Weißburgunder ist ein herrlich seidiges Trinkvergnügen. Der Quereinsteiger Christian Mrozowski hat sich im Laufe der Jahre sehr gut etabliert. Seine Weine werden nicht nur in Österreichs besten Restaurants, sondern auch in New York City oder auf den Cayman Islands getrunken. Trotzdem bleibt der Winzer immer mit beiden Beinen am Boden. Er hat sich ganz dem biologischen Weinbau verschrieben und lässt seinen Weinen die Zeit zum Reifen, die sie brauchen.

17		Weißburgunder 2017	€ 11,40
16,5		Zweigelt 2016	€ 16,70
16,5		Cuvée weiß 2018 Auslese	€ 21,60
16		Chardonnay 2018	€ 13,70
16		Grüner Veltliner Matzner Hügel 2018	€ 9,20
15		Rosé 2018	€ 8,50

Top-Weine vergangener Jahrgänge:

17,5		Chardonnay 2016	
17		Grüner Veltliner Wartberg 2015	
17		Grüner Veltliner Wartberg 2016	

Martin Obenaus

3704 Glaubendorf
Lange Zeile 24
Tel.: 0664 249 07 42
office@weingut-obenaus.at
www.weingut-obenaus.at

demeter
biodynamische Qualität

25 Hektar Weingärten bewirtschaftet Martin Obenaus rund um den Heldenberg. Dabei ist sein Rebsortenportfolio klassisch weinviertlerisch geprägt. Er ist aber weit davon entfernt, ein klassischer Betrieb zu sein. Er geht im Weingarten und auch bei der Vinifikation seinen ganz eigenen Weg. Seine Weine sind nie gefällig, sondern brauchen Zeit und Luft. Eine Ausnahme im Dickicht der vielen Mainstream-Rosés ist sein Zweigelt aus 2018 – mineralisch, dunkelbeerig und herrlich kräuterwürzig.

16		Grüner Veltliner G 2017	€ 34,00
16		Zweigelt rosé 2018	€ 7,00
15,5		Roesler 2015	€ 18,00
15		Cuvée weiß Unchained 2017	€ 9,00
15		Grüner Veltliner 2018 *	€ 6,00
15		Zweigelt 2016	€ 6,00
13,5		Riesling 2016	€ 9,00

Top-Weine vergangener Jahrgänge:

17		Weißburgunder aus dem Natursteinfass 2016	

Weinviertel DAC *, Weinviertel DAC Reserve **

WEINGÜTER IM WEINVIERTEL

R & A Pfaffl

2100 Stetten
Schulgasse 21
Tel.: 02262 67 34 23
wein@pfaffl.at
www.pfaffl.at

Was die Familie Pfaffl im Laufe der vergangenen 30 Jahre geschafft hat, ist eine schier unglaubliche Erfolgsgeschichte. Im heurigen Jahr wurde der Keller um eine riesige neue Abfüllanlage, die alle Stückerl spielt, erweitert. Das rautenförmige Etikett ist das Markenzeichen des Paradebetriebes und in den vergangenen Jahren in aller Welt zum Synonym für heimischen Grünen Veltliner geworden. Geleitet wird das große Weingut vom energiegeladenen Junior Roman und seiner Schwester Heidi.

17		Grüner Veltliner Hommage 2018 **	€ 38,00
16		Chardonnay Revision 2016	€ 14,50
15,5		Grüner Veltliner Golden 2018 **	€ 21,00
15,5		Riesling Passion 2018 Reserve	€ 35,00
15		Grüner Veltliner Zeisen 2018 *	€ 7,90
15		Riesling Sonne 2018	€ 13,20
14		Grüner Veltliner Hund 2018 **	€ 14,50
14		Pinot Noir 2017 Reserve	€ 21,00
14		Rosé La Grande 2018	€ 14,50

Top-Weine vergangener Jahrgänge:

17,5		Grüner Veltliner Goldjoch 2013 **
17,5		Grüner Veltliner Hommage 2016 **
17		Grüner Veltliner Hommage 2017 **

WEINGÜTER IM WEINVIERTEL

Prechtl
2051 Zellerndorf 12
Tel.: 02945 2297
0676 3238470
weingut@prechtl.at
www.prechtl.at

Die Veltliner-Serie Franz Prechtls ist wieder wie aus einem Guss. Längen und Altenberg aus 2018 haben beide einen herrlichen Trinkfluss und eine authentische Frucht, wenn auch durch den Jahrgang 2018 etwas saftiger und weniger straff wie im Vorjahr. Eine Pracht in seiner Eleganz und Würze ist der 2017er Rotondon. Prechtl kann aber nicht nur Grünen Veltliner, auch bei den Aromasorten Sauvignon Blanc (klare Cassisfrucht) und Muskateller (verspielt, typisch) zeigt er auf.

17,5	🍇🍇🍇	Grüner Veltliner Rotondon 2017 **	€ 26,00
17	🍇🍇🍇	Grüner Veltliner Leitstall 2017 **	€ 15,90
16,5	🍇🍇🍇	Gelber Muskateller Ried Maulavern 2018	€ 8,60
16,5	🍇🍇🍇	Grüner Veltliner Ried Altenberg 2018 *	€ 9,50
16,5	🍇🍇🍇	Sauvignon Blanc Ried Altenfeld 2018	€ 8,60
16	🍇🍇🍇	Grüner Veltliner Ried Längen 2018 *	€ 8,90
16	🍇🍇🍇	Grüner Veltliner Ried Äußere Bergen 2017 **	€ 13,90
15,5	🍇🍇🍇	Cuvée weiß Burgundercuvée 2018	€ 9,90
15,5	🍇🍇🍇	Riesling Ried Wartberg 2018	€ 8,60

Top-Weine vergangener Jahrgänge:

18	🍇🍇🍇	Grüner Veltliner Ried Äußere Bergen 2013 **
18	🍇🍇🍇	Grüner Veltliner Leitstall 2015 **
18	🍇🍇🍇	Grüner Veltliner 2016 Eiswein

Das **Weingut PRECHTL** im Retzer Land hat sich vor allem auf den Grüner Veltliner spezialisiert. Klima, Böden und das Know-how des Winzers Franz Prechtl schaffen beste Bedingungen für Aroma, Kraft und Eleganz der Weine. Naturnaher, nachhaltiger Weinbau ist selbstverständlich.

Von April bis Dezember erwartet Sie jeden Samstag von 10 bis 19 Uhr Petra Prechtl im angeschlossenen „**Sommerladen & Cafe**" mit einem vielfältigen Angebot für Gaumen und Augen.

Weitere Öffnungszeiten finden Sie unter www.prechtl.at

2051 Zellerndorf 12 | T +43 (0)2945/2297 | weingut@prechtl.at | www.prechtl.at

WEINGÜTER IM WEINVIERTEL

Elisabeth Rücker

2074 Unterretzbach
Herrengasse 1
Tel.: 02942 20802
0664 4279935
office@elisabeth-wein.at
www.elisabeth-wein.at

Elisabeth Rücker gehört zur Gruppe der „Jungen wilden Winzer" in Österreich. Dabei ist sie ein ruhiger, besonnener und sensibler Mensch. Ihre Weine können aber durchaus etwas Wildes haben. Und das ist gut so. Angepasstes gibt es bei ihr nicht. Sie lässt sich von ihrem Gefühl leiten und werkt im Einklang mit der Natur. Uns gefallen aus 2018 besonders die weiße Cuvée Charie (dunkelgelbe Frucht und feiner Gerbstoff) und der Chardonnay 5 Elemente (engmaschig, feiner Holzeinsatz).

17,5		Chardonnay 5 Elemente 2018	€ 16,00
17,5		Cuvée weiß Charie 2018	€ 16,00
17		Grüner Veltliner 5 Elemente 2017	€ 16,00
17		Riesling Ried Halblehen 2018	€ 11,90
16,5		Grüner Veltliner Ried Halblehen 2018	€ 11,90
16		Chardonnay 2018	€ 9,50
16		Riesling Ried Öhlberg 2018	€ 7,90
16		Cuvée rot Red Autumn 2017	€ 16,00
15		Grüner Veltliner 2018 *	€ 7,90

Top-Weine vergangener Jahrgänge:

18		Grüner Veltliner 3 Lagen 2015
18		Riesling 5 Elemente 2016
17		Chardonnay 5 Elemente 2016

Schloss Maissau

3743 Röschitz
Winzerstraße 46
Tel.: 02984 2765
office@weingutschlossmaissau.com
www.weingutschlossmaissau.com

(bio)

Schloss Maissau – das bedeutet 100 Prozent Grüner Veltliner. Eine Erfolgsgeschichte, die mehrere Beteiligte hat. Der Weinexperte Josef Schuster, gebürtig aus Maissau, erfüllte sich mit der Pacht der Weingärten des Schlosses einen lang gehegten Traum. Als Partner konnte er die Geschwister Gruber aus dem unweit gelegenen Röschitz gewinnen. Das Ergebnis kann sich jedes Jahr sehen lassen. Der Neuberg-Schanz aus 2017 punktet durch seine feine Mineralität, Struktur und balancierte Säure.

17		Grüner Veltliner Ried Neuberg-Schanz 2017 **	€ 16,50
16,5		Grüner Veltliner Ried Quittengang 2017 **	€ 15,00
16,5		Grüner Veltliner Ried Juliusberg 2016 **	€ 20,00
15,5		Grüner Veltliner Ried Steinwandl 2018 **	€ 11,00
15		Grüner Veltliner Schloss Maissau 2018 *	€ 8,50

Top-Weine vergangener Jahrgänge:

18		Grüner Veltliner Ried Neuberg-Schanz 2012
18		Grüner Veltliner Maissauer Berg 2010
17,5		Grüner Veltliner Ried Neuberg-Schanz 2016 **

Weinviertel DAC *, Weinviertel DAC Reserve **

WEINGÜTER IM WEINVIERTEL

Schödl

2225 Loidesthal
Loidesthaler Hauptstraße 76
Tel.: 0664 4677886
mail@weingutschoedl.at
www.weingutschoedl.at

Loidesthal liegt im Herzen des östlichen Weinviertels, die Familie Schödl ist hier zu Hause. Vater Herbert hat das Weingut ehemals im Nebenerwerb geführt – im Hauptberuf ist er Lehrbeauftragter an der Universität für Bodenkultur im Bereich Kellertechnik. Nach seinem Hochschulabschluss für Önologie vor rund sechs Jahren stieg der älteste Sohn Mathias mit ein. Unterstützt wird er von seinen Geschwistern. Unser Favorit aus seiner heurigen Serie: der dunkelbeerige und strukturierte St. Laurent.

17	🍇🍇🍇	St. Laurent Reserve 2017	€ 14,50
16,5	🍇	Weißburgunder Alte Reben 2018	€ 15,50
16	🍇🍇	Cuvée rot Sandbergen 2017 Reserve	€ 14,50
15,5	🍇	Grüner Veltliner In den Kräutern 2018 **	€ 15,50
15,5	🍇	Grüner Veltliner Götzenthal 2018 **	€ 15,50
15,5	🍇🍇🍇	Pinot Noir Rosé Rosengarten 2018	€ 7,00
14	🍇	Grüner Veltliner Blumenthal 2018	€ 9,80

Top-Weine vergangener Jahrgänge:

18	🍇🍇🍇🍇	Grüner Veltliner Götzenthal 2016 **
17,5	🍇🍇🍇🍇	Weißburgunder Meisterwerk Alte Reben 2015 Reserve
17	🍇🍇🍇	Grüner Veltliner In den Kreuthern 2016

Schwarzböck

2102 Hagenbrunn
Hauptstraße 56–58
Tel.: 02262 672740
weingut@schwarzboeck.at
www.schwarzboeck.at

Das Weingut von Rudi und Anita Schwarzböck befindet sich an der Wiener Stadtgrenze in Hagenbrunn, wo auch viele ihrer besten Rieden zu finden sind. Einzig die Veltliner kommen aus dem Grenzgebiet zu Tschechien. Schwarzböcks Serie ist wie immer eine Bank. Was uns heuer besonders gefiel: der Muskateller mit seiner verspielten Frucht und eleganten Struktur sowie der Riesling Bisamberg-Kreuzenstein. Ein Wein voll Pikanz, Mineralität und frischer Zitrusfrucht.

17	🍇🍇🍇	Gelber Muskateller 2018	€ 8,00
17	🍇🍇🍇	Riesling Bisamberg-Kreuzenstein 2018	€ 8,50
16,5	🍇	Grüner Veltliner Bisamberg-Kreuzenstein 2018 *	€ 7,30
16,5	🍇🍇🍇	Zweigelt Ried Proschen 2017 Reserve	€ 13,00
16	🍇🍇	Grüner Veltliner Stützenhofen 2018 *	€ 7,30
16	🍇🍇	Grüner Veltliner Ried Sätzen 2018 *	€ 10,00

Top-Weine vergangener Jahrgänge:

17,5	🍇🍇🍇🍇	Riesling 2015 Trockenbeerenauselese
17	🍇🍇🍇	Grüner Veltliner Ried Aichleiten 2016 **
17	🍇🍇🍇	Riesling Ried Aichleiten 2016 Reserve

Weinviertel DAC *, Weinviertel DAC Reserve **

WEINGÜTER IM WEINVIERTEL

Seher

2051 Platt 28
Tel.: 02945 27138
0664 421 81 44
office@weingutseher.at
www.weingutseher.at

In Platt im Retzer Land bewirtschaftet Wolfgang Seher sein Weingut mit einer feinen Palette an verschiedenen Rebsorten. Der Grüne Veltliner gibt wie fast überall im Gebiet den Ton an, aber auch Weißburgunder, Sauvignon Blanc oder rote Sorten wie Zweigelt oder Pinot Noir fühlen sich in den Rieden wohl. Unser Topwein heuer: der Grüne Veltliner Feuerberg mit seiner facettenreichen Frucht, der enormen Dichte und Typizität. Ein Typ von einem Veltliner mit gutem Potenzial.

18	🍇🍇🍇🍇	Grüner Veltliner Ried Feuerberg 2017 **	€ 15,00
17	🍇🍇🍇🍇	Grüner Veltliner Ried Kapellenberg 2017 **	€ 15,00
17	🍇🍇🍇🍇	Grüner Veltliner Neue Zeit Nr. 4 2017	€ 27,00
17	🍇🍇🍇🍇	Sauvignon Blanc Ried Faustberg 2017	€ 16,00
16	🍇🍇🍇	Grüner Veltliner Ried Sandberg 2018 *	€ 9,00
16	🍇🍇🍇	Grüner Veltliner Ried Nussberg 2018 *	€ 9,00
16	🍇🍇	Pinot Noir Ried Ausserm Holz 2016	€ 16,00
16	🍇🍇	Zweigelt Ried Hangenstein 2016 Reserve	€ 15,00

Top-Weine vergangener Jahrgänge:

17	🍇🍇🍇🍇	Weißburgunder Ried Faustberg 2015
17	🍇🍇🍇🍇	Grüner Veltliner Ried Feuerberg 2016 **
17	🍇🍇🍇🍇	Weißburgunder Ried Faustberg 2016 Reserve

Setzer

3472 Hohenwarth
Hauptstraße 64
Tel.: 02957 228
0664 284 32 02
setzer@weingut-setzer.at
www.weingut-setzer.at

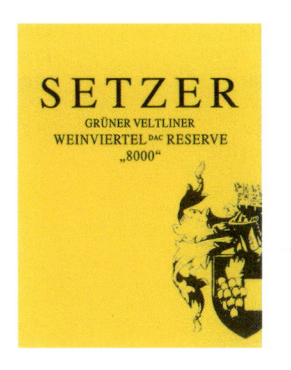

Die Familie Setzer gilt als wichtiger Botschafter für Grünen Veltliner, auch weit über die Grenzen Österreichs hinaus. Ihr Paradewein 8000 stammt von einer der besten Lagen im Weingut – der Riede Laa. Das besondere Merkmal: die sehr hohe Stockdichte von 8000 Pflanzen auf einem Hektar und der niedrige Ertrag. Die Reben wurzeln hier auf Braunerdeboden mit hohem Kalkgehalt. Der 2018er ist grandios. Er strahlt in einer ganz eigenen gelben Fruchtigkeit samt tiefgründiger Mineralität.

♥ **Lieblingswein der Redaktion**

18,5	🍇🍇🍇🍇	Grüner Veltliner 8000 2018 ** ♥	€ 23,00
17,5	🍇🍇🍇🍇	Grüner Veltliner Ried Kirchengarten 2018 **	€ 17,80
17,5	🍇🍇🍇🍇	Grüner Veltliner Große Reserve 2017	€ 35,00
17	🍇🍇🍇	Grüner Veltliner Ried Kronberg 2018 **	€ 12,90
17	🍇🍇🍇	Roter Veltliner Ried Kreimelberg 2018 Reserve	€ 13,90
16	🍇🍇	Weißburgunder 2018	€ 9,40
15,5	🍇	Chardonnay 2018	€ 9,20
15,5	🍇	Riesling 2018	€ 9,80

Top-Weine vergangener Jahrgänge:

18	🍇🍇🍇🍇	Grüner Veltliner 8000 2014 **
17,5	🍇🍇🍇🍇	Grüner Veltliner 8000 2016 **
17,5	🍇🍇🍇🍇	Grüner Veltliner 8000 2017 **

Weinviertel DAC *, Weinviertel DAC Reserve **

WEINGÜTER IM WEINVIERTEL

Seymanns Weinhandwerkerei

2052 Pernersdorf
Karlsdorf 50
Tel.: 02944 8290
0664 886675011
office@seymann.at
www.seymann.at

Im westlichen Weinviertel liegt die Weinhandwerkerei der Seymanns. Auf Sand- und Lehmböden, die vom Urzeitmeer Tethys geprägt sind, entstehen hier charaktervolle Weißweine und tiefgreifende, strukturierte Rote. Ihre Weine nennt die Familie Seymann im Eigenzitat übrigens flüssige Landschaften. Man legt größten Wert auf biologische Bewirtschaftung und die Erhaltung des natürlichen Kreislaufes. Die Weine sind bekömmlich und besonders charismatisch.

16,5	🍇	Grüner Veltliner Sechs Hände Selektion Extrem 2018 *	€ 9,50
16,5	🍇	Grüner Veltliner Grüner Mann Privat Reserve 2016	€ 15,70
16,5	🍇🍇	Cuvée rot Wilder Wein 2015	€ 16,50
16	🍇	Cuvée weiß Schmeckata 2018	€ 10,50
16	🍇🍇	Zweigelt Alter Hase 2016	€ 12,50
15,5	🍇🍇	Cuvée rot Nordwest 2016	€ 23,50

Stift Altenburg

3743 Röschitz
Winzerstraße 46
Tel.: 02984 2765
office@weingutstiftaltenburg.com
www.weingutstiftaltenburg.com

(bio)

Seit gut 250 Jahren besitzt das Stift Altenburg Weingärten in Limberg am Manhartsberg. Der Weinbau war über Jahrhunderte einer der wichtigsten Wirtschaftsfaktoren für das Stift. Vor einigen Jahren übergab Stift Altenburg die Verantwortung für die Weingärten in Limberg und die Vinifizierung deren Weine an die Geschwister Gruber in Röschitz. Die Übergabe dieser Verantwortung an Ewald Gruber und seine Familie ist ein Vertrauensbeweis für deren Arbeit und Kompetenz.

15,5	🍇	Grüner Veltliner Stift Altenburg 2018 *	€ 7,90
15,5	🍇🍇	Zweigelt Convent 2016	€ 7,30
15	🍇🍇	Merlot Domäne Stift Altenburg 2015	€ 30,00

Top-Weine vergangener Jahrgänge:

17,5	🍇🍇🍇	Chardonnay Dreißigviertel-Limberg 2012	

WEINGÜTER IM WEINVIERTEL

Studeny

2073 Obermarkersdorf
Obermarkersdorf 174
Tel.: 02942 8252
office@studeny.at
www.studeny.at

Für Herbert Studeny ist es wichtig, die Gebietstypizität und den Rebsortenausdruck in seinen Weinen besonders herauszustreichen. Beim Weißwein setzt er auf den Ausbau auf der Feinhefe und Lagerung im Edelstahltank. Dabei setzt er neben dem Grünen Veltliner auch auf Riesling und die bukettbetonten Sorten Sauvignon Blanc und Muskateller, der uns mit seiner Lebendigkeit und zart muskatigen Würze besonders überzeugte. Die Rotweine, wie der Pinot Noir, reifen teilweise im Holz.

16,5		Gelber Muskateller Obermarkersdorf 2018	€ 7,00
16,5		Riesling Obermarkersdorf 2018	€ 6,90
16		Sauvignon Blanc Ried Sündlasberg 2018	€ 9,90
16		Weißburgunder Ried Nussberg 2018	€ 7,50
16		Pinot Noir Pulkauer Ried Hinter der Kirche 2017	€ 9,80
15,5		Grüner Veltliner Obermarkersdorf 2018 *	€ 6,50
15,5		Grüner Veltliner Ried Atschbach 2018	€ 8,50

Top-Weine vergangener Jahrgänge:

17,5		Welschriesling 2013 Eiswein
17,5		Welschriesling 2015 Trockenbeerenauslese
17		Riesling Obermarkersdorf 2017

Sutter

3472 Hohenwarth
Weinviertler Straße 6
Tel.: 02957 200
office@weingut-sutter.at
www.weingut-sutter.at

Die Philosophie des Hauses lässt sich ganz einfach zusammenfassen: naturnahe Bewirtschaftung der Weingärten und Zurückhaltung im Keller. Als neues Weingut mit alten Wurzeln bezeichnen Doris und Leopold Sutter ihren Betrieb in Hohenwarth. Ihre Serie ist geprägt von den autochthonen Sorten Grüner und Roter Veltliner. Ihr Weinstil strahlt durch Klarheit, Trinkfreudigkeit und Gebietstypizität. Unser Liebling heuer: der Veltliner Kellerberg mit seiner Finesse und der typisch gelben Frucht.

16,5		Grüner Veltliner Ried Kellerberg 2017 **	€ 14,50
16		Grüner Veltliner Alte Reben 2018	€ 10,50
16		Grüner Veltliner Alte Reben 2017	€ 10,50
16		Roter Veltliner Ried Hochstrass 2018	€ 7,50
15		Gemischter Satz Ried Im Steinbruch 2018	€ 7,50
15		Grüner Veltliner Ried Laa 2018 *	€ 7,50
15		Blauer Spätburgunder Ried Mühlweg 2016	€ 7,80
14,5		Riesling Tradition 2018	€ 7,50

Top-Weine vergangener Jahrgänge:

17		Grüner Veltliner Ried Hochstrass 2016 **

Weinviertel DAC *, Weinviertel DAC Reserve **

WEINGÜTER IM WEINVIERTEL

Taubenschuss
2170 Poysdorf
Körnergasse 2
Tel.: 0676 356 69 01
weingut@taubenschuss.at
www.taubenschuss.at

Das Weingut besteht seit 1670 und baut auf die Erfahrungen vieler Winzergenerationen. Seit jeher bildet dabei das historische Poysdorfer Aspergerhaus, ein jahrhundertealtes Weinviertler Baujuwel, den angemessenen Rahmen. Als einer der ersten Betriebe in Österreich begann man bereits 1941 mit Bouteillenabfüllung. Heute ist mit Markus und Thomas bereits die junge Generation am Ruder. Ihre Serie ist immer wie aus einem Guss, top ist der dichte und kraftvoll würzige Veltiner MX Alte Reben.

17		Chardonnay Reserve S 2017	€ 10,50
17		Grüner Veltliner Große Reserve MX Alte Reben 2016	€ 24,00
16,5		Gelber Muskateller next generation 2018	€ 9,00
16,5		Grüner Veltliner Ried Hermannschachern 2018	€ 11,00
16,5		Grüner Veltliner Ried Tenn 2016 **	€ 13,00
16,5		Sauvignon Blanc Reserve S 2017	€ 10,00
16,5		Sylvaner Ried Höbertsgrub 2017	€ 10,00
16		Grüner Veltliner Ried Weißer Berg 2018 *	€ 9,00

Top-Weine vergangener Jahrgänge:

18		Weißburgunder Selection 2015	
17,5		Grüner Veltliner Ried Tenn 2015 **	
17,5		Weißburgunder Selection 2013	

Weinhof Uibel
3710 Ziersdorf
Hollabrunner Straße 35
Tel.: 0699 11368161
wine@uibel.at
www.uibel.at

Leo Uibel schreibt auf seiner Homepage über seine Kollektion, es seien Weine für Fortgeschrittene. Damit will er seinen Kunden keine Angst machen, sondern sie vielmehr darauf einstimmen, dass seine Veltliner und Co nicht dem gängigen Mainstream entsprechen, also keine 08/15-Typen sind. Für ihn zählt Handarbeit, vom Beginn bis zum Schluss. Seine gut sieben Hektar Fläche bewirtschaftet er biodynamisch, als Teil seines Erfolges sieht er die persönliche Beziehung zu jedem Weingarten.

17		Grüner Veltliner H 2017	€ 38,00
16,5		Grüner Veltliner Hundsberg 2016	€ 22,00
16,5		Blauburgunder 2015 Reserve	€ 22,00
16		Chardonnay Plafond 2016	€ 22,00
15,5		Grüner Veltliner Katzensprung 2017	€ 15,00
15,5		Grüner Veltliner End des Berges 2017	€ 15,00
15		Riesling Kalksand 2018	€ 18,00
14,5		Müller-Thurgau Athena 2018	€ 8,00
14		Frühroter Veltliner vom Schotter 2018	€ 9,00

Top-Weine vergangener Jahrgänge:

17,5		Grüner Veltliner Apertus 2015	
17,5		Grüner Veltliner Apertus 2016	
17,5		Chardonnay Reserve 2015	

Weinviertel DAC *, Weinviertel DAC Reserve **

WEINGÜTER IM WEINVIERTEL

Weinrieder
2170 Kleinhadersdorf-Poysdorf
Untere Ortsstraße 44
Tel.: 02552 2241
office@weinrieder.at
www.weinrieder.at

Das Weingut der Rieders liegt unweit von Poysdorf in Kleinhadersdorf. Auf 20 Hektar Rebfläche wachsen die weit über die Landesgrenzen bekannten Weine. Vor allem für Riesling und Grünen Veltliner hat man sich einen Namen gemacht. Stets ein mehr als erfreuliches Riesling-Beispiel ist jener aus der Ried Kugler, der 2018 besonders strukturiert und stimmig ist. Er punktet vor allem durch seine präzise Frucht (Weingartenpfirsich und Engelwurz), feine Pikanz und Länge.

18		Riesling Ried Kugler 2018	€ 12,90
17,5		Grüner Veltliner Hohenleiten Lagenreserve 2018	€ 29,00
17,5		Riesling Reserve 2017	€ 23,00
17		Grüner Veltliner Privat 2018	€ 12,90
17		Grüner Veltliner Alte Reben 2017	€ 12,90
17		Riesling Ried Bockgärten 2018	€ 8,50
16,5		Grüner Veltliner Ried Schneiderberg 2018	€ 7,90
16		Chardonnay Ried Hohenleiten 2018	€ 12,90

Top-Weine vergangener Jahrgänge:

20		Riesling Schneiderberg 2013 Eiswein
19		Riesling Schneiderberg 2012 Eiswein
18,5		Riesling Schneiderberg 2016 Eiswein

Wine by S. Pratsch
2223 Hohenruppersdorf
Milchhausstraße 5
Tel.: 0676 6249773
grapeful@pratsch.at
www.pratsch.at

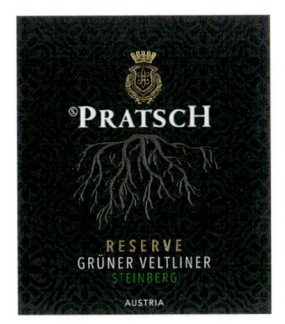

(bio)

Für Stefan Pratsch ist der Bioweinbau die oberste Maxime in seinem Betrieb. Nur Trauben aus einem gesunden Umfeld geben für ihn außergewöhnliche Weine. Das Potenzial seiner Lagenweine entsteht vor allem durch die lange Reifung auf der Feinhefe. Damit legt er den Grundstein für eine über Jahre hinweg andauernde Lager- und Trinkfähigkeit. Der Winzer ist in seiner Heimat sehr verwurzelt, seine Weine verteilten sich aber durch einen hohen Exportanteil über die ganze Welt.

17		Grüner Veltliner Erdverbunden 2015
16,5		Grüner Veltliner Rotenpüllen 2018
16		Grüner Veltliner Steinberg 2016 Reserve
16		Cuvée rot Baron 2016 Reserve
15,5		Grüner Veltliner 2018 *
15,5		Cuvée weiß 2018 Auslese

Top-Weine vergangener Jahrgänge:

17		Grüner Veltliner Steinberg 2013 Reserve
17		Traminer Erdverbunden 2017

Weinviertel DAC *

WEINGÜTER IM WEINVIERTEL

Herbert Zillinger

2251 Ebenthal
Hauptstraße 17
Tel.: 02538 85395
office@radikal.bio
www.radikal.bio

Herbert Zillinger bewirtschaftet seine Weingärten nach biodynamischen Grundsätzen. Selbst in heißen Jahren werden sie nicht bewässert. Im Keller arbeitet er völlig naturbelassen, es wird weder etwas entzogen noch etwas hinzugefügt (keine Enzyme, Gelatine, Säure, Zucker etc.). All das macht er im Sinne des Terroirgedankens und der Nachhaltigkeit. Seine Weine zählen daher auch nie zu den lauten, sondern sind vielmehr authentisch und in ihrer Eleganz und Klarheit ganz eigenständig.

18,5		Grüner Veltliner Radikal 2017	€ 39,50
18		Grüner Veltliner Ried Vogelsang 2018	€ 19,50
17,5		Grüner Veltliner Ried Hohes Eck 2018	€ 19,50
17		Grüner Veltliner Ried Weintal 2018	€ 19,50
17		Traminer Profund 2017	€ 39,50
17		Zweigelt Steinberg 2016	€ 25,50
16		Chardonnay Horizont 2018	€ 12,50
16		Grüner Veltliner Horizont 2018	€ 12,50
16		Sauvignon Blanc Ried Vogelsang 2017	€ 19,50
15,5		Traminer In Haiden 2018	€ 17,50
15,5		Weißburgunder Horizont 2018	€ 12,50

Top-Weine vergangener Jahrgänge:

18,5		Grüner Veltliner Radikal 2015
18,5		Sauvignon Blanc Ried Vogelsang 2016
18,5		Grüner Veltliner Radikal 2016

Johannes Zillinger

2245 Velm-Götzendorf
Landstraße 70
Tel.: 0676 6357881
jz@velue.at
www.velue.at

Wie im Vorjahr beeindruckt uns heuer wieder der Numen Fumé Blanc, ein unglaublich authentischer und gleichzeitig urwüchsiger Wein. Numen bedeutet das metaphysische Wirken. Die Weine aus dieser Serie entstehen quasi ohne Eingriffe im Keller. Die biodynamisch gewachsenen Trauben stammen von den ältesten Stöcken des Weingutes. Uns überzeugen die facettenreiche, typische Frucht und die tiefgreifende, engmaschige Struktur. Unser alternativer Wein des Jahres. Fantastisch!

• **Alternativer Wein des Jahres 2020**

19		Sauvignon Blanc Numen Fumé Blanc 2017 •	€ 28,00
18		Grüner Veltliner Numen 2017	€ 28,00
17,5		Gelber Muskateller Numen 2018	€ 28,00
17		Cuvée weiß Perpetuum 2017	€ 48,00
17		Riesling Numen 2017	€ 28,00
16,5		Cabernet Sauvignon Rosé Velue 2018	€ 8,90
16,5		Rosé Revolution pink solera NV	€ 14,00
16		Grüner Veltliner Reflexion Kellerberg 2018	€ 14,00
15,5		Grüner Veltliner Velue 2018	€ 8,90

Top-Weine vergangener Jahrgänge:

19		Grüner Veltliner Numen 2015
18,5		Sauvignon Blanc Numen Fumé Blanc 2013
18,5		Sauvignon Blanc Numen Fumé Blanc 2016

WEINGÜTER IM WEINVIERTEL

Zuschmann-Schöfmann

2223 Martinsdorf
Winzerstraße 52
Tel.: 02574 8428
0664 3676689
office@zuschmann.at
www.zuschmann.at

In Martinsdorf, nicht weit von Wien und doch mitten im Weinviertel, führen Else Zuschmann und Peter Schöfmann ihr Weingut in biologischer Bewirtschaftung. Das bedeutet nicht nur viel Einfühlungsvermögen bei der Arbeit im Weingarten. Auch im Keller bewahren sie die Ruhe und lassen ihren Weinen die Zeit, die sie zum Reifen brauchen. Nicht nur auf den obligatorischen Veltliner verstehen sich die beiden, auch für den Pinot Noir haben sie eine sehr gute Hand.

16,5	🍇🍇🍇	Pinot Noir 2016 Reserve
16	🍇🍇	Gelber Muskateller 2018
15	🍇🍇	Grüner Veltliner Muschelkalk 2018
14	🍇	Grüner Veltliner Löss 2017

Top-Weine vergangener Jahrgänge:

17	🍇🍇🍇	Cuvée rot Privat 2011
17	🍇🍇🍇	Grüner Veltliner Löss 2016
17	🍇🍇🍇	Pinot Noir Muschelkalk Selektion 2016

WEIN

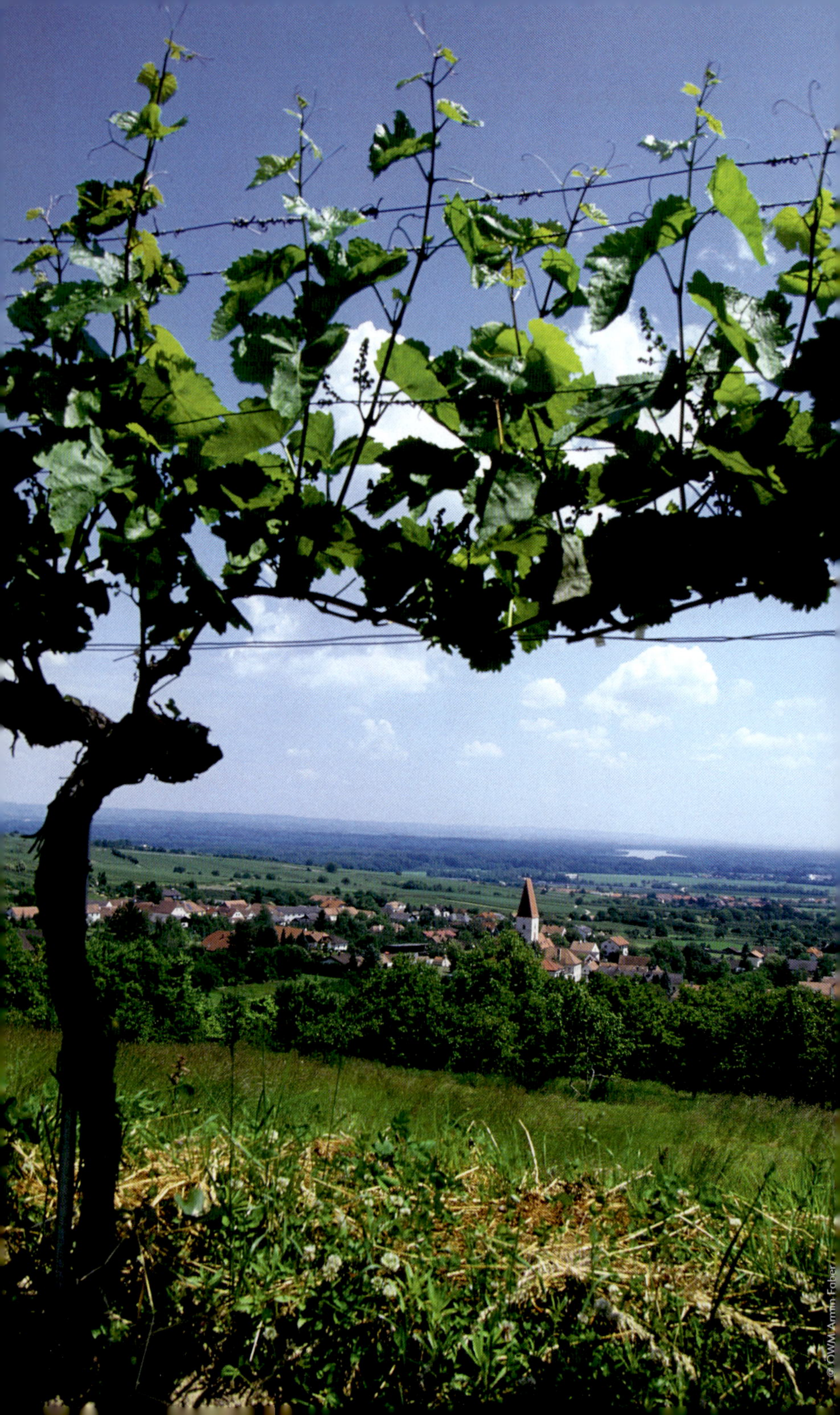

TRAISENTAL

Zwischen St. Pölten und Krems gelegen, ist die Region zwar nominell klein, bringt aber auf kalkhaltigem Löss und Schotterböden markante Grüne Veltliner und Rieslinge hervor.

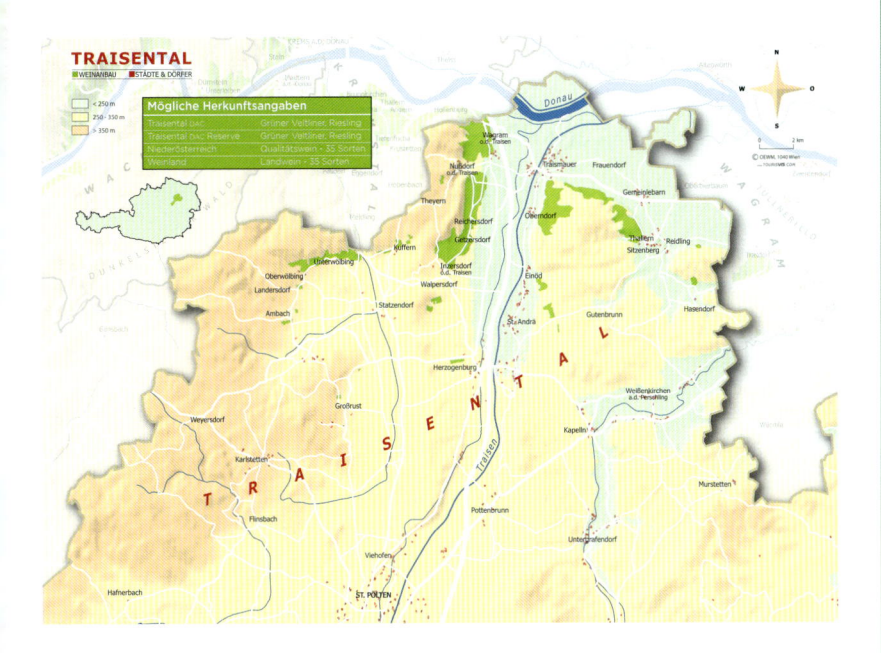

LIEBLINGSWEIN DER REDAKTION

2017 Grüner Veltliner Ried Setzen Traisental DAC Reserve – Leopold Figl
Wein-Tester des Gault&Millau: Helmut Knall

Wie gut es Wein tut, wenn man ihm Zeit gibt, beweist dieser Grüne Veltliner. Die typische Würze, saftige Frucht und tolle Struktur faszinieren. Beeindruckt hat uns dann aber dieses Wechselspiel von molligem Mundgefühl und steinig-kühlem Stil, der den Ried Setzen facettenreich anmuten lässt.

WEINGÜTER IM TRAISENTAL

Dockner Tom

3134 Theyern
Traminerweg 3
Tel.: 02783 7278
0664 5441779
weingut@docknertom.at
www.docknertom.at

Tom Dockner gehört zu den besonders zuverlässigen Winzern im Traisental. Was immer wieder erfreulich ist: die hohe Qualität seines Rieslings Parapluiberg, der dazu ein besonders gutes Preis-Genuss-Verhältnis hat. Natürlich ist die restliche Kollektion selbstredend auf höchstem Niveau. Neben Veltliner und Riesling vinifiziert Dockner auch einen fantastischen Traminer. Dieser duftet nach Litschi und Gewürzkasten, hat eine schöne Säurestruktur und ist zart schmelzend am Gaumen.

17,5		Riesling Ried Pletzengraben 2018 **	€ 16,00
17		Grüner Veltliner Ried Pletzengraben 2018 **	€ 13,00
17		Grüner Veltliner Ried Hochschopf 2018 **	€ 18,00
17		Riesling Parapluiberg 2018 *	€ 8,20
17		Traminer Ried Pletzengraben 2018	€ 16,00
16,5		Grüner Veltliner Ried Theyerner Berg 2018 *	€ 8,20
16,5	♥♥	Pinot Noir Ried Hochschopf 2016	€ 16,00
15		Grüner Veltliner Tom 2018 *	€ 6,50

Top-Weine vergangener Jahrgänge:

18,5		Grüner Veltliner Konglomerat 2012 **	
18,5		Riesling Ried Pletzengraben 2015	
18		Grüner Veltliner Ried Hochschopf 2017 **	

Leopold Figl

3133 Traismauer
Wagramer Straße 34
Tel.: 0660 1981035
office@weingut-figl.at
www.weingut-figl.at

2012 hat Leopold Figl den elterlichen Betrieb komplett übernommen. Im Laufe der Jahre hat sich seine Weinserie sehr schön entwickelt. Er gilt für uns immer als einer der Toptipps für hochwertige, außergewöhnliche Traisentaler Veltliner. Wunderbar ist der Rosengarten mit seiner feinen Mineralität und der perfekten Balance von Dichte und Eleganz. Außergewöhnlich gefällt uns auch die Riesling Beerenauslese. Sie duftet verführerisch nach Blütenhonig und kandierten Früchten.

♥ **Lieblingswein der Redaktion**

18		Grüner Veltliner Ried Rosengarten 2017 **	€ 11,00
18	♥♥♥	Riesling 2017 Beerenauslese	€ 15,00
17,5		Grüner Veltliner Große Reserve 2017	€ 15,00
17		Grüner Veltliner Ried Setzen 2017 ** ♥	€ 9,00
16		Gelber Muskateller 2018	€ 6,00
16		Grüner Veltliner Ried Setzen 2018 *	€ 8,00
15,5		Grüner Veltliner Vom Löss 2018 *	€ 6,00
15		Zweigelt rosé 2018	€ 6,00

Top-Weine vergangener Jahrgänge:

17,5		Grüner Veltliner Große Reserve 2016	
17		Grüner Veltliner Große Reserve 2015	
17		Grüner Veltliner Ried Rosengarten 2016 **	

WEINGÜTER IM TRAISENTAL

Rudolf Hofmann

3133 Traismauer
Oberndorfer Straße 41
Tel.: 0676 31 33 5 66
office@weingut-hofmann.at
www.weingut-hofmann.at

Rudi Hofmanns Weingärten befinden sich auf dem Hochplateau der Lagen Fuchsenrand und Kogl und sind leicht nach Südwesten abfallend. Die Vielfalt der unterschiedlichen Böden und Mikroklimata im Traisental ist sehr speziell. Meeressedimente, Konglomerate, Löss, Lehm und Terrassenschotter wechseln einander innerhalb weniger Meter ab und verleihen den Weinen ein enormes Spektrum an Aromen. Besonders wichtig: Der Betrieb steht für Ressourcenschonung und ökologische Verantwortung.

17	Grüner Veltliner Ried Fuchsenrand 2018 **	€ 11,20
17	Riesling Ried Kogelberg 2018 *	€ 9,80
16,5	Grüner Veltliner Organic 2018 *	€ 8,20
16	Grüner Veltliner Klassik 2018 *	€ 7,20
16	Riesling Ried Fuchsenrand 2018 *	€ 9,00
15	Grüner Veltliner Venusberg 2018 *	€ 6,40
15	Sauvignon Blanc 2018	€ 8,20
14,5	Cuvée weiß CMS 2018	€ 7,20

Top-Weine vergangener Jahrgänge:

17	Grüner Veltliner Schale 2015
17	Grüner Veltliner Ried Fuchsenrand 2016 **
17	Riesling Ried Marienruh 2016 **

Markus Huber

3134 Reichersdorf
Weinriedenweg 13
Tel.: 02783 82 9 99
0699 127837233
office@weingut-huber.at
www.weingut-huber.at

Das ist eine absolute Meisterleistung – Markus Huber hat aktuell eine wahrhaft fantastische Kollektion vorgelegt. Beim Grünen Veltliner spielen die Rieden Zwirch und Berg ganz vorne mit. Beim Riesling gefiel uns besonders der Rothenbart (sogar eine ganz kleine Spur vor dem Berg, der sonst eigentlich die Nase vorne hat). Er punktet durch eine feine, würzige Zitrus- und Apfelfrucht, am Gaumen ist er höchst elegant und mit einer pikanten, strukturierten Säure ausgestattet. Bravo!

19	Riesling Ried Rothenbart 1ÖTW 2018 *	€ 20,00
18,5	Grüner Veltliner Ried Zwirch 1ÖTW 2018 *	€ 20,00
18,5	Grüner Veltliner Ried Berg 1ÖTW 2018 *	€ 30,00
18,5	Riesling Ried Berg 1ÖTW 2018 *	€ 30,00
18	Weißburgunder Ried Hochschopf 2018	€ 14,00
17,5	Grüner Veltliner Ried Alte Setzen Erste Lage 1ÖTW 2018 *	€ 15,00
17,5	Riesling Engelsberg 2018 *	€ 12,00
17	Chardonnay Dolomit 2018	€ 10,00
17	Grüner Veltliner Obere Steigen 2018 *	€ 11,00
17	Pinot Noir Ried Himmelreich 2017	€ 15,00

Top-Weine vergangener Jahrgänge:

19	Riesling Ried Berg 1ÖTW 2016 **
19	Riesling 2016 Trockenbeerenauslese
18,5	Riesling Ried Berg 1ÖTW 2017 *

Traisental DAC *, Traisental DAC Reserve **

WEINGÜTER IM TRAISENTAL

Ludwig Neumayer

3131 Inzersdorf ob der Traisen
Dorfstraße 37
Tel.: 02782 81110
0664 2563010
neumayer@weinvomstein.at
www.weinvomstein.at

Ludwig Neumayer ist die wohltuende Konstante im Traisental. Schon so viele Jahre keltert er hier Weine auf absolutem Topniveau. Schwächen gab und gibt es eigentlich nie. So weit, so erfreulich. Dass der Winzer Grüne Veltliner und Rieslinge kann, ist bekannt. Was immer wieder überraschend ist: die hohen Qualitäten von Weißburgunder und Sauvignon Blanc. Diese Sorten laufen bei vielen Kollegen einfach mit, bei Neumayer werden sie zu ganz eigenständigen, sehr ernsthaften Persönlichkeiten.

18	🍇🍇🍇🍇	Grüner Veltliner Ikon 2018 *	€ 42,00
17,5	🍇🍇🍇🍇	Grüner Veltliner Ried Zwirch Inzersdorf 1ÖTW 2018 *	€ 22,00
17,5	🍇🍇🍇🍇	Grüner Veltliner Ried Rothenbart Inzersdorf 1ÖTW 2018 *	€ 24,00
17,5	🍇🍇🍇🍇	Riesling Der Wein vom Stein 2018 *	€ 26,00
17,5	🍇🍇🍇🍇	Sauvignon Blanc Der Wein vom Stein 2018	€ 26,00
17,5	🍇🍇🍇🍇	Weißburgunder Der Wein vom Stein 2018	€ 26,00
17	🍇🍇🍇	Grüner Veltliner Der Wein Vom Stein 2018 *	€ 26,00
17	🍇🍇🍇	Riesling Ried Rothenbart Inzersdorf 1ÖTW 2018 *	€ 24,00
16,5	🍇🍇🍇	Grüner Veltliner Zwiri 2018 *	€ 14,00
16	🍇🍇🍇	Riesling Grillenbart 2018 *	€ 16,50
15	🍇🍇🍇	Grüner Veltliner Schieflage 2018	€ 13,00

Top-Weine vergangener Jahrgänge:

18,5	🍇🍇🍇🍇	Grüner Veltliner Der Wein vom Stein 2016 **
18,5	🍇🍇🍇🍇	Riesling Rothenbart Inzersdorf 1ÖTW 2016 **
18	🍇🍇🍇🍇	Grüner Veltliner Ikon 2017

Weinkultur Preiß

3134 Theyern
Ringgasse 4
Tel.: 02783 6731
0676 9418580
wine@kulturpreiss.at
www.weinkulturpreiss.at

Das Weingut der Familie Preiß in Theyern hat sich aus einem gemischt landwirtschaftlichen Betrieb zum Wein- und Obstgut mit elf Hektar Reben und neun Hektar Obstbäumen entwickelt. Durch langsames Wachsen und Veränderung entstand ein vielseitiger Betrieb, wobei der Wein immer mehr an Bedeutung gewinnt. Der Grüne Veltliner spielt hier eindeutig die Hauptrolle. Seit einiger Zeit bringt sich Victoria, Friedrich Preiß' Tochter, mit neuen, frischen Ideen maßgeblich ein.

17	🍇🍇🍇	Grüner Veltliner Ried Rosengarten 2018 *
17	🍇🍇🍇	Riesling Ried Pletzengraben 2018 *
16,5	🍇🍇🍇	Grüner Veltliner Ried Hochschopf 2018 *
16	🍇🍇🍇	Riesling Kammerling 2018 *
15,5	🍇🍇🍇	Grüner Veltliner Kammerling 2018 *
15	🍇🍇🍇	Chardonnay Ried Brunndoppel 2018
14,5	🍇🍇	Gelber Muskateller Kammerling 2018
14,5	🍇	Sauvignon Blanc Kammerling 2018

Top-Weine vergangener Jahrgänge:

17,5	🍇🍇🍇🍇	Riesling Ried Pletzengraben 2015 **
17,5	🍇🍇🍇🍇	Grüner Veltliner Ried Berg 2017 **
17	🍇🍇🍇	Grüner Veltliner Ried Brunndoppel 2017 **

Traisental DAC *, Traisental DAC Reserve **

WEINGÜTER IM TRAISENTAL

Stiftsweingut Herzogenburg

3130 Herzogenburg
Wielandsthal 1
Tel.: 0676 448 49 50
office@stiftsweingut-herzogenburg.com
www.stiftsweingut-herzogenburg.com

Mit dem Stiftsweingut Herzogenburg hat sich die Familie Schelling 2009 einen Traum erfüllt. Der Weinkeller wurde in der Folge komplett saniert, neue Rebanlagen ausgepflanzt. Die operative Führung des Betriebes liegt in den Händen des Kellermeisters Josef Baumgartner. Julia Schelling ist für Marketing, Vertrieb und Betriebswirtschaft zuständig. Besonders stolz ist man auf die reaktivierte Baumpresse aus dem 19. Jahrhundert. Im Betrieb fließen Tradition und Innovation ideal zusammen.

17	🍇🍇🍇	Grüner Veltliner Selection 2018 Reserve	€ 12,50
16,5	🍇🍇	Neuburger 2018	€ 8,50
16,5	🍇🍇	Riesling 2018	€ 10,00
16	🍇🍇	Grüner Veltliner Ried Pfarrweingarten 2018 *	€ 9,00
15,5	🍇🍇	Gelber Muskateller 2018	€ 8,10
15,5	🍇🍇	Sauvignon Blanc 2018	€ 10,00
15	🍇🍇	Grüner Veltliner Classic 2018 *	€ 9,00
15	🍇🍇	Rosé 2018	€ 8,50
14	🍇	Grüner Veltliner Messwein 2018 *	€ 8,10

Top-Weine vergangener Jahrgänge:

17	🍇🍇🍇	Riesling 2015 *
17	🍇🍇🍇	Grüner Veltliner Ried Pfarrweingarten 2017 *
17	🍇🍇🍇	Neuburger 2017

WEIN

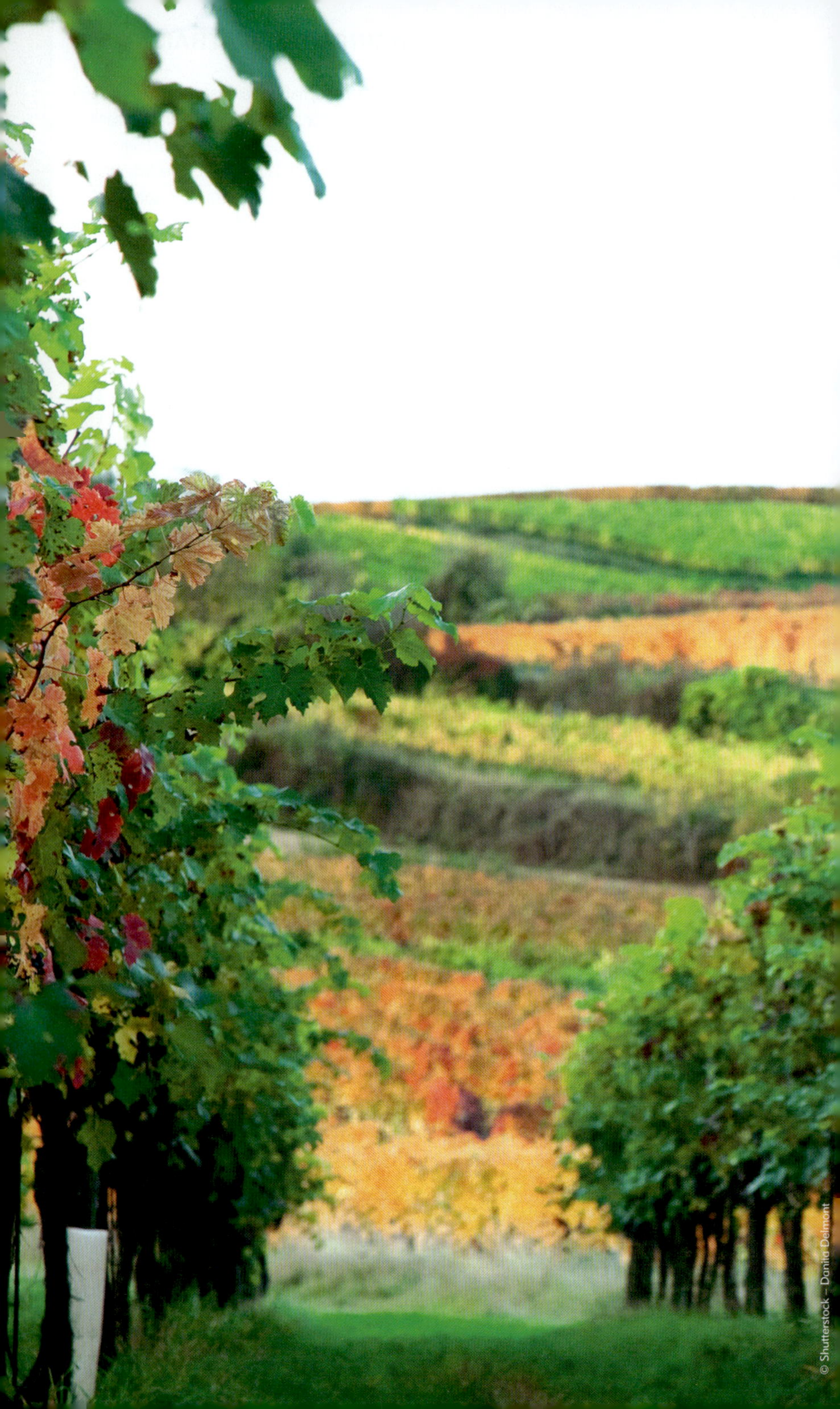

WAGRAM

Auf tiefem Löss wachsen zwischen Feuersbrunn und Wien vor allem Grüne-Veltliner-Reben. Daneben bestechen auch charmante, feingliedrige Rieslinge oder die regionale Spezialität Roter Veltliner.

LIEBLINGSWEIN DER REDAKTION

2017 Riesling Zündstoff Maischegärung – Martin Diwald
Wein-Testerin des Gault&Millau: Daniela Dejnega

Am Wagram ist Riesling der Underdog, was aber der Biowinzer Martin Diwald aus dieser Sorte keltert, ist köstlich – sowohl als feiner Lagenwein als auch in der mazerierten Variante. Der Zündstoff zündet mit Pikanz, trockener Würze und bester Tanninstruktur – maischevergorene Sortenpräzision.

WEINGÜTER AM WAGRAM

Familie Bauer

3471 Großriedenthal
Hauptstraße 68
Tel.: 02279 7204
info@familiebauer.at
www.familiebauer.at

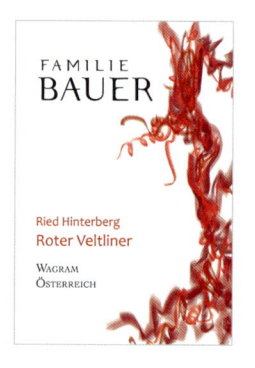

bio

Das Familienweingut der Bauers liegt mitten in Großriedenthal und ist bekannt für seine Grünen und Roten Veltliner. In unserer Verkostung war der Grüne Veltliner vom Hinterberg top – ein Wein, der sehr präzise nach gelber Frucht, Kräuterwürze und rauchigen Noten duftet. Am Gaumen ist er dicht, strukturiert und nachhaltig. Sehr gut gelungen ist auch der Weißburgunder Eisenhut mit seinem facettenreichen Bukett von Biskuit und Mandeln sowie seinem feinen, burgundigen Körper.

17,5	Grüner Veltliner Hinterberg 2017	€ 9,90
17	Weißburgunder Eisenhut 2017 Reserve	€ 9,90
17	Grüner Veltliner 2017 Eiswein	€ 15,00
16	Riesling Goldberg 2018	€ 7,00
16	Zweigelt 2016 Reserve	€ 13,00
15,5	Grüner Veltliner Goldberg 2018	€ 7,00
15,5	Roter Veltliner Hinterberg 2017	€ 9,90
15,5	Weißburgunder Grossriedenthal 2018	€ 7,00
15	Roter Veltliner Wagram Terrassen 2018	€ 7,00

Direder

3470 Kirchberg am Wagram
Mitterstockstall 1a
Tel.: 0664 4322236
weingut@direder.at
www.direder.at

Qualität ist das Wichtigste, small is beautiful – am Weingut Robert Direders wurde man über die vergangenen Jahrzehnte kleiner. Und zwar mit voller Absicht. Peu à peu minimierte Direder die Rebfläche auf 20 Hektar, was noch immer nicht wenig ist, womit sich allerdings wesentlich qualitativer wirtschaften lässt. Das merkt man der feinen Weinserie an. Der junge Winzer vinifiziert sensibel und lässt seinen Weinen Zeit, bevor sie in die Flasche kommen. So holt er aus jeder Sorte das Beste heraus.

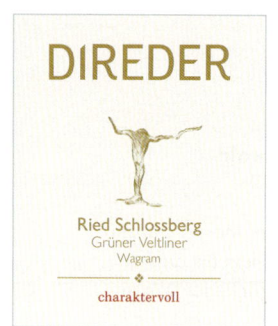

17,5	Grüner Veltliner Ried Schlossberg Alte Rebe 2017	€ 20,00
17,5	Roter Veltliner Ried Mordthal 2018	€ 12,00
17,5	Weißburgunder Ried Steinberg 2018	€ 12,00
17	Grüner Veltliner Ried Schlossberg 2018	€ 12,00
16,5	Grüner Veltliner Ried Mordthal 2018	€ 12,00
15,5	Roter Veltliner Wagram 2018	€ 8,70
14,5	Grüner Veltliner Ried Bromberg 2018	€ 9,50
14	Zweigelt Ried Exlberg 2015	€ 12,00

Top-Weine vergangener Jahrgänge:

17	Weißburgunder 2016 Reserve
17	Grüner Veltliner Ried Schlossberg 2017
17	Roter Veltliner Ried Mordthal 2017

WEINGÜTER AM WAGRAM

Martin Diwald

3471 Großriedenthal
Hauptstraße 35
Tel.: 02279 7225
office@weingut-diwald.at
www.weingut-diwald.at

Martin Diwald und seine Familie sind für uns der Rieslingtipp am Wagram. Aus biologisch gewachsenen Trauben keltert Diwald eine fantastische Serie, die alle Rieslingattribute verkörpert. Jeder Wein für sich ist speziell. Der Fuchsentanz punktet durch seine klare Weingartenpfirsicharomatik, jener von der Ried Eisenhut hat eine feine Mineralität, einen guten Zug und stimmige Pikanz. Außergewöhnlich zeigt sich der spannungsreiche, maischevergorene Zündstoff.

♥ **Lieblingswein der Redaktion**

18		Riesling Ried Eisenhut 2017	€ 19,00
17		Riesling Fuchsentanz 2018	€ 10,00
17		Riesling Zündstoff Maischegärung 2017 ♥	€ 30,00
17		Zweigelt Luft & Liebe 2017	€ 16,00
16,5		Grüner Veltliner Zündstoff Maischegärung 2017	€ 30,00
16		Grüner Veltliner Gösing 2018	€ 13,00
15		Grüner Veltliner vom Löss 2018	€ 8,00
15		Zweigelt rosé 2018	€ 8,00
14		Frühroter Veltliner 2018	€ 8,00

Top-Weine vergangener Jahrgänge:

18		Riesling Ried Eisenhut 2015
17,5		Riesling Ried Eisenhut 2016
17,5		Riesling Ried Goldberg 2017

Ecker – Eckhof

3470 Kirchberg am Wagram
Mitterstockstall 25
Tel.: 02279 2440
weingut@eckhof.at
www.eckhof.at

Wieder ist es die Große Reserve vom Roten Veltliner aus der Ried Steinberg mit ihrer facettenreichen Frucht, Struktur und Engmaschigkeit, die uns besonders aufgefallen ist. Das Weingut Ecker – Eckhof in Mitterstockstall mit seinen 24 Hektar Weingärten wird von Bernhard Ecker geleitet. Die besten Lagen im Betrieb sind der Schlossberg (sanfter Südhang mit mächtigen Lössböden), Steinberg (Urgesteinsverwitterungsböden, südöstlich ausgerichtet) und Mordthal (Löss mit hohem Kalkanteil).

18		Roter Veltliner Ried Steinberg Große Reserve 2017	€ 22,00
17		Roter Veltliner Ried Steinberg 2018 Reserve	€ 17,00
16,5		Grüner Veltliner Ried Mordthal 2018 Reserve	€ 17,00
16,5		Weißburgunder Ried Schlossberg 2018	€ 9,50
16		Grüner Veltliner Ried Schlossberg 2018	€ 9,50
16		Pinot Noir Edition Alexandra 2016 Reserve	€ 25,00
15,5		Grüner Veltliner Süßes Mordthal 2017	€ 12,00
15		Grüner Veltliner Ried Steinberg 2018	€ 8,50
15		Zweigelt Limited Edition 2016 Reserve	€ 25,00

Top-Weine vergangener Jahrgänge:

17,5		Grüner Veltliner Steinberg Große Reserve 2013
17,5		Grüner Veltliner Mordthal 2015
17,5		Roter Veltliner Steinberg Große Reserve 2016

WEINGÜTER AM WAGRAM

Josef Ehmoser
3701 Tiefenthal 9
Tel.: 02955 70442
office@weingut-ehmoser.at
www.weingut-ehmoser.at

Josef Ehmoser setzt seine Heimatregion Wagram perfekt in seinen Weinen um. Die Trauben dafür stammen vom markanten Höhenzug aus Löss. Der Boden ist reich an Fossilien, was auch den hohen Kalkgehalt erklärt. Stimmt das Wetter, sieht man bis zum Ötscher und zum Schneeberg. Ursprünglich hat der Wagram seine Sprachwurzeln in den mittelhochdeutschen Worten „wac" für Welle oder Wogen und „rain" für Wiese oder Hang. Ehmosers Kollektion ist puristisch und voll Persönlichkeit.

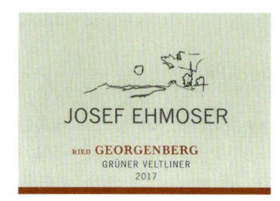

17,5	🍇🍇🍇	Grüner Veltliner Ried Georgenberg 2017	€ 22,50
16,5	🍇🍇	Grüner Veltliner Ried Hohenberg 2017	€ 12,50
16,5	🍇🍇	Riesling Vom gelben Löss 2018	€ 10,50
16	🍇🍇	Gemischter Satz Unter der Burg 2017	€ 15,50
16	🍇🍇	Weißburgunder Vom gelben Löss 2018	€ 10,50
15	🍇	Grüner Veltliner Wagram Terrassen 2018	€ 7,00

Top-Weine vergangener Jahrgänge:

18	🍇🍇	Weißburgunder 2013	
17,5	🍇🍇🍇	Grüner Veltliner Ried Hohenberg 2013	
17,5	🍇🍇	Riesling Vom gelben Löss 2015	

Weinberghof Fritsch
3470 Oberstockstall
Schlossbergstraße 9
Tel.: 02279 50370
0664 3550071
office@fritsch.cc
www.fritsch.cc

Der Erfolg Karl Fritschs setzt sich aus vielen Mosaiksteinchen zusammen. Einen großen Teil macht natürlich die Bewirtschaftung nach biodynamischen Grundsätzen aus, die ihm ermöglicht, Trauben von idealer physiologischer Reife zu ernten. Viel Gewicht kommt auch seinen Lagen zu. Allen voran: Mordthal (von einer Lössschicht überlagerte Sande und Kiese mit kristallinen Gesteinen) und Schlossberg (unter der mächtigen, fruchtbaren Lössdecke liegen kaltzeitliche Terrassenschotter der Donau).

18	🍇🍇	Cuvée weiß Tausendweiss 2015	€ 50,00
18	🍇🍇	Grüner Veltliner Schlossberg 1ÖTW 2017	€ 24,00
18	🍇🍇	Riesling Mordthal 1ÖTW 2017	€ 19,00
17,5	🍇🍇	Grüner Veltliner Mordthal 1ÖTW 2017	€ 19,00
17,5	🍇🍇🍇	Pinot Noir P 2016	€ 35,00
17	🍇🍇	Cuvée weiß Materia Prima 2017	€ 24,00
17	🍇🍇	Riesling Wagram 2018	€ 11,00
17	🍇🍇	Roter Veltliner unfiltriert 2018	€ 19,00
17	🍇🍇🍇	Pinot Noir Extlberg 2017	€ 14,00
16	🍇🍇	Grüner Veltliner Steinberg 2018	€ 13,00

Top-Weine vergangener Jahrgänge:

18,5	🍇🍇	Riesling Kapuzinerberg 1ÖTW 2011	
18	🍇🍇	Grüner Veltliner Schlossberg 1ÖTW 2015	
18	🍇🍇	Riesling Mordthal 1ÖTW 2016	

WEINGÜTER AM WAGRAM

Josef Fritz

3701 Zaußenberg am Wagram
Ortsstraße 3
Tel.: 02278 25150
office@weingut-fritz.at
www.weingut-fritz.at

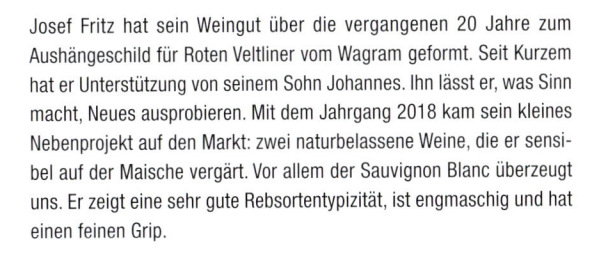

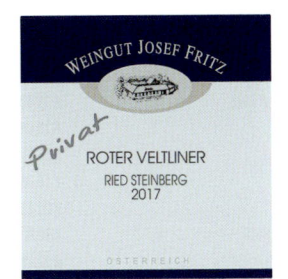

Josef Fritz hat sein Weingut über die vergangenen 20 Jahre zum Aushängeschild für Roten Veltliner vom Wagram geformt. Seit Kurzem hat er Unterstützung von seinem Sohn Johannes. Ihn lässt er, was Sinn macht, Neues ausprobieren. Mit dem Jahrgang 2018 kam sein kleines Nebenprojekt auf den Markt: zwei naturbelassene Weine, die er sensibel auf der Maische vergärt. Vor allem der Sauvignon Blanc überzeugt uns. Er zeigt eine sehr gute Rebsortentypizität, ist engmaschig und hat einen feinen Grip.

18		Roter Veltliner Ried Mordthal 2018	€ 18,00
18		Roter Veltliner Ried Steinberg Privat 2017	€ 23,00
17,5		Roter Traminer Große Reserve 2017	€ 18,00
17,5		Sauvignon Blanc Tertiär 2018	€ 18,00
17		Grüner Veltliner Ried Mordthal 2016	€ 18,00
17		Roter Veltliner Ried Steinberg 2018	€ 12,50
16		Grüner Veltliner Ried Schloßberg 2017	€ 15,00
16		Roter Veltliner Wagram Terrassen 2018	€ 7,50
16		Traminer Tertiär 2018	€ 18,00
15,5		Chardonnay Große Reserve 2017	€ 18,00

Top-Weine vergangener Jahrgänge:

19		Roter Traminer Trausatz Grande Reserve 2009	
18,5		Roter Veltliner Gondwana orange 2013	
18,5		Roter Veltliner Steinberg Privat 2015	

Fritz Salomon – Gut Oberstockstall

3470 Oberstockstall, Ringstraße 1
Tel.: 02279 233512
0664 5271475
info@fritzsalomon.at
www.gut-oberstockstall.at

demeter
biologisch-dynamische Qualität

Der Weinbau war schon immer ein wichtiger Wirtschaftsfaktor am Gut Oberstockstall. Seit 1997 führen Birgit und Fritz Salomon nun den Betrieb und begeistern uns jedes Jahr aufs Neue mit ihren tiefgründigen, energetischen Weinen. Die Weine zählen nicht zu jenen, die sich lauthals in der Jugend anpreisen. Sie brauchen vielmehr Zeit und Ruhe, um sich zu entfalten. Spannend ist in diesem Sinne der herrlich gereifte, sehr würzige 2003er Blaue Spätburgunder, der jetzt verfügbar ist.

17,5		Grüner Veltliner Patron 2017	€ 28,50
17		Grüner Veltliner Maulbeerpark 2017	€ 20,00
17		Blauer Spätburgunder 2013	€ 19,50
17		Blauer Spätburgunder 2003	€ 55,00
16,5		Chardonnay 2017	€ 18,50
16,5		Weißburgunder 2017	€ 18,50
16		Grüner Veltliner Brunnen 2018	€ 14,50
15,5		Grüner Veltliner Wachrein 2018	€ 11,50

Top-Weine vergangener Jahrgänge:

18		Grüner Veltliner Brunnberg 2010	
17,5		Grüner Veltliner Brunnberg 2014	
17,5		Weißburgunder 2016	

WEINGÜTER AM WAGRAM

Franz Leth

3481 Fels am Wagram
Kirchengasse 6
Tel.: 02738 2240
office@weingut-leth.at
www.weingut-leth.at

1ᵉ ERSTE LAGEN

Nicht nur in Österreich, vor allem auch international ist das Weingut Franz Leth für Veltliner (grün und rot) und Riesling vom Wagram bekannt. Die Saftigkeit und Typizität der Weine machen sie zum Bestseller. Der Betrieb liegt in Fels am Wagram, dem Herzstück der Weinregion. Die Familie sieht ihre Weingärten als Kapital. Zum Schutz von Flora und Fauna kombiniert man traditionelle Verfahren mit den neuesten Erkenntnissen und verzichtet auf Herbizide und Insektizide.

17		Grüner Veltliner Scheiben 1ÖTW 2018	€ 21,60
17		Riesling Brunnthal 2018	€ 21,60
17		Roter Veltliner Scheiben 2018	€ 21,60
16,5		Grüner Veltliner Brunnthal 1ÖTW 2018	€ 15,00
16,5		Riesling Schillingsberg 2018	€ 15,00
16		Roter Veltliner Fumberg 2018	€ 15,00
16		Weißburgunder 2018 Reserve	€ 15,00
16		Pinot Noir 2016 Reserve	€ 25,20
15,5		Grüner Veltliner Schafflerberg 2018	€ 10,80
15		Chardonnay Große Reserve 2017	€ 17,40

Top-Weine vergangener Jahrgänge:

18	Grüner Veltliner Scheiben 1ÖTW 2014	
18	Chardonnay Floss 2013	
17,5	Roter Veltliner Scheiben 2017	

Mantler 31

3471 Großriedenthal
Hauptstraße 31
Tel.: 02279 7200
0660 8177475
office@mantler31.at
www.mantler31.at

Seit sechs Generationen wird am Weingut Mantler 31 nun Weinbau betrieben. Heute wird das Gut von Andrea und Christian Mantler geleitet. Sie haben sich, wie in der Gegend üblich, vor allem auf den Grünen Veltliner spezialisiert. Daneben gibt es noch mehr Feines und Autochthones – wie den Roten Veltliner. Der 2016er punktet vor allem durch seine Typizität und reife rote Apfelfrucht, die mit Kräuterwürze verwoben ist. Am Gaumen ist der Wein saftig und druckvoll.

16		Grüner Veltliner Riesmein 2018	€ 8,50
16		Roter Veltliner In alten Weingärten 2016	€ 8,50
15,5		Zweigelt Symphonie 2016 Reserve	€ 12,00
15		Weißburgunder Ried Spielberg 2018	€ 7,00
14,5		Grüner Veltliner Ried Eisenhut 2018	€ 7,50

Top-Weine vergangener Jahrgänge:

17	Grüner Veltliner Riesmein 2016	

WEINGÜTER AM WAGRAM

Mehofer – Neudeggerhof

3471 Neudegg 14
Tel.: 02279 7247
neudeggerhof@mehofer.at
www.mehofer.at

(bio)

Seit 1992 wird der Betrieb der Familie Mehofer nach organisch-biologischen Richtlinien geführt. Diese Wirtschaftsweise beinhaltet nicht nur die Weinproduktion, sondern beeinflusst das ganze Leben im Weingut. Wichtig sind auch die Lössböden, die den Weinen eine feinwürzige und gelbfruchtige Note und spezielle Saftigkeit geben. Neben den Veltlinern steht heuer der Riesling von der Ried Wadenthal im Rampenlicht. Er hat eine feine Marillen-Pfirsich-Frucht und eine super Pikanz.

17		Grüner Veltliner Ried Wadenthal 2017	€ 23,00
17		Riesling Ried Wadenthal 2017	€ 17,00
16,5		Roter Veltliner Ried Wadenthal 2017	€ 23,00
16		Chardonnay 2017 Beerenauslese	€ 15,00
15,5		Chardonnay vom Löss 2017	€ 13,00
15,5		Grüner Veltliner Neudegg 2018	€ 13,00
15		Gemischter Satz Alter Weingarten 2018	€ 7,60
15		Roter Veltliner Neudegg 2017	€ 13,00

Top-Weine vergangener Jahrgänge:

17		Grüner Veltliner Wadenthal WW1 2013	
17		Riesling Riesmein 2014	
17		Grüner Veltliner Wadenthal 2016	

Nimmervoll

3470 Engelmannsbrunn
Steingassl 30
Tel.: 0676 9503682
office@nimmervoll.cc
www.nimmervoll.cc

Gregor Nimmervoll ist einer aus der brillanten jungen Winzergeneration am Wagram. Er macht seinen Job mit Leidenschaft und das erkennt man auch in seinen Weinen. Die Serie ist wieder sehr gelungen. Der Traminer Fuxberg ist unser Wein mit der höchsten Wertung – bravo! In ihm vereinen sich alle Attribute eines stimmigen Traminers und dazu hat er, aufgrund seiner animierenden Säure, einen herrlichen Trinkfluss. Großartig ist auch der elegante Weißburgunder Mittersteig.

17,5		Traminer Fuxberg 2017	€ 16,50
17,5		Weißburgunder 2017 Trockenbeerenauslese	€ 22,00
17		Weißburgunder Mittersteig 2018	€ 13,50
16		Grüner Veltliner Schafflerberg 2018	€ 13,50
16		Roter Veltliner Eisenhut 2018	€ 13,50
16		Traminer Wagramlöss 2018	€ 10,50
15,5		Weißburgunder Wagramlöss 2018	€ 9,50
15,5		Zweigelt rosé quergelesen 2018	€ 6,90
15		Riesling Wagramschotter 2018	€ 10,50
14		Grüner Veltliner Wagramlöss 2018	€ 9,50

Top-Weine vergangener Jahrgänge:

18,5		Weißburgunder Engilmar 2016	
18		Weißburgunder Große Reserve 2013	
18		Traminer Fuxberg 2016	

WEINGÜTER AM WAGRAM

Bernhard Ott

3483 Feuersbrunn
Neufang 36
Tel.: 02738 2257
bernhard@ott.at
www.ott.at

30 Jahre alt ist er geworden – der bestens etablierte und von sehr vielen Weinfreunden geschätzte Fass 4 aus dem Keller von Bernhard Ott. Der Winzer hat schon vor langer Zeit erkannt, wie wichtig es ist, einen greifbaren, völlig allürenfreien Veltliner zu keltern, der dazu ein gleichbleibendes, gutes Niveau hat. Ein Wein, bei dem die Qualität und der Wiedererkennungswert stimmen. Auf diese Basis baut sich seine Topkollektion auf. Unser Leader ist der Rosenberg: fantastisch lang, strukturiert und elegant.

19		Grüner Veltliner Ried Feuersbrunner Rosenberg 1ÖTW 2018	€ 32,00
18,5		Grüner Veltliner Ried Feuersbrunner Spiegel 1ÖTW 2018	€ 28,00
18		Grüner Veltliner Ried Feuersbrunner Stein 1ÖTW 2018 *	€ 28,00
16,5		Grüner Veltliner Engabrunn 2018 *	€ 17,50
16		Grüner Veltliner Der Ott 2018	€ 19,50
15,5		Grüner Veltliner Fass4® Edition 30 Jahre 2018	€ 12,90

Top-Weine vergangener Jahrgänge:

19		Grüner Veltliner Ried Feuersbrunner Spiegel 1ÖTW 2016
19		Grüner Veltliner Ried Engabrunner Stein 1ÖTW 2016
18,5		Grüner Veltliner Ried Feuersbrunner Rosenberg 1ÖTW 2017

Schabl

3465 Königsbrunn am Wagram
Kremser Straße 13
Tel.: 02278 2287
office@weingut-schabl.at
www.weingut-schabl.at

1891 kam der Hof in den Besitz der Familie. Seither wird er stets weiterentwickelt und von den Eltern an die Kinder vererbt. Momentan arbeiten Romana und Herbert, die das Weingut die vergangenen Jahre geprägt haben, zusammen mit Sohn Paul und seiner Partnerin Elena. Die beiden, als fünfte Generation und Zukunft, steuern großes Talent und viel önologisches Gespür bei. So entstehen Weine voll Seele, Herzblut und mit wohltuendem Gebietscharakter. Bravo für die schöne Weinserie!

17		Grüner Veltliner 2017 Reserve	€ 15,00
17		Roter Veltliner Ried Hochrain 2017	€ 8,50
17		Roter Veltliner 2017 Reserve	€ 15,00
16,5		Grüner Veltliner Ried Hochrain Alte Reben 2018	€ 8,50
16,5		Grüner Veltliner Ried Mordthal 2018	€ 11,00
15,5		Roter Veltliner Königsbrunn 2018	€ 7,50
15		Grüner Veltliner Ruppersthal 2018	€ 7,50
15		Weißburgunder Ried Rainthal 2018	€ 8,50

Top-Weine vergangener Jahrgänge:

17,5		Roter Veltliner Rainthal 2016
17		Grüner Veltliner Mordthal 2017

WEINGÜTER AM WAGRAM

Schuster
3471 Großriedenthal
Hauptstraße 61
Tel.: 02279 7203
office@weingut-schuster.at
www.weingut-schuster.at

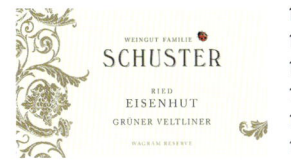

Nach biologischen Gesichtspunkten bewirtschaften Helga und Karl Schuster ihren Weinbaubetrieb. Seit einiger Zeit werden sie von ihrem Sohn Thomas unterstützt. Mehr als ein Drittel der zwölf Hektar Fläche ist dem Grünen Veltliner gewidmet. Mit dem Jahrgang 2016 kam eine Gutsreserve auf den Markt, die uns beeindruckte – kraftvoll und elegant zugleich, ausgestattet mit einem herrlich rauchigen Bukett, das auch Kräuterwürze und Grapefruit zeigt. Ein Wein mit sehr gutem Potenzial.

17,5		Grüner Veltliner Gutsreserve 2016	€ 21,00
16,5		Roter Veltliner Ried Berg Eisenhut 2018	€ 15,00
16		Grüner Veltliner Ried Eisenhut 2018	€ 14,50
15,5		Grüner Veltliner Alte Reben 2018	€ 9,00
15,5		Riesling Ried Diebstein 2018	€ 8,70
15,5		Roter Veltliner Ried Altweingarten 2018	€ 9,50
15,5		Pinot Noir Ried Eisenhut 2016 Reserve	€ 15,00
14,5		Gemischter Satz Wagram 2018	€ 7,00

Top-Weine vergangener Jahrgänge:

17,5		Roter Veltliner Altweingarten 2010
17		Roter Veltliner Eisenhut 2015 Reserve
17		Roter Veltliner Eisenhut 2017

Soellner
3482 Gösing am Wagram
Hauptstraße 34
Tel.: 02738 3201
kontakt@weingut-soellner.at
www.weingut-soellner.at

Am Weingut von Toni Söllner wird biodynamischer Landbau wahrhaftig gelebt. Und man geht noch weit über das Übliche hinaus. Seit einigen Jahren arbeitet der Winzer beispielsweise daran, immer weniger fossile Energie zu verbrauchen. Momentan fährt er seinen Bus und Traktor mit Pflanzenöl, welches er aus eigenen Sonnenblumenkernen presst. Seine Weinserie ist wie jedes Jahr von großer Harmonie, Strahlkraft und Eigenständigkeit geprägt. Herrlich ist der leichtfüßige Rosé.

17		Grüner Veltliner Gösinger Ried Fumberg 2018	€ 10,00
17		Grüner Veltliner Gösinger Ried Weelfel 2017 Reserve	€ 16,00
17		Roter Veltliner Gösinger Ried Berg Eisenhut 2017 Reserve	€ 16,00
16,5		Grüner Veltliner Gösinger Ried Hengstberg 2018 Kabinett	€ 8,50
16		Zweigelt Oibelos von Gösing 2016	€ 7,00
15,5		Cuvée weiß Pét Nat Marie 2018	€ 12,00
15,5		Grüner Veltliner Wogenrain 2018 Kabinett	€ 6,50
15,5		Pinot Noir 2017	€ 10,00
15,5		Rosé Dani 2018	€ 6,00

Top-Weine vergangener Jahrgänge:

18		Roter Veltliner Berg Eisenhut 2013 Reserve
17,5		Roter Veltliner Irden 2013
17,5		Roter Veltliner Berg Eisenhut 2015 Reserve

WEINGÜTER AM WAGRAM

Stift Klosterneuburg

3400 Klosterneuburg
Stiftsplatz 1
Tel.: 02243 41 15 22
weingut@stift-klosterneuburg.at
www.stift-klosterneuburg.at

Seit der Gründung im Jahr 1114 hat sich im Weingut Stift Klosterneuburg vieles verändert, das Wesentliche jedoch ist gleich geblieben: die Arbeit im Einklang mit der Natur und der respektvolle Umgang mit Mensch und Umwelt. Ressourcenschonung prägte schon immer die Wirtschaftsweise des Betriebes. Man wurde zum Beispiel als erstes heimisches Weingut als klimaneutral zertifiziert. Burgunder (Pinot Noir und St. Laurent) sind, wie man sieht, die Leidenschaft des Kellermeisters.

17	🍇🍇🍇	Pinot Noir 2017	€ 21,20
16,5	🍇🍇	St. Laurent Große Reserve 2015	€ 41,00
16	🍇	Weißburgunder 2018 Reserve	€ 21,20
16	🍇🍇	Pinot Noir 2017	€ 10,50
15,5	🍇🍇	St. Laurent 2017 Reserve	€ 21,20
15	🍇🍇	Grüner Veltliner 2018 Reserve	€ 16,80
15	🍇🍇	Cuvée rot Chorus 2017	€ 21,20
14,5	🍇	Zierfandler-Rotgipfler 2018	€ 9,10

Top-Weine vergangener Jahrgänge:

18	🍇🍇🍇	St. Laurent 2016 Reserve
17	🍇🍇	Weißburgunder 2015 Reserve
17	🍇🍇🍇	Weißburgunder 2015 TBA

Gerald Waltner

3470 Engelmannsbrunn
Am Berg 18
Tel.: 02279 2471
0664 926 60 90
info@weingutwaltner.at
www.weingutwaltner.at

Gerald Waltner hat sich auf den Anbau von Grünem Veltliner spezialisiert. Seine Rieden sind dafür bestens geeignet. Der Steinberz ist eine der höchsten Lagen in Gösing, sein Name leitet sich vom hohen Schotteranteil des Bodens ab. Von hier stammen mittelkräftige und würzige Veltliner. Die Paradelage ist die vom Löss geprägte Ried Dorner. Der südlich ausgerichtete Weingarten bringt Weine mit Kraft, Schmelz und deutlichen Kräuter- und hellen Fruchtnoten.

17	🍇🍇🍇	Grüner Veltliner Dorner 2017 Reserve
16	🍇	Chardonnay 2018
16	🍇	Grüner Veltliner Dorner 2018
16	🍇🍇	Grüner Veltliner Dezemberlese Best of Edeltraud 2017
15,5	🍇🍇	Grüner Veltliner Steinberz 2018
15,5	🍇	Riesling 2018
15,5	🍇	Weißburgunder 2018
15	🍇🍇	Zweigelt Marienberg 2017

Top-Weine vergangener Jahrgänge:

17,5	🍇🍇🍇	Grüner Veltliner Dorner 2012 Reserve
17,5	🍇🍇🍇	Grüner Veltliner Dorner 2015 Reserve
17,5	🍇🍇🍇	Grüner Veltliner Dorner 2010 Reserve

WEINGÜTER AM WAGRAM

WEIN

Wimmer-Czerny

3481 Fels am Wagram
Obere Marktstraße 37
Tel.: 02738 2248
0676 935 40 94
weingut@wimmer-czerny.at
www.wimmer-czerny.at

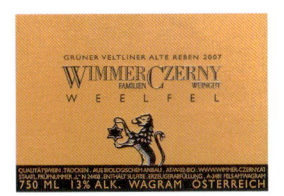

Hans Czerny ist biodynamisch wirtschaftender Winzer und Landwirt mit Leib und Seele. Seine ganze Familie teilt mit ihm diese Leidenschaft für die Natur und den Wein. Man setzt auf einen lebendigen Hoforganismus. Tiere, wie Mangalitzaschweine, gehören ganz selbstverständlich dazu. Czernys Weinserie ist von großer Energie und Eigenständigkeit geprägt. Herrliche gebietstypische Vertreter sind die beiden Roten Veltliner, auf allerbestem Niveau prickelnd wird es beim Pét Nat.

17	🍇🍇🍇	Roter Veltliner Alte Reben 2016	€ 16,00
16	🍇🍇🍇	Roter Veltliner Fels am Wagram 2016	€ 9,70
16	🍇🍇🍇	St. Laurent Pur Pét Nat 2018	€ 17,00
15,5	🍇🍇	Pinot Noir Eos 2018	€ 15,00

Top-Weine vergangener Jahrgänge:

18	🍇🍇🍇	Grüner Veltliner Pur 2011
17,5	🍇🍇🍇	Traminer Trio 2015
17,5	🍇🍇🍇	Weißburgunder Scheiben Alte Reben 2013

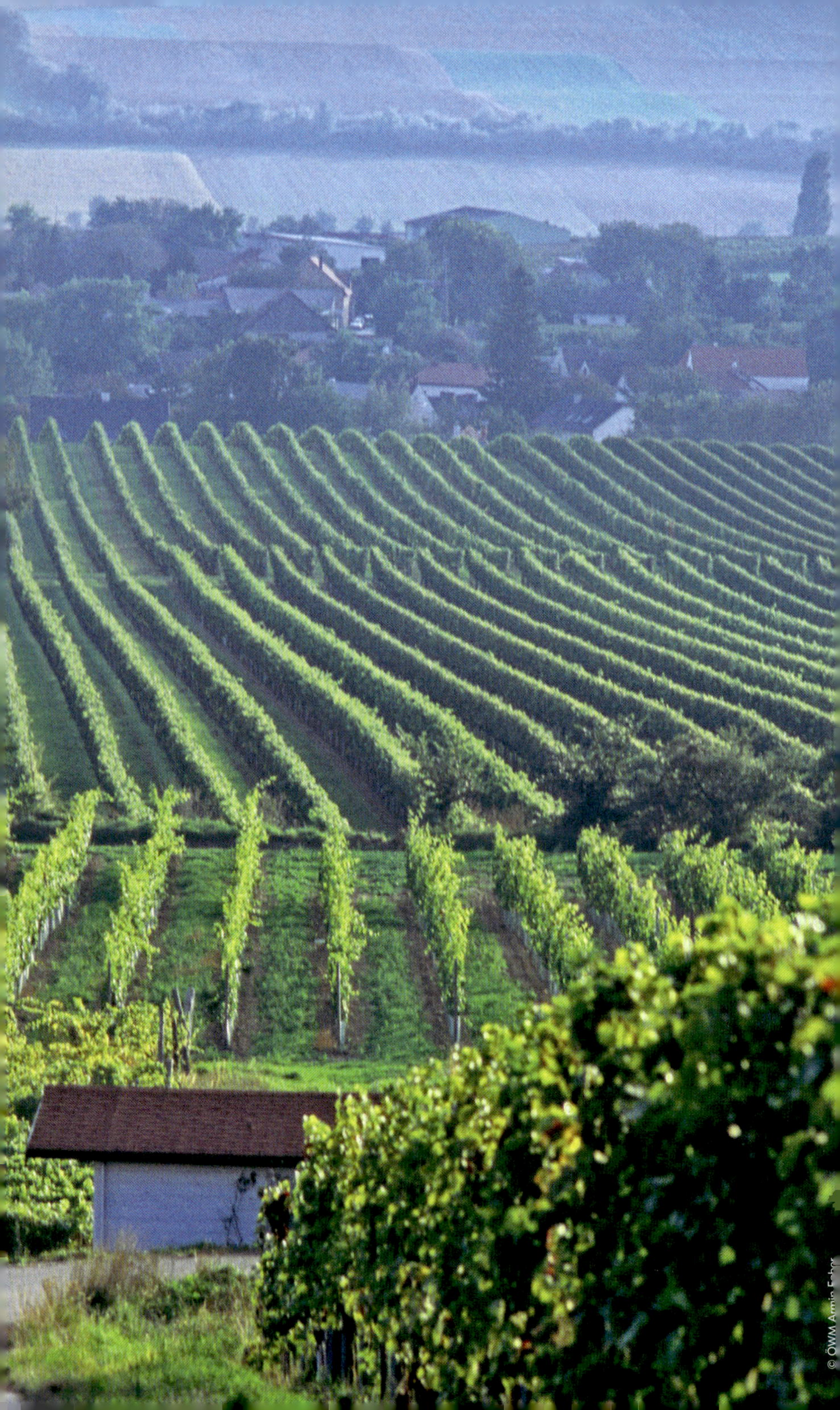
© ÖWM Armin Faber

CARNUNTUM

Auf sandigen Löss-, Lehm- und Schotterböden, befeuert durch das hier schon wirksame Pannonische Klima, wachsen körperreiche Rotweine der Sorten Zweigelt und Blaufränkisch.

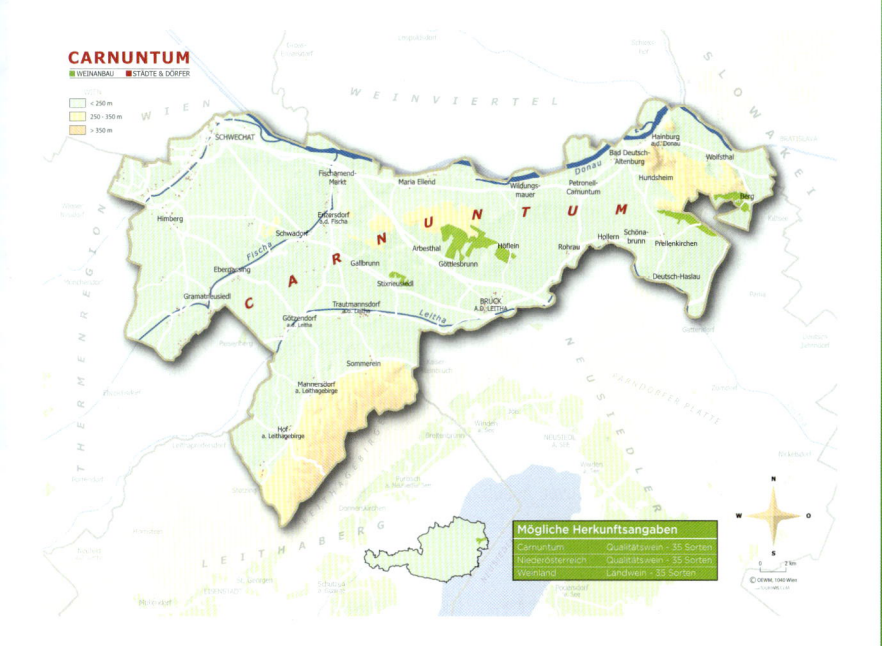

LIEBLINGSWEIN DER REDAKTION

2017 St. Laurent Alte Reben – Philipp Grassl
Wein-Testerin des Gault&Millau: Petra Bader

So soll St. Laurent sein: Die Trauben für diesen beispielhaften Roten wachsen in der Ried Bärnreiser. Die Rebstöcke sind weit über 50 Jahre alt, also wahrhaftige Vieilles Vignes. Der Wein duftet nach blauer Beerenfrucht und Kirsche, ist herrlich unprätentiös, typisch, dicht, saftig und elegant zugleich.

WEINGÜTER IM CARNUNTUM

Artner
2465 Höflein
Dorfstraße 93
Tel.: 02162 63142
weingut@artner.co.at
www.artner.co.at

Der Betrieb wird von Hannes Artner gemeinsam mit seinem Sohn Peter geführt, der als Kellermeister agiert. Die Geschichte des Weinguts am heutigen Standort in Höflein reicht bis in das Jahr 1650 zurück. Angebaut werden hauptsächlich die heimischen Sorten Zweigelt und Blaufränkisch. Daneben gibt es einen höchst spannenden Syrah, der uns in seiner dunklen Würze besonders gefallen hat. Er duftet nach schwarzen Oliven und Rosmarin, hat markante Tannine und einen dichten Körper.

Punkte		Wein	Preis
17,5	🍇🍇🍇	Syrah Ried Kirchtal 2016	€ 26,00
16,5	🍇🍇	Cuvée rot massive a. 2016	€ 55,00
16	🍇	Chardonnay massive a. 2017	€ 29,00
16	🍇🍇	Blaufränkisch Ried Kirchweingarten 2016	€ 22,00
16	🍇🍇	Cuvée rot Amarok 2016	€ 22,00
16	🍇🍇	Zweigelt Ried Steinäcker 2016	€ 22,00
15,5	🍇	Grüner Veltliner Ried Kirchberg 2017	€ 12,00
15,5	🍇🍇	Zweigelt Rubin Carnuntum 2017	€ 10,50

Top-Weine vergangener Jahrgänge:

18	🍇🍇🍇	Cuvée rot massive a. 2012	
18	🍇🍇🍇	Blaufränkisch Kirchweingarten 2014 Reserve	
18	🍇🍇🍇	Cuvée rot massive a. 2013	

Michael Auer
2465 Höflein
Hoher Weg
Tel.: 0699 116082811
office@weingut-auer.com
www.weingut-auer.com

Den Wein so zu lassen, wie er wächst und schmeckt. Reduzierter Anbau, Selektion nach Lagen, gesundes Traubenmaterial – Stichworte, die die Tätigkeit und Weine von Michael Auer prägen. Wie kaum ein Zweiter in der Region versteht er, dass Welschriesling kein 08/15-Wein sein muss, sondern durchaus Spannung und Tiefgang haben kann. Auch seine Cuvée Aubühl zählt jedes Jahr zu den Besten. Sie zeigt sich dunkelwürzig im Charakter, hat kraftvolle Tannine und einen langen Nachhall.

18	🍇🍇🍇	Cuvée rot Ried Aubühl 2017	€ 26,30
17	🍇🍇🍇	Blaufränkisch Höflein 2018	€ 13,30
17	🍇🍇🍇	Zweigelt Ried Bühl 2017	€ 17,30
16	🍇	Welschriesling Kalkspiel 2018	€ 13,30
16	🍇🍇	Zweigelt Rubin Carnuntum 2018	€ 11,30
15,5	🍇	Chardonnay 2018	€ 8,80
15,5	🍇	Gelber Muskateller 2018	€ 9,30
15,5	🍇🍇	Pinot Noir 2018	€ 11,30
15	🍇🍇	Rosé 2018	€ 7,80
14,5	🍇	Welschriesling 2018	€ 7,30

Top-Weine vergangener Jahrgänge:

18,5	🍇🍇🍇	Cuvée rot Aubühl 2016	
18	🍇🍇🍇	Syrah Kirchtal 2015	
18	🍇🍇🍇	Welschriesling 2016 Eiswein	

WEINGÜTER IM CARNUNTUM

Gottschuly-Grassl

2465 Höflein
Dorfstraße 28
Tel.: 02162 62293
0664 1502954
wein@gottschuly.at
www.gottschuly.at

Sie ist das neue Gesicht am Weingut Gottschuly-Grassl: Für Victoria stand früh fest, in den Betrieb nur dann einzusteigen, wenn sie Wein und Gastronomie verbinden kann. Aus diesem Grund gibt es am Weingut Gottschuly-Grassl einen Heurigen, der im Sommer ausg'steckt hat. Als niederösterreichische Weinkönigin tauchte sie 2015 bis 2017 erstmals tief in den Weinbau ein. Gemeinsam mit ihrem Mann will sie den Weingutsweg weiter beschreiten.

16	🍇🍇	Chardonnay Ried Kirchweingarten 2018	€ 9,00
15,5	🍇🍇	Grüner Veltliner Ried Hagelsberg 2015	€ 12,00
15,5	🍇🍇	Weißburgunder 2018	€ 6,50
15,5	🍇🍇🍇	Zweigelt Rubin Carnuntum 2017	€ 10,00
15	🍇🍇	Grüner Veltliner 2018	€ 6,00
15	🍇🍇	Sauvignon Blanc 2018	€ 8,00
14,5	🍇	Gelber Muskateller 2018	€ 8,00

Top-Weine vergangener Jahrgänge:

17,5	🍇🍇🍇	Cuvée rot G3 2016

Philipp Grassl

2464 Göttlesbrunn
Am Graben 4–6
Tel.: 02162 8483
0676 5004466
office@weingut-grassl.com
www.weingut-grassl.com

Wie geht das gleichzeitig: Finesse und Urwüchsigkeit im Wein? Wie lassen sich fröhlicher Charme und ein ernsthafter Charakter vereinen? Ganz einfach zu erschmecken: in der Kollektion Philipp Grassls. Seine Weine sind geschliffen und trotzdem kompromisslos dem Terroir geschuldet, sie fließen herrlich über den Gaumen und sind dabei so nachhaltig und einprägsam, wie man es sich nur wünschen kann. Ein authentisches Beispiel dafür: der St. Laurent 2017 von Alten Reben.

❤ **Lieblingswein der Redaktion**

18	🍇🍇🍇	Cuvée rot Ried Bärnreiser 2017	€ 28,80
18	🍇🍇🍇	St. Laurent Alte Reben 2017 ❤	€ 23,80
17,5	🍇🍇🍇	Chardonnay Ried Rothenberg 2017	€ 17,80
16,5	🍇🍇	Sauvignon Blanc 2018	€ 8,80
16,5	🍇🍇	Zweigelt Ried Schüttenberg 2017	€ 23,80
16	🍇	Chardonnay 2018	€ 8,80
16	🍇🍇	Cuvée rot Ried Neuberg 2017	€ 15,80

Top-Weine vergangener Jahrgänge:

18,5	🍇🍇🍇	Cuvée rot Ried Bärnreiser 2015
18,5	🍇🍇🍇	Cuvée rot Ried Bärnreiser 2015 Reserve
18	🍇🍇🍇	Cuvée rot Ried Bärnreiser 2012 Reserve

WEINGÜTER IM CARNUNTUM

Gerhard Markowitsch

2464 Göttlesbrunn
Pfarrgasse 6
Tel.: 02162 8222
weingut@markowitsch.at
www.markowitsch.at

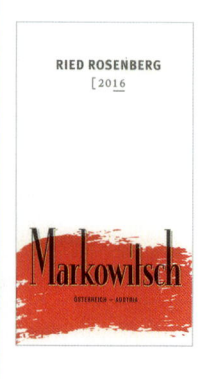

Wieder einmal ist es der Pinot Noir, der die Kollektion von Gerhard Markowitsch anführt. Der Burgunderkönner beschäftigt sich schon viele Jahre mit der Diva unter den roten Rebsorten. Aber auch was er an weißen Burgundersorten im Keller hat, entwickelt sich sehr erfreulich. Der Chardonnay Schüttenberg ist elegant, hat eine ganz feine Würze und einen guten Zug, der Weißburgunder Prellenkirchen zeigt eine zarte Mineralität und hat einen idealen Grip am Gaumen.

Punkte		Wein	Preis
18,5	♦♦♦	Cuvée rot M1 2016	€ 61,40
18,5	♦♦♦	Pinot Noir 2017 Reserve	€ 31,40
17	♦♦♦	Chardonnay Ried Schüttenberg 2018	€ 17,40
17	♦♦♦	Weißburgunder Prellenkirchen 2018	€ 17,40
17	♦♦♦	Cuvée rot Ried Rosenberg 2017	€ 31,40
17	♦♦♦	Zweigelt Ried Kirchweingarten 2017	€ 26,40
16,5	♦♦	Cuvée rot Redmont 2017	€ 17,40
16,5	♦♦	Pinot Noir 2017	€ 12,90
16	♦♦	Grüner Veltliner Alte Reben 2018	€ 12,40
16	♦♦	Zweigelt Rubin Carnuntum 2018	€ 11,40

Top-Weine vergangener Jahrgänge:

Punkte		Wein
19	♦♦♦♦	Cuvée rot M1 2012
18,5	♦♦♦	Cuvée rot Rosenberg 2014
18	♦♦♦	Pinot Noir Scheibner 2015

Lukas Markowitsch

2464 Göttlesbrunn
Kiragstettn 1
Tel.: 02162 82260
weingut@lukas-markowitsch.com
www.lukas-markowitsch.com

Für Lukas Markowitsch bedeutet die Winzerei, der Natur ganz nahe zu sein und ein Produkt zu gestalten, das vielen Menschen Freude bereitet. Nach seiner Ausbildung zum Weinbau- und Kellermeister in Krems sammelte er viel Wissen auf Auslandsexkursionen. Er ist aber in Göttlesbrunn tief verwurzelt. Genauso wie sein Bruder Johann, der ihn seit 2002 im Weingut unterstützt. Als studierter Landwirt leistet er einen wertvollen Beitrag zur hohen Qualität der einzelnen Weine.

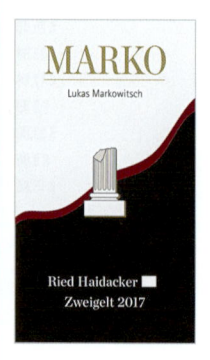

Punkte		Wein	Preis
17	♦♦♦	Cuvée rot Cuvée Lukas 2017	€ 26,00
17	♦♦♦	Zweigelt Ried Haidacker 2017	€ 23,00
16,5	♦♦	Zweigelt Göttlesbrunn Alte Reben 2017	€ 15,00
16	♦♦	Chardonnay Ried Rosenberg 2017	€ 15,00
16	♦♦	Cuvée rot Ried Eisenbach 2017	€ 15,00
15,5	♦♦	Gelber Muskateller 2018	€ 8,00
15,5	♦♦	Zweigelt Rubin Carnuntum 2017	€ 10,50
15	♦♦	Sauvignon Blanc 2018	€ 7,50

Top-Weine vergangener Jahrgänge:

Punkte		Wein
18	♦♦♦	Cuvée rot Lukas 2015
17,5	♦♦♦	Chardonnay Rosenberg 2015 Reserve
17,5	♦♦♦	Zweigelt Haidacker 2015

WEINGÜTER IM CARNUNTUM

Michaela Riedmüller Weine Ⓝ

2410 Hainburg
Klosterplatz 4
Tel.: 0699 150169100
michaela.riedmueller@gmx.at
www.michaelariedmuellerwein.at

Sehr früh stand fest, dass das, was Michaela Riedmüller in die Wiege gelegt bekam, auch ihre Leidenschaft sein würde: der Weinbau. Bis 2018 hat sie Schritt für Schritt den Betrieb der Eltern in Hainburg an der Donau übernommen. Daneben schaute sie sich im nahen und fernen Ausland um. Eine Weinernte absolvierte sie in einem Bioweingut in Südafrika. Zurück kam sie mit Wissen, Inspiration und neuen Ideen. Trotzdem bleibt sie ihren Wurzeln treu – und: versteht etwas vom Blaufränkisch.

17		Cuvée weiß Federnelke Weiss 2017	€ 10,50
17		Blaufränkisch Ried Spitzberg 2015	€ 25,00
16,5		Grüner Veltliner Ried Braunsberg 2018	€ 15,00
16,5		Grüner Veltliner Prellenkirchen 2017 2017	€ 9,00
16,5		Blaufränkisch Ried Braunsberg 2016	€ 29,00
16		Riesling 2018	€ 11,00
15,5		Cuvée rot Federnelke Rot 2017	€ 13,50
15,5		Zweigelt Rubin Carnuntum 2017	€ 10,00
14		Gelber Muskateller 2018	€ 9,00

Dorli Muhr

Kirchengasse 24
2472 Prellenkirchen
Tel.: 0664 1804039
dorli@dorlimuhr.at
www.dorlimuhr.at

Wie jedes Jahr ist der Blaufränkisch Spitzberg aus Dorli Muhrs Keller ein echtes Statement. Präzise, von Mineralität geprägt, strukturiert, gleichzeitig elegant und voll Finesse. Grund ist unter anderem das spektakuläre Terroir. Als Teil der Kleinen Karpaten stellt der Spitzberg eine Region mit langer Geschichte dar. Der Berg ist einer der trockensten und heißesten Plätze Österreichs, darüber hinaus herrscht hier ständiger thermischer Aufwind. Ein Platz wie geschaffen für markante Weine.

18,5		Blaufränkisch Ried Spitzberg 1ÖTW 2017	€ 79,00
18		Syrah 2017	€ 42,00
17		Cuvée weiß Prellenkirchen 2018	€ 21,00
17		Blaufränkisch Ried Roterd 2017	€ 44,00
17		Blaufränkisch Ried Kobeln Liebkind 2017	€ 65,00
17		Merlot 2017	€ 27,00
16		Blaufränkisch Prellenkirchen Samt&Seide 2017	€ 19,00
16		Cuvée rot Carnuntum 2017	€ 17,00

Top-Weine vergangener Jahrgänge:

18,5		Blaufränkisch Ried Spitzberg 2008	
18,5		Syrah Sydhang 2012	
18,5		Blaufränkisch Ried Spitzberg 2015	

WEINGÜTER IM CARNUNTUM

Franz und Christine Netzl
2464 Göttlesbrunn
Rosenbergstraße 17
Tel.: 02162 8236
weingut@netzl.com
www.netzl.com

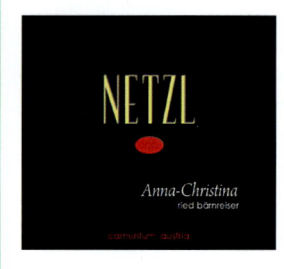

Sie ist eine der jungen Powerfrauen im Carnuntum: Christina Artner-Netzl. Sie führt mit ihrem Vater Franz und ihrer Mutter Christine den Prachtbetrieb in Göttlesbrunn. Auf den sanften Erhebungen des Arbesthaler Hügellandes wachsen und reifen ihre Reben auf einer Fläche von 26 Hektar. Die nahe Donau, aber vor allem die warme Pannonische Tiefebene rund um den Neusiedler See prägen die Region. So entstehen hier dichte, strukturierte Weine mit großer Trinkfreudigkeit und feiner Würze.

17,5	🍇🍇🍇	Cuvée rot Ried Bärnreiser 1ÖTW Anna-Christina 2017	€ 28,00
17	🍇🍇🍇	Cuvée rot Edles Tal 2017	€ 15,00
17	🍇🍇🍇	Syrah Ried Schüttenberg 2017	€ 18,00
16,5	🍇🍇	Cabernet Sauvignon Ried Aubühl 2017	€ 18,00
16,5	🍇🍇	Zweigelt Ried Haidacker 1ÖTW 2017	€ 24,00
16	🍇🍇	Merlot Ried Bärnreiser 1ÖTW 2017	€ 18,00
15,5	🍇	Grüner Veltliner Ried Rothenberg 2018	€ 15,00
15,5	🍇	Zweigelt Rubin Carnuntum 2018	€ 10,50
15	🍇	Sauvignon Blanc Ried Schüttenberg 2018	€ 15,00
15	🍇	Weißburgunder Ried Altenberg 2018	€ 15,00

Top-Weine vergangener Jahrgänge:

18	🍇🍇🍇	Cabernet Sauvignon Aubühel 2015
18	🍇🍇🍇	Cuvée rot Anna-Christina 2015
18	🍇🍇🍇	Cuvée rot Privat 2015

Payr
2465 Höflein
Dorfstraße 18
Tel.: 02162 62356
0664 2307535
robert@weingut-payr.at
www.weingut-payr.at

Zwölf Hektar Weingartenfläche umfasst der Betrieb von Robert Payr heute. Er hat sich auf den Anbau der typischen Weiß- und Rotweinsorten des Carnuntum spezialisiert. Seine Kollektion besteht aus Regions-, Orts- und Lagenweinen, dazu kommen einige Spezialitäten. Neben seinen dichten Rotweinen versteht Payr wie kaum ein anderer den Umgang mit weißen Trauben. Herrlich markant: sein Chardonnay von der Ried Kirchberg – ein balancierter, burgundiger Typ mit heller Tropenfrucht.

17,5	🍇🍇🍇	Cuvée rot P1 2015	€ 69,80
17	🍇🍇🍇	Chardonnay Ried Kirchberg Höflein 2017	€ 24,80
17	🍇🍇🍇	Blaufränkisch Prellenkirchner Ried Spitzerberg 2016	€ 39,80
17	🍇🍇🍇	Cuvée rot Höfleiner Ried Bühl 2016	€ 36,80
16,5	🍇🍇	Zweigelt Höfleiner Ried Steinäcker 2016	€ 36,80
16	🍇🍇	Zweigelt Rubin Carnuntum Selection 2017	€ 11,90
15,5	🍇	Chardonnay Lehm 2018	€ 8,80
15,5	🍇🍇	Cuvée rot Granat 2016	€ 19,80
14	🍇	Zweigelt rosé 2018	€ 7,80

Top-Weine vergangener Jahrgänge:

18	🍇🍇🍇	Blaufränkisch Spitzerberg 2013 Reserve
18	🍇🍇🍇	Cuvée rot Bühl 2013 Reserve
18	🍇🍇🍇	Cuvée rot P1 2013 Reserve

WEINGÜTER IM CARNUNTUM

WEIN

Gerhard Pimpel

2464 Göttlesbrunn
Rosenbergstraße 51
Tel.: 02162 20049
0664 4636650
weingut@gerhardpimpel.at
www.gerhardpimpel.at

Der Göttlesbrunner Winzer Gerhard Pimpel gehört zu den ruhigen Menschen, die mit Bedacht und Tatkraft an ihrem Ziel arbeiten. Für ihn ist es besonders wichtig, die komplexen Zusammenhänge von Boden und Klima zu erkennen und dementsprechend zu arbeiten. In seinem Weingut entstehen so Weine mit Gebietstypizität und Kraft. Das Hauptaugenmerk gilt dem Rotwein, die Sorte Zweigelt schätzt er besonders. Sein Topwein ist allerdings der seidige, dichte Merlot mit dem Namen Optime.

17	🍇🍇🍇🍇	Merlot Optime 2017	€ 20,00
16,5	🍇🍇🍇	Zweigelt Selektion 2017	€ 15,00
16	🍇🍇🍇	Cuvée rot Göttlesbrunn 2017	€ 9,50
15,5	🍇	Chardonnay Altenberg 2018	€ 15,00
15,5	🍇🍇🍇	Zweigelt Rubin Carnuntum 2017	€ 9,00

Top-Weine vergangener Jahrgänge:

17,5	🍇🍇🍇🍇	Cuvée rot Rosenberg Optime² 2015 Reserve
17	🍇🍇🍇	Merlot Rosenberg Optime 2016

Die Rubin
CARNUNTUM
Weingüter

CARNUNTUM

PIMPEL

GÖTTLESBRUNN
WEINGUT PIMPEL

Das Weinbaugebiet CARNUNTUM verfügt über kräftige Löss- und karge Kalkböden sowie das kontinental-pannonische Mikroklima mit den kühlen Einflüssen der Donau. Gerhard versteht die Kunst, ein auf lebendigem Boden gewachsenes Naturprodukt von der Traube bis zum Wein zu begleiten.
Er kreiert dichte und zugleich elegante Weine mit Harmonie und Finesse. Man gewinnt den Eindruck, dass er jeden einzelnen Rebstock persönlich kennt.

Mit den Lagen Rosenberg, Schüttenberg, Haidacker und Bärnreiser zählen die Rieden von GP zu den besten im gesamten Weinbaugebiet. Gerhard Pimpel ist ein ruhiger Winzer, der seine eigenen Wege geht, geradlinig und zielstrebig begleitet er die Arbeit der Natur.

WEINGUT GERHARD PIMPEL
Kirchenstraße 19
2464 Göttlesbrunn
Tel.: +43 2162 20049
Web: gerhardpimpel.at

WEINGÜTER IM CARNUNTUM

Pitnauer
2464 Göttlesbrunn
Weinbergstraße 6
Tel.: 02162 8249
weingut@pitnauer.com
www.pitnauer.com

Über 50 Prozent der Gesamtfläche bei Hans Pitnauer ist mit Zweigelt bepflanzt. Aus ihm besteht Pitnauers bekanntester Wein mit Kultstatus, der Bienenfresser. Merlot, Syrah, Cabernet Sauvignon, St. Laurent und Cabernet Franc bilden den Rest der Rotweinfläche. Sie werden teils reinsortig oder aber auch als Cuvée ausgebaut, so wie der Franz Josef. Er zeigt deutliche Anklänge des Cabernets, ist intensiv kräuterwürzig und hat momentan noch ein jugendlich ungestümes Tannin.

17,5	🍇🍇🍇	Cuvée rot Franz Josef 2015	€ 24,00
17	🍇🍇🍇	Zweigelt Bienenfresser 2016	€ 15,50

Top-Weine vergangener Jahrgänge:

18,5	🍇🍇🍇🍇	Cabernet Franc Hagelsberg 2013 Reserve	
17,5	🍇🍇🍇🍇	Cuvée rot Franz Josef 2013 Reserve	
17	🍇🍇🍇	Zweigelt Bienenfresser 2015 Reserve	

Taferner
2464 Göttlesbrunn
Pfarrgasse 2
Tel.: 02162 8465
0664 35569760
weingut@tafi.at
www.tafi.at

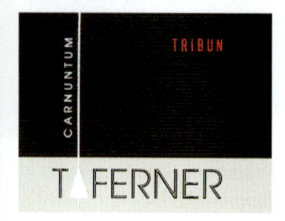

Es tut sich etwas am Weingut Taferner: Als sich Tochter Karoline entschloss, nach Hause zu kommen, um den Betrieb zu übernehmen, war die Freude groß. Diese Entwicklung war nämlich alles andere als absehbar, wohnte die heute 30-Jährige doch in Dubai und jettete als Flugbegleiterin durch die Welt. Nach dem Studium von Weinbau und Önologie und Praktika in Australien, Neuseeland und Tasmanien leitet sie seit vergangenem Jahr offiziell gemeinsam mit ihrem Vater das Weingut.

17	🍇🍇🍇	Cabernet Sauvignon 2017	€ 26,00
16,5	🍇	Chardonnay Ried Schüttenberg 2018	€ 20,00
16,5	🍇🍇	Zweigelt Ried Bärnreiser 2017	€ 20,00
16	🍇🍇	Cuvée rot Ried Haidacker Excalibur 2017	€ 24,00
16	🍇🍇	Zweigelt Rubin Carnuntum 2018	€ 11,00
15,5	🍇	Gelber Muskateller 2018	€ 10,70
15	🍇	Grüner Veltliner Ried Haidacker 2018	€ 14,00
15	🍇	Weißburgunder Ried Altenberg 2018	€ 14,00

Top-Weine vergangener Jahrgänge:

18	🍇🍇🍇🍇	Cabernet Sauvignon Tribun 2012	
17,5	🍇🍇🍇	Cuvée rot Excalibur 2015 Reserve	
17,5	🍇🍇🍇	Cabernet Sauvignon Tribun 2015 Reserve	

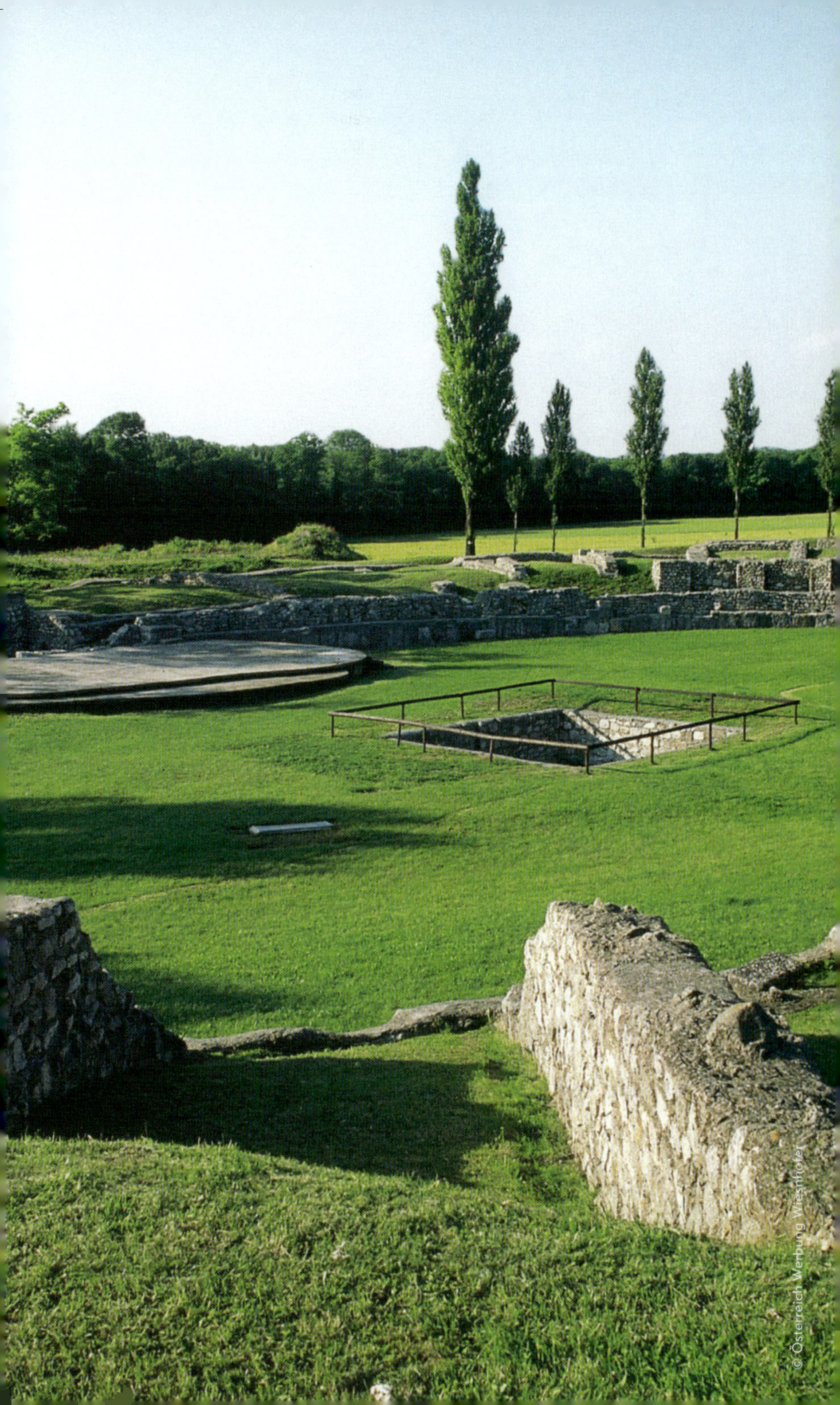

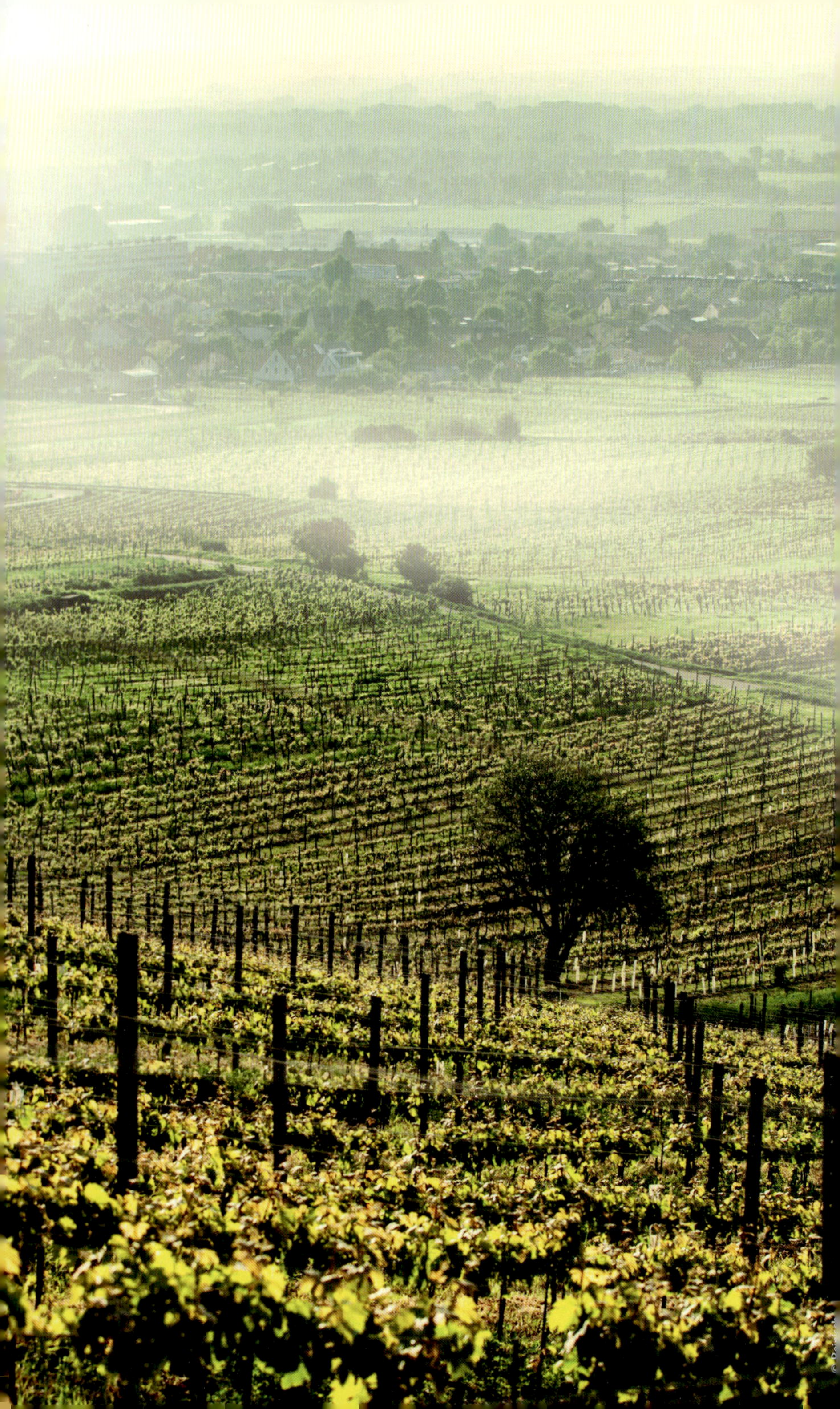

THERMEN-REGION

Eines der traditionsreichsten Weinbaugebiete Österreichs, wo die archaischen Sorten Rotgipfler und Zierfandler ihre Heimat haben. Im karg-schottrigen Steinfeld gedeihen vor allem rote Burgunder.

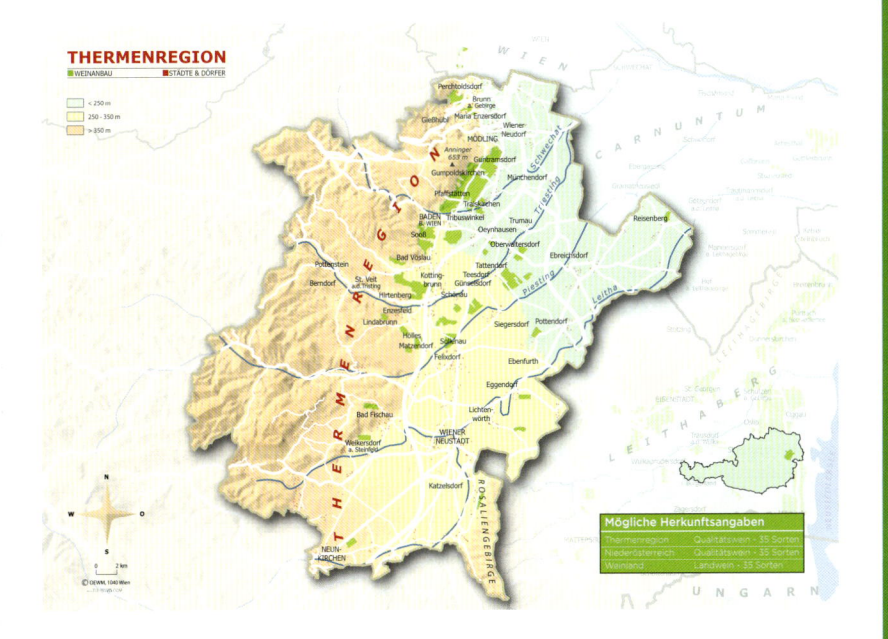

LIEBLINGSWEIN DER REDAKTION

2016 St. Laurent Ried Holzspur – Johanneshof Reinisch
Wein-Tester des Gault&Millau: Eric Bouton

Ein richtiger Prachtkerl von einem St. Laurent: tiefdunkel in der Farbe, mit zart violettem Rand. Im Duft intensive Frucht von Brombeere und saftige Herzkirschnote, dazu etwas Lakritze und feine Kräuterwürze. Am Gaumen konzentriert mit gut integrierten Tanninen. Sehr gutes Reifepotenzial!

WEINGÜTER IN DER THERMENREGION

Alphart am Mühlbach

2514 Traiskirchen
Wassergasse 9
Tel.: 02252 52292
0650 5229230
info@alphart.at
www.alphart.at

Lorenz Alphart gilt als das Talent in der Thermenregion. Das hat er die vergangenen beiden Jahre in unseren Verkostungen auch stets mit Bravour unter Beweis gestellt. Auch heuer sind wir wieder voll des Lobes für seine durchgängig gut gelungene Kollektion, wobei für uns die Rotgipfler am leuchtendsten strahlen. Allen voran die Reserve aus 2017. Sie duftet nach exotischen Früchten und etwas Biskuit, ist saftig, dicht und bestens strukturiert. Ein herrlich hochwertiger Genuss!

17,5	🍇🍇🍇🍇	Rotgipfler 2017 Reserve	€ 16,00
17	🍇🍇🍇🍇	Chardonnay 2017 Reserve	€ 16,00
17	🍇🍇🍇🍇	Rotgipfler Ried Mandelhöh 2018	€ 13,00
16,5	🍇🍇🍇🍇	Rotgipfler Ried Pressweingarten 2018	€ 11,00
16	🍇🍇🍇	Rotgipfler Pfaffstätten 2018	€ 8,50
16	🍇🍇🍇	Zierfandler Gumpoldskirchen 2018	€ 8,50
16	🍇🍇🍇	Cuvée rot Badenerberg 2018	€ 11,00
15,5	🍇🍇🍇	Spätrot-Rotgipfler Tradition 2018	€ 7,00
15,5	🍇🍇🍇	Pinot Noir 2015 Reserve	€ 16,00
14	🍇	Rotgipfler Grape maischevergoren 2017	€ 18,00

Top-Weine vergangener Jahrgänge:

17	🍇🍇🍇🍇	Rotgipfler Mandelhöh 2016
17	🍇🍇🍇🍇	Rotgipfler L Reserve 2016
17	🍇🍇🍇🍇	Rotgipfler Grape maischevergoren 2016

Auer

2523 Tattendorf
Pottendorfer Straße 14
Tel.: 02253 81251
office@weingutauer.at
www.weingutauer.at

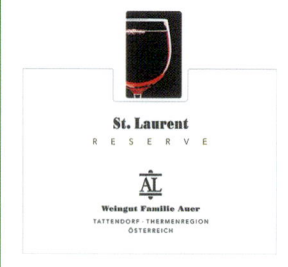

bio

Ihre Weingärten rund um Tattendorf bewirtschaften die Auers nach biologischen Grundsätzen und betreiben daneben einen wunderschönen Heurigen. Seit Jahren ist die Familie Mitglied in der Gruppe der Burgundermacher. Nicht von ungefähr, denn auch wir kosteten heuer wieder eine Serie an Pinot Noir und St. Laurent, die mehr als gelungen ist. Vor allem die komplexe, strukturierte 2016 St. Laurent Reserve mit der dunkelbeerigen Frucht. So geht Burgunder aus der Thermenregion.

18	🍇🍇🍇🍇	St. Laurent 2016 Reserve	€ 21,20
17,5	🍇🍇🍇	Spätrot-Rotgipfler 2017 Beerenauslese	€ 13,80
17	🍇🍇🍇	Cuvée rot Pino Laurent Premium 2016	€ 12,20
17	🍇🍇🍇	Pinot Noir 2016 Reserve	€ 21,20
16,5	🍇🍇	Cuvée rot Cabernet Sauvignon/Merlot 2016 Reserve	€ 21,20
16,5	🍇🍇	St. Laurent 2016	€ 8,00
16	🍇🍇	Pinot Noir 2017	€ 8,00
15,5	🍇	Rotgipfler Premium 2018	€ 12,20
14,5	🍇	Rotgipfler 2018	€ 8,00
14	🍇	Cuvée weiß Gemischte Lese 2018	€ 12,20

Top-Weine vergangener Jahrgänge:

17	🍇🍇🍇	Cuvée weiß 2014 Trockenbeerenauslese
17	🍇🍇🍇	Pinot Noir 2015 Reserve

WEINGÜTER IN DER THERMENREGION

Leo Aumann

2512 Tribuswinkel
Oberwaltersdorfer Straße 105
Tel.: 02252 80502
weingut@aumann.at
www.aumann.at

Dass Leo Aumann einen mehr als bekannten Namen für seine kraftvollen Rotweine genießt, steht außer Frage. Aber auch bei den autochthonen Sorten der Thermenregion spielt er ganz weit in der vorderen Liga mit. Uns gefiel heuer besonders der Rotgipfler von der Ried Wiege mit seinen exotischen Anklängen nach Mango und Maracuja, genauso wie der Zierfandler Ried Hofbreite, der vor allem durch seine reife Zitrusfrucht und seine energische Struktur auf sich aufmerksam machte.

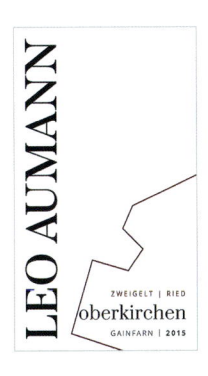

17		Rotgipfler Ried Wiege 2017
16,5		Zierfandler Ried Hofbreite 2018
16,5		Cuvée rot Harterberg 2016
16		Chardonnay 2017 Reserve
16		St. Laurent 2017 Reserve
16		Zweigelt Ried Oberkirchen 2015
15		Riesling Ried Hofbreite 2017
15		Rotgipfler Ried Flamming 2018

Top-Weine vergangener Jahrgänge:

18		Cuvée rot Harterberg 2009
18		Merlot Harterberg 2013
17,5		Cuvée rot Harterberg 2014

Biegler

2352 Gumpoldskirchen
Wiener Straße 16–18
Tel.: 02252 62196
0664 4866903
weingut.biegler@kabsi.at
www.weingut-biegler.at

Othmar Biegler ist ein Könner, was Rotgipfler und Zierfandler anbelangt. Mehr als außergewöhnlich ist heuer eines seiner hohen Prädikate: die Rotgipfler Trockenbeerenauslese Schwaben. Sie vereint kandierte helle Frucht mit feinen Honignoten und Blüten, ist unglaublich cremig am Gaumen und besitzt genau die richtige Dosis an Säure, um dem Wein Potenzial und vor allem auch Trinkfluss zu geben. Außergewöhnlich zeigt sich auch die dunkelwürzige Cabernet-Merlot-Reserve.

18,5		Rotgipfler Schwaben 2018 Trockenbeerenauslese	€ 24,00
17,5		Rotgipfler Oberer Badener Weg 2018 Reserve	€ 17,50
17		Cuvée rot Cabernet Merlot 2016 Reserve	€ 13,00
16		Riesling Grimmling 2018	€ 11,80
16		Rotgipfler Brindlbach 2018	€ 10,20
15,5		Zierfandler Badener Weg 2018	€ 10,20
15,5		Pinot Noir 2016 Reserve	€ 14,50
15		Gelber Muskateller 2018	€ 10,00
13		Sauvignon Blanc Hübler 2018	€ 9,50

Top-Weine vergangener Jahrgänge:

18		Rotgipfler 2011 Beerenauslese
18		Rotgipfler 2015 Beerenauslese
17,5		Rotgipfler 2016 Reserve

WEINGÜTER IN DER THERMENREGION

Fischer

2504 Sooß
Hauptstraße 33
Tel.: 02252 87130
0699 17387 1300
office@weingut-fischer.at
www.weingut-fischer.at

Das Weingut Fischer gilt als einer der Traditionsbetriebe in der Thermenregion. Christian Fischers Weinstil kann man als burgundig und sehr eigenständig bezeichnen. Seine Weine tragen nie lauthals ihre Attribute vor sich her. Sie wollen entdeckt werden. Mit seiner Tochter Franziska führt der Weinmacher das Weingut mit seinen eleganten Rot- und den der Thermenregion so eigenen Weißweinen. Viel Typizität, Energie und Strahlkraft besitzt der Premium Rotgipfler 2017.

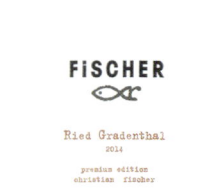

17	🍇	Rotgipfler Premium 2017	€ 12,90
15,5	🍇	Cuvée weiß vom Muschelkalk 2016	€ 11,90
15,5	🍇🍇	St. Laurent Classic 2017	€ 9,90

Top-Weine vergangener Jahrgänge:

18	🍇🍇🍇	Zweigelt 100 cases 2007
17,5	🍇🍇🍇	Merlot Premium 2014
17,5	🍇🍇🍇	Blauer Zweigelt Gradenthal Premium 2014

FiSCHER
Ried Gradenthal
2014
premium edition
christian fischer

WEINGÜTER IN DER THERMENREGION

johannes gebeshuber

2352 Gumpoldskirchen
Jubiläumstraße 43
Tel.: 02252 61164
office@weingut-gebeshuber.at
www.weingut-gebeshuber.at

bio

18	🍇🍇🍇🍇	Zierfandler ried modler 2017	€ 32,00
17	🍇🍇🍇🍇	Rotgipfler ried laim 2017	€ 32,00
16,5	🍇🍇🍇	Rotgipfler gumpoldskirchen 2017	€ 14,90
16	🍇🍇🍇	Zierfandler gumpoldskirchen 2017	€ 14,90
16	🍇🍇	St. Laurent lage glas 2015	€ 32,00
15,5	🍇🍇	Pinot Noir lage viereck 2015	€ 32,00
15	🍇	Gemischter Satz querfeldein in weiß 2018	€ 7,90

Top-Weine vergangener Jahrgänge:

18	🍇🍇🍇🍇	Zierfandler ried modler 2016
17,5	🍇🍇🍇🍇	Rotgipfler ried laim 2016
17,5	🍇🍇🍇	St. Laurent vom muschelkalk 2016

Johann Gisperg

2524 Teesdorf
Hauptstraße 14
Tel.: 02253 81464
wein@weingut-gisperg.at
www.weingut-gisperg.at

Das Weingut der Familie Gisperg liegt im Wiener Becken, im sogenannten Steinfeld, das sich durch extrem steinreiche Böden auszeichnet. Heute bewirtschaftet man rund 16 Hektar Weingärten, die mit zahlreichen Rebsorten bepflanzt sind. Seit einigen Jahren ist der Junior als Kellermeister voll verantwortlich. Seine große Liebe gilt natürlich – logisch in der Thermenregion – den Burgundersorten. Aber auch Cabernet Sauvignon kann er. Sein 2016er ist straff, dunkelwürzig und hat viel Potenzial.

17,5	🍇🍇🍇🍇	Cabernet Sauvignon 2016 Reserve	€ 14,10
17,5	🍇🍇🍇🍇	St. Laurent 2017 Reserve	€ 17,30
17	🍇🍇🍇🍇	Pinot Noir 2017 Reserve	€ 18,30
16,5	🍇🍇🍇	Cuvée rot Kontrast 2016 Reserve	€ 18,00
16	🍇🍇🍇	Merlot 2017 Reserve	€ 14,10
16	🍇🍇🍇	Zweigelt 2017 Reserve	€ 17,30
15,5	🍇🍇	Chardonnay Klassik 2018	€ 7,00
15,5	🍇	Weißburgunder Klassik 2018	€ 6,70

Top-Weine vergangener Jahrgänge:

18	🍇🍇🍇🍇	Pinot Noir 2017 Reserve
17,5	🍇🍇🍇🍇	Merlot 2013 Reserve
17,5	🍇🍇🍇	St. Laurent 2016 Reserve

WEINGÜTER IN DER THERMENREGION

Heinrich Hartl III

2522 Oberwaltersdorf
Trumauer Straße 24
Tel.: 02253 6289
office@weingut-hartl.at
www.weingut-hartl.at

Heinrich Hartl versteht sich vor allem auf die Vinifikation von Rotweinen. Dabei liebt er natürlich als Winzer der Thermenregion die Sorten St. Laurent und Pinot Noir. Aber auch für den Cabernet Sauvignon hat er ein besonders gutes Händchen. Seine 2017er Reserve duftet nach Kakao und Cassis, hat sowohl die typisch minzige Kräuterwürze als auch das kernige Tannin, für das die Sorte steht. Aber auch der 2016er Rotgipfler in seiner saftigen, leicht exotischen Art ist mehr als gelungen.

17,5	🍇🍇🍇	Cabernet Sauvignon 2017	€ 14,30
17,5	🍇🍇🍇	St. Laurent 2017 Reserve	€ 17,50
17	🍇🍇🍇	Rotgipfler 2016	€ 10,00
17	🍇🍇🍇	Pinot Noir 2017 Reserve	€ 17,50
17	🍇🍇🍇	Pinot Noir Graf Weingartl 2017	€ 23,90
16,5	🍇🍇🍇	Merlot 2017	€ 14,30
16	🍇🍇	Rotgipfler 2017	€ 10,00
15,5	🍇🍇	Pinot Noir Classic 2017	€ 8,80
15	🍇🍇	Zierfandler 2017	€ 10,00
15	🍇🍇	St. Laurent Classic 2017	€ 8,80

Top-Weine vergangener Jahrgänge:

18,5	🍇🍇🍇	Pinot Noir 2009 Reserve	
18	🍇🍇🍇	Pinot Noir Graf Weingartl 2013	
18	🍇🍇🍇	Merlot 2011	

Johanneshof Reinisch

2523 Tattendorf
Im Weingarten 1
Tel.: 02253 81423
0676 9377575
office@j-r.at
www.j-r.at

(bio)

Etwa 30 Kilometer südlich von Wien liegt inmitten der Weingärten der Johanneshof der Brüder Reinisch. Man blickt hier auf eine fast 100-jährige Geschichte zurück. Seit einigen Jahren werden die rund 40 Hektar Rebflächen biologisch bewirtschaftet. Große Wichtigkeit haben im Betrieb die Burgundersorten, allen voran der St. Laurent und der Pinot Noir, für die man weit über die Grenzen hinaus bekannt ist. Daneben jedes Jahr eine Bank: Rotgipfler, Zierfandler und die Süßweine.

♥ Lieblingswein der Redaktion

18,5	🍇🍇🍇	St. Laurent Ried Holzspur 2016 ♥	€ 36,60
18	🍇🍇🍇	Zierfandler 2018 Eiswein	€ 21,10
17,5	🍇🍇🍇	Pinot Noir Ried Holzspur 2016	€ 36,60
17,5	🍇🍇🍇	Cuvée rot 2018 Eiswein	€ 21,10
17	🍇🍇🍇	Chardonnay Ried Lores 2017	€ 19,60
17	🍇🍇🍇	Zierfandler Ried Spiegel 2017	€ 19,60
17	🍇🍇🍇	Pinot Noir Ried Grillenhügel 2017	€ 19,60
17	🍇🍇🍇	St. Laurent Ried Frauenfeld 2017	€ 19,60
16,5	🍇🍇🍇	Rotgipfler Ried Satzing 2017	€ 19,60
16,5	🍇🍇	Zweigelt Ried Frauenfeld 2017	€ 13,50
16	🍇🍇	Rotgipfler 2018 Auslese	€ 11,20

Top-Weine vergangener Jahrgänge:

19	🍇🍇🍇🍇🍇	Rotgipfler 2015 Auslese	
18,5	🍇🍇🍇	Pinot Noir Holzspur 2013	
18,5	🍇🍇🍇	St. Laurent Frauenfeld 2013	

WEINGÜTER IN DER THERMENREGION

Landauer-Gisperg

2523 Tattendorf
Badner Straße 32
Tel.: 02253 81272
wein@winzerhof.eu
www.winzerhof.eu

(bio)

Die Familie Landauer-Gisperg hat sich besonders der Burgunderfamilie und dem Zweigelt verschrieben. In ihren biologisch bewirtschafteten Weingärten wachsen die Trauben, aus deren Selektion Jahr für Jahr eine überzeugende Weinkollektion entsteht. Die Rotweinfamilie wird ergänzt durch eine klassische Weinlinie und einige Weine abseits des Mainstreams wie ein unangepasster, maischevergorener und würziger Traminer oder Weine aus der Amphore.

17	Pinot Noir best of 2017	€ 21,00
16,5	Traminer wild 2017	€ 21,00
16,5	St. Laurent best of 2017	€ 20,00
16	Cuvée rot Black Betty 2017	€ 13,00
16	Pinot Noir Selektion 2017	€ 11,00
16	Zweigelt best of 2017	€ 16,00
15,5	Zweigelt Selektion 2017	€ 11,00
13	St. Laurent Black Betty pink 2017	€ 7,00

Top-Weine vergangener Jahrgänge:

17,5	Traminer wild 2014	
17	Pinot Noir best of 2016	
17	St. Laurent best of 2016	

Robert Schlumberger

2540 Bad Vöslau
Hans-Haderer-Gasse 8
Tel.: 0136 82 25 80
beatrix.bazala@schlumberger.at
www.privatkeller.at

Der Name Schlumberger ist ein weithin bekannter Begriff der österreichischen Sektkultur. In den Anfängen Mitte des 19. Jahrhunderts hat das Sekthaus Schlumberger aber auch große Bedeutung bei Rotweinen erlangt. Das gilt bis heute. Der Firmengründer Robert Schlumberger kultivierte als Erster die französischen Rebsorten Cabernet Sauvignon und Merlot in Österreich. Aus dem Jahr 2015 konnten wir einen markanten, nach Leder, Rosmarin und Cassis duftenden, dichten Cabernet kosten.

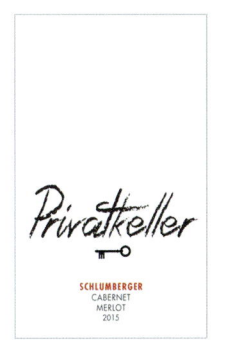

17,5	Cabernet Sauvignon Privatissimo 2015	€ 30,00
17	Cuvée rot Privatkeller 2016	€ 20,00

Top-Weine vergangener Jahrgänge:

18,5	Cuvée rot Privatkeller 2011	
17,5	Cuvée rot Privatkeller 2015	
17	Cuvée rot Privatkeller 2009	

WEINGÜTER IN DER THERMENREGION

Schneider

2523 Tattendorf
Badner Straße 3
Tel.: 02253 81 020
0664 878 24 78
office@weingut-schneider.co.at
www.weingut-schneider.co.at

(bio)

Georg Schneider ist die stille Kraft des Pinot Noir und St. Laurent in der Thermenregion. Oftmals unterschätzt, gehört er für uns zu den großen Burgunderkönnern, nicht nur in seiner Heimatregion, sondern in ganz Österreich. Vor allem seine beiden 2017er St. Laurent (Frauenfeld und Reserve) zeigen das mehr als eindrücklich. Beide sind rebsortentypisch, dunkelbeerig, strukturiert, haben die richtige Dosis an Tannin und sind energisch. Die Reserve braucht noch etwas mehr Zeit zur Reife.

18	🍇🍇🍇	St. Laurent Ried Frauenfeld 2017	€ 12,00
18	🍇🍇🍇	St. Laurent 2017 Reserve	€ 19,80
17,5	🍇🍇🍇	Pinot Noir Ried Tagelsteiner 2017	€ 12,00
17,5	🍇🍇🍇	Pinot Noir 2017 Reserve	€ 19,80
16,5	🍇🍇	Cuvée rot Kräutergarten 2017	€ 16,50
16,5	🍇🍇	Pinot Noir 2017	€ 8,10
16	🍇🍇	Weißburgunder 2018	€ 7,90
16	🍇🍇	Cuvée rot Noir 2017 Reserve	€ 11,00
16	🍇🍇	St. Laurent 2017	€ 8,10

Top-Weine vergangener Jahrgänge:

18	🍇🍇🍇	St. Laurent 2013 Reserve
18	🍇🍇🍇	Pinot Noir 2014 Reserve
18	🍇🍇🍇	Pinot Noir Ried Tagelsteiner 2015

Stadlmann

2514 Traiskirchen
Wiener Straße 41
Tel.: 02252 52343
kontakt@stadlmann-wein.at
www.stadlmann-wein.at

(bio)

Bernhard Stadlmann ist einer der Sensibelsten und Ruhigsten der heimischen Weinbauern und Kellermeister. Seine Weingärten pflegt er konsequent biologisch, im Keller begleitet er seine Zierfandler, Rotgipfler und Burgunder nur sanft. So können sie in aller Ruhe zu dem heranreifen, was sie sind: die Thermenregion in all ihren Facetten und in ihrem ganz eigenen Tiefgang. Den stoffigen, momentan noch zurückhaltenden Mandel-Höh sollte man getrost noch ein paar Jahre weglegen.

18,5	🍇🍇	Zierfandler Ried Mandel-Höh 2017
18	🍇🍇	Rotgipfler Ried Tagelsteiner 2017
18	🍇🍇🍇	Zierfandler Traiskirchen 2017 Auslese
17,5	🍇	Weißburgunder Ried Höfen 2017
17,5	🍇	Zierfandler Ried Igeln 2017

Top-Weine vergangener Jahrgänge:

19	🍇🍇🍇🍇	Zierfandler Ried Mandel-Höh 2016
18,5	🍇	Weißburgunder Ried Höfen 2015
18,5	🍇	Zierfandler Ried Mandel-Höh 2015

© ÖWM Armin Faber

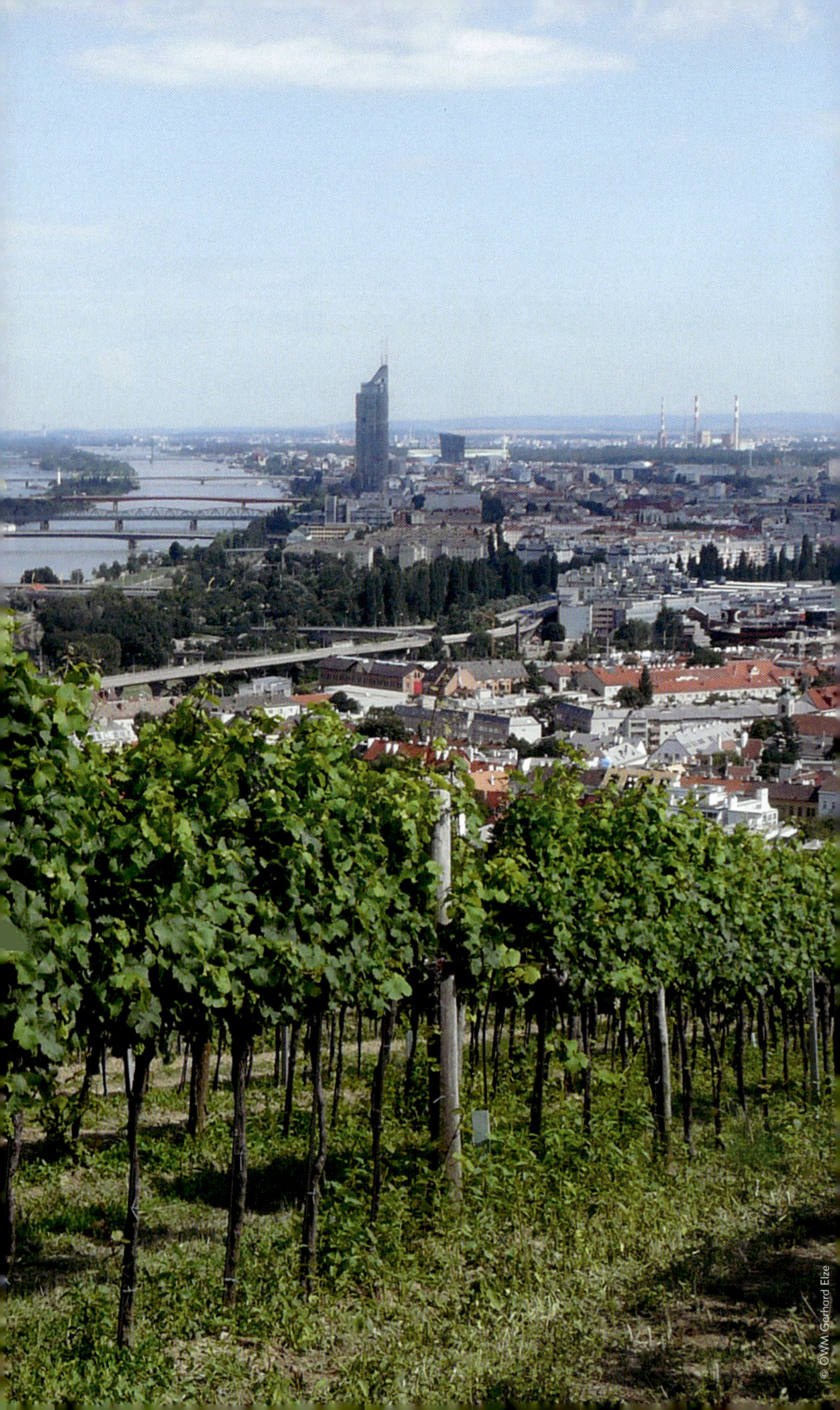

WIEN

Weinbau innerhalb der Stadtgrenzen einer europäischen Metropole – das ist einzigartig. Kultstatus hat hier der Gemischte Satz, aber auch markant mineralischer Riesling gedeiht top.

LIEBLINGSWEIN DER REDAKTION

2018 Wiener Gemischter Satz DAC Neuberg 68 – Fuhrgassl-Huber
Wein-Tester des Gault&Millau: René Kollegger

Ein Urwiener wie aus dem Bilderbuch. In der Nase zeigt sich eine Vielfalt an Rebsorten. Dunkle Würze von schwarzem Pfeffer und Kräutern prägen diesen Wein. Dazu kommen Gravensteiner-Apfel und florale Anklänge. Fantastisch sind auch die Frische und der herrliche Trinkfluss des Weines.

WEINGÜTER IN WIEN

Jutta Ambrositsch

1030 Wien
Dannebergplatz 12/2
Tel.: 0664 500 60 95
buero@jutta-ambrositsch.at
www.jutta-ambrositsch.at

Jutta Kalchbrenner (vor Ihrer Hochzeit Ambrositsch) steht mit ihrem Wiener Weingut für einen unangepassten, gleichzeitig tiefgründigen Weinstil und hat damit viele Fans. Konventionen sind nicht das Ihre, fantastischer Riesling, Veltliner oder Gemischter Satz aber sehr wohl. Wer an ihre Weine denkt, hat gleichzeitig auch ihre Buschenschank in Residence im Kopf. Hier wird Wine & Dine wahrhaft gelebt. Der großartige Blaufränker entsteht übrigens in Kooperation mit dem Weingut Wachter-Wiesler.

Punkte		Wein	Preis
18,5	🍇🍇🍇	Blaufränkisch Hetfleisch 2015	€ 49,00
18	🍇🍇🍇🍇	Riesling Utopie 2018	€ 21,00
17	🍇🍇🍇🍇	Gemischter Satz Ringelspiel 2018	€ 21,00
17	🍇🍇🍇🍇	Grüner Veltliner Revision 2018	€ 21,00
16,5	🍇🍇	Gemischter Satz rot Rakete 2018	€ 11,00
16	🍇🍇🍇	Cuvée weiß Sans 2018	€ 15,00
15,5	🍇🍇🍇	Gemischter Satz Kosmopolit 2018	€ 11,00

Top-Weine vergangener Jahrgänge:

17,5	🍇🍇🍇🍇	Gemischter Satz Sommeregg 2013 Reserve	
17	🍇🍇🍇🍇	Gemischter Satz Fürchtegott 2017	
17	🍇🍇🍇🍇	Grüner Veltliner Revision 2017	

Christ

1210 Wien
Amtsstraße 10–14
Tel.: 01 292 51 52
0699 110 69 98 77
info@weingut-christ.at
www.weingut-christ.at

1ᵉ Erste Lagen

Am Weingut Christ kann man aus einem reichen Portfolio unterschiedlicher Rieden schöpfen. Böden und Klima sind am Bisamberg wie geschaffen für den Weinbau. Die geologische Vielfalt ist einzigartig und reicht von angeschwemmtem eiszeitlichen Terrassenschotter über muscheldurchsetzte Kalksteinverwitterungen bis hin zu Löss- und Schieferlagen. Dieser große Reichtum an unterschiedlichsten Böden und Lagen erklärt auch die traditionell große Sortenvielfalt im Weingut.

Punkte		Wein	Preis
17	🍇🍇🍇🍇	Riesling Ried Zwerchbreiteln 2018	€ 29,00
17	🍇🍇🍇🍇	Weißburgunder Ried Falkenberg 1. ÖTW 2017	€ 29,00
16,5	🍇🍇🍇🍇	Gemischter Satz Ried Wiesthalen 1. ÖTW 2017 *	€ 22,00
16,5	🍇🍇🍇🍇	Weißburgunder Der Vollmondwein 2018	€ 12,00
16	🍇🍇🍇🍇	Gemischter Satz Bisamberg 2018 *	€ 16,50
16	🍇🍇🍇🍇	Grüner Veltliner Ried Gabrissen 2018	€ 14,00
16	🍇🍇🍇	Cuvée rot XXI 2016	€ 25,00
16	🍇🍇🍇	Syrah Shiraz 2016	€ 18,00
15,5	🍇🍇🍇	Cuvée rot Mephisto 2016	€ 16,50

Top-Weine vergangener Jahrgänge:

18	🍇🍇🍇🍇	Weißburgunder Der Vollmondwein 2013	
17	🍇🍇🍇🍇	Weißburgunder Falkenberg 2015	
17	🍇🍇🍇🍇	Gemischter Satz Bisamberg 2017 *	

WEINGÜTER IN WIEN

Wien Cobenzl
1190 Wien
Am Cobenzl 96
Tel.: 01 3205805
0676 8118697000
office@weingutcobenzl.at
www.weingutcobenzl.at

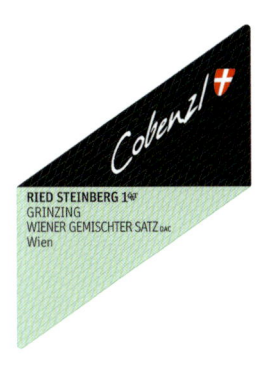

Kurze Wege vom Weingarten bis in den Weinkeller, Arbeit mit Schwerkraft und neue technische Errungenschaften wie temperaturgesteuerte Edelstahltanks prägen die Schritte von der Traube bis zu den fertigen Weinen des Traditionsbetriebes. Am Weingut blickt man auf eine lange Geschichte zurück. Seit 100 Jahren ist es im Besitz der Stadt Wien, aber bereits seit dem 13. Jahrhundert wurde hier Wein gekeltert. Seit 1988 führt Ingenieur Thomas Podsednik den Vorzeigebetrieb.

17		Riesling Ried Preussen – Nussberg 1ÖTW 2017	€ 21,00
16		Grüner Veltliner Ried Pfeffer – Sievering 2017	€ 10,90
16		Riesling Nussberg 2018	€ 10,90
16		Cuvée rot Ried Jungenberg 2015	€ 16,00
15,5		Weißburgunder Ried Riesenberg – Grinzing 2016	€ 10,90
15		Gemischter Satz Ried Reisenberg – Grinzing 2018 *	€ 10,90
15		Cabernet Sauvignon 2015	€ 16,00
14		Grüner Veltliner Grinzing 2018	€ 8,90

Top-Weine vergangener Jahrgänge:

17		Weißburgunder Reisenberg 2007

Edlmoser
1230 Wien
Maurer Lange Gasse 123
Tel.: 01 8898680
office@edlmoser.com
www.edlmoser.com

Das Weingut Edlmoser, daheim in Wien Mauer, vor den Toren der Großstadt, ist einer der Wiener Paradebetriebe. Hier treffen die Ruhe sowie die kühlen Winde aus dem Wienerwald und das pannonische Klima aufeinander. Zusammen mit den besten Lagen befindet sich in Mauer ein ideales Weinbauterroir. Dazu kommt das pulsierende, urbane Leben. Die Familiengeschichte reicht bis 1374 zurück. Heute leitet Michael Edlmoser mit sicherer Hand die Geschicke des Betriebes.

17,5		Gemischter Satz Ried Saetzen – Maurerberg 1ÖTW 2017 *	€ 38,00
16,5		Gemischter Satz Maurerberg 2018 *	€ 16,00
16,5		Gemischter Satz Ried Himmel – Maurerberg 1ÖTW 2017 *	€ 24,00
16		Gemischter Satz 2018 *	€ 11,00
16		Riesling Ried Sätzen – Maurerberg ÖTW 2017	€ 38,00
16		Cuvée rot Vertigo 2015	€ 34,00
16		St. Laurent Erbstück 2015	€ 24,00
15,5		Sauvignon Blanc Ried Kadolzberg 2017	€ 24,00
15,5		Weißburgunder Kalkstein Ried Himmel – Maurerberg 1ÖTW 2017	€ 38,00

Top-Weine vergangener Jahrgänge:

18		Sauvignon Blanc Reisenberg 2013
17,5		Gemischter Satz Ried Maurerberg – Himmel 2015 *
17		Grüner Veltliner Ried Maurerberg Alte Reben 2015

Wiener Gemischter Satz DAC *

WEINGÜTER IN WIEN

Fuchs-Steinklammer

1230 Wien
Jesuitensteig 28–30
Tel.: 01 8882229
weingut@heuriger.co.at
www.heuriger.co.at

Die Familien- und Weingutgeschichte der Fuchs-Steinklammers geht bis 1697 zurück. 1989 hat Karl Fuchs den Betrieb übernommen und in die Jetztzeit geführt. Eine gewichtige Rolle spielen mittlerweile auch die Jungen – Stefan, der die Weinbauschule in Klosterneuburg absolviert hat, und Alexander, Student an der Universität für Bodenkultur in Wien. Gemeinsam arbeiten sie an ihrer unbestechlich klaren, trinkfreudigen und gleichzeitig sehr eigenständigen Kollektion. Bravo!

17	🍇🍇🍇	Riesling Ried Sätzen 2017	€ 9,00
16,5	🍇🍇🍇	Gemischter Satz 2018 *	€ 8,50
16	🍇🍇	Gemischter Satz rot 2016	€ 15,00
15,5	🍇🍇	Cabernet Franc 2017	€ 10,00
15,5	🍇🍇	Pinot Noir 2016	€ 14,00

Top-Weine vergangener Jahrgänge:

17	🍇🍇🍇	Grüner Veltliner Bisamberg 2015
17	🍇🍇🍇	Riesling Ried Sätzen 2017

Fuhrgassl-Huber

1190 Wien
Neustift am Walde 68
Tel.: 01 4401 405
weingut@fuhrgassl-huber.at
www.fuhrgassl-huber.at

ERSTE LAGEN

Thomas Huber hat heuer wieder eine fantastische Weinserie gekeltert, die einmal mehr untermauert, dass er zur ersten Garde der Wiener Winzer gehört. Sein Lagenportfolio ist weit gefächert, seine Rebsortenauswahl entsprechend breit. Uns hat es heuer vor allem der Gemischte Satz aus der Ried Neuberg, der 68er, angetan. Ein tiefgründiger, kräuterwürziger Wein mit zarten Apfelnoten, der nicht nur durch seine Struktur, sondern auch durch seinen Trinkfluss punktet.

♥ Lieblingswein der Redaktion

18	🍇🍇🍇	Gemischter Satz Ried Neuberg 68er 2018 * ♥	€ 14,80
17,5	🍇🍇🍇	Grüner Veltliner Schönherr Alte Reben 2018	€ 9,90
17,5	🍇🍇🍇	Grüner Veltliner Ried Gollin 1ÖTW 2017	€ 19,90
17	🍇🍇🍇	Gemischter Satz Salmannsdorf 2018 *	€ 8,50
17	🍇🍇🍇	Gemischter Satz Ried Mitterberg 2018 *	€ 8,50
17	🍇🍇🍇	Weißburgunder Ried Schenkenberg 1ÖTW 2017	€ 19,90
16,5	🍇🍇🍇	Roter Muskateller Neustift am Walde 2018	€ 13,20
16	🍇🍇	Gemischter Satz Nussberg 2018 *	€ 9,90

Top-Weine vergangener Jahrgänge:

17	🍇🍇🍇	Roter Muskateller Neustift 2015
17	🍇🍇🍇	Gemischter Satz Neuberg 2015 *
17	🍇🍇🍇	Riesling Preussen-Nussberg 1ÖTW 2017

WEINGÜTER IN WIEN

Hajszan Neumann

1190 Wien
Grinzinger Straße 86
Tel.: 01 2901012
weingut@hajszanneumann.com
www.hajszanneumann.com

Das Fundament der Weine bildet der biodynamische Weinbau. Seit mehr als einem Dutzend Jahren wird im Weingut Hajszan Neumann nach den Lehren des Geisteswissenschafters Rudolf Steiner gearbeitet. Im Keller entsteht neben der klassischen Linie eine Serie an Natural Wines, bei denen vor allem jene aus den Bukettsorten brillieren. Unser Liebling ist aber heuer der Riesling von der Ried Steinberg mit seinem facettenreichen Zitrusduft und der schlanken, eleganten Gestalt.

18	Riesling Ried Steinberg 1ÖTW 2018	€ 25,00
17,5	Gemischter Satz Ried Weisleiten 2018 *	€ 18,00
17,5	Grüner Veltliner Ried Haarlocke 2018	€ 16,00
17	Weißburgunder Ried Gollin 1ÖTW 2018	€ 22,00
17	Zweigelt Nussberg 2016	€ 18,00
16,5	Gelber Muskateller Natural 2018	€ 23,00
16	Traminer Natural 2018	€ 27,00
15,5	Gemischter Satz Nussberg 2018 *	€ 12,00

Top-Weine vergangener Jahrgänge:

17,5	Gelber Muskateller Natural 2017	
17	Riesling Steinberg-Grinzing 2016	
17	Grauburgunder Natural 2017	

Lenikus

1190 Wien
Cobenzlgasse 2
Tel.: 01 3203590
0650 5163152
office@bioweingutlenikus.at
www.bioweingutlenikus.at

Am Weingut Lenikus wird biologisch gewirtschaftet. Die Weingärten des Betriebes liegen im 19. und 21. Wiener Bezirk, am Nussberg, Bisamberg und Reisenberg. Man ist sich der Verantwortung im Sinne des Schutzes und der Pflege der Landschaft bewusst. Das bedeutet mitunter natürlich mehr Arbeit, mehr Zeit und hie und da weniger Ertrag. Doch nicht nur eine gesunde Umwelt, auch vitale Trauben, aus denen Kellermeister Erich Franz lebendige Weine keltert, sind dies wert.

16	Weißburgunder Wiener 2018	€ 12,90
15	Gemischter Satz 2018 *	€ 9,90
14,5	Grüner Veltliner Wiener 2018	€ 9,90
14,5	Cuvée rot Rendezvous 2015	€ 11,90
14	Cuvée weiß Wiener Weiss Wein Wunder 2018	€ 7,90
13	Cuvée rosé Grinzing Rose 2018	€ 8,90

Top-Weine vergangener Jahrgänge:

17	Chardonnay Gallein 2013	

Wiener Gemischter Satz DAC *

WEINGÜTER IN WIEN

Mayer am Pfarrplatz
1190 Wien
Pfarrplatz 2
Tel.: 01 3360197
office@pfarrplatz.at
www.pfarrplatz.at

1ᵉ ERSTE LAGEN

Was für eine fantastische Riesling-Serie! Wir waren schon in den vergangenen Jahren immer voll des Lobes dafür, was in Sachen Riesling aus dem Keller von Mayer am Pfarrplatz kam. So präzise und voll perfektem Sortenausdruck hatten wir es aber noch nicht erlebt. Allen voran überzeugte uns in der Blindverkostung der 2017er von der Ried Preussen-Nussberg mit seiner Komplexität und Eleganz. Ein Bravo an das ganze Team rund um Mastermind Gerhard Lobner.

19	🍇🍇🍇🍇	Riesling Ried Preussen-Nussberg 1ÖTW 2017	€ 29,00
18,5	🍇🍇🍇🍇	Riesling Nussberg 2018	€ 19,00
18	🍇🍇🍇🍇	Gemischter Satz Ried Preussen-Nussberg 1ÖTW 2017 *	€ 25,00
18	🍇🍇🍇🍇	Riesling Nussberg Weißer Marmor 2018	€ 40,00
17	🍇🍇🍇	Gemischter Satz Nussberg 2018 *	€ 19,00
17	🍇🍇🍇	Riesling Ried Alsegg 2018	€ 12,00
16,5	🍇🍇	Blauburgunder Nussberg 2016	€ 19,00
16	🍇🍇🍇	Gemischter Satz 2018 *	€ 10,00
16	🍇🍇🍇	Sauvignon Blanc Hernals 2018	€ 19,00
15,5	🍇🍇	Gelber Muskateller 2018	€ 13,50

Top-Weine vergangener Jahrgänge:
18	🍇🍇🍇	Riesling Nussberg Weißer Marmor 2015	
18	🍇🍇🍇	Riesling Nussberg Weißer Marmor 2016	
18	🍇🍇🍇	Riesling Nussberg Weißer Marmor 2017	

Rotes Haus
1190 Wien
Pfarrplatz 2
Tel.: 01 3360197
office@pfarrplatz.at
www.rotes-haus.at

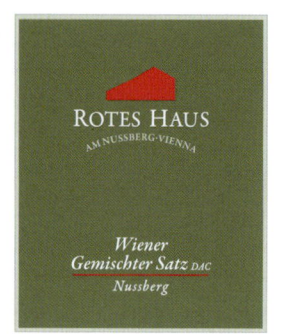

Vom idyllischen Ensemble des Roten Hauses, direkt am Nussberg gelegen, blickt man hinunter auf die Hauptstadt Wien. Neun Hektar Rebfläche gehören zum Betrieb. Hans Schmid hat sich mit dem Erwerb des Kleinods den Wunsch eines Boutiqueweingutes erfüllt. Die Verarbeitung der Trauben findet im Keller des Weingutes Mayer am Pfarrplatz statt. Von dort kümmert sich das Team um die Weingärten und den Vertrieb der authentischen Wiener Weine.

17,5	🍇🍇🍇	Gemischter Satz Ried Preussen-Nussberg Erste Lage 2017 *	€ 25,00
17,5	🍇🍇🍇	Gemischter Satz Ried Langteufel-Nussberg Erste Lage 2017 *	€ 35,00
17	🍇🍇🍇	Gemischter Satz Nussberg 2018 *	€ 15,00
16,5	🍇🍇	Grüner Veltliner Nussberg 2018	€ 12,50
16	🍇🍇	Gemischter Satz 2018 *	€ 11,00

Top-Weine vergangener Jahrgänge:
17	🍇🍇🍇	Gemischter Satz Preussen-Nussberg 2016 *	

Wiener Gemischter Satz DAC *

WEINGÜTER IN WIEN

Wieninger
1210 Wien
Stammersdorfer Straße 31
Tel.: 01 2901012
weingut@wieninger.at
www.wieninger.at

Was wäre der Wiener Weinbau ohne Persönlichkeiten wie Fritz Wieninger? Im In- und Ausland ist er unermüdlicher Fürsprecher des Wiener Gemischten Satzes, er setzt sich für die Österreichischen Traditionsweingüter in Wien ein und lebt mit seinem Team die große Verantwortung für die Umwelt. Seit einigen Jahren wirtschaftet er biodynamisch. Seine Weine sind seitdem noch strahlender geworden. Ein Schmuckstück ist der Riesling aus der Ried Preussen – ein Bild von einem Wein.

18,5		Riesling Ried Preussen 1ÖTW 2018	€ 29,00
18		Gemischter Satz Ried Rosengartel 1ÖTW 2018 *	€ 32,00
17,5		Gemischter Satz Ried Ulm 1ÖTW 2018 *	€ 25,00
17,5		Grüner Veltliner Ried Preussen 1ÖTW 2018	€ 27,00
17		Gemischter Satz Bisamberg 2018 *	€ 16,00
17		Merlot Grand Select 2015	€ 29,00
16,5		Grüner Veltliner Ried Kaasgraben 2018	€ 21,00

Top-Weine vergangener Jahrgänge:

19		Pinot Noir Grand Select 2013	
18,5		Gemischter Satz Nußberg 2014 *	
18,5		Chardonnay Tribute 2013	

Zahel
1230 Wien
Maurer Hauptplatz 9
Tel.: 01 8900581
0664 3831272
winery@zahel.at
www.zahel.at

Das Weingut wird in vierter Generation von der Familie Zahel bewirtschaftet. Nach einer kurzen Karriere als Rennfahrer ist Richard Zahel 1989 in das Familienunternehmen eingestiegen. Zu dieser Zeit hatte das Weingut nur einen halben Hektar Rebfläche und vier Heurigentische. Bereits in diesem Jahr wurde zum ersten Mal Wiener Gemischter Satz auf ein Weinetikett geschrieben und somit als Herkunftswein für die Weinbauregion Wien klassifiziert. Heute sind Zahels Weine weltweit vertreten.

17		St. Laurent Antares Grande Reserve 2016	€ 26,00
16		Gemischter Satz Laaerberg – Goldberg 2017 *	€ 25,00
16		Gemischter Satz Nussberg – Preussen Spätfüllung 2011 *	€ 40,00
15,5		Gemischter Satz Nussberg – Kaasgraben 2017 *	€ 25,00
15,5		Orangetraube 2018	€ 12,00
15		Gemischter Satz Nussberg 2018 *	€ 18,00
15		Grüner Veltliner Goldberg 2018	€ 12,00
15		Blauburgunder Maurerberg – Sätzen 2016	€ 25,00

Wiener Gemischter Satz DAC *

BURGEN-
LAND

DIE BESTEN

1	★★★★★	19,5	Blaufränkisch Mariental 2016, Ernst Triebaumer
2	★★★★★	19,5	Blaufränkisch Dürrau 2016, Weninger
3	★★★★★	19,5	Sämling 88 Trockenbeerenauslese 2017, Angerhof – Tschida
4	★★★★★	19,5	Cuvée weiß Trockenbeerenauslese N° 3 Grande Cuvée 2016, Weinlaubenhof Kracher
5	★★★★★	19	Chardonnay Katterstein 2017, Kollwentz – Römerhof, Kollwentz
6	★★★★★	19	Furmint Garten Eden 2017, Michael Wenzel
7	★★★★★	19	Cuvée rot G 2015, Gesellmann
8	★★★★★	19	Cuvée weiß Ruster Ausbruch Auf den Flügeln der Morgenröte 2017, Heidi Schröck
9	★★★★★	19	Blaufränkisch Kalkofen 2017, Weninger
10	★★★★★	19	Chardonnay Tiglat 2017, Velich
11	★★★★★	19	Blaufränkisch Eisenberg DAC Reserve 2015, Schiefer
12	★★★★★	19	Chardonnay Gloria 2017, Kollwentz – Römerhof, Kollwentz
13	★★★★★	19	Furmint Ruster Ausbruch 2016, Michael Wenzel
14	★★★★★	19	Cuvée rot Steinzeiler 2016, Kollwentz – Römerhof, Kollwentz
15	★★★★★	19	Blaufränkisch Leithaberg DAC Alter Berg 2016, Gernot und Heike Heinrich
16	★★★★★	19	Sämling 88 Beerenauslese 2017, Angerhof – Tschida
17	★★★★★	19	Blaufränkisch Eisenberg DAC Reserve Reihburg 2017, Kopfensteiner
18	★★★★★	19	Rosenmuskateller Trockenbeerenauslese N° 1 2016, Weinlaubenhof Kracher
19	★★★★	18,5	Cuvée rot Rêve de Jeunesse 2016, Pöckl
20	★★★★	18,5	Cuvée weiß Beerenauslese Seewinkel 2014, Velich

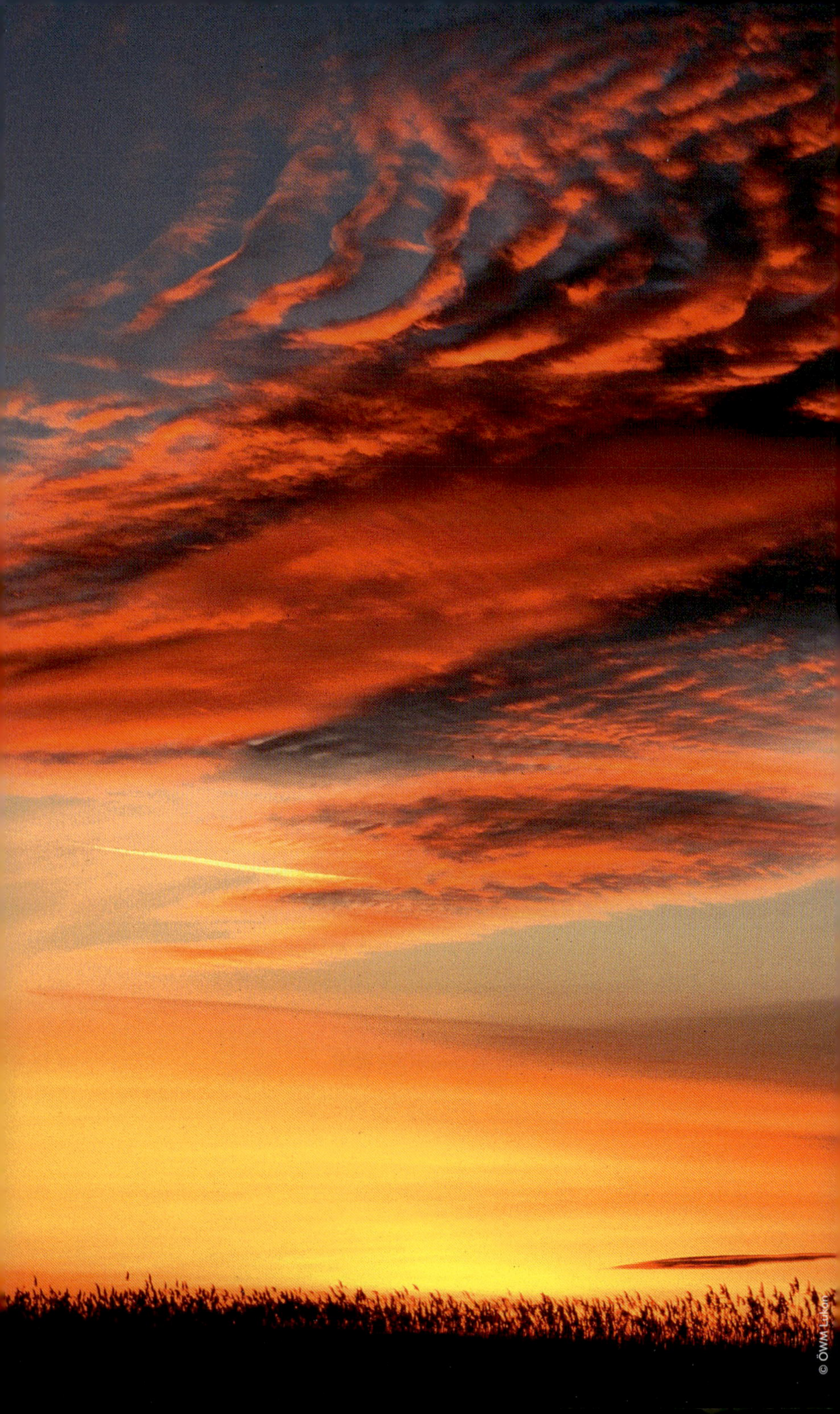
© ÖWM Lukan

NEUSIEDLER SEE

Hier am See herrschen perfekte Voraussetzungen für jede Art von Wein. So entstehen fruchtige Welschrieslinge, markante Weißwein-Cuvées, komplexe Rotweine und Süßweine von Weltruf.

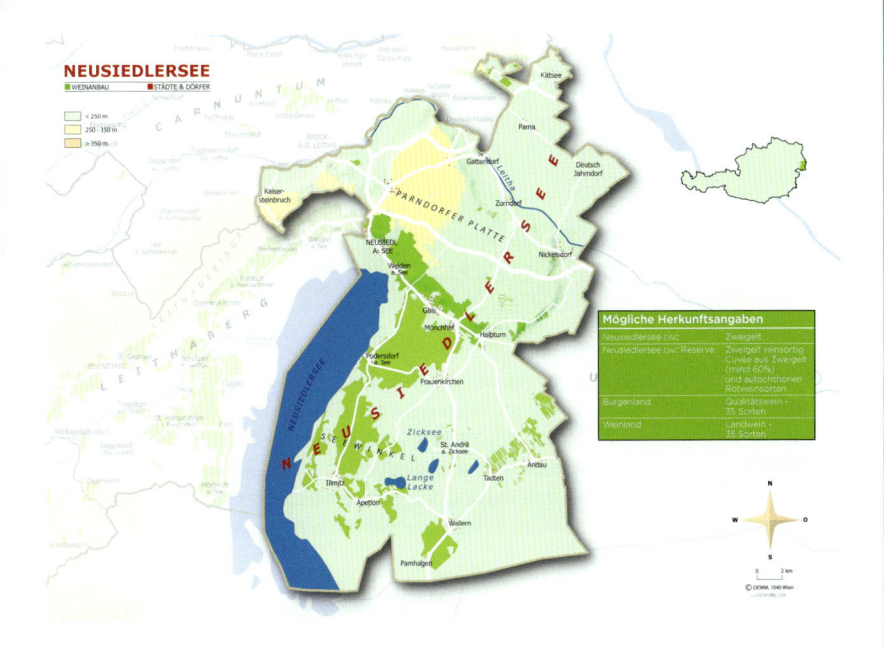

LIEBLINGSWEIN DER REDAKTION

2017 Cuvée rot Pannobile – Gernot und Heike Heinrich
Wein-Tester des Gault&Millau: Gerhard Elze

Das Idealbild eines roten Pannobile: dunkles Rubin und violette Reflexe in der Farbe. In der Nase zeigen sich dunkle Beeren, Würze und zart rauchige Nuancen. All dies spiegelt sich auch am Gaumen wider. Der Wein ist enorm vielschichtig, balanciert, elegant und hat fein eingebundene Tannine.

WEINGÜTER AM NEUSIEDLER SEE

Werner Achs

7122 Gols
Goldberg 5
Tel.: 02173 23900
kontakt@wernerachs.at
www.wernerachs.at

1999 wurde das damals 1,3 Hektar große Weingut gegründet. Heute ist Werner Achs mit zehnmal so viel Fläche einer der Garanten für kompromisslose und zuverlässige Rotweinqualität in Gols. Sein kleines Portfolio beschränkt sich auf zwei, in außergewöhnlichen Jahren drei Rotweine. Jeder einzelne für sich ist stimmig, hat Charme und zeigt die Typizität der Region. Der Zweigelt punktet stets durch einen herrlichen Trinkfluss, Xur hat viel Komplexität und Potenzial.

18,5	🍇🍇🍇	Cuvée rot Xur 2017	€ 28,00
17	🍇🍇🍇	Zweigelt Goldberg 2018	€ 10,00

Top-Weine vergangener Jahrgänge:

18,5	🍇🍇🍇	Cuvée rot Werner Achs 2010	
18,5	🍇🍇🍇	Cuvée rot Werner Achs 2011	
18,5	🍇🍇🍇	Cuvée rot Werner Achs 2015	

Andert Wein

7152 Pamhagen
Lerchenweg 16
Tel.: 02174 30132
0680 5515472
michael@andert-wein.at
www.andert-wein.at

demeter
biodynamische Qualität

Weinbau im Sinne des Biodynamikers Rudolf Steiner betreiben die Brüder Andert bereits seit mehr als 15 Jahren. Es gibt wenige Kollegen, die sich so intensiv und gleichzeitig so sensibel auf die Natur einlassen wie sie. Ihren Weinen ist das deutlich anzuschmecken. Sie keltern Ruländer, Veltliner, Zweigelt und Co so archaisch wie möglich. Daher sind sie nicht Everybody's Darling, aber durch ihre Energie immer etwas ganz Besonderes. Und: Sie sind einfach wohltuend und bekömmlich.

17,5	🍇🍇🍇	Grüner Veltliner Anadjucka 2018	€ 20,00
17,5	🍇🍇🍇	Zweigelt Russenacker 2015	€ 20,00
17	🍇🍇🍇	Ruländer 2018	€ 17,00
16,5	🍇🍇	Cuvée rot Pamhogna 2015	€ 13,00
16	🍇	Cuvée weiß Pamhogna 2018	€ 13,00
16	🍇🍇	Zweigelt 2017	€ 9,50

Top-Weine vergangener Jahrgänge:

17,5	🍇🍇🍇	Ruländer 2012	
17,5	🍇🍇🍇	St. Laurent 2015	
17	🍇🍇🍇	Ruländer 2017	

WEINGÜTER AM NEUSIEDLER SEE

Angerhof – Tschida

7142 Illmitz
Angergasse 5
Tel.: 02175 3150
0664 4500357
weingut@angerhof-tschida.at
www.angerhof-tschida.at

Der Angerhof – das ist Süßwein in Perfektion. Wichtiger Faktor: das milde pannonische Klima und die um den See verteilten Lacken und Salzlacken, zwischen denen die Weingärten liegen. Sie sorgen für warme Tage, kühle Nächte und die essenzielle Feuchtigkeit zur Bildung des Edelschimmels Botrytis cinerea. Nicht weniger wichtiger Punkt: die sensible Vinifikation der Weine. Pures, flüssiges Gold ist die Sämling 88 Trockenbeerenauslese, ein Wein voll Charme und Klarheit, besser geht es kaum.

19,5	★★★★	Sämling 88 2017 Trockenbeerenauslese	€ 28,00
19	★★★★	Sämling 88 2017 Beerenauslese	€ 12,50
18	★★★	Chardonnay 2017 Beerenauslese	€ 12,50
17,5	★★★	Muskat Ottonel 2018 Auslese	€ 9,50
16,5	★★	Scheurebe Illmitzer 2018 Spätlese	€ 7,50
15,5	★★	Merlot 2018 Spätlese	€ 7,50

Top-Weine vergangener Jahrgänge:

20	★★★★★	Muskat Ottonel 2009 Schilfwein
20	★★★★	Gelber Muskateller 2012 Eiswein
20	★★★★	Muskat Ottonel 2012 Schilfwein

Judith Beck

7122 Gols
In den Reben 1
Tel.: 02173 2755
judith@weingut-beck.at
www.weingut-beck.at

Das ist eine tolle Serie! Gratulation an Judith Beck für die Serie, tiefgründiger Weißweine, die mit ihrer Eigenständigkeit und ihrem unangepassten Charakter punkten. Unsere Tops: der Weißburgunder (Mineralität und burgundiger Typ) und der Muskat Ottonel (kraftvoller Rebsortenausdruck, feine Tannine) aus der Bambule!-Serie. Fantastisch sind auch die Roten, wie der facettenreiche, tiefgründige Blaufränkisch Judith mit seiner dunklen Würze und großen Länge.

18,5	★★★	Blaufränkisch Judith 2015	€ 32,00
17,5	★	Cuvée weiß Pannobile 2017	€ 19,00
17,5	★	Muskat Ottonel Bambule! 2017	€ 18,00
17,5	★	Weißburgunder Bambule! 2017	€ 20,00
17,5	★★★★	Cuvée rot Pannobile 2017	€ 23,00
17,5	★★★	Pinot Noir 2017	€ 24,00
17	★	Neuburger Bambule! 2017	€ 20,00
17	★★★	Blaufränkisch Bambule! 2017	€ 20,00
17	★★★	Pinot Noir Bambule! 2017	€ 20,00
16,5	★	Pinot Noir Pét Nat Bambule! 2018	€ 18,00
15,5	★	Gemischter Satz Koreaa 2018	€ 12,00

Top-Weine vergangener Jahrgänge:

18,5	★★★	Blaufränkisch Altenberg 2012
18,5	★★★★	Blaufränkisch Altenberg 2013
18	★★★	Blaufränkisch Altenberg 2015

WEINGÜTER AM NEUSIEDLER SEE

Berger Leginthov

7123 Mönchhof
Raiffeisenplatz 10
Tel.: 02173 80381
0664 1130846
wein@leginthov.at
www.leginthov.at

Die Familie Berger hat ihr Weingut in Mönchhof seit 1975 quasi von null aufgebaut. Eine tüchtige Leistung, denn heute umfasst es stattliche 18 Hektar Fläche. Nach der weinbaufachlichen Ausbildung in Eisenstadt und Krems sowie Praktika in zwei renommierten Betrieben in Österreich und Kalifornien ist Johannes Berger seit 2000 fix zu Hause und hauptverantwortlich für den Keller. Im Weingarten und in der Organisation wird das junge Talent von Mutter Anne und Vater Johann unterstützt.

17	♦♦♦	Cuvée rot Leginthov 2015 Reserve	€ 19,00
17	♦♦♦	Zweigelt 2016 Reserve	€ 13,00
16,5	♦♦	St. Laurent 2016 Reserve	€ 14,00
16	♦	Neuburger 2017	€ 8,50
15,5	♦	Scheurebe 2017 Auslese	€ 8,50
14,5	♦	Sauvignon Blanc 2018	€ 6,50
13	♦	Merlot 2017 Spätlese	€ 6,20

Top-Weine vergangener Jahrgänge:

17,5	♦♦♦	Shiraz 2013
17,5	♦♦♦	Scheurebe 2015 Auslese
17,5	♦♦♦	Shiraz 2015

Jörg Bretz

2465 Höflein
Vohburgerstraße 38
Tel.: 0664 2032923
wein@bretzjoerg.com
www.bretzjoerg.com

Neben seiner Kelleradresse in Höflein und einer kleineren Rebfläche am außergewöhnlichen Terroir des Spitzerbergs im Carnuntum liegen fast alle Weingärten von Jörg Bretz am Neusiedler See. Deshalb nennen wir ihn auch in diesem Gebiet. Er zählt in Österreich zu den Ausnahmeerscheinungen, denn er bringt seine Weine immer erst auf den Markt, wenn sie für ihn die richtige Trinkreife erreicht haben. Unschlagbar sind Blaufränkisch Spitzerberg und Veltliner Weißer Berg – beide aus 2011.

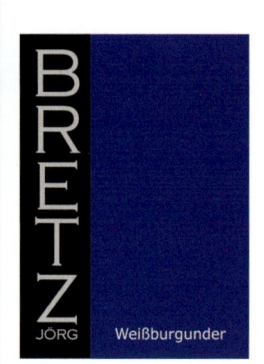

18,5	♦♦♦	Grüner Veltliner Weißer Berg naturtrüb 2011
18,5	♦♦♦	Blaufränkisch Spitzerberg 2011
17	♦♦♦	Gemischter Satz Geyer natutrtrüb 2012
17	♦♦♦	Weißburgunder 2009
16,5	♦♦	Zweigelt Redmann 2011
15,5	♦♦	Blauer Portugieser Kiesling 2011

Top-Weine vergangener Jahrgänge:

18	♦♦♦	Blaufränkisch 2007
18	♦♦♦	Blaufränkisch 2004
18	♦♦♦	Blaufränkisch 2004 Reserve

WEINGÜTER AM NEUSIEDLER SEE

Robert Goldenits
7162 Tadten
Untere Hauptstraße 8
Tel.: 02176 2294
0699 123675000
robert@goldenits.at
www.goldenits.at

Das Weingut der Goldenits umfasst 28 Hektar Weingärten. Auf den Rotwein entfallen mehr als zwei Drittel der Anbaufläche. Die Lagen befinden sich mitten in der Großlage Heideboden, die Böden sind meist Schotter oder Sand mit geringer Auflage, aber auch schwere Schwarzerdeböden mit mittlerem bis hohem Tongehalt. Die Weißweine bleiben vor der Füllung lange im Edelstahltank auf der Feinhefe, für den Ausbau der Rotweine stehen im Keller 400 französische Barriques bereit.

17,5	🍇🍇🍇🍇	Zweigelt Heideboden 2017
17	🍇🍇🍇🍇	Cuvée rot Mephisto 2017
16,5	🍇🍇🍇	Cuvée rot Tetuna 2017 Reserve
15,5	🍇🍇	Cuvée weiß Tetuna 2017

Top-Weine vergangener Jahrgänge:
17,5	🍇🍇🍇	Cuvée weiß Tetuna 2015 Trockenbeerenauslese
17,5	🍇🍇🍇	Cuvée rot Tetuna 2014 Reserve
17,5	🍇🍇🍇	Zweigelt 65 Reserve 2015 **

Andreas Gsellmann
7122 Gols
Obere Hauptstraße 38
Tel.: 02173 2214
0664 4191624
wein@gsellmann.at
www.gsellmann.at

respekt BIODYN

Heuer war es dann fix: Andreas Gsellmann, der die vergangenen Jahre schon federführend das Weingut in Gols leitete, hat nun die Leitung komplett von seinem Vater übernommen. Ausgebildet bei Biodynamie-Pionier Andrew Lorand bringt er die traditionelle mit der biodynamischen Weinbereitung in Einklang und arbeitet seit vielen Jahren mit sanftem Rebschnitt. Sein Ziel ist es, einfach guten Wein ohne Bezugnahme auf Kategorien zu machen. Das gelingt ihm mehr als brillant.

18,5	🍇🍇🍇🍇🍇	Traminer 2017	€ 22,00
18	🍇🍇🍇🍇	Cuvée rot Ried Gabarinza 2016	€ 32,00
17,5	🍇🍇🍇🍇	Weißburgunder Ried Goldberg Pannobile 2017	€ 18,00
17,5	🍇🍇🍇🍇	Cuvée rot Pannobile 2017	€ 22,00
17	🍇🍇🍇	Chardonnay Exempel 2017	€ 22,00
17	🍇🍇🍇	Grauburgunder 2018	€ 10,00
17	🍇🍇🍇	Weißburgunder 2018	€ 8,50
17	🍇🍇🍇	Cuvée rot Heideboden 2017	€ 12,50
17	🍇🍇🍇	Zweigelt Exempel 2017	€ 22,00
16,5	🍇🍇	Chardonnay 2018	€ 8,50

Top-Weine vergangener Jahrgänge:
19	🍇🍇🍇🍇🍇	Traminer 2013
18,5	🍇🍇🍇🍇	Traminer 2015
18	🍇🍇🍇🍇	Welschriesling 2015 Trockenbeerenauslese

Neusiedlersee DAC Reserve **

WEINGÜTER AM NEUSIEDLER SEE

Haider

7142 Illmitz
Seegasse 16
Tel.: 0664 500 79 06
office@weinguthaider.at
www.weinguthaider.at

Die Haiders leben für den Süßwein, er ist das große Gemeinsame in ihrer Familie. Seit Generationen steht das Weingut für sortentypische und charmante Prädikatsweine von der Spätlese mit ihrer fruchtigen Leichtigkeit bis zur kraftvollen, dichten Trockenbeerenauslese, die jedoch aus Haiders Keller nie schwer und üppig süß, sondern herrlich fließend daherkommt. So wie jene vom Sämling, die uns in ihrer zarten Cremigkeit und mit den facettenreichen, exotischen Noten gefiel.

18,5	✦✦✦	Sämling 88 2016 Trockenbeerenauslese	€ 23,00
17	✦✦✦	Cuvée rot Mythos 2017	€ 14,00
17	✦✦✦	Welschriesling 2017 Auslese	€ 8,00
16,5	✦✦	Merlot 2017	€ 10,00
15	✦✦	Chardonnay 2018 Spätlese	€ 7,50
15	✦✦	Riesling 2018 Spätlese	€ 7,50

Top-Weine vergangener Jahrgänge:

19	✦✦✦✦	Chardonnay Nektaressenz 2015 Trockenbeerenauslese
19	✦✦✦✦	Sämling 88 Nektaressenz 2015 Trockenbeerenauslese
18,5	✦✦✦	Sauvignon Blanc 2015 Trockenbeerenauslese

Thomas Hareter

7121 Weiden am See
Untere Hauptstraße 73
Tel.: 02167 7612
weingut@hareter.at
www.hareter.at

Der Weißburgunder 2017 „ohne" ist fantastisch gelungen. Er vergor sechs Tage auf der Maische und wurde mit minimalem Schwefelzusatz gefüllt. So geht für Thomas Hareter Qualität. Auf der Suche nach der reinsten Form eines Weines kommt Hareter zurück zur Basis: Trauben aus einem gesunden und balancierten Umfeld. Das heißt: keine Herbizide, keine Pestizide, keine Mineraldünger, sondern ein Zusammenspiel von Kraut und Beikraut und die Erhaltung der Vielfalt im Weingarten.

17,5	✦✦✦	Weißburgunder ohne 2017	€ 13,50
17	✦✦✦	Zweigelt Rosnberi 2017	€ 15,90
16	✦✦	Zweigelt 2017	€ 7,90
15,5	✦✦	Weißburgunder 2018	€ 8,50
15	✦	Cuvée weiß Naturbursch 2018	€ 7,90
15	✦✦	Blaufränkisch 2017	€ 9,50
15	✦✦	Cuvée rot Naturschönheit 2017	€ 9,50
14,5	✦	Blaufränkisch rosé 2018	€ 6,90
13,5	✦	Grüner Veltliner 2018	€ 7,50

Top-Weine vergangener Jahrgänge:

17	✦✦✦	Cuvée rot Chronos 2013
17	✦✦✦✦	Cuvée rot Chronos 2015
17	✦✦✦✦	Weißburgunder ohne 2016

WEINGÜTER AM NEUSIEDLER SEE

Gernot und Heike Heinrich

7122 Gols
Baumgarten 60
Tel.: 02173 31760
weingut@heinrich.at
www.heinrich.at

Auf den Rebflächen von Heike und Gernot Heinrich auf der Parndorfer Platte, am Leithagebirge sowie in den großen Einzellagen wie Salzberg, Gabarinza, Alter Berg und Edelgraben wachsen in der Mehrheit lokale Rebsorten. Ein großer Teil der Weingärten liegt um das Weingut in Gols, wobei sich das dortige Klima in stattigen Weinen ausdrückt. Jene vom Laithaberg zeigen eine fantastische Würze. Gewirtschaftet wird biodynamisch im Sinne Rudolf Steiners.

♥ Lieblingswein der Redaktion

19	🍇🍇🍇🍇🍇	Blaufränkisch Alter Berg Leithaberg DAC 2016	€ 49,00
18,5	🍇🍇🍇🍇	Blaufränkisch Edelgraben Leithaberg DAC 2016	€ 49,00
18	🍇🍇🍇🍇	Roter Traminer Freyheit 2017	€ 27,00
18	🍇🍇🍇🍇	Blaufränkisch Leithaberg DAC 2017	€ 22,00
18	🍇🍇🍇	Cuvée rot Salzberg 2016	€ 67,00
17,5	🍇🍇	Neuburger Freyheit 2017	€ 18,00
17,5	🍇🍇🍇	Cuvée rot Pannobile 2017 ♥	€ 25,00
17,5	🍇🍇🍇	Cuvée rot Gabarinza 2017	€ 38,00
17,5	🍇🍇🍇	St. Laurent Rosenberg 2015	€ 15,00
16,5	🍇	Cuvée weiß Graue Freyheit 2017	€ 27,00

Top-Weine vergangener Jahrgänge:

19	🍇🍇🍇🍇🍇	Blaufränkisch Alter Berg 2012
19	🍇🍇🍇🍇🍇	Blaufränkisch Alter Berg 2013
19	🍇🍇🍇🍇🍇	Blaufränkisch Alter Berg Leithaberg DAC 2015

Markus Iro

7122 Gols
Neubaugasse 55
Tel.: 02173 2139
wein@markusiro.at
www.markusiro.at

Nach wie vor ein wirklicher Tipp am Neusiedler See – der Rotweinspezialist Markus Iro. Heuer konnten wir wieder eine Steigerung bei seinen Qualitäten erkennen. Besonders aufgefallen ist uns der St. Laurent aus der Ried Herrschaftswald. Er duftet nach Kirsche und Heidelbeere, diese Fruchtaromatik zieht sich ideal am Gaumen fort, der Wein ist saftig strukturiert und zeigt viel burgundigen Charme bei großer Rebsortentypizität. Ein Wein, der schlicht und einfach Spaß macht.

17,5	🍇🍇🍇	St. Laurent Ried Herrschaftswald 2017	€ 17,40
17	🍇🍇🍇	Cuvée rot Meisterwerk 2017	€ 24,90
17	🍇🍇🍇	Zweigelt Ried Ungerberg 2017	€ 15,40
16,5	🍇🍇	Cabernet Franc Heideboden 2018	€ 8,70
16,5	🍇🍇	Merlot Ried Gabarinza 2018	€ 9,90
16	🍇🍇	Cuvée rot Heideboden 2018	€ 9,30

WEINGÜTER AM NEUSIEDLER SEE

Juris
7122 Gols
Marktgasse 12–18
Tel.: 02173 2748
office@juris.at
www.juris.at

Am Weingut Juris werden fantastische Rotweine, besonders jene aus den Burgundersorten gekeltert. Aber man kann auch Süßwein. Davon produzieren die Stiegelmars allerdings nur eine geringe Menge. Eine Herzensangelegenheit ist ihnen die Wiederbelebung des Strohweines, der auch Schilfwein genannt wird. Nach Jahrzehnten des Vergessens hat Georg Stiegelmar diesen spannenden Weintyp 1982 wieder aufleben lassen.

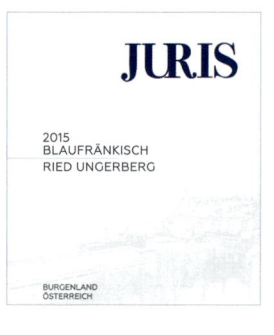

18	🍇🍇🍇🍇	Blaufränkisch 2018 Strohwein	€ 18,50
18	🍇🍇🍇🍇	Gewürztraminer 2017 Auslese	€ 9,50
17,5	🍇🍇🍇	Cuvée rot St.Georg 2016	€ 26,00
17,5	🍇🍇🍇	Cuvée rot Ina´mera 2016	€ 30,00
16,5	🍇	Chardonnay 2017 Reserve	€ 22,00
16,5	🍇🍇	Blaufränkisch Tricata 2016	€ 47,00
16,5	🍇🍇	Cabernet Sauvignon Reserve 2016	€ 30,00
16,5	🍇🍇	Pinot Noir 2016 Reserve	€ 26,00
16,5	🍇🍇	St. Laurent 2016 Reserve	€ 26,00

Top-Weine vergangener Jahrgänge:

18,5	🍇🍇🍇	Pinot Noir Breitanteil 2015
18	🍇🍇🍇	Pinot Noir Breitenteil 2013
18	🍇🍇🍇	Pinot Noir Haide 2015

Alexander Koppitsch ⓝ
7100 Neusiedl am See
Eisenstädter Straße 81
Tel.: 0650 8611322
office@alex-koppitsch.at
www.alex-koppitsch.at

Das Weingut hat eine 500 Jahre lange Tradition. Seit 2011 wird es von Alexander und Maria Koppitsch geführt. Handarbeit ist die oberste Prämisse im Weingarten. Die Rieden in Neusiedl reichen von Neuberg bis zu Prädium. Dort stehen vor allem Zweigelt, Welschriesling, Grüner Veltliner und Weißburgunder. Koppitschs Weine haben keinerlei Zusätze, sind ausschließlich spontan vergoren und werden, wenn überhaupt, nur grob filtriert. Das Ergebnis: eigenständige, unangepasste Naturweine.

16,5	🍇	Cuvée weiß Perspektive 2017	€ 15,00
15,5	🍇	Gemischter Satz Juh 2018	€ 8,00
15,5	🍇🍇	Cuvée rot Perspektive 2017	€ 15,00
15,5	🍇🍇	Cuvée rosé Pretty Nats #1 2018	€ 14,00
15	🍇	Cuvée weiß Homok 2018	€ 8,00
15	🍇🍇	Cuvée rot Rét 2017	€ 8,00
14,5	🍇	Cuvée rosé Rosza 2018	€ 8,00

WEINGÜTER AM NEUSIEDLER SEE

Leitner
7122 Gols
Quellengasse 33
Tel.: 02173 2593
weingut@leitner-gols.at
www.leitner-gols.at

Der Familienbetrieb wird von Gernot Leitner geführt. Bei einer Betriebsgröße von 10,5 Hektar ist es möglich, auf jedes Detail im Weingarten sowie Keller optimal zu reagieren. An erster Stelle steht die Qualität, optimal selektierte Trauben, die dann im Keller ohne Hefe, Enzyme und Sonstiges in die Flasche gebracht werden. Am besten sortenrein und entsprechend der einzelnen Bodentypen. Dabei wird oft nur ein Teilstück einer Lage verwendet, das heißt nur von dem Bodentyp, der den Wein prägt.

17,5	🍇🍇🍇	Blaufränkisch Ried Ungerberg 2017
17,5	🍇🍇🍇	Syrah Ried Schafleiten 2017
17	🍇🍇🍇	Syrah #nofilter 2018
16,5	🍇🍇	Gemischter Satz Shake Me! 2018
16,5	🍇🍇	Pinot Blanc Ried Salzberg Pannobile 2017
16,5	🍇🍇	Cuvée rot Pannobile 2017
16,5	🍇🍇	Merlot Ried Ungerberg 2017
16,5	🍇🍇	Zweigelt Ried Altenberg 2017
16	🍇	Gemischter Satz Ried Breitenacker 2018
16	🍇	Pinot Blanc Ried Salzberg 2018
15,5	🍇🍇	Zweigelt Heideboden 2018

Top-Weine vergangener Jahrgänge:

18,5	🍇🍇🍇	Syrah Schafleiten 2015
18	🍇🍇🍇	Syrah Schafleiten 2013
18	🍇🍇🍇	St. Laurent Altenberg 2015

Josef Lentsch
7141 Podersdorf am See
Hauptstraße 39
Tel.: 02177 2829
0676 9277015
weingut@dankbarkeit.at
www.dankbarkeit.at

Sand und Schotter mit gelegentlich dünnen Humusauflagen sind charakteristisch für die Böden der Seewinkler Weingärten der Familie Lentsch. Sie kultivieren darauf Reben von verschiedenem Charakter, wobei jedoch den Burgundersorten eine besondere Bedeutung zukommt. Der Winzer-Wirt Josef Lentsch wird von seiner Tochter Christine und deren Partner Andreas unterstützt, die als Absolventen diverser Weinfachschulen frischen Wind ins klassische Dankbarkeits-Repertoire bringen.

17	🍇🍇	Traminer maischevergoren 2017
17	🍇🍇🍇	Pinot Noir 2015
16,5	🍇🍇	Grüner Veltliner 2018
15,5	🍇🍇	Cuvée weiß Muskat³ 2018
15,5	🍇🍇	Welschriesling 2018
15	🍇	Neuburger 2018
15	🍇	Sauvignon Blanc 2018

Top-Weine vergangener Jahrgänge:

18,5	🍇🍇🍇	Welschriesling 2009 Trockenbeerenauslese
18	🍇🍇🍇	Cuvée weiß 2010 Trockenbeerenauslese
18	🍇🍇	Traminer maischevergoren 2015

WEINGÜTER AM NEUSIEDLER SEE

Mike Muff Ⓝ
7122 Gols
Am Berg 26
mikemuff@gmx.net

Der in der Schweiz geborene Mike Muff ist gelernter Elektriker, arbeitete lange Jahre in der Gastronomie als Barkeeper und DJ, bevor er sich entschloss, in die Weinmacherei zu wechseln. Die vergangenen Jahre werkte er als Kellermeister bei Claus Preisinger in Gols, wo er parallel seine eigene, kleine Weinproduktion begann. Wir kosteten zwei fantastische, sehr tiefgründige Weine, die sich ungeschaut in die Topliga der alternativen Weine einreihen.

18	🍇🍇🍇	Blaufränkisch Goldberg 2017	€ 27,00
17,5	🍇🍇🍇	Chardonnay Lerchfeld 2017	€ 27,00

Anita und Hans Nittnaus
7122 Gols
Untere Hauptstraße 49
Tel.: 02173 2248
office@nittnaus.at
www.nittnaus.at

Das pannonische Klima am Neusiedler See ist perfekt für den Weinbau. Gleiches gilt für die vielgestaltigen Böden. Aus diesem Schatz schöpfend, keltert die Familie Nittnaus Weine von höchster Qualität. Natürlichkeit und Naturnähe sind dabei die wichtigsten Maximen. Deshalb wurden alle Weingärten auch konsequent auf biodynamische Wirtschaftsweise umgestellt, die Weine sind entsprechend zertifiziert. Es scheint, als hätten sie dadurch auch mehr Strahlkraft und Tiefgründigkeit.

18,5	🍇🍇🍇	Blaufränkisch Joiser Jungenberg Leithaberg DAC 2015	€ 49,00
18,5	🍇🍇🍇	Cuvée rot Comondor 2017	€ 54,00
18	🍇🍇🍇	Blaufränkisch Joiser Altenberg Leithaberg DAC 2017	€ 23,00
18	🍇🍇🍇	Blaufränkisch Joiser Gritschenberg Leithaberg DAC 2017	€ 49,00
17,5	🍇🍇🍇	Blaufränkisch Neusiedler Lange Ohn Leithaberg DAC 2017	€ 23,00
17,5	🍇🍇🍇	Cuvée rot Pannobile 2017	€ 25,00
17	🍇🍇	Grüner Veltliner Elektra 2018	€ 19,00
16	🍇🍇	Cuvée weiß Kalk und Schiefer 2018	€ 11,00
16	🍇🍇	Weißburgunder Heideboden 2018	€ 9,40
16	🍇🍇	Blaufränkisch Kalk und Schiefer 2017	€ 13,00
16	🍇🍇	Cuvée rot Heideboden 2017	€ 13,40

Top-Weine vergangener Jahrgänge:

19,5	🍇🍇🍇🍇	Blaufränkisch Tannenberg 2011
19	🍇🍇🍇🍇	Cuvée rot Comondor 2015
19	🍇🍇🍇🍇	Blaufränkisch Jungenberg 2016

WEINGÜTER AM NEUSIEDLER SEE

Gebrüder Nittnaus
7122 Gols
Untere Hauptstraße 105
Tel.: 02173 2186
weingut@nittnaus.net
www.nittnaus.net

Eine Namensänderung bei der Familie Nittnaus: Hans und Christine treten nach außen hin ein wenig in den Hintergrund, um ihren Söhnen eine Bühne zu bieten. Ab sofort heißt das Weingut Gebrüder Nittnaus. Was geblieben ist: die große Kompetenz für Süßweine (und das bei einem mehr als sensationellen Preis-Genuss-Verhältnis). Die Beerenauslese Exquisit duftet ganz zart nach Blütenhonig und exotischer Trockenfrucht, ist cremig und herrlich fließend am Gaumen.

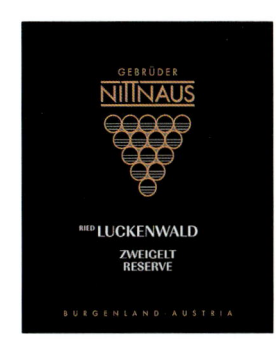

Punkte		Wein	Preis
17,5	🍇🍇🍇🍇	Cuvée weiß Exquisit 2017 Beerenauslese	€ 8,50
16,5	🍇	Sauvignon Blanc Edition Hans 2017 Reserve	€ 13,90
16,5	🍇🍇🍇	Blaufränkisch Altenberg 2017 Reserve	€ 15,90
16,5	🍇🍇🍇	Cuvée rot Salzberg 2017	€ 24,00
16	🍇🍇🍇	Cuvée weiß Exquisit 2018 Spätlese	€ 7,50
15,5	🍇🍇	Zweigelt Luckenwald 2017 **	€ 15,90
15	🍇	Chardonnay 2017 Reserve	€ 12,00
15	🍇	Sauvignon Blanc Obere Wies 2018	€ 8,70
13	🍇	Pinot Noir 2017 Reserve	€ 12,00

Top-Weine vergangener Jahrgänge:

18,5	🍇🍇🍇🍇	Cuvée weiß 2009 Beerenauslese
18	🍇🍇🍇🍇	Cuvée weiß Exquisit 2015 Trockenbeerenauslese
18	🍇🍇🍇🍇	Scheurebe Grand Selection 2015 Trockenbeerenauslese

Pittnauer
7122 Gols
Neubaugasse 90
Tel.: 02173 3407
0699 1091 16 177
weingut@pittnauer.com
www.pittnauer.com

Darf man ein so bekanntes Weingut wie jenes von Gerhard Pittnauer mit einem Lob für seinen Rosé beschreiben? Ja, man muss sogar. Denn das, was der Golser Winzer für die Rehabilitierung des oft etwas müde belächelten rosafarbenen Weins getan hat, ist viel. Konsequent setzte er schon vor Jahren auf bestes, biodynamisches Traubenmaterial und sensible, naturbelassene Vinifikation. Sein Dogma ist über die Jahre Kult geworden, so wie seine restlichen Prachtweine.

Punkte		Wein	Preis
18	🍇🍇🍇	St. Laurent Rosenberg 2017	€ 32,00
17,5	🍇🍇🍇	Blaufränkisch Ungerberg 2017	€ 32,00
17,5	🍇🍇🍇	Cuvée rot Altenberg 2016 Reserve	€ 35,00
17	🍇🍇🍇	Cuvée weiß mash pitt 2018	€ 19,00
17	🍇🍇🍇	Cuvée rot Pannobile 2017	€ 22,00
17	🍇🍇🍇	Blaufränkisch Rosé dogma 2018	€ 12,00
16,5	🍇🍇	Pinot Noir 2018	€ 12,00
16	🍇	Cuvée weiß perfect day 2018	€ 15,00

Top-Weine vergangener Jahrgänge:

18,5	🍇🍇🍇	St. Laurent Altenberg 2015
18,5	🍇🍇🍇🍇	Blaufränkisch Ungerberg 2016
18	🍇🍇🍇	Blaufränkisch Rosenberg 2016

Neusiedlersee DAC Reserve **

WEINGÜTER AM NEUSIEDLER SEE

Pöckl

7123 Mönchhof
Zwergäcker 1
Tel.: 02173 80258
0664 3525925
info@poeckl.com
www.poeckl.com

Die Geschichte des Weinguts begann 1910, als Albert Pöckl von seinem zehnjährigen Aufenthalt in Minnesota, USA, zurückkehrte. Er legte den Grundstein für die Landwirtschaft, die damals aus Ackerbau, Viehzucht und Weinbau bestand. Bis zum heutigen Zeitpunkt hat man sich zu einem stattlichen Betrieb, der immer am Puls der Zeit ist, entwickelt. Der Schwerpunkt der von René Pöckl vinifizierten Weinserie besteht aus markanten, sehr ausdrucksstarken Rotweinen von Format.

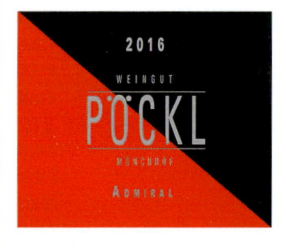

Punkte		Wein	Preis
18,5	🍇🍇🍇	Cuvée rot Admiral 2016	€ 37,00
18,5	🍇🍇🍇🍇	Cuvée rot Rêve de Jeunesse 2016	€ 50,00
17	🍇🍇🍇	Cuvée rot Rosso e Nero 2016	€ 21,00
16,5	🍇🍇	Blaufränkisch Classique 2017	€ 10,20
15,5	🍇	Chardonnay 2018	€ 16,50
15,5	🍇🍇	Cuvée rot Solo Rosso 2017	€ 10,20
15,5	🍇🍇	Zweigelt Classique 2017	€ 10,20

Top-Weine vergangener Jahrgänge:

18,5	🍇🍇🍇	Cuvée rot Rêve de Jeunesse 2012	
18,5	🍇🍇🍇	Cuvée rot Admiral 2013	
18,5	🍇🍇🍇	Cuvée rot Rêve de Jeunesse 2015	

Claus Preisinger

7122 Gols
Goldbergstraße 60
Tel.: 02173 2592
0664 1066862
wein@clauspreisinger.at
www.clauspreisinger.at

(respekt BIODYN)

Claus Preisinger steht für eine puristische Arbeitsweise. Das bedeutet: nur händisches Werken im Weingarten, biodynamische Bewirtschaftung, Spontanvergärung und im Keller so wenig Intervention wie möglich. Den Fokus setzt er auf den Ausdruck der Rebsorte und des Terroirs, wobei er dieses Wort selbst nicht verwendet, aber es drückt schlicht alle Naturgegebenheiten aus, die für das Werden des Weines wichtig sind. Enorm charismatisch ist jedes Jahr seine Weinserie.

Punkte		Wein	Preis
18,5	🍇🍇🍇	Blaufränkisch ErDELuftGRAsundreBEN 2017	€ 31,00
18	🍇🍇	Grüner Veltliner ErDELuftGRAsundreBEN 2017	€ 31,00
18	🍇🍇🍇	Blaufränkisch Pannobile 2017	€ 23,00
18	🍇🍇🍇	Pinot Noir 2017	€ 31,00
17,5	🍇🍇	Weißburgunder ErDELuftGRAsundreBEN 2017	€ 31,00
17,5	🍇🍇🍇	Cuvée rot Paradigma 2017	€ 31,00
16	🍇	Cuvée weiß Kalkundkiesel 2018	€ 16,00
16	🍇🍇	Cuvée rot Heideboden 2017	€ 16,00

Top-Weine vergangener Jahrgänge:

19	🍇🍇🍇🍇🍇	Blaufränkisch Bühl 2012	
19	🍇🍇🍇🍇🍇	Pinot Noir 2015	
19	🍇🍇🍇🍇	Blaufränkisch ErDELuftGRAsundreBEN 2015	

WEINGÜTER AM NEUSIEDLER SEE

Georg und Katharina Preisinger

7122 Gols
Neubaugasse 26
Tel.: 02173 2256
0664 226 34 05
wein@georgpreisinger.at
www.georgpreisinger.at

Georg Preisinger versteht sich nicht nur auf die Vinifikation der für Gols so typischen saftigen und kraftvollen Roten. Er hat auch eine sehr gute Hand für Weißweine. Wir waren mehr als hingerissen vom Grauburgunder aus der Lage Goldberg, der ganz fein nach Brioche duftet, eine ruhige Kräuterwürze und saftige gelbe Frucht im Duft zeigt. Am Gaumen ist er dicht und strukturiert, eine echte Ansage (und das nebenbei zu einem wirklich hervorragenden Preis-Genuss-Verhältnis).

18	🍇🍇🍇🍇	Grauburgunder Goldberg 2018	€ 8,00
17,5	🍇🍇🍇🍇	Blaufränkisch Heideboden 2016	€ 11,00
16	🍇🍇	Chardonnay Heideboden 2018	€ 7,50

Top-Weine vergangener Jahrgänge:

17,5	🍇🍇🍇	Blaufränkisch Ungerberg 2015 Reserve
17	🍇🍇🍇	Merlot Ungerberg 2016
17	🍇🍇🍇	St. Laurent Sixty-Nine 2016

Renner

7122 Gols
Obere Hauptstraße 97
Tel.: 02173 2259
wein@rennerhelmuth.at
www.rennerundsistas.at

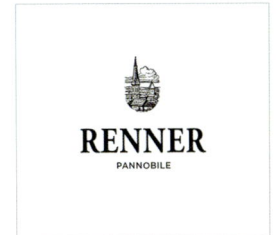

demeter
biodynamische Qualität

Das Weingut der Familie Renner fährt seit einiger Zeit zwei Linien: die klassische, samt bekanntem Label, und jene der beiden Schwestern Stefanie und Susanne, Helmuths talentierter Töchter (rennersistas). Was uns im Vorjahr schon aufgefallen ist: die Hingabe an die weißen Rebsorten. Vor allem der Weißburgunder, den sie Wssbrgndr nennen (ja, bewusst ohne Vokale geschrieben!), ist engmaschig, hat einen herrlichen Zug, eine ganz feine Mineralität und ist dabei unglaublich elegant.

18	🍇🍇🍇🍇	Weißburgunder Wssbrgndr rennersistas 2018	€ 22,00
17,5	🍇🍇🍇🍇	Blaufränkisch Blfrnksch rennersistas 2017	€ 22,00
17	🍇🍇🍇	Welschriesling rennersistas 2018	€ 22,00
17	🍇🍇🍇	Cuvée rot Pannobile Renner 2017	€ 23,00
16,5	🍇🍇	Cuvée weiß Waiting For Tom rennersistas 2018	€ 15,00
16,5	🍇🍇	Cuvée rot Superglitzer rennersistas 2018	€ 10,00
16,5	🍇🍇	Zweigelt rennersistas 2017	€ 18,00
16	🍇🍇	Zweigelt Renner 2018	€ 8,50

Top-Weine vergangener Jahrgänge:

18	🍇🍇🍇🍇	Syrah 2009
18	🍇🍇🍇🍇	Weißburgunder rennersistas 2017
17,5	🍇🍇🍇	Cuvée rot Pannobile 2015

WEINGÜTER AM NEUSIEDLER SEE

Schmelzer's Weingut
7122 Gols
Heideweg 3
Tel.: 0699 11 18 83 099
wein@schmelzer.at
www.schmelzer.at

demeter
biodynamische Qualität

Georg Schmelzer arbeitet behutsam und nachhaltig sowohl in den Weingärten als auch im Keller. Das kann durchaus bedeuten, dass er vermeintliche Gesetze neu überdenkt, um der Ursprünglichkeit noch näherzukommen. In diesem Sinne ein Ausnahmewein ist der Cabernet Sauvignon BergWerk, den er in der Tonamphore so archaisch wie möglich ausbaut. Der Wein strotzt vor Urwüchsigkeit mit seinem höchst animierenden zartbitteren Charakter, ist aber mit Sicherheit nicht jedermanns/jederfraus Sache.

18	♦♦♦	Cabernet Sauvignon 2012	€ 43,00
18	♦♦♦	Cuvée rot Fürstliches Prädium 2015	€ 25,00
17,5	♦♦♦	Cuvée weiß schlicht und ergreifend orange 2015	€ 25,00
16,5	♦♦	Cabernet Sauvignon BergWerk 2017	€ 33,20
16	♦	Frühroter Veltliner Schlicht und ergreifend orange 2017	€ 21,00
16	♦	Weißburgunder unfiltriert 2017	€ 12,00
15,5	♦	Cuvée weiß Pét Nat 2018	€ 15,00
15,5	♦♦♦	Rosé unfiltriert 2018	€ 12,00

Top-Weine vergangener Jahrgänge:

18	♦♦♦♦	Zweigelt 2015
17,5	♦♦♦♦	Blauer Zweigelt 2012 Reserve
17,5	♦♦♦♦♦	Weißburgunder 2015

Velich
7143 Apetlon
Seeufergasse 12
Tel.: 02175 3187
weingut@velich.at
www.velich.at

Selbstredend ist Heinz Velich der Könner der Sorte Chardonnay am Neusiedler See. Sein 2017er Tiglat untermauert das perfekt. Er spielt wieder alle Stückerl, ist enorm engmaschig und elegant, hat eine ganz subtile Mineralität und eine helle, ruhige Fruchtaromatik. Komplex und mit einem fantastischen Zug bleibt er ewig am Gaumen. Ein Wein mit großem Potenzial. Wie immer auch eine eigene Klasse: der Darscho. Etwas nussiger, offensiver, aber mit demselben burgundigen Charisma. Bravo!

19	♦♦♦♦♦	Chardonnay Tiglat 2017	€ 42,00
18,5	♦♦♦♦	Cuvée weiß Seewinkel 2014 Beerenauslese	€ 14,00
18	♦♦♦♦♦	Chardonnay Darscho 2017	€ 31,00
17	♦♦♦♦♦	Cuvée weiß TO 2017	€ 13,00
16,5	♦♦	Muskat Ottonel 2018	€ 9,00

Top-Weine vergangener Jahrgänge:

19	♦♦♦♦♦	Chardonnay Tiglat 2011
19	♦♦♦♦♦	Chardonnay Tiglat 2010
19	♦♦♦♦♦	Chardonnay Tiglat 2015

WEINGÜTER AM NEUSIEDLER SEE

Weinlaubenhof Kracher

7142 Illmitz
Apetloner Straße 37
Tel.: 02175 3377
0664 9124491
office@kracher.at
www.kracher.at

Der Weinlaubenhof Kracher gilt weltweit als das Synonym für edelsüße Weine in höchster Vollendung. Dort, wo durch die Verdunstung am See, die Abendnebel und das warme pannonische Klima ständig feucht-warme Witterungswechsel vorherrschen, entsteht die Botrytis cinerea, die Grundlage für fantastische Süßweine wie Beerenauslesen und Trockenbeerenauslesen. Kracher keltert jedes Jahr bis zu 15 verschiedene TBAs in zwei verschiedenen Ausbaustilistiken.

19,5	❦❦❦❦❦	Cuvée weiß N° 3 Grande Cuvée 2016 Trockenbeerenauslese	€ 40,00
19	❦❦❦❦	Rosenmuskateller N° 1 2016 Trockenbeerenauslese	€ 38,00
18	❦❦❦❦	Zweigelt N° 2 2016 Trockenbeerenauslese	€ 39,00
17,5	❦❦❦	Zweigelt 2017 Beerenauslese	€ 16,00
16,5	❦❦	Cuvée weiß K halbtrocken 2016	€ 17,90
16,5	❦	Muskat Ottonel 2018 Auslese	€ 10,00
16	❦	Chardonnay Blick 2015	€ 21,90
15,5	❦	Pinot Gris 2016 Reserve	€ 13,50

Top-Weine vergangener Jahrgänge:

20	❦❦❦❦❦	Muskat Ottonel N° 9 2012 Trockenbeerenauslese
20	❦❦❦❦❦	Welschriesling N° 11 2010 Trockenbeerenauslese
20	❦❦❦❦❦	Scheurebe N° 8 2012 Trockenbeerenauslese

WEIN

© ÖWM Lukan

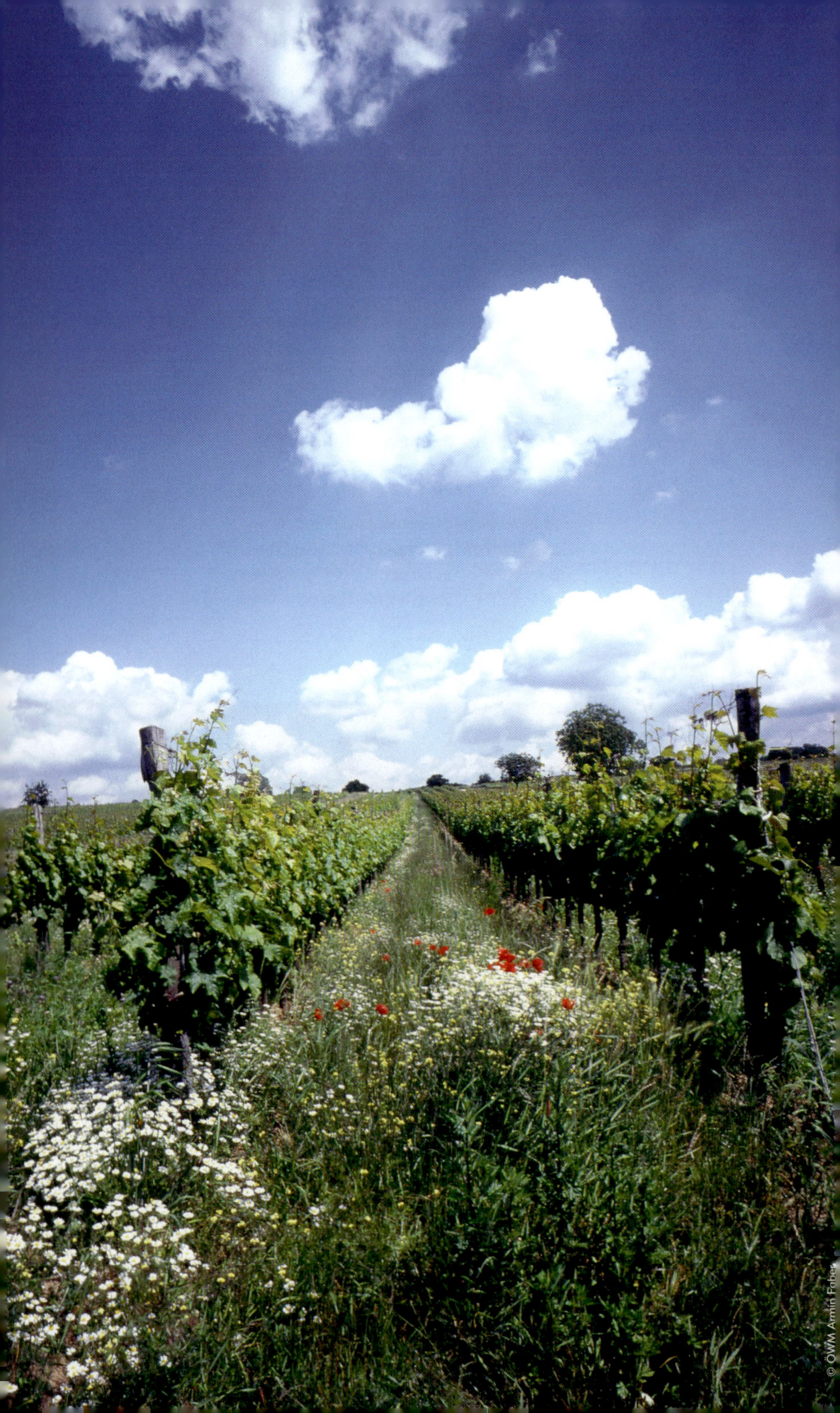
© ÖWM Armin Faber

LEITHABERG & RUST

Unterschiedliche Geologie, Topografie und mikroklimatische Rahmenbedingungen ermöglichen ein breites Spektrum erstklassiger Weine. Legendär ist der Ruster Ausbruch, markant der Leithaberg DAC.

LIEBLINGSWEIN DER REDAKTION

2018 Furmint Ried Vogelsang – Michael Wenzel
Wein-Testerin des Gault&Millau: Daniela Dejnega

Furmint, einst wichtigste Weißweinsorte der Donaumonarchie, war im Burgenland verschwunden – bis Michaels Vater sie 1985 am Vogelsang wieder pflanzte. Dieser Weingarten bringt den wunderbar lebendigen Wein mit toller Frische, kompakter Struktur, viel Mineralität und Spannung hervor.

WEINGÜTER AM LEITHABERG & IN RUST

Markus Altenburger

7093 Jois
Untere Hauptstraße 62
Tel.: 02160 71089
halloservusgriasdi@
markusaltenburger.com
www.markusaltenburger.com

Der Joiser Markus Altenburger – unsere Bank für geniale Blaufränker vom Leithaberg – kann auch Grünen Veltliner. Der Ladisberg aus dem Jahr 2017 zeigt sich wahrhaft authentisch, voll facettenreicher Kräuterwürze, er duftet nach weißem Pfeffer, etwas Grapefruit und Tabak, hat einen dicht strukturierten Körper und ein lang anhaltendes Finale. Sehr, sehr gut! Außer Frage steht, dass der Blaufränkisch Jungenberg wieder ein prachtvoller Ausnahmewein ist.

18,5	🍇🍇🍇🍇	Blaufränkisch Jungenberg 2016 *	€ 50,00
18	🍇🍇🍇	Grüner Veltliner Ladisberg 2017 *	€ 28,00
18	🍇🍇🍇	Blaufränkisch Gritschenberg 2016 *	€ 39,00
17,5	🍇🍇🍇	Chardonnay Jungenberg 2017 *	€ 28,00
17,5	🍇🍇🍇	Neuburger betont 2018	€ 16,00
17	🍇🍇🍇	Blaufränkisch Markus Altenburger 2017	€ 19,00
16,5	🍇🍇	Blaufränkisch vom Kalk 2018	€ 10,00
16	🍇🍇	Chardonnay vom Kalk 2018	€ 10,00
16	🍇🍇	Cuvée weiß Markus Altenburger 2017	€ 16,00

Top-Weine vergangener Jahrgänge:

19	🍇🍇🍇🍇	Blaufränkisch Jungenberg 2015 *
18,5	🍇🍇🍇	Blaufränkisch Jungenberg 2013 *
18,5	🍇🍇🍇	Blaufränkisch Jungenberg 2012 *

Birgit Braunstein

7083 Purbach
Hauptgasse 18
Tel.: 02683 5913
birgit@weingut-braunstein.at
www.weingut-braunstein.at

demeter
biodynamische Qualität

1996 vinifizierte Birgit Braunstein ihren ersten Wein und fand mit diesem, wie sie sagt, einen wirklichen Glücksmoment in ihrem Leben. Um dies auch nach außen zu zeigen, ist ein irisches Glückskleeblatt auf ihren Etiketten abgebildet – die ineinander verbundenen Initialen BB. Für uns gehört Braunstein zu den authentischen Größen am Leithaberg. Von Beginn an spielte sie mit dem Gedanken der Umstellung auf biologischen Weinbau, heute ist der Betrieb Demeter-zertifiziert.

18	🍇🍇🍇	Blaufränkisch Thenau 2016	€ 45,00
17,5	🍇🍇🍇	Chardonnay Thenau 2018 *	€ 28,00
17,5	🍇🍇🍇	Cuvée rot Oxhoft 2015	€ 28,00
17	🍇🍇🍇	Chardonnay 2018 *	€ 18,00
17	🍇🍇🍇	Blauburgunder 2012 Reserve	€ 28,00
16,5	🍇🍇	Cuvée rot Wildwux 2016	€ 13,00

Top-Weine vergangener Jahrgänge:

18,5	🍇🍇	Pinot Blanc Brigid 2013
18,5	🍇🍇🍇	Blaufränkisch Thenau 2012
18	🍇🍇	Chardonnay Leithaberg 2017 *

WEINGÜTER AM LEITHABERG & IN RUST

Ceel
7071 Rust
Hauptstraße 2
Tel.: 0699 10069332 2
office@weingut-ceel.at
www.weingut-ceel.at

Markus Fischl, Martin Kern und Franz Raith haben sich nach Lehrjahren in Topbetrieben entschlossen, zu ihren Wurzeln zurückzukehren, um mit einem Weingut gemeinsame Sache zu machen. Qualitativ hochwertigste Trauben aus den besten Ruster Lagen sind die Grundlage. Mit schonender Verarbeitung im Weinkeller entstehen Topweine. Ceel ist übrigens der alte Name von Rust. Die Bläufränkisch sind top, außergewöhnlich gut ist, was hier aus dem Syrah entsteht.

18	🍇🍇🍇	Syrah Alte Reben 2017	€ 29,00
17,5	🍇🍇🍇	Chardonnay 2018 Reserve	€ 11,00
17,5	🍇🍇🍇	Blaufränkisch Alte Reben 2017	€ 29,00
17	🍇🍇🍇	Chardonnay Alte Reben 2017	€ 29,00
17	🍇🍇🍇	Blaufränkisch 2017 Reserve	€ 11,00
17	🍇🍇🍇	Syrah 2017 Reserve	€ 11,00
15	🍇🍇	Weißburgunder 2018	€ 8,00

Top-Weine vergangener Jahrgänge:

18	🍇🍇🍇	Blaufränkisch Alte Reben 2016
17,5	🍇🍇🍇	Syrah Alte Reben 2013
17	🍇🍇🍇	Weißburgunder 2017

Dr. Hans Bichler
7083 Purbach
Sätzgasse 22
Tel.: 01 71 7 20
office@b-z.at
www.gutpurbach.at/de/weingut

Dr. Hans Bichler, leidenschaftlicher Weinfreund und Winzer, bewirtschaftet mit seinem Team um Thomas Schwarz vom Kloster am Spitz knapp vier Hektar Weingartenfläche an den Hängen des Leithagebirges. In den Rieden stehen hauptsächlich Sorten der Burgunderfamilie und Blaufränkisch. Sie wachsen auf Muschelkalkböden (was die Burgunder besonders lieben) und Glimmerschiefer (hier fühlt sich der Blaufränker wohl) und zeigen dadurch die gebietstypische Leithaberg-Würze.

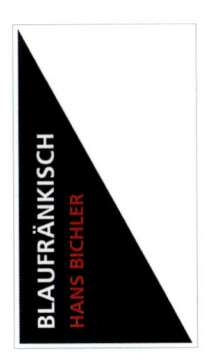

17,5	🍇🍇🍇	Blaufränkisch Ried Thenau 2016 *	€ 19,00
17	🍇🍇🍇	Chardonnay 2017	€ 18,00
16,5	🍇🍇	Grauburgunder 2018	€ 14,00
16	🍇🍇	Blauburgunder 2015 Reserve	€ 18,00

Top-Weine vergangener Jahrgänge:

18	🍇🍇🍇	Blaufränkisch Ried Thenau 2013 *
17,5	🍇🍇🍇	Blaufränkisch 2013 *
17,5	🍇🍇🍇	Blaufränkisch Ried Thenau 2015 *

Leithaberg DAC *

WEINGÜTER AM LEITHABERG & IN RUST

Esterházy

7061 Trausdorf 1
Tel.: 02682 63348
wein@esterhazy.at
www.esterhazywein.at

Das Weingut Esterházy blickt auf eine sehr lange Tradition in der Region zurück. Das Terroir: pannonisches Klima und vielfältige Böden von lehmigem Schotter an den Ufern des Neusiedler Sees bis hin zu den Muschelkalkböden am Leithagebirge. Das angesammelte Wissen um Klima und Lage sowie autochthone Rebsorten paaren sich hier perfekt mit dem international verankerten Know-how. Kellermeister ist Martin Cooper, der von Consultant Stepháne Derenoncourt unterstützt wird.

17,5	♦♦♦♦	Cuvée rot Tesoro 2015	€ 45,00
17	♦♦♦	Chardonnay Lama 2017 *	€ 28,00
17	♦♦♦♦	Blaufränkisch Schildten 2016 *	€ 34,00
17	♦♦♦♦	Pinot Noir Hundertpfunder 2016	€ 24,00
16,5	♦♦	Blaufränkisch Föllig 2016 *	€ 19,00
16,5	♦♦♦	Merlot Schneiderteil 2016	€ 19,00
16	♦♦	Chardonnay 2017 *	€ 14,00
15,5	♦♦	Sauvignon Blanc Estoras 2018	€ 12,00

Top-Weine vergangener Jahrgänge:

18	♦♦♦♦	Merlot Schneiderteil 2013
17,5	♦♦♦♦	Blaufränkisch Baumschule 2012
17,5	♦♦♦♦	Blaufränkisch Schildten 2015 *

Feiler-Artinger

7071 Rust
Hauptstraße 3
Tel.: 02685 237
0699 12862 8055
office@feiler-artinger.at
www.feiler-artinger.at

respekt BIODYN

Kurt Feiler in Rust blickt auf zwölf Jahre Biodynamie zurück. Er entschloss sich damals, seinen Betrieb umzustellen, um wieder zu einer besseren physiologischen Reife im Weingarten zu kommen. Das ist ihm bestens gelungen, auch seine Weine haben davon profitiert. Er ist Mitglied bei respekt-BIODYN und somit im ständigen Austausch mit seinen Kollegen. Feilers Serie strahlt in großer Klarheit und Tiefe. Heuer herrlich: die Traminer Beerenauslese, die durch ihre elegante, feine Würze punktet.

18	♦♦♦	Blaufränkisch Ried Ruster Greiner 2016	€ 23,50
18	♦♦♦	Traminer 2017 Beerenauslese	€ 12,00
17,5	♦♦	Cuvée weiß Gustav 2017	€ 18,50
17,5	♦♦♦	Cabernet Franc 2016	€ 29,50
17	♦♦	Neuburger 2018	€ 12,50
17	♦♦	Cuvée weiß 2017 Beerenauslese	€ 12,00
16,5	♦♦	Cabernet Sauvignon 2016	€ 23,50
16,5	♦♦	Pinot Noir Ried Ruster Gertberg 2016	€ 23,50

Top-Weine vergangener Jahrgänge:

20	♦♦♦♦♦	Cuvée weiß Pinot 2013 Ruster Ausbruch
19,5	♦♦♦♦♦	Gelber Muskateller 2011 Ruster Ausbruch
19,5	♦♦♦♦	Cuvée weiß Pinot 2015 Ruster Ausbruch

WEINGÜTER AM LEITHABERG & IN RUST

Hammer Wein Rust

7071 Rust
Hauptstraße 9
Tel.: 02685 231
info@hammerwein.at
www.hammerwein.at

Markus Hammer macht derzeit eine wirklich sehr gute Entwicklung. Momentan stellt er seinen Betrieb auf biologische Bewirtschaftung um. Die Weine sind stets sehr eigenständig und nie dem Mainstream verhaftet. Sehr gut zeigen das seine Sauvignons Blancs, die durch ihre reife Frucht punkten und weit entfernt von grasigen Noten sind. Außergewöhnlich ist Hammers Welschriesling Ried Vogelsang. Er zeigt eine feine Mineralität, sehr gute Struktur, ist elegant mit langem Finish.

17,5	🍇🍇🍇🍇	Sauvignon Blanc Ried Geyer 2017	€ 36,00
17,5	🍇🍇🍇	Merlot 2015	€ 48,00
17	🍇🍇🍇	Cuvée weiß Alte Reben 2017	€ 20,00
17	🍇🍇🍇	Welschriesling Ried Vogelsang 2018	€ 11,00
17	🍇🍇🍇	Blaufränkisch Rusterberg 2016	€ 13,50
16,5	🍇🍇	Sauvignon Blanc Ried Umriss 2018	€ 12,50
16	🍇	Sauvignon Blanc Ried Ludmaisch 2018	€ 15,00
14,5	🍇	Gelber Muskateller 2018	€ 10,00

Top-Weine vergangener Jahrgänge:

17,5	🍇🍇🍇	Cuvée weiß Alte Reben 2016
17,5	🍇🍇🍇	Blaufränkisch Rusterberg 2015 Reserve
17	🍇🍇🍇	Sauvignon Blanc 2014 Ruster Ausbruch

Toni Hartl

2440 Reisenberg
Florianigasse 7
Tel.: 02234 80636
0660 2586126
wine@toni-hartl.at
www.toni-hartl.at

Toni Hartl steht für markante Weine. Sie sind aber immer sehr balanciert, mit stimmiger Rebsortentypizität ausgestattet und terroirgetreu ausgebaut. Für authentischen Pinot Noir mit Rückgrat und Substanz ist Hartl immer eine Bank. Wer sich beim Blaufränkisch etwas im Keller für später weglegen möchte, dem sei der Eisner ans Herz gelegt. Ein Pracht-Blaufränker mit einer stoffigen Tanninstruktur, Dichte, Spannung und Aromatik von dunkler Kirsche und Kräuterwürze.

18	🍇🍇🍇	Blaufränkisch Eisner 2015 Reserve	€ 62,00
18	🍇🍇🍇	Syrah Ried Thenau 2017	€ 27,00
17,5	🍇🍇🍇	Pinot Noir Ried Reysenperg 2016 Reserve	€ 39,00
17	🍇🍇🍇	Blaufränkisch Ried Rosenberg 2017 *	€ 27,00
17	🍇🍇🍇	Cuvée rot Inkognito 2017	€ 29,00
16,5	🍇🍇	Chardonnay 2017 *	€ 17,00
16,5	🍇🍇	Blaufränkisch Edelberg 2017	€ 21,00
16,5	🍇🍇	Pinot Noir Ried Goldberg 2017	€ 25,00

Top-Weine vergangener Jahrgänge:

18,5	🍇🍇🍇	Syrah Ried Thenau 2012
18,5	🍇🍇🍇	Blaufränkisch Ried Rosenberg 2015 *
18,5	🍇🍇🍇	Blaufränkisch Eisner 2013

Leithaberg DAC *

WEINGÜTER AM LEITHABERG & IN RUST

Kirchknopf

7000 Eisenstadt-Kleinhöflein
Johann-Kodatsch-Straße 15
Tel.: 02682 62837
0664 2129392
office@weingut-kirchknopf.at
www.weingut-kirchknopf.at

Michael Kirchknopfs Liebe gilt den Burgundersorten, dem Neuburger und Blaufränkischen. Sie finden in seinen Weingärten am Leithagebirge ideale Voraussetzungen. Der junge Winzer, geboren 1990, lernte sein Handwerk in den Weinbauschulen Eisenstadt und Krems sowie im Rahmen von Praktika bei Spitzenwinzern. Im Jahr 2012 übernahm er den kleinen großelterlichen Weinbau, um ihn zu einem innovativen Weingut weiterzuentwickeln. Heuer kam ein lebendiger Pét Nat zur Weinserie dazu.

Punkte	Trauben	Wein	Preis
17,5	🍇🍇🍇	Blaufränkisch Ried Reisbühl 2016 *	€ 32,00
17	🍇🍇🍇	Chardonnay Ried Tatschler 2017 *	€ 32,00
16,5	🍇	Chardonnay 2017 *	€ 12,00
16,5	🍇🍇	Blaufränkisch 2016 *	€ 13,00
16	🍇🍇	Neuburger 2017 *	€ 16,00
15	🍇🍇	Rosé Churchbutton Wild Passion Pét Nat 2018	€ 15,00
15	🍇🍇	Cuvée rot Churchbutton 2017	€ 8,50
14,5	🍇	Neuburger Burgenland 2018	€ 7,80

Top-Weine vergangener Jahrgänge:

18	🍇🍇🍇	Blaufränkisch Reisbühl 2015 *
17,5	🍇🍇🍇	Chardonnay Fehlmühl 2015
17,5	🍇🍇🍇	Chardonnay 2016 *

Kollwentz – Römerhof

7051 Großhöflein
Hauptstraße 120
Tel.: 02682 651580
kollwentz@kollwentz.at
www.kollwentz.at

Ein Match der Extraklasse lieferten einander heuer in unserer Verkostung die Chardonnays aus dem Keller von Andi Kollwentz. Am Ende gab es zwei Sieger: Gloria punktete durch seine tiefe Struktur, seinen Zug und die exakte Balance von Holz und Frucht. Katterstein empfahl sich vor allem mit seinem hochmineralischen Charakter und seiner Eleganz. So bleibt nur die Empfehlung: ganz gleich, welcher der beiden, jeder ist zum idealen Moment die richtige Wahl. Etwas Reifezeit vorausgesetzt.

Punkte	Trauben	Wein	Preis
19	🍇🍇🍇🍇	Chardonnay Katterstein 2017	€ 47,00
19	🍇🍇🍇🍇	Chardonnay Gloria 2017	€ 52,00
19	🍇🍇🍇🍇	Cuvée rot Steinzeiler 2016	€ 55,00
18,5	🍇🍇🍇	Blaufränkisch Point 2016	€ 52,00
18	🍇🍇🍇	Chardonnay Tatschler 2017	€ 47,00
18	🍇🍇🍇	Blaufränkisch Setz 2016	€ 52,00
18	🍇🍇🍇	Cabernet Sauvignon 2016	€ 49,00
17,5	🍇🍇🍇	Sauvignon Blanc Steinmühle Methusalemreben 2017	€ 38,00
17	🍇🍇	Sauvignon Blanc Steinmühle 2018	€ 23,00
16,5	🍇🍇	Chardonnay Leithakalk 2018	€ 20,00
16,5	🍇🍇	Cuvée rot Eichkogel 2016	€ 27,50

Top-Weine vergangener Jahrgänge:

19	🍇🍇🍇🍇🍇	Blaufränkisch Point 2014
19	🍇🍇🍇🍇🍇	Cabernet Sauvignon 2015
19	🍇🍇🍇🍇🍇	Cuvée rot Steinzeiler 2015

WEINGÜTER AM LEITHABERG & IN RUST

Alexander Leberl

7051 Großhöflein
Hauptstraße 91
Tel.: 02682 67800
0660 6667800
weingut@leberl.at
www.leberl.at

Alexander Leberls Weingut in Großhöflein hat eine treue Fangemeinde, die an den Weinen vor allem ihren straighten Charakter und ihre Langlebigkeit schätzt. Im Laufe der Jahre sind einige Gewächse aber schon von Beginn an ein wenig zugänglicher geworden, was die lange Reifezeit im Keller weniger notwendig macht. Eine sehr gute Hand und Leidenschaft hat Leberl für seine bekannte Cuvée Peccatum, die dunkelbeerig, mit straffem Tannin und sehr guter Würze daherkommt.

18		Sämling 88 2017 Trockenbeerenauslese	€ 22,00
17,5		Cuvée rot Peccatum 2016 Reserve	€ 22,00
16,5		Blaufränkisch Reisbühel 2016 Reserve	€ 13,00
16,5		Cuvée rot Cabernet Merlot 2016 Reserve	€ 14,00
16		Chardonnay Reisbühel 2016 Reserve	€ 15,00
16		Cuvée rot Kleine Sünde 2017 Reserve	€ 10,00
15,5		Sauvignon Blanc Tatschler 2018	€ 9,00
15,5		Blaufränkisch Föllikberg 2017	€ 6,50
15		Chardonnay Leithakalk 2017 Reserve	€ 15,00
15		Cabernet Sauvignon Rosé 2018	€ 7,00

Top-Weine vergangener Jahrgänge:

19	Sämling 88 2015 Trockenbeerenauslese	
19	Sämling 88 2016 Trockenbeerenauslese	
18	Blaufränkisch Setz 2015	

Lichtenberger-Gonzalez

7091 Breitenbrunn
Seestraße 42
Tel.: 0664 3426861
office@lichtenbergergonzalez.at
www.lichtenbergergonzalez.at

Adriana Gonzalez und Martin Lichtenberger sind das Power-Couple vom Leithaberg. Für ihre Art Wein zu machen essenziell: uralte Weingärten, gewachsene Strukturen, kühler Wald, und der klimafaktor See. Böden von reinem Kalk bis reinem Schiefer und ein Übergangsbereich, wo sich die beiden in allen denkbaren Verhältnissen mischen. Mit dieser Hardware an der Hand und dem unglaublichen Gefühl für das richtige Maß bei der Vinifikation entstehen echte Leithaberg-Typen.

18		Weißburgunder 2017	€ 22,00
18		Blaufränkisch Ried Vorderberg 2017	€ 48,00
17,5		Muskat Ottonel 2017	€ 27,00
17,5		Neuburger 2017 *	€ 20,00
17,5		Blaufränkisch 2017 *	€ 20,00
17		Cuvée weiß Muschelkalk weiss 2018	€ 11,00
17		Cuvée rot Muschelkalk rot 2017	€ 13,00
16,5		Gemischter Satz Rot und Weiss 2017	€ 27,00
16,5		Blaufränkisch rosé 2017	€ 22,00

Top-Weine vergangener Jahrgänge:

18,5	Blaufränkisch 2013 *	
18,5	Blaufränkisch Ried Vorderberg 2013	
18,5	Blaufränkisch Ried Vorderberg 2015	

Leithaberg DAC *

WEINGÜTER AM LEITHABERG & IN RUST

Hans Moser

7000 Eisenstadt/St. Georgen
St. Georgener Hauptstraße 13
Tel.: 02682 66607
weingut@hans-moser.at
www.hans-moser.at

Das Weingut Moser ist ein klassischer Familienbetrieb. Die Eltern Sabine und Hans Moser werken in enger Zusammenarbeit mit ihren Kindern Susanne und Johannes, der nach seiner Ausbildung an der Weinbauschule Praktika in allen heimischen Weinregionen machte. Der Betrieb wurde bereits vor über 350 Jahren erstmals urkundlich erwähnt. Die lange Tradition schließt aber Innovationen nicht aus. Vater und Sohn arbeiten in diesem Sinne Hand in Hand und keltern regionsverhaftete Weine.

17	♦♦♦	Blaufränkisch Hummelbühel 2016 *	€ 17,50
17	♦♦♦	Cuvée rot V.T.S. Vintage Top Select 2015	€ 17,50
16	♦♦	Chardonnay Scheibenberg 2017 *	€ 13,00
16	♦♦	Blaufränkisch Leithakalk 2017	€ 9,50
16	♦♦	Cuvée rot Cabernet – Merlot Leithakalk 2017	€ 13,00
15	♦♦	Chardonnay Leithakalk 2017	€ 9,00
14	♦	Sauvignon Blanc Leithakalk 2018	€ 10,00
13,5	♦	Welschriesling 2018	€ 6,00

Top-Weine vergangener Jahrgänge:

17	♦♦♦♦	Cuvée weiß Aus den Rieden 2013 Ausbruch
17	♦♦♦	Blaufränkisch Hummelbühel 2013 *
17	♦♦♦	Merlot Joachimstal 2015

Nehrer

7000 Eisenstadt/St. Georgen
St. Georgener Hauptstraße 16
Tel.: 02682 64380
0664 3803313
weingut@nehrer.at
www.nehrer.at

Die Familie Nehrer hat sich für den biologischen Weinbau entschieden. Schon seit einigen Jahren wird vor allem mit Kräuterauszügen zur Stärkung der Reben vorbeugend gearbeitet. Ab heuer beginnt die dreijährige, konkrete Umstellung bis zur Zertifizierung. Seit einiger Zeit ist Johannes Nehrer mit im Betrieb und bringt frischen Wind und neue Ideen ein. In der Verkostung gefallen uns vor allem die Rotweine aus dem Jahr 2017, voran der pfeffrig-würzige, kirschfruchtige Blaufränkisch Leithaberg.

17,5	♦♦♦	Blaufränkisch 2017 *	€ 13,00
17,5	♦♦♦	Cabernet Sauvignon Ried Schauerkreutz 2017	€ 16,00
17	♦♦♦	Cuvée rot Hummelbühel 2017	€ 16,00
17	♦♦♦	Merlot 2016 Reserve	€ 29,00
16,5	♦♦	Chardonnay Ried Poschen 2017	€ 19,00
16	♦♦	Cuvée weiß 2018 *	€ 9,50
16	♦♦	Merlot Ried Flachgraben 2017	€ 12,00
15	♦♦	Chardonnay 2018	€ 8,00

Top-Weine vergangener Jahrgänge:

18	♦♦♦	Blaufränkisch Leithaberg Feurer 2012 *
18	♦♦♦	Merlot 2012 Reserve
18	♦♦♦	Blaufränkisch Ried Poschen 2015

WEINGÜTER AM LEITHABERG & IN RUST

Pasler
7093 Jois
Untere Hauptstraße 30
Tel.: 02160 7385
weingut@franzpasler.at
www.franzpasler.at

Die Weingärten der Brüder Pasler werden nach biodynamischen Grundsätzen bewirtschaftet. Der Fokus bei allem ist die Nachhaltigkeit. Die beiden wollen sich in den kommenden Jahren einen individuellen Betrieb aufbauen, in dem die Kreislaufwirtschaft der Natur samt Tieren, wie früher überall üblich, wieder eine Rolle spielt. Die Weine werden hauptsächlich aus Welschriesling, den Burgundersorten und Blaufränkisch gekeltert. Daneben gibt es einen maischevergorenen Traminer.

17,5		Grauburgunder Satzer Graben 2017	€ 12,50
17,5		Blaufränkisch Gritschenberg 2016 *	€ 24,00
16,5		Traminer Textura 2017	€ 25,00
16,5		Blaufränkisch Joiser Dorflagen 2017	€ 12,00
16		Cuvée weiß Kalk und Schiefer 2017	€ 10,00

Top-Weine vergangener Jahrgänge:

18		Grüner Veltliner 2015
18		Blaufränkisch Gritschenberg 2015
17,5		Cuvée weiß Textura 2015

Prieler
7081 Schützen am Gebirge
Hauptstraße 181
Tel.: 02684 2229
weingut@prieler.at
www.prieler.at

Die Riede Marienthal, deren heutiger Name auf das Jahr 1881 zurückgeht, ist eine der bekanntesten und ältesten Lagen rund um den Neusiedler See. Der Name leitet sich wahrscheinlich von der Bezeichnung „Marchteil", welche vom althochdeutschen „Mark" kommt und „Grenze" bedeutet, ab. Die Einheimischen nennen die rund zehn Hektar große Riede „Moaritoal". Georg Prieler erntet hier die Trauben für seinen dunkelwürzigen, straffen und dichten Wein, der sehr großes Reifepotenzial hat.

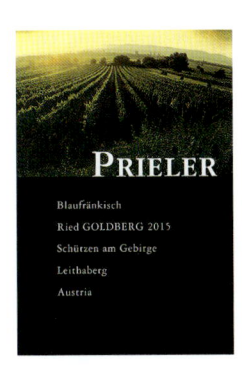

18,5		Blaufränkisch Ried Marienthal 2016 *
18		Pinot Blanc Ried Haidsatz 2017 *
17,5		Blaufränkisch 2016 *
17		Pinot Blanc 2017 *
17		Merlot Schützner Stein 2017
16,5		Blaufränkisch Johanneshöhe 2017
15,5		Chardonnay Sinner 2018
15,5		Pinot Blanc Ried Seeberg 2018
15		Rosé vom Stein 2018

Top-Weine vergangener Jahrgänge:

19		Blaufränkisch Goldberg 2013 *
19		Blaufränkisch Goldberg 2011
19		Blaufränkisch Goldberg 2012

Leithaberg DAC *

WEINGÜTER AM LEITHABERG & IN RUST

Schönberger

7072 Mörbisch
Hauptstraße 82
Tel.: 02685 8266
ente@schoenberger.eu
www.schoenberger.eu

demeter
biodynamische Qualität

Die Liebe zum Wein und die Neugier brachten Günther Schönberger 1991 dazu, den ersten Hektar Weingarten zu erwerben. Mittlerweile bewirtschaften er und seine Familie 25 Hektar in Mörbisch, Rust und Oggau an den Hanglagen des Leithagebirges. Der Betrieb wird nach biologisch-dynamischen Richtlinien, ausnahmslos mit Mitteln, die aus dem Kreislauf der Natur stammen, bewirtschaftet. Im Keller wird ohne Additive gearbeitet, die werdenden Weine bekommen vor allem Ruhe und Zeit.

17,5	🍇🍇🍇	Sauvignon Blanc Kräften 2017	€ 30,00
17	🍇🍇🍇	Neuburger Auf der Maische 2016	€ 19,00
17	🍇🍇🍇	Merlot 2017	€ 17,00
16,5	🍇	Chardonnay Mörbisch 2017	€ 9,50
16,5	🍇🍇	Cuvée rot Herbst Cuvée 2016	€ 17,00
16	🍇🍇	Blaufränkisch Mörbisch 2017	€ 10,50
15,5	🍇	Pinot Blanc Mörbisch 2017	€ 8,00

Top-Weine vergangener Jahrgänge:

18,5	🍇🍇🍇	Syrah 2013
18,5	🍇🍇🍇	Blaufränkisch Lehmgrube 2012
18,5	🍇🍇🍇	Blaufränkisch Lehmgrube 2015

Heidi Schröck

7071 Rust
Rathausplatz 8
Tel.: 02685 229
0664 4510761
heidi@heidi-schroeck.com
www.heidi-schroeck.com

„Nähme ich Flügel der Morgenröte und bliebe am äußersten Meer, so würde auch dort deine Hand mich führen und deine Rechte mich halten." In Anlehnung an den Psalm 139,9 hat Heidi Schröck ihren Ruster Ausbruch getauft. Für diesen ist sie bekannt und hochgeschätzt. Der 2017er spielt wieder in der allerersten Riege der heimischen Süßweine mit. Er duftet verschwenderisch nach getrockneten Marillen und Blütenhonig, ist unglaublich cremig und fühlt sich am Gaumen fast wie Seide an.

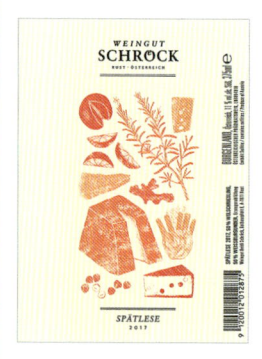

19	🍇🍇🍇🍇	Cuvée weiß Auf den Flügeln der Morgenröte 2017 Ruster Ausbruch	€ 38,00
18	🍇🍇🍇🍇	Cuvée weiß 2018 Beerenauslese	€ 19,00
17	🍇🍇🍇	Cuvée weiß Phoenix aus der Flasche 2018	€ 14,00
17	🍇🍇🍇	Blaufränkisch Riede Kulm 2017	€ 12,00
16,5	🍇🍇	Furmint 2018	€ 14,00
16	🍇🍇	Grauburgunder 2017	€ 14,00
16	🍇🍇	Furmint 2018 Spätlese	€ 14,00
15,5	🍇🍇	Gelber Muskateller Sauvage 2018	€ 9,00
14,5	🍇	Cuvée rosé Biscaya 2018	€ 9,00

Top-Weine vergangener Jahrgänge:

19,5	🍇🍇🍇🍇🍇	Welschriesling Auf den Flügeln der Morgenröte 2015 Ruster Ausbruch
19	🍇🍇🍇🍇🍇	Cuvée weiß Auf den Flügeln der Morgenröte 2014 Ruster Ausbruch
18,5	🍇🍇🍇	Cuvée weiß Turner 2014 Ruster Ausbruch

WEINGÜTER AM LEITHABERG & IN RUST

Sommer

7082 Donnerskirchen
Johannesstraße 26
Tel.: 02683 8504
info@weingut-sommer.at
www.weingut-sommer.at

Die Familie Sommer versteht es brillant, mit der Sorte Grüner Veltliner umzugehen. Kein Wunder, liegt das Weingut ja in Donnerskirchen, wo die Rebsorte schon immer hochgehalten wurde. Auch die Voraussetzungen des Terroirs an den kargen, vom Schiefer geprägten Südosthängen des Leithagebirges sind ideal. Und zuletzt trägt die sensible Vinifikation einen wichtigen Teil bei. Unser Favorit ist jener aus der Ried Himmelreich mit Noten von Birne, Grapefruit und Kräuterwürze.

17,5		Grüner Veltliner Himmelreich 2017 *	€ 21,00
17		Grüner Veltliner Halser 2017 *	€ 21,00
17		Cuvée weiß Welschriesling-Riesling 2017 Beerenauslese	€ 11,90
16,5		Grüner Veltliner 2017 *	€ 11,50
16,5		Blaufränkisch 2017 *	€ 17,00
16,5		Gewürztraminer 2018 Spätlese	€ 8,90
16		Cuvée rot Camer 2016 Reserve	€ 21,00
14		Sauvignon Blanc Wolfsbach 2018	€ 8,90

Top-Weine vergangener Jahrgänge:

17,5		Grüner Veltliner Leithaberg Himmelreich 2015 *
17,5		Grüner Veltliner Leithaberg Himmelreich 2016 *
17,5		Chardonnay Leithaberg Riefring Thal 2016 *

Tinhof

7061 Trausdorf
Eisenstädter Straße 10
Tel.: 02682 62648
0664 2504684
wein@tinhof.at
www.tinhof.at

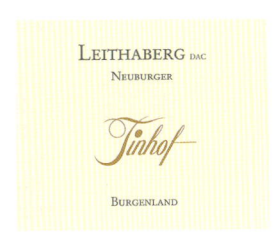

(bio)

Erwin Tinhof steht wie kein zweiter Winzer aus dem Burgenland für die Sorte Neuburger. In seinen Weingärten fühlt sich die als Diva bekannte altösterreichische Sorte besonders wohl, in Tinhofs Keller wird sie sanft begleitet und darf sich in Ruhe zu authentischem Weißwein entwickeln. Die Palette reicht vom zarten, nussigen Neuburger Eisenstadt über den mineralischen Leithaberg DAC, die Einzelabfüllung der Eisenstädter Riede Golden Erd bis zur cremigen, charmanten Beerenauslese.

18		Neuburger 2018 *
18		Blaufränkisch Gloriette 2017
17,5		Neuburger Golden Erd 2017
17,5		St. Laurent Ried Feiersteig 2017
17,5		Neuburger 2018 Beerenauslese
17		Weißburgunder 2018 *
17		Weißburgunder Golden Erd 2017
17		Blaufränkisch 2017 *
16		St. Laurent Eisenstadt 2017
15,5		Neuburger Eisenstadt 2018
15		Weißburgunder Eisenstadt 2018

Top-Weine vergangener Jahrgänge:

18,5		Blaufränkisch Gloriette 2013
18,5		Neuburger 2015 *
18		Neuburger 2016 *

Leithaberg DAC *

WEINGÜTER AM LEITHABERG & IN RUST

Ernst Triebaumer

7071 Rust
Raiffeisenstraße 9
Tel.: 02685 528
0664 2032866
office@ernst.triebaumer.com
www.triebaumer.com

Wer hat in Österreich die Geschichte des Blaufränkisch maßgeblich geprägt? Allen voran sicher Ernst Triebaumer. Sein Marienthal machte das erste Mal mit dem Jahrgang 1986 Furore, und danach immer wieder. Bis heute ist er zum Kult geworden. Der spannende Wein hat stets einen ganz eigenen Charakter. Er ist enorm tiefgründig, geprägt von einer dunklen, aber kühlen Frucht, einem substanzreinen Tanningerüst, unendlicher Länge und riesigem Potenzial. Unser Wein des Jahres!

• **Wein des Jahres 2020**

19,5	★★★★	Blaufränkisch Marienthal 2016 •	
18,5	★★★	Blaufränkisch Oberer Wald 2016	
17	★★★	Blaufränkisch Rusterberg 2017	
17	★★★	Blaufränkisch Gmärk 2017	

Top-Weine vergangener Jahrgänge:

19,5	★★★★	Blaufränkisch Marienthal 2013
19	★★★★	Blaufränkisch Marienthal 2012
19	★★★★	Cuvée weiß 2015 Ruster Ausbruch

Wagentristl

7051 Großhöflein
Rosengasse 2
Tel.: 02682 61415
weingut@wagentristl.com
www.wagentristl.com

Über drei Jahrzehnte führten Emma und Rudolf Wagentristl das Weingut mit viel Engagement. 2014 gaben sie den Weg frei für die junge Generation. Hier beginnt mit Rudi und seiner Familie das neue Kapitel. Rudi Wagentristl ist ein Freund klarer Linien und verfolgt diese auch bei der Kelterung seiner Weine. So entstehen Gewächse mit unverwechselbarem Charakter – Weine mit Kraft und Finesse. Mit diesen möchte er seine Kunden, aber auch sich selbst glücklich machen.

17,5	★★★	Blaufränkisch Ried Reisbühl 2017 *	€ 24,00
17,5	★★★	Blaufränkisch Kreideberg 2017 *	€ 24,00
17	★★★	Weißburgunder Kreideberg 2017 *	€ 21,00
17	★★★	Blaufränkisch Ried Point 2017 *	€ 24,00
17	★★★	Cuvée weiß 2017 Beerenauslese	€ 10,00
16,5	★★	Blaufränkisch 2017 *	€ 12,00
16,5	★★	Cuvée rot Heulichin 2017	€ 18,00
16,5	★★	Pinot Noir Kreideberg 2017	€ 16,00
16	★	Chardonnay 2018 *	€ 10,00

Top-Weine vergangener Jahrgänge:

18	★★★	Cuvée weiß 2013 Trockenbeerenauslese
17,5	★★★	Chardonnay 2017 *
17,5	★★★	Blaufränkisch Ried Reisbühl 2015 *

WEINGÜTER AM LEITHABERG & IN RUST

Michael Wenzel

7071 Rust
Hauptstraße 29
Tel.: 02685 287
office@michaelwenzel.at
www.michaelwenzel.at

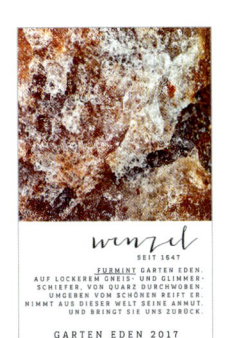

Michael Wenzel ist wie kein zweiter Winzer mit dem Furmint verbandelt. Seine Familie setzte sich maßgeblich dafür ein, dass er nicht komplett aus den Ruster Weingärten verschwunden ist. Die Palette an verschiedenen Weinen umfasst unter anderem eine maischevergorene, etwas wilde Variante, jenen herrlich mineralischen aus der Ried Vogelsang, den Garten Eden, der jedes Jahr an Rebsortenausdruck nicht zu überbieten ist, sowie einen nach reifer Quitte duftenden Ruster Ausbruch.

♥ **Lieblingswein der Redaktion**

19	🍇🍇🍇🍇	Furmint Garten Eden 2017	€ 40,00
19	🍇🍇🍇🍇	Furmint 2016 Ruster Ausbruch	€ 35,00
18	🍇🍇🍇🍇	Furmint Vogelsang 2018 ♥	€ 24,00
18	🍇🍇🍇	Pinot Noir Kleiner Wald 2017	€ 22,00
17,5	🍇🍇🍇	Pinot Noir Ruster 2017	€ 18,00
17	🍇🍇🍇	Blaufränkisch Bandkräftn 2017	€ 18,00
16,5	🍇	Furmint Aus dem Quarz unfiltriert 2018	€ 12,00
16	🍇	Gelber Muskateller Lockvogel wild&free maischevergoren 2018	€ 12,00

Top-Weine vergangener Jahrgänge:

19,5	🍇🍇🍇🍇	Furmint Garten Eden 2015	
19	🍇🍇🍇🍇	Blaufränkisch Bandkräftn 2015	
19	🍇🍇🍇🍇	Furmint Garten Eden 2016	

Stefan Zehetbauer

7081 Schützen am Gebirge
Hauptstraße 3
Tel.: 02684 2523
office@zehetbauerwein.at
www.zehetbauerwein.at

Stefan Zehetbauer will mit seinen Weinen eines: Freude bereiten. Dabei ist ihm wichtig, Gebiet und Terroir des jeweiligen Weingartens klar und unverwechselbar im Wein einzufangen. Was den Winzer persönlich in seiner Arbeit antreibt, ist das Streben nach Weiterentwicklung. Und der grundsätzliche Anspruch, vermeintlichen Kleinigkeiten eine große Beachtung zu schenken. Seine Lieblingsried ist der Steinberg, von der auch sein intensiver, dichter und würzig-kirschfruchtiger Blaufränkisch kommt.

17,5	🍇🍇🍇	Blaufränkisch Ried Steinberg 2015 *	€ 23,00
17	🍇🍇🍇	Cabernet Franc Ried Steinberg 2017	€ 19,00
16,5	🍇	Pinot Blanc Ried Satz 2016 *	€ 18,00
16,5	🍇🍇🍇	Blaufränkisch 2017 *	€ 13,00
16	🍇🍇	Merlot Ried Sinner 2017	€ 11,00
15,5	🍇	Pinot Blanc 2018 *	€ 9,00
15,5	🍇🍇	Blaufränkisch Ried Mönchsacker 2017	€ 7,00
14,5	🍇	Cuvée rosé Sonnenberg 2018	€ 6,50

Top-Weine vergangener Jahrgänge:

17,5	🍇🍇🍇	Blaufränkisch Ried Steinberg 2013	
17	🍇🍇🍇🍇	Pinot Blanc 2017 *	
17	🍇🍇🍇	Cabernet Franc Ried Steinberg 2016	

Leithaberg DAC *

© ÖWM Egon Mark

MITTEL-BURGENLAND

„Das" Blaufränkisch-Land: Die besten Lagen verteilen sich auf die sanften Hügel Horitschons, die steinigen Hänge Neckenmarkts sowie die Plateaus rund um Deutschkreutz und Neckenmarkt.

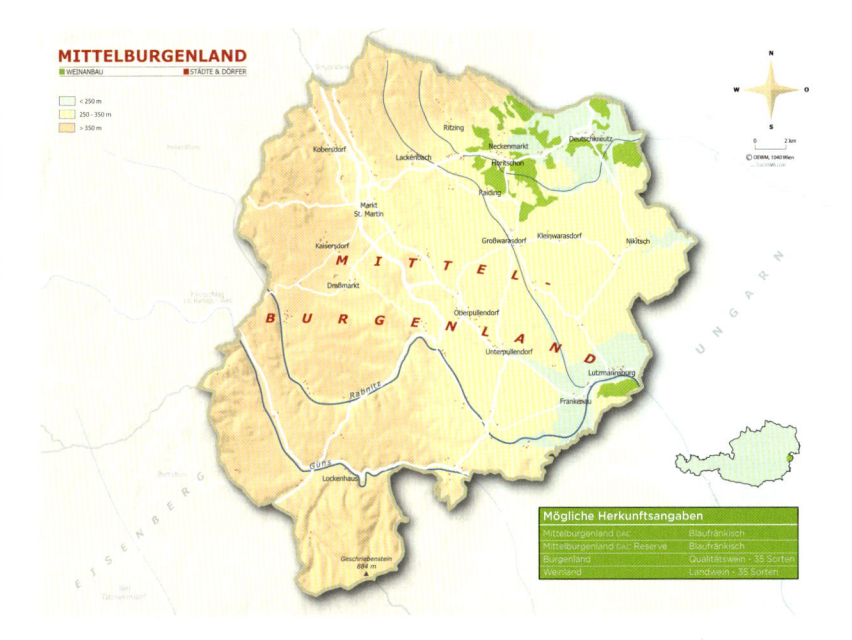

LIEBLINGSWEIN DER REDAKTION

2017 Blaufränkisch Fahnenschwinger – Wellanschitz
Wein-Testerin des Gault&Millau: Luzia Schrampf

Der Fahnenschwinger stammt von 50-jährigen Reben, gewachsen auf Glimmerschiefer und Kalk. Er zeigt saftige, dunkle Kirscharomen und viel Substanz. Damit ist er bloß einer aus einer ganzen Serie, die sich den Vermerk „prächtige Studie in Blaufränkisch" in der Blindverkostung mehr als verdiente.

WEINGÜTER IM MITTELBURGENLAND

Bauer-Pöltl

7312 Horitschon-Unterpetersdorf
Brunnenweg 1
Tel.: 02610 43226
0650 2235550
weinhof@bauerpoeltl.at
www.bauerpoeltl.at

bio

Die Bauer-Pöltls bewirtschaften ihre Weingärten nach organisch-biologischen Gesichtspunkten. Wichtig dabei sind ihnen auch die Förderung der Artenvielfalt, der natürliche Bodenaufbau und die Beheimatung von Nützlingen und Vögeln. Zum Keller: Alle Rotweine werden im Eichenholz gelagert. Es kommen sowohl sehr alte Großfässer als auch kleinere Gebinde und neues Holz zur Verwendung. Die besten Blaufränker reifen in 500-Liter-Fässern. Dieser Einfluss spielt nur eine unterstützende Rolle.

18	🍇🍇🍇	Blaufränkisch Vom Lehm 2017 **	€ 16,60
18	🍇🍇🍇	Blaufränkisch Altes Weingebirge 2016 **	€ 31,70
17	🍇🍇🍇	Blaufränkisch Hochäcker 2017 *	€ 9,60
17	🍇🍇🍇	Cuvée rot Christania 2016	€ 21,80
16,5	🍇🍇	Blaufränkisch Klassik 2017 *	€ 7,10
16,5	🍇🍇	Pinot Noir 2017	€ 15,50
16	🍇🍇	Cuvée rot Domus Petri 2017	€ 9,60

Top-Weine vergangener Jahrgänge:

18,5	🍇🍇🍇	Blaufränkisch Vom Lehm 2015 **
18	🍇🍇🍇	Cuvée rot Domus Petri 2015
18	🍇🍇🍇	Blaufränkisch Altes Weingebirge 2015 **

Heribert Bayer – In Signo Leonis

7311 Neckenmarkt
Wirtschaftspark 5
Tel.: 02610 42644
0664 4349004
bayer@weinfreund.at
www.weinfreund.at

Heribert Bayer fand als Négociant nach dreijähriger Suche am Neckenmarkter Hochberg jenes Terrain und jene alten Rebanlagen, die er als Fundament für das Kreieren von österreichischen Toprotweinen ansah. Noch im selben Jahr wurde der bis heute bekannteste Rotwein des Hauses – die Cuvée In Signo Leonis – geboren. Der Entschluss Patrick Bayers, die Nachfolge seines Vaters anzutreten, legte den Grundstein, um weiter zu wachsen. Eine Erfolgsgeschichte mit Bestand.

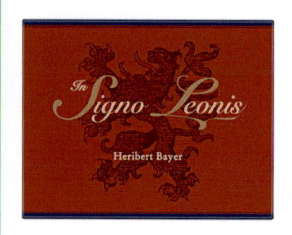

17,5	🍇🍇🍇	Blaufränkisch In SIgno Sagittarii 2016 Reserve	€ 30,90
17	🍇🍇🍇	Chardonnay Albatros 2017 Reserve	€ 48,00
17	🍇🍇🍇	Cuvée rot In Signo Leonis 2016 Reserve	€ 34,90
16,5	🍇🍇	Pinot Noir In Signo Tauri 2017 Reserve	€ 30,50
16	🍇🍇	Chardonnay Ex-qui-sit 2017	€ 16,90
16	🍇🍇	Weißburgunder Ex-qui-sit 2017	€ 17,00

Top-Weine vergangener Jahrgänge:

18,5	🍇🍇🍇	Cuvée rot In Signo Leonis 2008
17,5	🍇🍇🍇	Cuvée rot In Signo Leonis 2014
17,5	🍇🍇🍇	Blaufränkisch In Signo Sagittarii 2015

Mittelburgenland DAC *, Mittelburgenland DAC Reserve **

WEINGÜTER IM MITTELBURGENLAND

Bernhard Ernst

7301 Deutschkreutz
Neubaugasse 21
Tel.: 0664 386 02 20
info@weinguternst.at
www.weinguternst.at

Bernhard Ernst ist Winzer der ersten Generation und das bedingt bisweilen ein wenig Improvisation. Etablierte Strukturen sucht man bei ihm vergebens und weniger aktive und innovative Zeitgenossen mögen darin einen Nachteil sehen. Für Bernhard Ernst bedeutete es lediglich ein Plus an Herausforderungen, für die er entsprechende Antworten finden musste. Mittlerweile ist er dabei, einen Keller für seine Fässer zu bauen. Das Garagenweingut ist von nun an Geschichte.

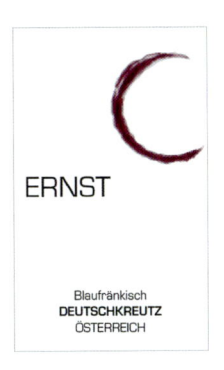

18	🍇🍇🍇🍇	Blaufränkisch Fabian 2016	€ 14,00
18	🍇🍇🍇	Cuvée rot La Mission 2016	€ 35,00
17,5	🍇🍇🍇	Blaufränkisch Goldberg 2016	€ 14,00
17	🍇🍇🍇	Blaufränkisch Hochberg 2016	€ 14,00
17	🍇🍇🍇	Cuvée rot Zion 2016	€ 17,00
15	🍇	Blaufränkisch rosé 2018	€ 7,50

Top-Weine vergangener Jahrgänge:

18,5	🍇🍇🍇	Blaufränkisch Goldberg 2015 **
18,5	🍇🍇🍇🍇	Syrah Sideways 2015
17,5	🍇🍇🍇🍇	Blaufränkisch Fabian 2015

Gager

7301 Deutschkreutz
Karnergasse 2 + 8
Tel.: 02613 80 385
0664 820 57 03
info@weingut-gager.at
www.weingut-gager.at

Der Name Horst Gager steht mit seiner Weinkollektion für einen verständlichen, saftigen und kraftvollen Rotweintyp. Seine Cuvées wie der Quattro oder Cablot sind gefragte und weithin bekannte Bestseller. Kaum eine Weinkarte vom Arlberg bis in die mittelburgenländische Heimat kommt ohne sie aus. Bei seinem Blaufränkisch Mitterweg, unserem Liebling aus der Kollektion, verschmelzen dunkle, reife Kirsche und schokoladige Noten. Am Gaumen ist viel Stoffigkeit.

17,5	🍇🍇🍇🍇	Blaufränkisch Mitterberg 2017 **	€ 23,00
17	🍇🍇🍇🍇	Cuvée rot Quattro 2017	€ 19,80
17	🍇🍇🍇	Cuvée rot Cablot 2017	€ 31,00
16,5	🍇🍇	Cuvée rot Q2 2017	€ 11,80
16	🍇🍇	Blaufränkisch Ried Fabian 2017	€ 10,50

Top-Weine vergangener Jahrgänge:

18,5	🍇🍇🍇🍇	Blaufränkisch Gager 2012
18	🍇🍇🍇🍇	Cuvée rot Cablot 2015
18	🍇🍇🍇🍇	Blaufränkisch BFG 2015

Mittelburgenland DAC Reserve **

WEINGÜTER IM MITTELBURGENLAND

Gesellmann

7301 Deutschkreutz
Lange Gasse 65
Tel.: 02613 80 36 00
weingut@gesellmann.at
www.gesellmann.at

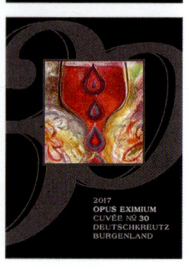

(bio)

Das ist eine wirklich rundum mehr als gelungene Serie, die Albert Gesellmann geschaffen hat. Jeder einzelne Wein hat Struktur, Typizität und erzählt seine ganz eigene Geschichte. Uns beeindruckte vor allem der Chardonnay von der Ried Steinriegel mit seiner herrlich rauchigen Würze und Engmaschigkeit am Gaumen. Eine echte Ansage ist der G – eine Cuvée hauptsächlich aus Blaufränkisch mit einer Spur St. Laurent. Ein großer, facettenreicher Wein mit riesigem Potenzial.

19	♛♛♛♛	Cuvée rot G 2015	€ 59,50
18,5	♛♛♛♛	Blaufränkisch hochberc 2016	€ 36,00
18	♛♛♛♛	Chardonnay Ried Steinriegel 2017	€ 20,00
18	♛♛♛♛	Cuvée rot Bela Rex 2017	€ 34,00
17,5	♛♛♛♛	Blaufränkisch Creitzer 2017 Reserve	€ 16,00
17,5	♛♛♛♛	Cuvée rot Opus Eximium No. 30 2017	€ 20,50
17,5	♛♛♛♛	Pinot Noir Ried Siglos 2016	€ 25,00
17,5	♛♛♛♛	Syrah 2016	€ 25,00
16,5	♛♛	Blaufränkisch Vom Lehm 2018	€ 11,00

Top-Weine vergangener Jahrgänge:

19	♛♛♛♛	Blaufränkisch hochberc 2013
19	♛♛♛♛	Cuvée rot G 2013
19	♛♛♛♛	Blaufränkisch hochberc 2015

Gober & Freinbichler

7312 Horitschon
Bachgasse 10
Tel.: 0650 9136747
buero@weinevonhand.at
www.weinevonhand.at

Bravo an unsere Entdeckung des Jahres aus dem letzten Weinguide. Die Weinserie zeigt das Potenzial der Region, die Unterschiede zwischen den Gemeinden sind klar herausgearbeitet. Der junge Betrieb ist in kürzester Zeit eine der ganz spannenden Ausnahmeerscheinungen im Mittelburgenland geworden. Neben den eindrücklichen Roten ist auch die Basis in Weiß und Rose fantastisch. Das nennt man einen gelungenen Start. Und mit so viel Engagement wird es auch erfolgreich in die Zukunft gehen.

18,5	♛♛♛	Blaufränkisch Ried Hussi 2017	€ 28,00
17,5	♛♛♛	Blaufränkisch Neckenmarkt 2017	€ 19,00
17	♛♛♛	Blaufränkisch Horitschon 2017	€ 19,00
16,5	♛♛	Blaufränkisch Vielfalt 2018	€ 9,00
16	♛♛♛	Cuvée weiß Hausmarke 2018	€ 8,00
16	♛♛	Zweigelt Vielfalt 2018	€ 9,00
15,5	♛♛♛	Blaufränkisch rosé Hausmarke 2018	€ 8,00
15	♛♛	Cuvée rot Hausmarke 2018	€ 8,00

Top-Weine vergangener Jahrgänge:

18	♛♛♛	Blaufränkisch Horitschon 2016
17,5	♛♛♛	Grüner Veltliner Schieferstein 2017
17,5	♛♛♛	Blaufränkisch Vielfalt 2017

WEINGÜTER IM MITTELBURGENLAND

Grenzlandhof Reumann ⓝ

7301 Deutschkreutz
Friedlbrunngasse 1
Tel.: 02613 89847
0664 1722600
mail@grenzlandhof-reumann.at
www.grenzlandhof-reumann.at

Seit Generationen werden von der Familie Reumann Weingärten nahe der ungarischen Grenze bewirtschaftet und gebietstypische Weine produziert. Vor allem der Blaufränkisch hat sich in dieser Zeit zum wichtigsten Eckpfeiler des Betriebes entwickelt. Heute wird der Grenzlandhof von Christian Reumann geleitet. Unterstützt wird er dabei von seiner Frau Birgit. Mit dabei ist auch die junge Generation: Daniela und Mario. Nach ihnen ist eine Rotweincuvée benannt: Mariela.

Punkte		Wein	Preis
17,5	🍇🍇🍇🍇	Blaufränkisch 2015 **	€ 28,00
17	🍇🍇🍇🍇	Cabernet Sauvignon Riede Steinriegel 2016	€ 14,00
17	🍇🍇🍇🍇	Cuvée rot Argo 2015	€ 38,00
16,5	🍇🍇🍇	Blaufränkisch Classic 2017 *	€ 6,00
16	🍇🍇	Blaufränkisch Riede Hochbaum 2016 *	€ 10,90
16	🍇🍇	Cuvée rot Mariela 2016	€ 15,00
16	🍇🍇	Merlot 2016	€ 15,00
16	🍇🍇	Blaufränkisch 2017 Beerenauslese	€ 12,00
15,5	🍇🍇	Zweigelt Riede Hölzl 2017	€ 9,00

Silvia Heinrich

7301 Deutschkreutz
Karnergasse 59
Tel.: 02613 89615
office@weingut-heinrich.at
www.weingut-heinrich.at

Sie gehört zu den wohltuend ruhigen und sensiblen Weinpersönlichkeiten der heimischen Szene – Silvia Heinrich. Ihre große Passion gehört dem Blaufränkisch, den sie über alles liebt und aus dem sie Jahr für Jahr das Beste herausholt. Aber auch die Cuvées aus ihrem Keller überzeugen. So wie elegy 2015. Ein Wein mit dunklem, würzigem Charakter, voll Dichte und Stoff, mit erdigen, beerigen Aromen. Ein Tipp: Jetzt kaufen, aber noch länger weglegen, denn er hat Potenzial und ist rar.

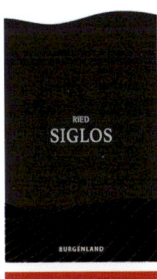

Punkte		Wein
18,5	🍇🍇🍇🍇	Blaufränkisch Ried Goldberg 2017 Reserve
18,5	🍇🍇🍇🍇	Cuvée rot elegy 2015
18	🍇🍇🍇🍇	Cuvée rot terra o. 2017
17,5	🍇🍇🍇🍇	Blaufränkisch Vitikult 2017
17	🍇🍇🍇🍇	Cuvée rot Maestro 2017
17	🍇🍇🍇🍇	Pinot Noir Ried Weisses Kreuz 2017
16	🍇🍇	Blaufränkisch Deutschkreutz 2018
16	🍇🍇	Cuvée rot Ried Siglos 2018
15	🍇🍇	Cuvée rot alpha 2018

Top-Weine vergangener Jahrgänge:

18,5	🍇🍇🍇🍇	Blaufränkisch Cupido 2012
18,5	🍇🍇🍇🍇	Blaufränkisch V-MAX 2013 Reserve
18,5	🍇🍇🍇🍇	Blaufränkisch Cupido 2015

Mittelburgenland DAC *, Mittelburgenland DAC Reserve **

WEINGÜTER IM MITTELBURGENLAND

Iby

7312 Horitschon
Am Blaufränkischweg 3
Tel.: 02610 42292
0664 12029180
weingut@iby.at
www.iby.at

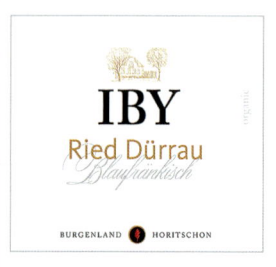

bio

Wichtiger Fokus am Weingut Iby – eine intakte Natur. Anton Iby und seine Frau Eva haben ihren Betrieb schon vor Jahren auf biologische Bewirtschaftung umgestellt. So können die Trauben in ihren hochkarätigen Weingärten, wie Dürrau oder Hochäcker, in einer lebendigen Umwelt mit großer Artenvielfalt heranreifen. Die Weinserie ist wie aus einem Guss. Stimmig sind vor allem die Blaufränker. Der präzise Dürrau aus 2015 überzeugte uns mit seinem guten Potenzial besonders.

18	🍇🍇🍇	Blaufränkisch Chevalier 2017 **	€ 18,00
18	🍇🍇🍇	Blaufränkisch Quintus 2016 **	€ 30,00
18	🍇🍇🍇	Blaufränkisch Dürrau 2015 **	€ 44,00
17	🍇🍇🍇	Blaufränkisch Ried Hochäcker 2017 *	€ 12,00
16,5	🍇🍇	Merlot 2017 Reserve	€ 18,00
16	🍇🍇	Blaufränkisch Classic 2017	€ 9,00
15,5	🍇🍇	Cuvée rot Big Blend 2017	€ 12,00
15	🍇🍇	Zweigelt Classic 2017	€ 8,00
14	🍇	Blaufränkisch rosé 2018	€ 9,00

Top-Weine vergangener Jahrgänge:

18	🍇🍇🍇	Cuvée rot Vin Anton 2015
18	🍇🍇🍇	Blaufränkisch Quintus 2015 **
18	🍇🍇🍇	Cuvée rot Vin Anton 2016

Iby-Lehrner

7312 Horitschon
Hauptstraße 34
Tel.: 02610 42113
info@iby-lehrner.at
www.iby-lehrner.at

Schon der Großvater, Paul Iby, erkannte die Möglichkeiten der Rebsorte Blaufränkisch: Seither widmen sich drei Generationen dieser Sorte. Die Philosophie von Michael und Melanie, die heute das Weingut führen, lautet: Großer Wein passiert nicht einfach so, kann aber auch nicht gemacht werden. Hier müssen die Komponenten aus Boden, perfekten Trauben und stimmiger Kellerarbeit zusammenpassen, nur dann kann man Weine keltern, die die Identität der Heimat widerspiegeln.

18	🍇🍇🍇	Cuvée rot Prelude 2017	€ 15,00
17	🍇🍇🍇	Blaufränkisch Hochäcker 2017 *	€ 8,00
17	🍇🍇🍇	Cuvée rot Mosso 2016	€ 10,00
17	🍇🍇🍇	St. Laurent Gfanger 2017	€ 10,00
16	🍇🍇	Blaufränkisch Classic 2017	€ 6,50
16	🍇🍇	Zweigelt Classic 2017	€ 6,50

Top-Weine vergangener Jahrgänge:

18,5	🍇🍇🍇	Blaufränkisch Dürrau 2015
18	🍇🍇🍇	Cuvée rot Prelude 2015
18	🍇🍇🍇	Blaufränkisch Kaporjan 2015

WEINGÜTER IM MITTELBURGENLAND

Hans Igler

7301 Deutschkreutz
Langegasse 49
Tel.: 02613 80365
info@hans-igler.com
www.hans-igler.com

Wieder ist es der Blaufränkisch Biiri, der uns aus der Kollektion der Iglers am besten gefällt. Er duftet nach reifer, saftiger Kirsche und hat ein herrlich gebautes Tanningerüst. Die wichtigsten Weingärten des Weingutes liegen im alten Weingebirge Biiri. Dieses besteht aus mehreren Rieden: Hochberg, Fabian und Goldberg. Die Böden dort haben einen hohen Ton- und Kalkanteil. Bedingt durch das Mikroklima und den filigranen, sandigen Lehm entstehen dichte, würzige und mineralische Weine.

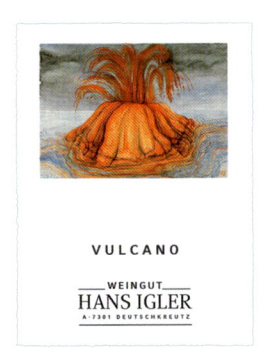

17,5	🍇🍇🍇	Blaufränkisch Biiri 2016 **	€ 21,00
17,5	🍇🍇🍇	Cuvée rot Ab Ericio 2016	€ 32,00
17	🍇🍇🍇	Cabernet Sauvignon Ried Kart 2016	€ 22,00
16,5	🍇🍇	Blaufränkisch Ried Hochberg 2017 *	€ 11,00
16,5	🍇🍇	Cuvée rot Vulcano 2016	€ 20,00
15,5	🍇🍇	Blaufränkisch Classic 2017	€ 8,00
15	🍇🍇	Pinot Noir Ried Fabian 2016	€ 17,00

Top-Weine vergangener Jahrgänge:

18	🍇🍇🍇	Cuvée rot Ab Ericio 2013
17,5	🍇🍇🍇	Cuvée rot Vulcano 2012
17,5	🍇🍇🍇	Blaufränkisch C9 2012

Josef und Melitta Igler

7301 Deutschkreutz
Hauptstraße 59–61
Tel.: 02613 80213
0664 110 91 41
info@igler-weingut.at
www.igler-weingut.at

Nur wenige Sorten umfasst das kleine, feine Sortiment von Josef – Joe – Igler. Der Quereinsteiger hat sich über die vergangenen Jahre mit seinem dichten und gleichzeitig trinkfreudigen Weinstil viele Fans erarbeitet. Der eloquente Winzer ist beliebt bei der Sommellerie und auf einer großen Zahl an Restaurantweinlisten vertreten. Top ist der nach ihm benannte Blaufränker – ein dunkelbeeriger Wein mit schokoladigem Duft, stoffigem Tannin und langem Nachhall. Ein Wein wie sein Winzer.

17,5	🍇🍇🍇	Blaufränkisch Joe No.1 2015	€ 33,00
16	🍇🍇	Blaufränkisch Classic 2017	€ 6,80
15	🍇	Sauvignon Blanc 2018	€ 6,90

Top-Weine vergangener Jahrgänge:

17,5	🍇🍇🍇	Blaufränkisch Joe No.1 2012
17,5	🍇🍇🍇	Blaufränkisch Joe No.1 2013
17	🍇🍇🍇	Blaufränkisch Reserve 2016

Mittelburgenland DAC *, Mittelburgenland DAC Reserve **

WEINGÜTER IM MITTELBURGENLAND

Christian Kirnbauer ᴺ

7301 Deutschkreutz
Sonnenweg
Tel.: 0650 441 53 29
info@weingut-kirnbauer.at
www.weingut-kirnbauer.at

Im Weingut von Christian Kirnbauer spielen natürlich die Rotweine die Hauptrolle, allen voran der Blaufränkische und die Sorten Zweigelt und St. Laurent. Aber auch internationale Rotweinsorten und Weißweine haben ihren festen Platz. Durch bewussten Verzicht auf alles Unnötige entstehen klare, sorten- und terroirtypische Weine mit Tiefgang, Eleganz und Kraft. Der junge Christian Kirnbauer ist ein Winzer, von dem man in Zukunft noch mehr hören wird.

Punkte		Wein	Preis
18	🍇🍇🍇	Cuvée rot Kultra 2016	€ 35,00
17,5	🍇🍇🍇	Blaufränkisch Coté Coeur 2016	€ 20,00
17	🍇🍇🍇	Cuvée rot Seevelt 2015	€ 17,50

K + K Kirnbauer

7301 Deutschkreutz
Rotweinweg 1
Tel.: 02613 89 722
0664 108 80 80
kirnbauer@phantom.at
www.phantom.at

Selbst im Mittelburgenland – dem Blaufränkischland – gibt es eine Adresse, wo es Jahr für Jahr einen herausragenden Zweigelt gibt. Er stammt aus dem ältesten Weingarten der Familie Kirnbauer, dem Hochbaum mit seinen 60 Jahre alten Stöcken. Ausgebaut wird der Wein in kleinen Eichenholzfässern, deren Holz aus dem eigenen Wald stammt. In den Barriques reift er 18 Monate. Das Ergebnis ist ein schokoladig duftender Wein mit reichen Kirscharomen und saftigem Tannin.

Punkte		Wein	Preis
17,5	🍇🍇🍇	Blaufränkisch Gold Reserve 2017 *	€ 21,00
17	🍇🍇🍇	Cuvée rot Das Phantom 2017	€ 21,00
17	🍇🍇🍇	Zweigelt Girmer 2017 Reserve	€ 17,50
16,5	🍇🍇	Blaufränkisch 7301 2017	€ 9,40
16	🍇🍇	Cuvée rot K+K 2017	€ 6,90
14,5	🍇	Cuvée weiß wilde wilde white 2018	€ 7,00
14	🍇	Chardonnay Zwickl 2017	€ 14,00

Top-Weine vergangener Jahrgänge:

18	🍇🍇🍇	Cuvée rot Forever 2012	
18	🍇🍇🍇	Syrah 2015	
17,5	🍇🍇🍇	Merlot Reserve 2016	

WEINGÜTER IM MITTELBURGENLAND

Kolfok
7311 Neckenmarkt
Lange Zeile 28
Tel.: 0664 464 84 79
kolfok@kolfok.com
www.kolfok.com

Wieder ist es die Serie der spannungsreichen und urwüchsigen Weißweine, die uns besonders begeistert. Die Trauben dafür stammen von alten Rebstöcken und wurden von Stefan David Wellanschitz sensibel selektioniert und gekeltert. Herausragend: der Weißburgunder vom Muschelkalk. Ein Wein mit großer Finesse und Tiefgang, der mit seiner hellen Frucht und nussigen Noten als Idealtyp eines Weißburgunders gelten darf. Bravo auch für den straffen Blaufränkisch Bodigraben.

18,5	🍇🍇🍇	Blaufränkisch Ried Bodigraben 2017	€ 40,00
18	🍇🍇🍇	Weißburgunder Muschelkalk Alte Reben 2017	€ 40,00
17	🍇🍇	Welschriesling Nolens Volens 2018	€ 18,00
17	🍇🍇🍇	Blaufränkisch Neckenmarkter 2017	€ 18,00
16,5	🍇🍇	Grüner Veltliner Alte Reben 2018	€ 30,00
16,5	🍇🍇	Cuvée rot Querschnitt 2018	€ 12,00
15,5	🍇🍇	Cuvée weiß Querschnitt 2018	€ 12,00

Top-Weine vergangener Jahrgänge:

18	🍇🍇	Weißburgunder Muschelkalk Alte Reben 2016
18	🍇🍇🍇	Blaufränkisch Bodigraben 2016
17,5	🍇🍇	Weißburgunder Muschelkalk Alte Reben 2015

Paul Lehrner
7312 Horitschon
Hauptstraße 56
Tel.: 0664 455 69 99
weingut@paul-lehrner.at
www.paul-lehrner.at

Paul Lehrners Weine spiegeln Beständigkeit, Handwerk und deutlich erkennbares Terroir wider. Auf 27 Hektar Fläche rund um seine Heimatgemeinde Horitschon widmet sich der Winzer hauptsächlich dem Blaufränkisch und einigen weiteren heimischen roten Rebsorten. Sie wachsen dort fast ausschließlich auf schweren, tiefgründigen Lehmböden. Eine Bank aus Lehrners Keller ist stets der Blaufränkisch Dürrau, 2015 zeigt sich als Wein voll dunkler, würziger Frucht mit stoffigem Tannin.

18	🍇🍇🍇	Blaufränkisch Ried Dürrau 2015 **	€ 26,00
17,5	🍇🍇🍇	Blaufränkisch Steineiche 2016 **	€ 17,00
16,5	🍇🍇	Zweigelt Claus 2017	€ 6,50
15,5	🍇🍇	Blaufränkisch rosé 2017	€ 6,90
15	🍇🍇	Chardonnay 2017	€ 7,50

Top-Weine vergangener Jahrgänge:

18	🍇🍇🍇	Blaufränkisch Dürrau 2012
18	🍇🍇🍇	Blaufränkisch Steineiche 2012
18	🍇🍇🍇	Blaufränkisch Dürrau 2012

Mittelburgenland DAC Reserve **

WEINGÜTER IM MITTELBURGENLAND

Moritz ᴺ

7312 Horitschon
Schulgasse 1
Tel.: 0699 11 04 64 777
moritz@blaufraenkisch.at
www.blaufraenkisch.at

(bio)

Das ist ein gelungener Einstand: Die Weinserie von Alfred Moritz strahlt ganz besonders, vor allem in ihrer Natürlichkeit. Hier spürt man, dass der Winzer ein ganz besonderes Herz für den Blaufränkisch und für die Arbeit im Weingarten hat. Moritz verweigert sich moderner Technik, wo es geht. Für mittelburgenländische Verhältnisse gilt er mit seinen drei Hektar als Kleinwinzer. Abgefüllt wird bei ihm noch von Hand. Dass hier nur biologischer Weinbau in Frage kommt, ist selbstverständlich.

18	🍇🍇🍇	Blaufränkisch Hochäcker 2017 **	€ 18,00
17,5	🍇🍇🍇	Blaufränkisch Hochäcker Urknall 2017 *	€ 8,50
17,5	🍇🍇🍇	Blaufränkisch Kastanie 2017	€ 8,00
17,5	🍇🍇🍇	Blaufränkisch Akazie 2017	€ 8,00
17,5	🍇🍇🍇	Blaufränkisch Perpedes 2017	€ 9,50
17,5	🍇🍇🍇	Blaufränkisch Nix 2017	€ 33,00
17,5	🍇🍇🍇	Cuvée rot Contra 2017	€ 24,00
17	🍇🍇🍇	Cuvée rot 13er 2017	€ 15,00
16	🍇🍇	Blaufränkisch Gfanger 2017	€ 7,00

Josef & Maria Reumann

7301 Deutschkreutz
Neubaugasse 39
Tel.: 02613 804 21
0664 121 32 85
info@weingut-reumann.at
www.weingut-reumann.at

Wie der sagenumwobene, mystische Vogel aus der Asche neu ersteht, ist auch Josef Reumanns Neuauflage seiner Cuvée Phoenix brillant wie zuvor. Die 2017er (aus Merlot, Cabernet, Blaufränkisch und Syrah bestehend) ist perfekt strukturiert, dicht, voll rauchigem Kirschduft, stoffigem Tannin und gutem Potenzial. Reumann ist bekannt für seinen markanten Weinstil. Die kräftigen Weine entstehen in seinem modernen Keller in Deutschkreutz. Viele reifen in französischen Barriques.

18	🍇🍇🍇	Cuvée rot Phoenix 2017	€ 20,00
17,5	🍇🍇🍇	Blaufränkisch Altes Weingebirge 2017 **	€ 42,00
17	🍇🍇🍇	Blaufränkisch Fabian 2017 *	€ 18,00
17	🍇🍇🍇	Blaufränkisch Fabian 2017 *	€ 18,00
17	🍇🍇🍇	Cuvée rot vinum sine nomine 2017	€ 36,00
17	🍇🍇🍇	Merlot Selection 2015	€ 15,00
16,5	🍇🍇	Blaufränkisch Original 2017	€ 10,90
16,5	🍇🍇	Cuvée rot Equinox 2017	€ 9,90
16	🍇🍇	Blaufränkisch Classic 2017 *	€ 9,00
16	🍇🍇	Zweigelt Classic 2017	€ 8,50

Top-Weine vergangener Jahrgänge:

18,5	🍇🍇🍇	Cuvée rot Phoenix 2014
18	🍇🍇🍇	Cuvée rot vinum sine nomine 2015
17,5	🍇🍇🍇	Blaufränkisch Altes Weingebirge L.E. 2015 **

WEINGÜTER IM MITTELBURGENLAND

Strehn

7301 Deutschkreutz
Weinbergweg 1
Tel.: 0664 163 65 70
office@strehn.at
www.strehn.at

Das Weingut Strehn basiert auf einem sehr gut funktionierenden Teamwork der drei Geschwister Pia, Patrick und Andy. Mit Unterstützung ihrer Mutter schupfen sie den großen Betrieb perfekt. Hier greifen alle Rädchen ideal ineinander. Das ist auch in der wunderbaren Weinkollektion zu spüren. Wie im Vorjahr gefällt uns wieder der Blaufränkisch vom Roten Schotter besonders. Er punktet durch saftige, dunkle Beerennoten, feste Struktur, feine Kräuterwürze und große Länge.

18	🍇🍇🍇	Blaufränkisch Roter Schotter 2017	€ 21,00
17,5	🍇🍇🍇	Blaufränkisch Altes Weingebirge 2017 *	€ 12,00
17	🍇🍇🍇	Cuvée rot Pandur 2017	€ 19,00
16,5	🍇🍇	Blaufränkisch Das Blaue vom Himmel 2017	€ 21,00
16	🍇	Blaufränkisch 2017	€ 8,00
15	🍇	Blaufränkisch rosé 2018	€ 7,00

Top-Weine vergangener Jahrgänge:

17,5	🍇🍇🍇	Blaufränkisch Siglos 2015	
17,5	🍇🍇🍇	Cuvée rot Pandur 2016	
17	🍇🍇🍇	Blaufränkisch Roter Schotter 2015 Reserve	

Tesch

7311 Neckenmarkt
Herrengasse 26
Tel.: 02610 43610
0664 262 37 56
titan@tesch-wein.at
www.tesch-wein.at

Das Weingut Tesch umfasst insgesamt rund 20 Hektar Weingärten an den Ausläufern des Ödenburger Gebirges. Josef (Pepi) Tesch hat bereits von 1979 bis 1982 gemeinsam mit seinem Bruder Hans kleine Mengen vom Blaufränkisch gekeltert, die noch heute von Weinfreunden anerkennend mit dem österreichischen Rotweinwunder in Verbindung gebracht werden. Der Rotweinvisionär ist nun im Ruhestand und hat die Kelleragenden an Sohn Josef Christian übergeben.

17	🍇🍇🍇	Blaufränkisch Classic 2017 *	€ 7,90
16,5	🍇🍇	Cuvée rot Kreos 2016	€ 16,00
16,5	🍇🍇	Cuvée rot Jana Paulina 2015	€ 35,00
16	🍇	Chardonnay 2018	€ 8,50
16	🍇🍇	Cuvée rot Carpo 2017	€ 9,90
16	🍇🍇	Zweigelt Hochberg 2016	€ 10,90
15	🍇🍇	Zweigelt Classic 2017	€ 7,90

Top-Weine vergangener Jahrgänge:

18,5	🍇🍇🍇	Cuvée rot Titan 2008	
18	🍇🍇🍇	Blaufränkisch Patriot 2011	
18	🍇🍇🍇	Cabernet Sauvignon Tabea 2011	

Mittelburgenland DAC *

WEINGÜTER IM MITTELBURGENLAND

Wellanschitz

7311 Neckenmarkt
Lange Zeile 28
Tel.: 02610 42302
0664 4567114
info@wellanschitz.at
www.wellanschitz.at

Die Weine der Familie Wellanschitz in Neckenmarkt gehören zu den dichten, strukturierten und einprägsamen der Region. Weit bekannt ist sie für ihre kraftvollen Blaufränker, vor allem vom Neckenmarkter Terroir. Uns gefiel in der Verkostung heuer daneben der Syrah Orthogneis besonders. Er zeigt die der Rebsorte ganz eigene, pfeffrige Kräuterwürze und schwarze Oliven im Duft, am Gaumen ist das kraftvolle Gerbstoffgerüst präsent, das aber bestens in einen dichten Körper eingebettet ist.

♥ **Lieblingswein der Redaktion**

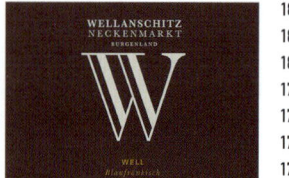

18	🍇🍇🍇	Blaufränkisch Ried Hussi 2017	€ 29,00
18	🍇🍇🍇	Blaufränkisch Well Alte Reben 2017	€ 29,00
18	🍇🍇🍇	Syrah Neckenmarkt Orthogneis 2017	€ 21,00
17,5	🍇🍇🍇	Blaufränkisch Ried Altes Weingebirge 2017	€ 11,50
17,5	🍇🍇🍇	Blaufränkisch Neckenmarkter Fahnenschwinger 2017 ♥	€ 15,00
17	🍇🍇🍇	Blaufränkisch Ried Hochberg 2017	€ 10,20
17	🍇🍇🍇	Cuvée rot Fraternitas 2017	€ 21,00

Top-Weine vergangener Jahrgänge:

18	🍇🍇🍇	Blaufränkisch Bodigraben Güterweg 2014	
18	🍇🍇🍇	Blaufränkisch Well 2016	
17,5	🍇🍇🍇	Blaufränkisch Ried Hussi 2016	

Weninger

7312 Horitschon
Florianigasse 11
Tel.: 02610 42165
weingut@weninger.com
www.weninger.com

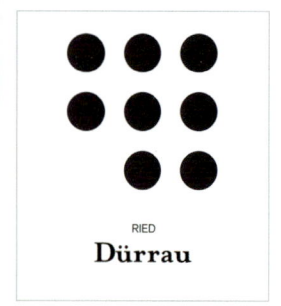

demeter / respekt BIODYN

So geht Blaufränkisch. Jeder einzelne Wein aus der Serie von Franz Weninger erzählt seine ganz eigene Geschichte. Und zwar die von seiner Herkunft, dem Mikroklima und der Handschrift des Winzers. Der tiefgründige Dürrau ist natürlich wieder einmal das Nonplusultra der Kollektion, aber auch der Kalkofen mit seiner unglaublichen Eleganz, Mineralität und Engmaschigkeit ist eine echte Ansage. Etwas Besonderes: der Weißburgunder, der in einer speziellen Natürlichkeit strahlt.

19,5	🍇🍇🍇🍇	Blaufränkisch Dürrau 2016	€ 49,00
19	🍇🍇🍇🍇	Blaufränkisch Kalkofen 2017	€ 38,00
18,5	🍇🍇🍇	Blaufränkisch Steiner 2016	€ 24,00
18,5	🍇🍇🍇	Blaufränkisch Saybritz 2017	€ 28,00
18	🍇🍇🍇	Blaufränkisch Kirchholz 2017	€ 18,00
17,5	🍇🍇🍇	Weißburgunder Fehérburgundi 2017	€ 12,00
17,5	🍇🍇🍇	Blaufränkisch Hochäcker 2017	€ 13,00
17	🍇🍇🍇	Blaufränkisch 2017	€ 10,00
16,5	🍇🍇	Blaufränkisch Kékfrankos Balf 2017	€ 9,50
16	🍇🍇	Zweigelt im Fluss 2017	€ 9,00

Top-Weine vergangener Jahrgänge:

19,5	🍇🍇🍇🍇	Blaufränkisch Dürrau 2013
19	🍇🍇🍇🍇	Blaufränkisch Dürrau 2014
19	🍇🍇🍇🍇	Blaufränkisch Dürrau 2015

WEINGÜTER IM MITTELBURGENLAND

WEIN

Juliana Wieder
7311 Neckenmarkt
Lange Zeile 76
Tel.: 02610 42438
0664 3704995
info@weingut-juliana-wieder.at
www.weingut-juliana-wieder.at

Die Trauben für den Blaufränkisch Glimmerschiefer stammen von 50 Jahre alten Rebstöcken, die in der Großlage Hochäcker in Neckenmarkt stehen. Dort herrscht karger Schieferboden vor. Die Rebstöcke wurzeln tief, um gut versorgt werden zu können. Wenn man mit offenen Augen durch den Weingarten geht, sieht man es hie und da am Boden glitzern. Das sind die Silbereinschlüsse im Schiefergestein. Der Wein hat eine feine Mineralität, ist kräuterwürzig, wirkt kühl und elegant.

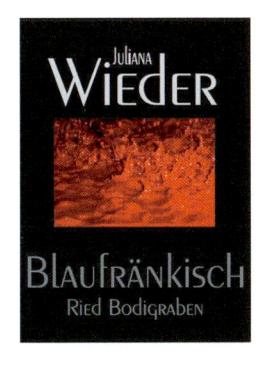

18	🍇🍇🍇🍇	Blaufränkisch Glimmerschiefer 2017 **	€ 15,00
17,5	🍇🍇🍇🍇	Blaufränkisch Ried Kohlenberg 2017 **	€ 13,00
17	🍇🍇🍇🍇	Cuvée rot Morandus 2017	€ 19,50
16,5	🍇🍇🍇	Blaufränkisch Fahnenschwinger 2017	€ 10,00
16,5	🍇🍇🍇	Cuvée rot Georg 2017	€ 9,00
16	🍇🍇🍇	Blaufränkisch Ried Hochberg 2017 *	€ 7,50
16	🍇🍇🍇	Blaufränkisch Ried Bodigraben 2017 **	€ 18,00
16	🍇🍇🍇	Zweigelt 2017 Reserve	€ 14,90
15,5	🍇🍇🍇	Chardonnay Bodigraben 2017	€ 14,50
15,5	🍇🍇🍇	Zweigelt Ried Spiegelberg 2017	€ 7,50

Top-Weine vergangener Jahrgänge:

18,5	🍇🍇🍇🍇	Cabernet Sauvignon 2011
18,5	🍇🍇🍇🍇	Cuvée rot Georg 2009
18,5	🍇🍇🍇🍇	Cuvée rot Sempre 2009

Mittelburgenland DAC *, Mittelburgenland DAC Reserve **

© ÖWM Herbert Lehmann

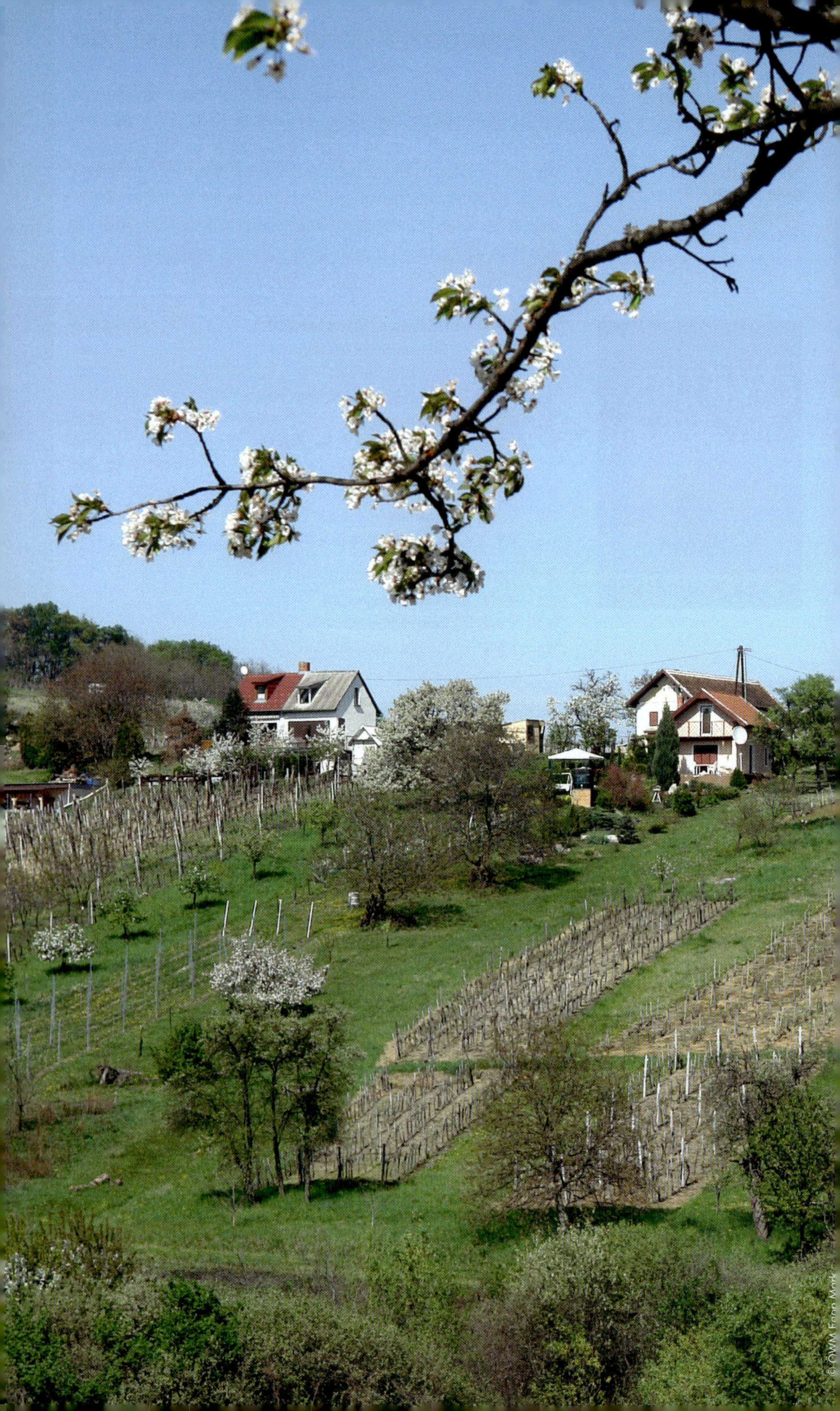

EISENBERG

Es ist eines der kleinsten, aber interessantesten heimischen Anbaugebiete. Mineralische Welschrieslinge und heißblütige, eigenwillige Ausnahmeweine der Sorte Blaufränkisch brillieren.

LIEBLINGSWEIN DER REDAKTION

2017 Blaufränkisch Reihburg Eisenberg DAC Reserve – Thomas Kopfensteiner
Wein-Tester des Gault&Millau: Helmut Knall

Am Eisenberg nur einen Lieblingswein auszuwählen, ist bei den Qualitäten der Topwinzer schwierig. Der Reihburg überzeugte mit perfekter Balance aus feingliedriger Eleganz, typischer Eisenberg-Würze, saftiger Frucht und Potenzial für viele Jahre. Blaufränkisch auf Weltklasseniveau.

WEINGÜTER AM EISENBERG

Grosz
7521 Eberau
Gaas 82
Tel.: 0660 279823
office@weingut-grosz.at
www.weingut-grosz.at

Das Weingut Grosz in Eberau ist ein typischer Familienbetrieb. Hier hilft jeder mit, der kann. Die Verantwortung für den Weingarten und Keller tragen Vater Paul und Sohn Andreas. Ihre Weinserie ist sehr erdverbunden und beinhaltet auch den für die Region wichtigen Uhudler. Begeistert sind wir vom Blaufränkisch DAC Reserve aus 2017. Er zeigt die typische, dunkle, mineralische Eisenberger Würze, ist dicht und kraftvoll am Gaumen. Ein Charmeur auf hohem Niveau: der Gewürztraminer.

17,5	🍇🍇🍇	Blaufränkisch 2017 **	€ 16,00
17	🍇🍇🍇	Blaufränkisch 2017 *	€ 9,00
16,5	🍇🍇	Cuvée rot GRandiOSZ 2017	€ 15,00
16,5	🍇🍇	Gewürztraminer 2018 Auslese	€ 8,50
16	🍇🍇	Weißburgunder 2018	€ 7,50
16	🍇🍇	Zweigelt 2017	€ 7,00
15	🍇🍇	Welschriesling 2018	€ 6,50
15	🍇🍇	Uhudler 2018	€ 8,00

Top-Weine vergangener Jahrgänge:

17,5	🍇🍇🍇	Blaufränkisch 2015 **
17	🍇🍇🍇	Merlot 2015

Groszer Wein
7473 Burg 95
kanzlei@groszerwein.at
www.groszerwein.at

Groszer Wein macht auch Pét Nat. Dabei folgt man der Méthode ancestrale, die ursprünglich aus der südfranzösischen Gegend rund um Limoux stammt. Sie ist die älteste Art, um Wein zum Schäumen zu bringen. Die Gärung beginnt im Tank. Noch währenddessen, im Stadium des Sturms, wird in Flaschen gefüllt. Der Werdungsprozess und somit die Bildung der Perlen wird hier vollendet. Der Roesler eignet sich dafür sehr gut. Er bringt eine herrlich frische Himbeerfrucht. Fein ist die zarte Perlage.

16,5	🍇	Gemischter Satz Csaterberg 2017	€ 16,90
15,5	🍇🍇	Roesler Pét Nat 2017	€ 16,90

Top-Weine vergangener Jahrgänge:

17,5	🍇🍇🍇	Blaufränkisch vom Riegl 2012
17,5	🍇🍇🍇	Blaufränkisch Saybritz 2011
17,5	🍇🍇🍇	Blaufränkisch Szapary 2011

WEINGÜTER AM EISENBERG

Jalits

7512 Badersdorf
Untere Dorfstraße 16
Tel.: 0664 330 38 27
office@jalits.at
www.jalits.at

Seit mittlerweile fünf Generationen widmet man sich neben der Gastwirtschaft dem Weinbau. Doch erst Mathias Jalits brachte den Betrieb auf eine professionelle Schiene. Seit 2001 trägt er die Verantwortung. Unterstützt wird er dabei vor allem von seinen Eltern Anna und Alfred Jalits. Nach dem Besuch der Hotelfachschule in Oberwart entschied er sich für die Winzerei. Dem Besuch der Weinbauschule Eisenstadt ließ er die Ausbildung zum Weinbau- und Kellermeister folgen.

18,5	🍇🍇🍇	Blaufränkisch Diabas 2016 **	€ 28,00
17,5	🍇🍇🍇	Blaufränkisch Ried Fasching 2017 **	€ 22,00
17	🍇🍇🍇	Cabernet Sauvignon 2016	€ 22,00
16	🍇	Weißburgunder Kalk und Schiefer 2017	€ 16,00

Top-Weine vergangener Jahrgänge:

19	🍇🍇🍇🍇🍇	Blaufränkisch Diabas 2011
19	🍇🍇🍇🍇🍇	Blaufränkisch Diabas 2009
18,5	🍇🍇🍇	Blaufränkisch Diabas 2015 **

Kopfensteiner

7474 Deutsch Schützen
Untere Hauptstraße 31
Tel.: 03365 2236
weingut@kopfensteiner.at
www.kopfensteiner.at

Thomas Kopfensteiners wichtigste Rieden heißen Weinberg, Reihburg, Saybritz und Szapary. Der Weinberg in Deutsch Schützen ist eine Plateau-Lage auf 295 Meter Seehöhe. Von hier kommen saftige, fruchtige und erdige Weine. Beim Eisenberg hingegen dominieren Grün- und Blauschieferböden. Am Reihburg mischt sich eisenhaltiger Lehm dazu. Saybritz gilt als kargste Lage, ganz ähnlich wie beim Szapary. Dort wachsen Trauben für Weine mit sogenannter feiner Klinge.

♥ **Lieblingswein der Redaktion**

19	🍇🍇🍇🍇🍇	Blaufränkisch Reihburg 2017 ** ♥
18,5	🍇🍇🍇	Blaufränkisch Saybritz 2017 **
18	🍇🍇🍇	Blaufränkisch Szapary 2017 **
17,5	🍇🍇🍇	Blaufränkisch Weinberg 2017 **
17	🍇🍇🍇	Cuvée rot Border 2017
16,5	🍇🍇	Cuvée weiß Saybritz 2017
16,5	🍇🍇	Blaufränkisch 2017 *
16	🍇	Welschriesling Ried Saybritz 2018

Top-Weine vergangener Jahrgänge:

19,5	🍇🍇🍇🍇🍇	Blaufränkisch Szapary 2011
19	🍇🍇🍇🍇🍇	Blaufränkisch Saybritz 2012
19	🍇🍇🍇🍇🍇	Blaufränkisch Saybritz 2013

Eisenberg DAC *, Eisenberg DAC Reserve **

WEINGÜTER AM EISENBERG

Schiefer
7503 Großpetersdorf
Welgersdorf 3
Tel.: 0664 521 90 47
office@weinbau-schiefer.at
www.weinbau-schiefer.at

Uwe Schiefer bringt den Charakter des Eisenbergs in die Flasche. Wie kaum ein Zweiter versteht der sensible Winzer, das Terroir einzufangen. Die Eisenberg DAC Reserve 2015 ist das Sinnbild hierfür – erdig, kräuterwürzig und mit dunkler Frucht zeigt sie sich am Gaumen, in einer tiefen Struktur mit einem schier endlosen Finale. Neben Trauben aus dem Südburgenland verarbeitet Schiefer noch welche aus dem nahen Ungarn, vom Leithaberg und aus dem mittelburgenländischen Lutzmannsburg.

19	🍇🍇🍇🍇	Blaufränkisch 2015 **	€ 52,00
18,5	🍇🍇🍇	Blaufränkisch Lutzmannsburg V.V. 2017	€ 48,00
18	🍇🍇🍇	Blaufränkisch vom blauen Schiefer e 2016	€ 18,00
18	🍇🍇🍇	Blaufränkisch Königsberg k 2017	€ 18,00
18	🍇🍇🍇	Merlot m 2016	€ 36,00
17,5	🍇🍇🍇	Cuvée weiß Weisser Schiefer s 2017	€ 28,00
17	🍇🍇🍇	Blaufränkisch Burgenland 2017	€ 12,00
17	🍇🍇🍇	Pinot Noir 2016	€ 36,00
16,5	🍇🍇	Cuvée rot Pala rot 2017	€ 18,00
15,5	🍇	Cuvée weiß Pala feher 2017	€ 15,00

Top-Weine vergangener Jahrgänge:

19,5	🍇🍇🍇🍇	Blaufränkisch Königsberg Alte Weingärten 2013	
19	🍇🍇🍇🍇	Blaufränkisch Lutzmannburg V.V. 2013	
19	🍇🍇🍇🍇	Blaufränkisch Königsberg Alte Weingärten 2015	

Schützenhof
7474 Deutsch Schützen
Winzerstraße 41
Tel.: 0664 109 93 33
office@weingut-schuetzenhof.at
www.weingut-schuetzenhof.at

Heuer konnten wir nur eine kleine Serie von Markus Faulhammer kosten. Die war aber geprägt von großer Eigenständigkeit und auch – im Positiven – Eigensinn. Der Pét Nat Haut-Nah, ein auf den Schalen angegorener Welschriesling, der in der Flasche seine Gärung vollendet hat und daher prickelt, gefiel uns in seiner wilden Würzigkeit. Außergewöhnlich: der Blaufränkisch Ried Ratschen Vollmond. Ein urwüchsiger, momentan noch sehr jugendlicher Wein mit viel Struktur und Potenzial.

18,5	🍇🍇🍇	Blaufränkisch Ried Ratschen Vollmond 2017 **	€ 50,00
18	🍇🍇🍇	Chardonnay Apollon No.4 NV	€ 22,00
17	🍇🍇🍇	Zweigelt Rotburger 2017	€ 9,50
16	🍇	Welschriesling Haut-Nah Pét Nat 2018	€ 18,00
16	🍇🍇	Blaufränkisch Pur 2017 *	€ 11,50

Top-Weine vergangener Jahrgänge:

18,5	🍇🍇🍇	Blaufränkisch Senior 2012 **	
18,5	🍇🍇🍇	Blaufränkisch Senior 2015 **	
18	🍇🍇🍇	Blaufränkisch Senior 2014 **	

WEINGÜTER AM EISENBERG

StephanO

7474 Deutsch Schützen
Unterer Weinweg 11
Tel.: 0664 263 69 39
office@stephano.at
www.stephano.at

Es ist die Erfüllung eines Lebenstraumes: Der gebürtige Salzburger Dr. Stephan Oberpfalzer und seine Frau Monika haben sich in Deutsch Schützen ein wunderschönes Refugium geschaffen. Stephano, der berauschte Kellermeister aus Shakespeares „Sturm", ist nicht von ungefähr der Namensgeber für das Weingut. Im Laufe der vergangenen Jahre ist ein architektonisches Schmuckstück entstanden. Die Weinkollektion wird von Jahr zu Jahr ausgereifter und stimmiger – bravo!

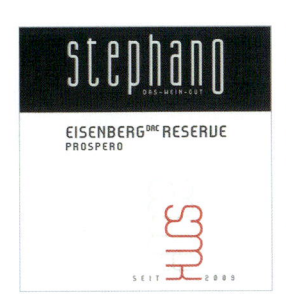

18	🍇🍇🍇🍇	Blaufränkisch gonzalo 2016 **	€ 17,00
17,5	🍇🍇🍇	Weißburgunder Betonei 2016	€ 17,00
17	🍇🍇🍇	Grüner Veltliner juno Leithaberg Betonei 2017 *	€ 17,00
17	🍇🍇🍇	Blaufränkisch trinculo 2016 *	€ 9,00
16,5	🍇🍇	Zweigelt sebastian 2015	€ 10,00
16	🍇🍇	Blaufränkisch shakespeare 2015 Likörwein	€ 25,00
15	🍇	Weißburgunder pinot blanc M 2017	€ 22,00

Top-Weine vergangener Jahrgänge:

18	🍇🍇🍇🍇	Blaufränkisch Eisenberg prospero 2012 **
17,5	🍇🍇🍇	Blaufränkisch Eisenberg prospero 2015 **
17,5	🍇🍇🍇	Cuvée rot stephano rot 2015

Straka

7471 Rechnitz
Bahnhofstraße 15
Tel.: 0664 201 63 96
office@weinbau-straka.at
www.weinbau-straka.at

Thomas Straka, einer aus der jungen Garde im Südburgenland, hat eine besonders gute Hand für Weißwein. Als Welschriesling-Könner ist er über die Grenzen hinaus bekannt. Aber auch sein Weißburgunder spielt österreichweit vorne mit. Er hat eine ganz feine Eleganz, bleibt lange am Gaumen und duftet nach heller Frucht, etwas Biskuit und Blüten. Sehr authentisch sind daneben die zwei Blaufränker vom Rosengarten und Prantner. Straka kann also auch fantastischen Rotwein.

18	🍇🍇🍇	Weißburgunder Prantner 2017
18	🍇🍇🍇	Blaufränkisch Ried Rosengarten 2017 **
18	🍇🍇🍇	Blaufränkisch Ried Prantner 2017 **
17,5	🍇🍇🍇	Cuvée weiß Alte Reben 2017
17	🍇🍇	Welschriesling P......r 2017
17	🍇🍇🍇	Blaufränkisch Rechnitz 2017 **
16	🍇	Welschriesling Rechnitz 2018
15	🍇	Riesling Rechnitz 2018

Top-Weine vergangener Jahrgänge:

18,5	🍇🍇🍇	Cuvée weiß Alte Reben 2014
18,5	🍇🍇🍇🍇	Blaufränkisch 2013 **
18	🍇🍇🍇	Weißburgunder Prantner 2015

Eisenberg DAC *, Eisenberg DAC Reserve **

WEINGÜTER AM EISENBERG

Stubits
7512 Harmisch
Harmisch 12
Tel.: 0664 465 85 64
office@stubits.at
www.stubits.at

Rainer Stubits und der Welschriesling, das geht gut zusammen. Einst als einfacher, trinkfreudiger und frischer Wein mit Apfelfrucht landauf und landab gekeltert, ist er heute zum ernstzunehmenden Speisenbegleiter geworden. Stubits besitzt sehr gutes Rebmaterial, von dem er die Trauben für seine zwei außergewöhnlichen Welschrieslinge erntet. Jener vom Csaterberg hat eine stimmige Typizität und einen sehr guten Zug, der weiße Opal zeigt rauchige Mineralität und ist straffer am Gaumen.

17,5	🍇🍇🍇🍇	Welschriesling Weißer Opal 2017	€ 15,00
17,5	🍇🍇🍇	Blaufränkisch Ried Kleincsater 2017 **	€ 15,00
17	🍇🍇🍇	Welschriesling Selection Ried Csaterberg 2018	€ 10,00
17	🍇🍇🍇	Blaufränkisch Ried Harmisch 2017 *	€ 10,00
17	🍇🍇🍇	Merlot 2017	€ 18,00
16,5	🍇	Chardonnay 2018	€ 10,00

Top-Weine vergangener Jahrgänge:

18	🍇🍇🍇	Blaufränkisch Csaterberg 2013
18	🍇🍇🍇🍇	Blaufränkisch Opal 2011
18	🍇🍇🍇🍇	Blaufränkisch Eisenberg 2013 **

Thom Wachter
7474 Eisenberg
Winzerweg 1
Tel.: 0664 462 28 43
office@thomwachter.at
www.thomwachter.at

Thom Wachter hat seinen Weinstil weiterentwickelt. In Anbetracht des Weinetiketts fällt auf, dass der Schuh eine besondere Rolle in der Arbeit des südburgenländischen Winzers spielt. Er stellt die Verbindung zwischen Mensch, Natur und Boden dar. Man muss den Boden unter sich spüren, denn immerhin ist er es, der die Rebe beeinflusst. Thomas Wachter nimmt in dem Sinne den Einsatz des Holzfasses seit einiger Zeit zurück. So tritt der Einfluss des Terroirs mehr in den Vordergrund.

18	🍇🍇🍇	Blaufränkisch Szapary Alter Garten 2017 **	€ 28,00
18	🍇🍇🍇	Blaufränkisch Fasching 2017 **	€ 22,00
17,5	🍇🍇🍇	Blaufränkisch Saybritz 2017 **	€ 22,00
17,5	🍇🍇🍇	Blaufränkisch Königsberg 2017 **	€ 28,00
17	🍇🍇🍇	Blaufränkisch Szapary 2017 *	€ 22,00
16,5	🍇🍇	Blaufränkisch 2017 **	€ 14,00
16	🍇🍇	Blaufränkisch 2017 *	€ 8,90
15,5	🍇	Weißburgunder Königsberg 2018	€ 9,80
15	🍇	Uhudler Perle 2018	€ 12,00

Top-Weine vergangener Jahrgänge:

18	🍇🍇🍇	Blaufränkisch Königsberg 2015 **
18	🍇🍇🍇	Blaufränkisch Szapary 2016 **
18	🍇🍇🍇	Blaufränkisch Hochamt 2015

WEINGÜTER AM EISENBERG

Wachter-Wiesler
7474 Deutsch Schützen
Untere Hauptstraße 7
Tel.: 0 33 65 22 45
0664 332 83 86
wachter@wachter-wiesler.at
www.wachter-wiesler.at

An den Rotweinen Christoph Wachters ist jedes Jahr von Neuem zu erschmecken, welch tiefgründigen und eigenständigen Terroirausdruck Blaufränkisch aus dem Südburgenland haben kann. Dazu braucht es allerdings die Sensibilität und das Selbstverständnis eines talentierten Winzers. Wachter pflegt diesen Stil bravourös. Die DAC Reserve Deutsch Schützen kommt saftiger und erdiger daher, der Eisenberger zeigt mehr Mineralität und eine würzigere Kirschfrucht. Herrlichen Grip hat der maischevergorene Welschriesling (Olaszrizling).

18,5	🍇🍇🍇	Blaufränkisch Eisenberg 2017 **	€ 18.00
18	🍇🍇🍇	Blaufränkisch Deutsch Schützen 2017 **	€ 18.00
17	🍇🍇	Welschriesling Olaszrizling 2018	€ 12.00

Top-Weine vergangener Jahrgänge:

19,5	🍇🍇🍇🍇	Blaufränkisch Alte Reben Eisenberg 2012 **
19	🍇🍇🍇🍇	Blaufränkisch Alte Reben Eisenberg 2014 **
19	🍇🍇🍇🍇	Blaufränkisch Eisenberg Alte Reben 2015 **

WEIN

STEIERMARK UND BERGLAND

DIE BESTEN

#		Score	Wine
1	🍇🍇🍇🍇	19,5	Sauvignon Blanc Zieregg GSTK 2017, Tement
2	🍇🍇🍇🍇	19,5	Sauvignon Blanc Ried Nussberg GSTK 2017, Gross
3	🍇🍇🍇🍇	19,5	Sauvignon Blanc Zieregg Steinriegel GSTK 2017, Tement
4	🍇🍇🍇🍇	19	Chardonnay Ried Pössnitzberg Alte Reben GSTK 2017, Erwin Sabathi
5	🍇🍇🍇🍇	19	Sauvignon Blanc Witscheiner Herrenberg 2017, Gross
6	🍇🍇🍇🍇	19	Sauvignon Blanc Ried Welles GSTK 2017, Lackner Tinnacher
7	🍇🍇🍇🍇	19	Sauvignon Blanc Ried Pössnitzberger Kapelle GSTK 2016, Erwin Sabathi
8	🍇🍇🍇🍇	19	Sauvignon Blanc Reserve Grassnitzberg 2015, Tement
9	🍇🍇🍇🍇	19	Sauvignon Blanc Ried Moarfeitl GSTK 2017, Neumeister
10	🍇🍇🍇🍇	19	Sauvignon Blanc Ried Kranachberg Kellerreserve GSTK 2015, Sattlerhof
11	🍇🍇🍇	18,5	Blaufränkisch Koregg 2017, Karl Schnabel
12	🍇🍇🍇	18,5	Sauvignon Blanc Trockenbeerenauslese Kranachberg 2013, Sattlerhof
13	🍇🍇🍇	18,5	Sauvignon Blanc Trockenbeerenauslese Ried Buch 2017, Frauwallner Straden
14	🍇🍇🍇	18,5	Morillon Ried Flamberg GSTK 2017, Lackner Tinnacher
15	🍇🍇🍇	18,5	Chardonnay Ried Obegg GSTK 2017, Erich & Walter Polz
16	🍇🍇🍇	18,5	Morillon Zieregg GSTK 2017, Tement
17	🍇🍇🍇	18,5	Morillon Ried Moarfeitl GSTK 2017, Neumeister
18	🍇🍇🍇	18,5	Grauburgunder Ried Saziani GSTK 2017, Neumeister
19	🍇🍇🍇	18,5	Roter Traminer H 2016, Tauss
20	🍇🍇🍇	18,5	Sauvignon Blanc Ried Am Walts Reserve 2017, oberGuess

© ÖWM Anna Stöcher

SÜD-STEIERMARK

Es ist das Zusammenspiel von landschaftlichen Reizen und unvergleichlichen Weinen, das dem Anbaugebiet zu unerreichter Persönlichkeit mit hohem Qualitätsanspruch verhilft.

LIEBLINGSWEIN DER REDAKTION

2017 Sauvignon Blanc Ried Nussberg GSTK – Gross
Wein-Tester des Gault&Millau: Christian Zach

Finesse, Finesse, Finesse! Ein Wein voll rauchiger Mineralik, ganz vieler Facetten und etwas Feuerstein. Er besticht durch eine atemberaubende Eleganz, einen kompakten Säurebogen, gleichzeitig durch tollen Trinkfluss und Balance. Dazu kommt viel Länge. Ein Mega-Sauvignon-Blanc!

WEINGÜTER IN DER SÜDSTEIERMARK

Gerngross ⓝ

8441 Fresing
Rettenberg 11
Tel.: 0664 525 07 83
info@weingut-gerngross.at
www.weingut-gerngross.at

Hoch oben im Sausal, auf 600 Meter Seehöhe liegen die biologisch bewirtschafteten Weingärten der Familie Gerngross. Man lässt hier der Natur ihren freien Lauf, hat viel Geduld und Gespür beim Werden der Weine. Die Kollektion ist vom Schieferboden und der sensiblen Hand des Winzers Reinhold Gerngross geprägt. Besonders zu erwähnen: der Sauvignon Blanc Kapellenstück mit seiner saftigen, gelben Frucht und der würzige, strukturierte Grauburgunder Kapellenstück.

17	♦♦♦♦	Grauburgunder Kapellenstück 2017	€ 24,00
17	♦♦♦♦	Sauvignon Blanc Kapellenstück 2017	€ 28,00
16,5	♦♦♦♦	Welschriesling Kapellenstück 2017	€ 20,50
16	♦♦♦	Cuvée weiß Burgunder Kapellenstück 2015	€ 24,00
16	♦♦♦	Grauburgunder Ried Hochbrudersegg 2017	€ 19,00
16	♦♦♦	Grauburgunder Solutus I 2015	€ 28,00
16	♦♦♦	Welschriesling Solutus 2 2017	€ 28,00
15,5	♦♦♦	Sauvignon Blanc Ried Hochbrudersegg 2017	€ 17,50
15,5	♦♦♦	Welschriesling Kapellenstück 2018	€ 20,50
14,5	♦♦	Grauburgunder Kitzeck-Sausal 2018 *	€ 13,00
14	♦♦	Sauvignon Blanc Kitzeck-Sausal 2018 *	€ 13,50

Gross

8461 Ratsch an der
Weinstraße 26
Tel.: 03453 2527
weingut@gross.at
www.gross.at

Ab heuer haben Martina und Johannes Gross das Weingut in Ratsch komplett in Alleinregie übernommen. Bruder Michael konzentriert sich auf den Betrieb in Slowenien. Gemeinsam schupfen sie ihr Projekt Gross & Gross, unter dessen Label frische, fruchtbetonte Weine wie der Sauvignon Jakobi auf den Markt kommen. Apropos Sauvignon: Wirklich großartig sind heuer wieder der dichte und lange Nussberg und der Witscheiner Herrenberg mit seiner einprägsamen, mineralischen Frucht.

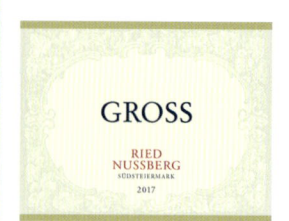

♥ Lieblingswein der Redaktion

19,5	♦♦♦♦♦	Sauvignon Blanc Ried Nussberg GSTK 2017 ♥	€ 39,00
19	♦♦♦♦♦	Sauvignon Blanc Witscheiner Herrenberg 2017	€ 120,00
18	♦♦♦♦♦	Morillon Ried Nussberg Pretschnigg GSTK 2017	€ 33,00
17,5	♦♦♦♦	Weißburgunder Ried Nussberg Stauder GSTK 2017	€ 35,00
17	♦♦♦♦	Gelber Muskateller Ried Perz 1STK 2017	€ 22,90
17	♦♦♦♦	Sauvignon Blanc Ried Sulz 1STK 2017	€ 22,90
16,5	♦♦♦♦	Morillon Ehrenhausen 2017	€ 15,50
16,5	♦♦♦♦	Weißburgunder Ried Kittenberg. 1STK 2017	€ 19,90
15,5	♦♦♦	Sauvignon Blanc Ehrenhausen 2017	€ 15,50
15,5	♦♦♦	Weißburgunder Ehrenhausen 2017	€ 14,90

Top-Weine vergangener Jahrgänge:

19	♦♦♦♦♦	Sauvignon Blanc Witscheiner Herrenberg 2013	
19	♦♦♦♦♦	Sauvignon Blanc Witscheiner Herrenberg 2016	
18,5	♦♦♦♦	Sauvignon Blanc Ried Nussberg GSTK 2016	

WEINGÜTER IN DER SÜDSTEIERMARK

Harkamp

Hollerbrandweg 6
8430 Leibnitz
Tel.: 03452 76420
0660 3449599
weingut@harkamp.at
www.harkamp.at

demeter

Mit diesem Jahr hat Hannes Harkamp seine feine, elegante Weinkollektion um eine kleine Linie mit vier reinsortig ausgebauten Natural Wines erweitert. Dabei handelt es sich nicht um die Hardcore-Variante, sondern vielmehr um eine Einstiegsqualität auf sehr gutem Niveau – Weine, die quasi die Schwellenangst vor Natural nehmen. Unser Topwein in diesem Jahr: der Morillon Kogelwenzel. Er ist mit ganz feiner Klinge vinifiziert, hat gleichzeitig Kraft und eine balancierte Burgunderstruktur.

18		Morillon Kogelwenzel 2017	€ 42,00
17,5		Grauburgunder Ried Oberburgstall 2017	€ 36,00
17,5		Riesling Alte Reben 2018	€ 29,00
17,5		Sauvignon Blanc Ried Kogelberg 2017	€ 32,00
16,5		Sauvignon Blanc Schiefer Terrassen 2018	€ 18,50
16,5		Pinot Noir Kogelwenzel 2017	€ 42,00
16		Sauvignon Blanc Natural 2018	€ 15,00
15,5		Gelber Muskateller Natural 2018	€ 14,00
15,5		Weißburgunder Natural 2018	€ 14,00
15		Welschriesling Natural 2018	€ 10,00

Top-Weine vergangener Jahrgänge:

18	Sauvignon Blanc Kogelberg 2015	
17,5	Sauvignon Blanc Kogelberg 2013	
17,5	Sauvignon Blanc Kogelberg 2016	

Daniel Jaunegg

8463 Leutschach an der Weinstraße
Eichberg-Trautenburg 160
Tel.: 03455 6754
weingut@jaunegg.at
www.jaunegg.at

Das Weingut von Daniel Jaunegg liegt versteckt in Eichberg-Trautenburg. Die wichtigsten Rieden sind Knily, direkt beim Weingut, und der drei Kilometer entfernte Schlossberg. Von der Ried Muri stammen Jauneggs Topweine. Ausgebaut im kleinen Holzfass kommen hierfür nur die besten Trauben aus den besten Lagen in den besten Jahrgängen in Frage. Im Jahrgang 2017 hat der Winzer auch eine großartige TBA vom Sauvignon Blanc gekeltert: ein Wein voll exotischer Trockenfrucht und sehr guter Balance.

18		Sauvignon Blanc Ried Muri 2017 Trockenbeerenauslese	€ 22,00
17,5		Sauvignon Blanc Ried Muri 2016	€ 28,00
17		Sauvignon Blanc Ried Knily 2017	€ 16,50
16,5		Chardonnay Eichberg 2017	€ 14,50
16,5		Grauburgunder Eichberg 2017	€ 16,50
16		Weißburgunder Eichberg 2017	€ 14,50

Top-Weine vergangener Jahrgänge:

18	Chardonnay Ried Muri 2013	
18	Grauburgunder Ried Knily 2015	
17,5	Sauvignon Blanc Ried Muri 2015	

WEINGÜTER IN DER SÜDSTEIERMARK

Kodolitsch

8430 Leibnitz
Seggauberg 65
Tel.: 0664 188 01 82
weingut@kodolitsch.at
www.kodolitsch.at

Am Weingut Kodolitsch blickt man auf eine 300-jährige Geschichte zurück. Die heutigen Besitzer, Christa und Nikolaus Kodolitsch, haben das Weingut 1993 übernommen und mit Liebe und hohem Qualitätsanspruch zu einem Vorzeigeunternehmen ausgebaut. Für die Produktion ist der junge Kellermeister Mario Weber verantwortlich. Er lernte sein Handwerk unter anderem an der Weinbauschule Silberberg. Er legt auch heuer wieder eine stimmige, perfekt vinifizierte Serie vor.

18	🍇🍇🍇	Weißburgunder Ried Rosengarten Alte Reben 2017 Reserve	€ 31,00
17,5	🍇🍇🍇	Chardonnay Ried Rosengarten Alte Reben 2017 Reserve	€ 39,00
17,5	🍇🍇🍇	Sauvignon Blanc Ried Rosengarten 2017 Reserve	€ 45,00
17	🍇🍇🍇	Sauvignon Blanc Ried Rosengarten 2018 *	€ 22,50
16,5	🍇🍇🍇	Welschriesling Ried Rosengarten Alte Reben 2017	€ 21,00
16	🍇🍇🍇	Chardonnay Ried Rosengarten 2017	€ 14,00
16	🍇🍇🍇	Chardonnay Ried Kogelberg 2017 Reserve	€ 39,00
15	🍇🍇	Sauvignon Blanc 2018 *	€ 9,50
15	🍇🍇	Welschriesling 2018 *	€ 7,00

Top-Weine vergangener Jahrgänge:

17,5	🍇🍇🍇	Sauvignon Blanc Ried Rosengarten 2017	
17	🍇🍇🍇	Cuvée weiß Ried Rosengarten 2015 Reserve	

Kögl

8461 Ratsch an der
Weinstraße 59
Tel.: 0664 408 02 72
info@weingut-koegl.com
www.weingut-koegl.com

Die junge Winzerin Tamara Kögl schupft ihren Weinbaubetrieb in Ratsch an der Weinstraße mit Hilfe ihres Lebensgefährten Robert und ihrer Eltern. Elf Hektar Fläche werden am und um den Stermetzberg aufwendig biologisch bewirtschaftet. Mit zum Betrieb gehören eine wunderschöne Buschenschank und Gästezimmer. Neben der Weinserie vinifiziert Kögl jedes Jahr auch einen Pét Nat, der fröhlich und erfrischend daherkommt. Spannend ist der würzige Sylvaner.

16,5	🍇🍇	Sauvignon Blanc Ratsch 2017	€ 13,50
16,5	🍇🍇	Sylvaner Denkmal 2017	€ 10,00
16,5	🍇🍇	Welschriesling Alte Reben 2017	€ 10,00
16	🍇🍇	Cuvée weiß Pét Nat I 2016	€ 15,00
16	🍇🍇	Grauburgunder Ratsch 2017	€ 15,70
15,5	🍇🍇	Weißburgunder 2018	€ 8,70
15	🍇🍇	Cuvée weiß Pét Nat II 2017	€ 15,00
14,5	🍇	Gelber Muskateller 2018 *	€ 9,30

Top-Weine vergangener Jahrgänge:

17	🍇🍇🍇	Sauvignon Blanc Stermetzberg 2015	

WEINGÜTER IN DER SÜDSTEIERMARK

Lackner Tinnacher

8462 Gamlitz
Steinbach 12
Tel.: 03453 2142
weingut@tinnacher.at
www.tinnacher.at

Der Name Lackner Tinnacher ist gleichbedeutend mit höchster Eleganz, Feinheit und klarem Riedenausdruck in den Weinen. Die Serie von Katharina Tinnacher ist heuer wieder überaus präzise. Die Weine vom Flamberg (Morillon und Sauvignon) gefallen uns in ihrer markigen, zart rauchigen Mineralität, fantastisch ist der Sauvignon Blanc von der Paradelage Welles. Er vereint reifen, facettenreichen Rebsortenausdruck mit balancierter Struktur und sehr gutem Potenzial.

Punkte	Wein	Preis
19	Sauvignon Blanc Ried Welles GSTK 2017	€ 40,00
18,5	Morillon Ried Flamberg GSTK 2017	€ 30,00
18,5	Sauvignon Blanc Ried Flamberg GSTK 2017	€ 30,00
18,5	Sauvignon Blanc Welles GSTK 2012 Reserve	€ 69,00
18	Grauburgunder Ried Steinbach 1STK 2017	€ 20,50
18	Sauvignon Blanc Ried Steinbach 1STK 2017	€ 21,00
18	Weißburgunder Ried Steinbach 1STK 2017	€ 20,50
17,5	Morillon Ried Steinbach 1STK 2017	€ 20,50
17,5	Riesling Decennium 2008	€ 65,00
16,5	Sauvignon Blanc Gamlitz 2018	€ 15,00
16	Gelber Muskateller Gamlitz 2018	€ 15,00

Top-Weine vergangener Jahrgänge:

Punkte	Wein
19	Welschriesling 2009 Trockenbeerenauslese
19	Grauburgunder 2008 Trockenbeerenauslese
18,5	Sauvignon Blanc Ried Welles GSTK 2016

Wolfgang Maitz

8461 Ehrenhausen
Ratsch 45
Tel.: 03453 2153
0664 3944787
weingut@maitz.co.at
www.maitz.co.at

Der Betrieb von Wolfgang Maitz ist ein geniales Gesamtkonzept: Weingut, wunderschöne Gästezimmer und ein Wirtshaus, das bestens bespielt wird. Die Weinserie gliedert sich in trinkfreudige Basisweine (Südsteiermark DAC), Ortsweine und lagenrein Ausgebautes. Bei Letzterem überzeugte uns besonders der Sauvignon Blanc von der Ried Hochstermetzberg. Er ist stoffig, dicht, hat eine reife, gelbe Sauvignonfrucht und verfügt über ein gutes Reifepotenzial.

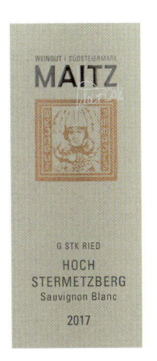

Punkte	Wein	Preis
18	Sauvignon Blanc Ried Hochstermetzberg GSTK 2017	€ 39,00
17,5	Sauvignon Blanc Ried Schusterberg 1STK 2017	€ 29,50
17	Gelber Muskateller Ried Krois 1STk 2017	€ 21,00
17	Grauburgunder Ried Schusterberg 1STK 2017	€ 29,50
17	Morillon Ried Schusterberg 1STK 2017	€ 29,50
17	Sauvignon Blanc Ehrenhausen 2017	€ 17,50
16,5	Riesling fruchtsüß 2018	€ 16,50
16	Morillon Ehrenhausen 2017	€ 16,50
16	Weißburgunder Ehrenhausen 2017	€ 16,50
15,5	Gelber Muskateller Südsteiermark 2018 *	€ 11,00
15	Sauvignon Blanc Südsteiermark 2018 *	€ 12,00

Top-Weine vergangener Jahrgänge:

Punkte	Wein
17,5	Morillon Ried Schusterberg 1STK 2015
17	Sauvignon Blanc Ried Hochstermetzberg GSTK 2015
17	Grauburgunder Ried Schusterberg 1STK 2015

Südsteiermark DAC *

WEINGÜTER IN DER SÜDSTEIERMARK

oberGuess

8463 Leutschach
Schlossberg 9
Tel.: 0664 438 08 38
office@oberguess.com
www.oberguess.com

Christian Krampls Weingut liegt an einem der schönsten Flecken der ganzen Südsteiermark. Von Leutschach schlängelt sich der Weg am Schlossberg hinauf, ganz oben findet man den geschmackvoll renovierten Hof und eine prachtvolle Aussicht. Die Weinserie von Krampl beeindruckt. Hier trifft sich elegante Rebsortentypizität mit den markigen Noten des Schlossberger Terroirs. Außergewöhnlich: die Auslese aus der Ried Am Walts mit ihrer reifen, exotischen Frucht und Länge.

18,5		Sauvignon Blanc Ried Am Walts Reserve 2017	€ 26,90
18		Sauvignon Blanc Ried Am Walts 2017 Auslese	€ 35,00
17,5		Sauvignon Blanc Ried Am Walts 2017	€ 17,90
16,5		Sauvignon Blanc Ried Schlossberg 2017	€ 11,90

Top-Weine vergangener Jahrgänge:

18,5		Cuvée weiß Privat 2012
18,5		Sauvignon Blanc Sauvage 2015
18		Sauvignon Blanc terra S. 2015

Erich & Walter Polz

8472 Spielfeld
Am Grassnitzberg 39
Tel.: 03453 230 10
weingut@polz.co.at
www.polz.co.at

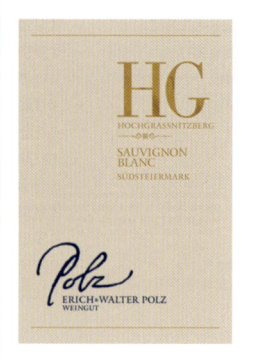

Das Weingut der Familie Polz wird aktuell in der vierten Generation geführt. Erich und Walter Polz, sie übernahmen den Betrieb in den 1980er-Jahren von ihren Eltern, sind die Eigentümer, Reinhold Polz fungiert als Geschäftsführer. Seit 2011 bringt sich Christoph Polz als Winemaker maßgeblich in den Betrieb ein. Diese vier Herren sind die Eckpfeiler des Erfolges. Daneben verfügt man über ein ansehnliches Portfolio bester Rieden, darunter auch einige Erste und Große Lagen (1STK und GSTK).

18,5		Chardonnay Ried Obegg GSTK 2017	€ 40,70
18		Sauvignon Blanc Ried Hochgrassnitzberg GSTK 2017	€ 35,60
17,5		Grauburgunder 2017	€ 17,70
16,5		Chardonnay Moth Ried Theresienhöhe 1STK 2017	€ 16,90
16,5		Chardonnay Ried Grassnitzberg 2017	€ 19,10
16,5		Sauvignon Blanc Kitzeck-Sausal 2018	€ 15,20
16,5		Welschriesling Ried Hochgrassnitzberg 2017	€ 20,60
16,5		Cuvée weiß Ried Hochgrassnitzberg 2017 Beerenauslese	€ 14,90

Top-Weine vergangener Jahrgänge:

18,5		Chardonnay Ried Obegg GSTK 2013
18		Sauvignon Blanc Ried Hochgrassnitzberg GSTK 2015 Reserve
18		Chardonnay Ried Obegg GSTK 2016

WEINGÜTER IN DER SÜDSTEIERMARK

Pongratz
Am Kranachberg

8462 Gamlitz
Kranachberg 73
Tel.: 03453 4477
0676 3379652
wein@pongratz.cc
www.pongratz.cc

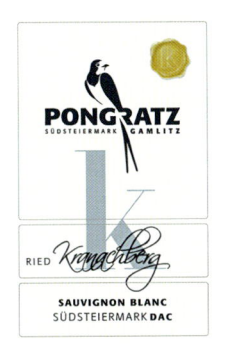

Hoch oben am Kranachberg liegt das Weingut der Familie Pongratz. Verantwortlich für die Produktion ist Markus Pongratz, der eine wirklich gute Hand im Weingarten und Keller beweist. Die Weinserie ist sehr gelungen. Die Rauchschwalbe ziert das Label seiner Weine. Sie gilt als besonderer tierischer Glücksbringer, als Symbol für Treue und Verbundenheit. Jedes Jahr reisen die Schwalben tausende Kilometer, um sich genau am Kranachberg niederzulassen und ihre Nester zu bauen.

18	Sauvignon Blanc Hochberg 2017	€ 18,20
17,5	Chardonnay Kranachberg 2018 *	€ 12,00
17,5	Sauvignon Blanc Kranachberg 2018 *	€ 13,50
16,5	Gelber Muskateller Kranachberg 2018 *	€ 12,00
16	Gelber Muskateller Gamlitz 2018 *	€ 11,00
16	Sauvignon Blanc Gamlitz 2018 *	€ 12,00

Top-Weine vergangener Jahrgänge:

17,5	Sauvignon Blanc Hochberg 2016	
17,5	Sauvignon Blanc Hochberg Privat Schwalbenhimmel 2015	
17	Chardonnay Hochberg Privat Schwalbenhimmel 2015	

Stefan Potzinger

8424 Gabersdorf 12
Tel.: 03452 82277
0664 5216444
potzinger@potzinger.at
www.potzinger.at

Stefan Potzinger, Obmann des steirischen Weinbauvereins, ist nicht nur engagierter Winzer, sondern unermüdliches Sprachrohr für die Weine seiner Heimatregion in Österreich und weltweit. Sowohl im Sausal als auch an der Südsteirischen Weinstraße bewirtschaftet er 15 Hektar Weingärten. Wichtigste Lage ist die Ried Sulz, von der der Sauvignon Blanc Joseph stammt. Der 2017er punktet durch seine traubige Frucht, zarte Orangennoten, einen dichten Körper und saftige Säure.

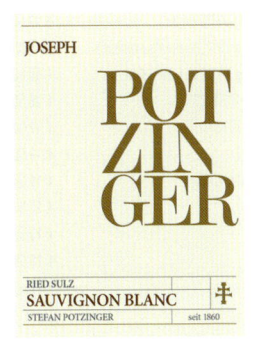

17,5	Cuvée weiß Südsteiermark 2017 Trockenbeerenauslese	€ 18,90
17	Sauvignon Blanc Ried Sulz Joseph 2017	€ 25,00
17	Sauvignon Blanc Ried Czamillonberg 2015 Reserve	€ 35,00
17	Cuvée weiß Kitzeck-Sausal 2017 Beerenauslese	€ 12,00
16,5	Morillon Vinothekfüllung 2015	€ 25,00
16	Gelber Traminer Tradition 2018	€ 12,00
16	Riesling Ried Steinriegel 2017	€ 18,90
15,5	Sauvignon Blanc Ried Steinriegel 2017	€ 18,90
15,5	Weißburgunder Ried Kittenberg 2017	€ 18,90

Top-Weine vergangener Jahrgänge:

18	Sauvignon Blanc Joseph 2008 Reserve	
17,5	Sauvignon Blanc Joseph 2009	
17,5	Sauvignon Blanc Ried Czamillonberg 2017	

Südsteiermark DAC *

WEINGÜTER IN DER SÜDSTEIERMARK

Erwin Sabathi

8463 Leutschach
Pössnitz 48
Tel.: 03454 265
weingut@sabathi.com
www.sabathi.com

Der Pössnitzberg, an dem Erwin Sabathi seine wertvollsten Rebgärten stehen hat, ist eine vorwiegend südausgerichtete Kessellage mit östlichen und westlichen Ausläufern und einer Hangneigung von bis zu 75 Prozent. Von dort kommen die besten Weine seiner Serie. Es sind ausdrucksstarke Beispiele an Präzision und mineralischer Tiefe, straffer Struktur und höchstem Entwicklungspotenzial. Allen voran natürlich die Weine von der Parzelle Kapelle, denen Sabathi längere Zeit zum Reifen gibt.

19	Chardonnay Ried Pössnitzberg Alte Reben GSTK 2017	€ 53,40
19	Sauvignon Blanc Ried Pössnitzberger Kapelle GSTK 2016	€ 83,40
18,5	Sauvignon Blanc Ried Pössnitzberg Alte Reben GSTK 2017	€ 53,40
18,5	Sauvignon Blanc Ried Pössnitzberg 2017 Trockenbeerenauslese	€ 22,00
18	Chardonnay Ried Pössnitzberg GSTK 2017	€ 33,30
18	Sauvignon Blanc Ried Pössnitzberg GSTK 2017	€ 33,30
17,5	Gelber Muskateller Ried Krepskogel 1STK 2018	€ 18,80
17	Chardonnay Ried Saffran 2017	€ 27,70
17	Sauvignon Blanc Ried Poharnig 1STK 2018	€ 21,70
16,5	Weißburgunder Ried Jägerberg 1STK 2018	€ 18,80
16	Graburgunder Ried Jägerberg 1STKd 2018	€ 23,40

Top-Weine vergangener Jahrgänge:

19,5	Sauvignon Blanc Ried Pössnitzberger Kapelle GSTK 2015
19	Chardonnay Ried Pössnitzberg Alte Reben GSTK 2016
19	Chardonnay Ried Pössnitzberger Kapelle GSTK 2015

Hannes Sabathi

8462 Gamlitz
Kranachberg 51
Tel.: 03453 2900
office@hannessabathi.at
www.hannessabathi.at

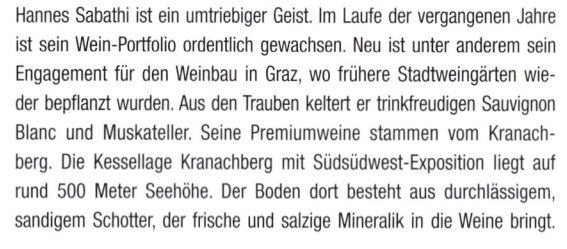

Hannes Sabathi ist ein umtriebiger Geist. Im Laufe der vergangenen Jahre ist sein Wein-Portfolio ordentlich gewachsen. Neu ist unter anderem sein Engagement für den Weinbau in Graz, wo frühere Stadtweingärten wieder bepflanzt wurden. Aus den Trauben keltert er trinkfreudigen Sauvignon Blanc und Muskateller. Seine Premiumweine stammen vom Kranachberg. Die Kessellage Kranachberg mit Südsüdwest-Exposition liegt auf rund 500 Meter Seehöhe. Der Boden dort besteht aus durchlässigem, sandigem Schotter, der frische und salzige Mineralik in die Weine bringt.

18,5	Sauvignon Blanc Ried Kranachberg GSTK 2017	€ 29,00
18,5	Sauvignon Blanc Ried Kranachberg 2017 Trockenbeerenauslese	€ 19,00
18	Sauvignon Blanc Ried Kranachberg Reserve GSTK 2016	€ 50,00
17,5	Weißburgunder Ried Kranachberg GSTK 2017	€ 28,50
17	Chardonnay Ried Jägerberg 1STK 2017	€ 19,00
17	Graburgunder Ried Kehlberg 2017	€ 19,50
16,5	Graburgunder Ried Jägerberg 1STK 2017	€ 19,50
16,5	Sauvignon Blanc Ried Loren 2017	€ 25,00
16	Gelber Muskateller Graz 2018	€ 13,50
15,5	Chardonnay Gamlitz 2017	€ 13,50
15,5	Sauvignon Blanc Gamlitz 2018	€ 17,60

Top-Weine vergangener Jahrgänge:

19	Sauvignon Blanc Ried Kranachberg Reserve GSTK 2015
18	Chardonnay Ried Jägerberg 1STK 2016
18	Weißburgunder Ried Kranachberg GSTK 2016

WEINGÜTER IN DER SÜDSTEIERMARK

Sattlerhof
8462 Gamlitz
Sernau 2
Tel.: 03453 25560
weingut@sattlerhof.at
www.sattlerhof.at

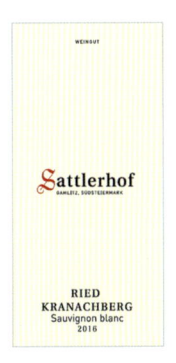

(bio)

Willi Sattler gilt als einer der profiliertesten Sauvignon- und Burgunder-könner der Steiermark. Seine Trauben wachsen rund um den Betrieb oberhalb von Gamlitz (zu dem auch ein schmuckes Hotel und Restaurant gehören). Die Paradelagen sind: Pfarrweingarten – eine Monopollage des Weingutes-, Kapellenweingarten, von dem seit 2014 Weine gemacht werden, Kranachberg und Sernauberg. Biologische Bewirtschaftung und sorgsamer Umgang mit der Natur prägen die Arbeit.

19		Sauvignon Blanc Ried Kranachberg Kellerreserve GSTK 2015	€ 72,00
18,5		Sauvignon Blanc Ried Kranachberg GSTK 2017	€ 42,00
18,5		Sauvignon Blanc Ried Pfarrweingarten GSTK 2017	€ 35,00
18,5		Sauvignon Blanc Grassnitzburg 2016	€ 42,00
18,5		Sauvignon Blanc Kranachberg 2013 Trockenbeerenauslese	€ 49,00
18		Sauvignon Blanc Ried Sernauberg 1STK 2018 *	€ 25,00
18		Sauvignon Blanc Ried Kapellenweingarten 2018 *	€ 25,00
17		Sauvignon Blanc Eichberg 2018 *	€ 15,90
16,5		Sauvignon Blanc Gamlitz 2018 *	€ 15,90
16		Gelber Muskateller Gamlitz 2018 *	€ 14,50
15,5		Gelber Muskateller Eichberg 2018 *	€ 14,50

Top-Weine vergangener Jahrgänge:

19		Morillon Ried Pfarrweingarten GSTK 2013
19		Sauvignon Blanc Privat 2011
19		Weißburgunder Ried Pfarrweingarten Fassreserve GSTK 2007

Schauer
8442 Kitzeck im Sausal
Greith 21
Tel.: 03456 3521
office@weingut-schauer.at
www.weingut-schauer.at

Die Schauer-Brüder brennen für den Riesling. Ihre wichtigste Riede für den Anbau der Königin unter den weißen Sorten ist der Gaisriegl und die Subriede Mellacher. Hier wachsen im Sausaler Terroir die Trauben für jene Weine, die immer auf der eleganten und feinen Seite sind. Wenn der Jahrgang passt, keltern die Schauers eine fruchtsüße Riesling-Spätlese, die unbekümmert und fröhlich, aber trotzdem mit Anspruch daherkommt. Eine gute Hand haben sie auch für mineralische Sauvignons.

18		Sauvignon Blanc Ried Gaisriegl 2017	€ 30,50
17,5		Welschriesling Ried Gaisriegl 2017 Trockenbeerenauslese	€ 8,70
17		Riesling Kitzeck-Sausal 2018 *	€ 14,50
17		Sauvignon Blanc Ried Goldes 2018 *	€ 16,50
17		Sauvignon Blanc Ried Mellacher 2018 *	€ 21,00
17		Riesling Ried Hinteregg 2017 Spätlese	€ 17,00
16,5		Weißburgunder Ried Höchtemmel 2017	€ 19,50
16,5		Riesling Kabinettstück 2018	€ 14,00
16		Sauvignon Blanc Kitzeck-Sausal 2018 *	€ 14,50
15,5		Graubugunder Kitzeck-Sausal 2018 *	€ 14,50

Top-Weine vergangener Jahrgänge:

17,5		Riesling Ried Gaisriegl 2015
17,5		Riesling Ried Gaisriegl 2017 Spätlese
17		Riesling Ried Gaisriegl 2017

Südsteiermark DAC *

WEINGÜTER IN DER SÜDSTEIERMARK

Karl Schnabel

8443 Gleinstätten
Maierhof 34
Tel.: 03457 3643
0676 6966724
weingut@karl-schnabel.at
www.karl-schnabel.at

demeter
biodynamische Qualität

Ein Winzer, der klare Vorstellungen hat – vom Weingarten, vom Keller, vom Wein, den er macht, und vom Leben überhaupt. Keine unnötigen Dinge belasten ihn. Karl Schnabel lebt für die biodynamische Landwirtschaft und versteht wie kaum ein Zweiter die komplexen Zusammenhänge der Natur. Er lässt sich darauf ein, hat viel dabei gelernt. Perfect physiologisch reife Trauben sind die Basis für die besten Rotweine, die in der Steiermark gekeltert werden. Schnabel ist unser Ausnahmewinzer des Jahres.

Ausnahmewinzer des Jahres 2020

18,5	🍇🍇🍇	Blaufränkisch Koregg 2017	€ 32,90
18	🍇🍇🍇	Blaufränkisch Hochegg 2017	€ 32,90
17,5	🍇🍇🍇	Pinot Noir Hochegg 2017	€ 34,90
16,5	🍇	Morillon Hochegg 2017	€ 32,90
16	🍇🍇	Zweigelt Rotburger Kreuzegg 2017	€ 24,90

Top-Weine vergangener Jahrgänge:

18	🍇🍇🍇	Blaufränkisch Koregg 2015	
17,5	🍇🍇🍇	Morillon Hochegg 2015	
17,5	🍇🍇🍇	Pinot Noir Hochegg 2015	

Peter Skoff – Domäne Kranachberg

8462 Gamlitz
Kranachberg 50 – Sauvignonweg
Tel.: 03454 6104
weingut@peter-skoff.at
www.peter-skoff.at

Das Weingut der Familie Peter Skoff mit 25 Hektar Weinflächen liegt am Kranachberg und nennt sich daher auch Domäne Kranachberg. Die Steilhänge in klimatisch begünstigter Seehöhe zeichnen sich durch die optimale Exposition zur Sonne aus. Auf den sandig-warmen Böden reifen Trauben für fruchtige Weine mit einem unverwechselbaren Sorten- und Herkunftscharakter. Top für uns ist heuer die TBA Vergissmeinnicht, ein Wein voll Honignoten, dunkler, malziger Würze und Reifepotenzial.

17,5	🍇🍇🍇	Gemischter Satz Vergissmeinnicht 2017 Trockenbeerenauslese	€ 18,50
16,5	🍇	Morillon Ried Kranachberg 2015 Reserve	€ 22,00
16,5	🍇	Sauvignon Blanc Finum 2017	€ 18,50
16	🍇	Sauvignon Blanc Jägerberg 2017	€ 14,00
16	🍇	Weißburgunder Kranachberg 2017	€ 14,00
15,5	🍇	Cuvée weiß devilORANGEI 2017	€ 18,50
15	🍇🍇🍇	Cuvée rot Gemini No.10 NV	€ 12,50

Top-Weine vergangener Jahrgänge:

17	🍇🍇🍇🍇	Weißburgunder Ried Kranachberg 2013	
17	🍇🍇🍇🍇	Cuvée weiß devilORANGEI 2015	
17	🍇🍇🍇🍇	Sauvignon Blanc Ried Kranachberg 2015 Reserve	

WEINGÜTER IN DER SÜDSTEIERMARK

Sternat Lenz ⓝ
8463 Leutschach
Remschnigg 17
Tel.: 03455 7693
0664 2430768
weingut@sternat-lenz.com
www.sternat-lenz.com

18		Welschriesling 2017 Trockenbeerenauslese	€ 31,00
17,5		Chardonnay Ried Remschnigg 2016	€ 24,00
17,5		Chardonnay Ried Schloßberg 2015	€ 24,00
17		Sauvignon Blanc Ried Hohenegg 2017	€ 20,50
16		Weißburgunder Südsteiermark 2018 *	€ 7,50
16		Welschriesling Ried Hohenegg 2017	€ 24,00
15,5		Sauvignon Blanc Südsteiermark 2018 *	€ 9,90
14,5		Welschriesling Südsteiermark 2018 *	€ 6,80

Tauss
8463 Leutschach
Schlossberg 80
Tel.: 03454 6715
info@weingut-tauss.at
www.weingut-tauss.at

demeter

Wieder ist es der Rote Traminer von der Lage Hohenegg – am Etikett kurz H genannt –, der in Roland Tauss' Weinserie besonders strahlt. Der maischevergorene Wein hat ein ideal rebsortentypisches und animierendes Bukett, ohne parfümiert zu wirken. Am Gaumen zeigt er genau die richtige Dosis an Tannin und einen energiereichen, perfekt strukturierten Körper. Ausgezeichnet sind daneben der kräuterwürzige Sauvignon Blanc H und der wilde, nach Weihrauch duftende Grauburgunder H.

Der Familienbetrieb besteht seit etwa 200 Jahren und liegt auf einer Seehöhe von 480 Metern am Remschnigg, in der Nähe der Ortschaften Leutschach und Arnfels. Der schöne Bauernhof ist umgeben von Obstbäumen, Weinhängen, Wiesen und eindrucksvollen Waldlandschaften. Der junge Winzer Herbert Sternat hat bei den Besten seiner Zunft gelernt und lebt seinen Traum vom regionstypischen, klaren Wein. Seine Serie spiegelt exakt den Geschmack der Trauben und des Terroirs wider. Bravo!

18,5		Roter Traminer H 2016	€ 28,80
18		Grauburgunder H 2016	€ 22,50
18		Sauvignon Blanc H 2016	€ 19,80
17,5		Chardonnay H 2016	€ 19,80
17,5		Sauvignon Blanc Urban 2015	€ 27,00
17		Chardonnay Opok 2017	€ 13,80
17		Sauvignon Blanc Opok 2017	€ 13,80
17		Weißburgunder Opok 2017	€ 13,80
16		Welschriesling Opok 2017	€ 11,70

Top-Weine vergangener Jahrgänge:

18,5		Sauvignon Blanc Opok 2013	
18,5		Roter Traminer H 2013	
18,5		Roter Traminer H 2015	

Südsteiermark DAC *

WEINGÜTER IN DER SÜDSTEIERMARK

Tement

8461 Berghausen
Zieregg 13
Tel.: 03453 41010
0664 1505595
weingut@tement.at
www.tement.at

Wieder einmal haben die Tements eine fantastische Weinkollektion geschaffen. Vom Zieregg kommt aus 2017 ein engmaschiger, dicht gepackter Sauvignon, der in seiner Jugend fast ein wenig schüchtern und unnahbar wirkt. Mit Luft und Zeit blüht der Prachtwein aber zu einem hochkomplexen, mineralischen und markanten Typ auf, der eine schier unglaubliche Länge hat. Weiters verfügbar sind die einzeln abgefüllten Zieregg-Parzellen mit unserem Leader: Steinriegel.

19,5	♕♕♕♕	Sauvignon Blanc Zieregg GSTK 2017	€ 42,00
19,5	♕♕♕♕	Sauvignon Blanc Zieregg Steinriegel GSTK 2017	€ 42,00
19	♕♕♕♕	Sauvignon Blanc Grassnitzberg 2015 Reserve	€ 35,00
18,5	♕♕♕♕	Morillon Zieregg GSTK 2017	€ 42,00
18	♕♕♕♕	Sauvignon Blanc Grassnitzberg 1STK 2017	€ 22,00
18	♕♕♕♕	Sauvignon Blanc Sernau König 2017	€ 33,00
18	♕♕♕♕	Weißburgunder Zieregg 2015	€ 45,00
18	♕♕♕♕	Welschriesling Weinstock Alte Reben 2017	€ 33,00
17,5	♕♕♕♕	Morillon Sulz 1STK 2017	€ 23,00
17	♕♕♕	Sauvignon Blanc Ehrenhausen Muschelkalk 2017	€ 15,50
16	♕♕	Sauvignon Blanc Fosilni Breg Domaine Ciringa 2017	€ 11,50

Top-Weine vergangener Jahrgänge:

19,5	♕♕♕♕	Sauvignon Blanc Zieregg GSTK 2015
19,5	♕♕♕♕	Sauvignon Blanc Zieregg Weisse Wand GSTK 2015
19,5	♕♕♕♕	Sauvignon Blanc Zieregg GSTK 2016

Warga-Hack

8441 Sankt Andrä-Höch
Höch 60
Tel.: 0664 9216956
biowein@warga-hack.at
www.warga-hack.at

demeter

Seit 1998 leitet Rainer Hack das Familienweingut Warga-Hack, seit 2002 gemeinsam mit seiner Frau Jasmin Scheucher-Hack. Der Betrieb ist seit 2017 zertifiziertes Mitglied bei Demeter. Am Verband schätzen die beiden Winzer die gemeinsame Weiterbildung, Präparatetage und freundschaftliches Miteinander. Sie leben und arbeiten in einem intakten Biotop, entsprechend sind ihre Weine auf besondere Weise bekömmlich und spiegeln den eigenständigen Charakter des Sausals wider.

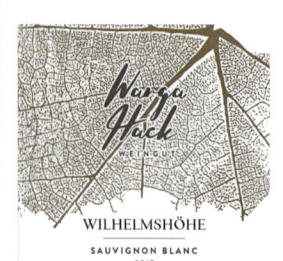

18	♕♕♕	Sauvignon Blanc Ried Wilhelmshöhe 2017	€ 21,00
17,5	♕♕♕	Grauburgunder NATURal 2016	€ 29,00
17	♕♕♕	Sauvignon Blanc Kitzeck-Sausal 2017	€ 16,00
16,5	♕♕♕	Grauburgunder Ried Wilhelmshöhe 2017	€ 21,00
16,5	♕♕♕	Morillon Ried Wilhelmshöhe 2017	€ 21,00
16	♕♕	Riesling Kitzeck-Sausal 2017	€ 16,00
16	♕♕	Weißburgunder Kitzeck-Sausal 2017	€ 11,00
16	♕♕	Welschriesling Ried Wilhelmshöhe 2017	€ 16,00

Top-Weine vergangener Jahrgänge:

17	♕♕♕	Sauvignon Blanc Ried Wilhelmshöhe ohne So² 2015
17	♕♕♕	Sauvignon Blanc Römerstrasse 2015
17	♕♕♕	Grauburgunder Ried Wilhelmshöhe 2015

WEINGÜTER IN DER SÜDSTEIERMARK

Wohlmuth

8441 Kitzeck im Sausal
Fresing 24
Tel.: 03456 2303
wein@wohlmuth.at
www.wohlmuth.at

Die Familie Wohlmuth steckt enorm viel Kraft und Engagement in ihr Weingut und in die Arbeit für die Weinregion Sausal. Durch ihre Kollektion erzählen sie von den extrem steilen Rebhängen, der Mineralität aufgrund der Schieferböden und der kühlen Witterung, die den Weinen eine ganz besondere Anmut beschert. Deutlich spürbar wird all das im Sauvignon Blanc Edelschuh aus 2017. Er ist sehr klar in seiner würzigen Frucht, stoffig, zugleich engmaschig und lange anhaltend.

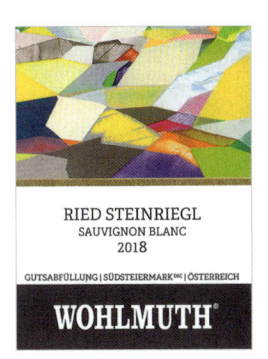

18,5	♛♛♛♛	Sauvignon Blanc Ried Edelschuh 2017
18	♛♛♛♛	Riesling Ried Edelschuh 2017
17,5	♛♛♛♛	Sauvignon Blanc Ried Hochsteinriegl 2017
17	♛♛♛♛	Chardonnay Ried Sausaler Schlössl 2017
17	♛♛♛♛	Riesling Ried Dr. Wunsch 2018 *
16,5	♛♛♛	Pinot Gris Ried Gola Alte Reben 2016
16,5	♛♛♛	Sauvignon Blanc Ried Steinriegl 2018 *
16	♛♛♛	Chardonnay Ried Gola 2018 *
16	♛♛♛	Riesling Kitzeck-Sausal 2018 *
16	♛♛♛	Sauvignon Blanc Kitzeck-Sausal 2018 *
15	♛♛♛	Gelber Muskateller Ried Steinriegl 2018 *

Top-Weine vergangener Jahrgänge:

18	♛♛♛♛	Sauvignon Blanc Ried Hochsteinriegl 2015
18	♛♛♛♛	Sauvignon Blanc Ried Edelschuh 2016
17,5	♛♛♛♛	Sauvignon Blanc Ried Edelschuh 2015

Ewald Zweytick

8461 Ratsch an der Weinstraße
Ratsch 102
Tel.: 03453 7222
0664 2109189
office@ewaldzweytick.at
www.ewaldzweytick.at

Man sagt Ewald Zweytick nach, kompromisslos zu sein. Kompromisslos bedeutet für ihn eigentlich bloß, die Dinge bis an ihre Wurzeln zu ergründen. Dazu muss man sich manchmal dorthin begeben, wo die Luft dünner und das Risiko größer wird. Dafür werden auch die Ergebnisse spannender. Also raus aus der Komfortzone und interessante Dinge probieren. So wie den interzellulär vergorenen Sauvignon Blanc Heaven's Door – momentan noch ein schlummernder Riese mit großem Potenzial.

18,5	♛♛♛♛	Sauvignon Blanc Heaven's Door 2017	€ 138,00
18	♛♛♛♛	Sauvignon Blanc Don't Cry 2017	€ 52,00
17,5	♛♛♛♛	Chardonnay November Rain 2017	€ 48,00
17,5	♛♛♛♛	Grauburgunder Tosca 2017	€ 52,00
17,5	♛♛♛♛	Sauvignon Blanc Pfarrweingarten 2017	€ 29,00
16,5	♛♛♛	Gelber Muskateller Pfarrweingarten 2017	€ 24,00
16	♛♛♛	Chardonnay 2017	€ 10,20
16	♛♛♛	Sauvignon Blanc Südsteiermark 2018 *	€ 12,80

Top-Weine vergangener Jahrgänge:

18,5	♛♛♛♛	Sauvignon Blanc Don't Cry 2011
18,5	♛♛♛♛	Morillon November Rain 2011
18	♛♛♛♛	Chardonnay November Rain 2015

Südsteiermark DAC *

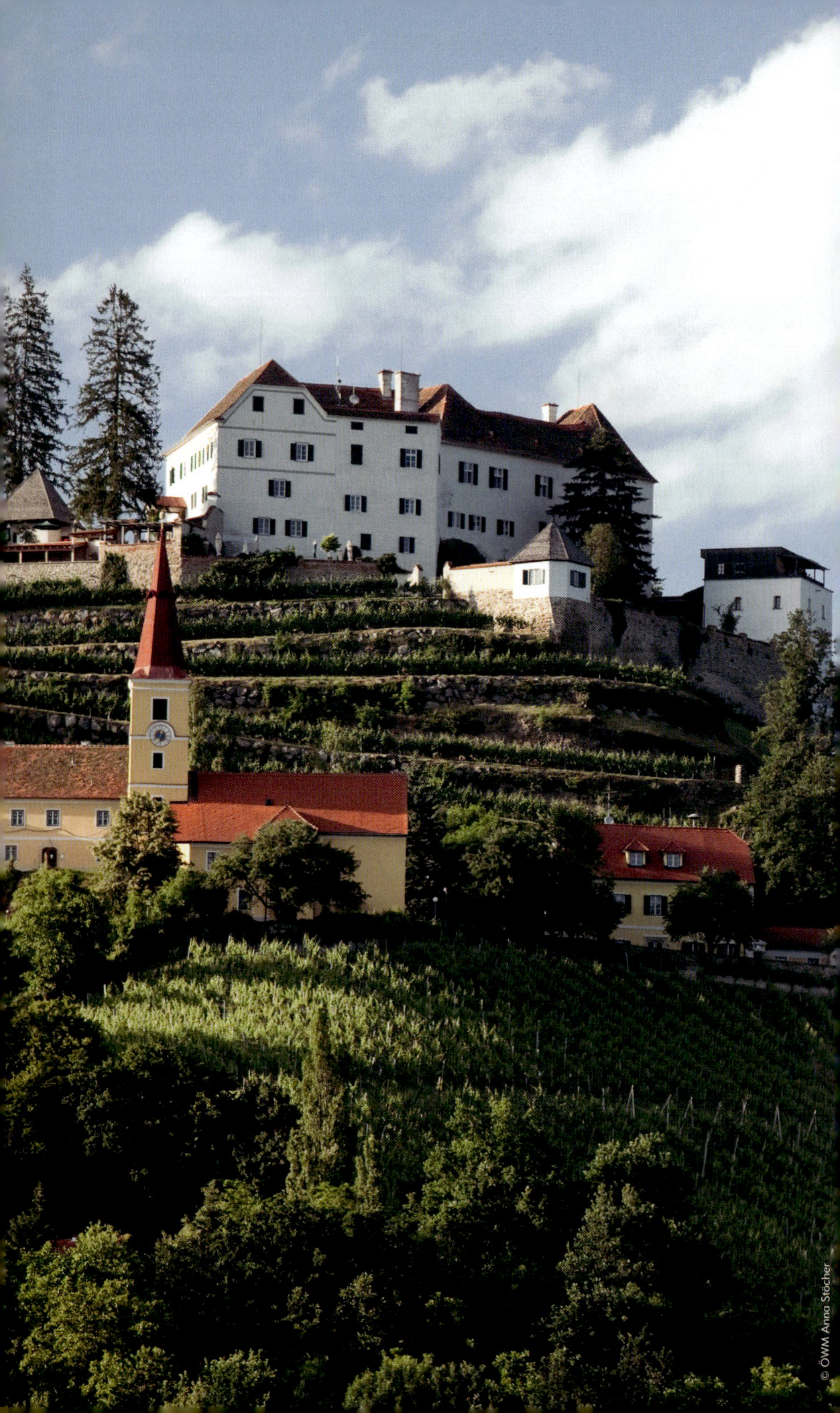

VULKANLAND STEIERMARK

Die Region ist vom illyrischen Klima geprägt und bekannt für markante Weine aus Weingärten vulkanischen Ursprungs. Große Bedeutung rund um Klöch hat der Traminer als Spezialität.

LIEBLINGSWEIN DER REDAKTION

2018 Furmint vom Sandstein – Herrenhof Lamprecht
Wein-Tester des Gault&Millau: René Kollegger

Ein Furmint wie aus dem Bilderbuch. Die Nase verspricht einen saftigen Wein mit viel Williams-Birne, Limettenzeste und Wiesenkräutern, untermalt von Salzmandeln. Am Gaumen spiegelt sich das Bukett wider, der Wein wirkt feingliedrig mit einer feinen Stahligkeit und enormem Trinkfluss.

WEINGÜTER IM VULKANLAND STEIERMARK

Frauwallner Straden

8345 Straden
Karbach 7
Tel.: 03473 71 37
0676 60 36 911
weingut@frauwallner.com
www.frauwallner.com

Aus dem Keller von Walter Frauwallner kommt heuer eine besonders schöne Serie. Die Krone hat er ihr mit seinen beiden überaus stimmigen Trockenbeerenauslesen aufgesetzt. Vor allem jene vom Sauvignon Blanc überzeugt uns in ihrer exotischen Fruchtigkeit. Fantastisch ist auch der Traminer vom Stradener Rosenberg. Ein Wein, der sehr viel Typizität ausstrahlt. Er duftet nach Litschi, Orange und Sternanis. Besonders macht ihn seine saftige Säure, die einen perfekten Trinkfluss bringt.

18,5		Sauvignon Blanc Ried Buch 2017 Trockenbeerenauslese	€ 24,00
18		Sauvignon Blanc Privat 2017	€ 50,00
18		Traminer Ried Stradener Rosenberg 2018 *	€ 18,00
18		Weißburgunder Ried Buch 2017 Trockenbeerenauslese	€ 21,00
17		Grauburgunder Ried Stradener Rosenberg 2017	€ 21,00
17		Morillon Ried Buch 2017	€ 24,00
17		Sauvignon Blanc Ried Buch 2017	€ 29,00
17		Weißburgunder Ried Buch 2017	€ 24,00
16		Grauburgunder Straden 2018 *	€ 15,50
15,5		Sauvignon Blanc Straden 2018 *	€ 15,50

Top-Weine vergangener Jahrgänge:

18		Sauvignon Blanc Privat 2015	
17,5		Cuvée weiß 2010 Trockenbeerenauslese	
17		Grauburgunder Ried Hochrosenberg 2013	

Herrenhof Lamprecht

8311 Markt Hartmannsdorf
Pöllau 43
Tel.: 0699 171 49 68 99
office@herrenhof.net
www.herrenhof.net

bio

Die Weinserie Gottfried Lamprechts bestätigt jedes Jahr aufs Neue das große Talent des jungen Winzers aus Markt Hartmannsdorf. Vor allem von seinem Furmint vom Sandstein sind wir heuer hingerissen. Er darf gut und gerne als das Idealbild dieser Sorte gelten. Sein Duft ist facettenreich, zeigt Wiesenkräuter und reife Zitrusfrucht, was sich perfekt am Gaumen fortsetzt. Der Wein hat viel Energie, Struktur und gleichzeitig charmante Eleganz, die ihn zu etwas ganz Eigenständigem macht.

♥ Lieblingswein der Redaktion

18		Furmint vom Sandstein 2018 ♥	€ 12,50
18		Grauburgunder Sand & Kalk Reserve 2017	€ 23,00
17		Gemischter Satz Buchertberg Weiss 2017	€ 17,00
17		Weißburgunder Sand & Kalk 2018	€ 10,00
17		Blaufränkisch Buchertberg Rot 2017	€ 14,00
16,5		Welschriesling vom Lehm 2018	€ 10,00

Top-Weine vergangener Jahrgänge:

18,5		Gemischter Satz Buchertberg weiß 2013	
18		Weißburgunder Sand & Kalk 2015 Reserve	
18		Gemischter Satz Buchertberg weiß 2016	

WEINGÜTER IM VULKANLAND STEIERMARK

Josef Scharl Ⓝ
8354 St. Anna am Aigen
Plesch 1
Tel.: 03158 2314
josef@weinhof-scharl.at
www.weinhof-scharl.at

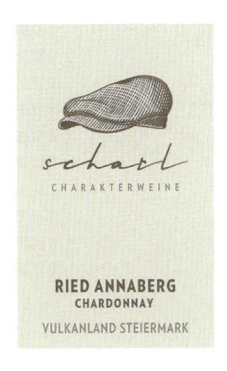

Weine mit Charakter verlangen nach einem einfühlsamen Winzer. Nach einem, der achtsam umzugehen weiß mit den Elementen, die den Wein werden lassen: Böden, Riede, Reben. Josef Scharl kennt seine Lagen, ist auf dieser Erde gewachsen und geworden. Er ist begeisterter Wein-Mann und verwurzelt im steirischen Vulkanland. Seit Jahren arbeiten Scharl, seine Familie und sein Team nach dem Rhythmus der Mondphasen. Im Keller begleitet er die Weine mehr, als dass er vinifiziert.

17,5	🍇🍇🍇🍇	Chardonnay Ried Schemming Eruption Alte Reben 2015	€ 29,00
17	🍇🍇🍇🍇	Sauvignon Blanc Ried Annaberg Mond Alte Reben 2015	€ 65,00
16,5	🍇🍇🍇	Chardonnay Ried Schemming Eruption Alte Reben 2017	€ 19,80
16	🍇🍇🍇	Chardonnay Ried Annaberg Alte Reben 2017	€ 15,00
16	🍇🍇🍇	Gelber Muskateller Ried Annaberg 2017	€ 13,50
16	🍇🍇🍇	Cuvée rot Eruption 2015	€ 17,90
15,5	🍇🍇🍇	Sauvignon Blanc Ried Schemming Auron 2016	€ 27,00
15	🍇🍇	Cabernet Blanc Mond 2016	€ 25,00
15	🍇🍇	Weißburgunder Ried Annaberg Alte Reben 2017	€ 15,00
14,5	🍇	Muscaris Mond 2015	€ 25,00
14	🍇	Souvignier Gris Mond 2016	€ 35,00

Krispel
8345 Hof bei Straden
Neusetz 29
Tel.: 03473 78620
office@krispel.at
www.krispel.at

Inmitten einer Vulkanlandschaft bei Straden liegt das Genussgut Krispel. Wein, Buschenschank, Wollschweine und Gästezimmer sind hier über die Jahre zu einem harmonischen, sich gegenseitig stützenden großen Ganzen zusammengewachsen. Stefan Krispel ist für die Vinifikation zuständig und macht seine Sache sehr gut. Vor allem der Sauvignon Blanc von der Ried Hochstrandl ist gelungen. Er hat eine reife Frucht, feine Würze, deutliche Cassisnoten und eine saftige Säurestruktur.

17	🍇🍇🍇🍇	Sauvignon Blanc Ried Hochstrandl 2017	€ 29,00
16	🍇🍇🍇	Chardonnay Ried Kaargebirge 2017	€ 26,00
16	🍇🍇🍇	Graubrugunder Ried Hochstrandl 2017	€ 27,00
16	🍇🍇🍇	Sauvignon Blanc Ried Neusetzberg 2017	€ 19,00
15,5	🍇🍇	Sauvignon Blanc Straden 2018 *	€ 14,50
15,5	🍇🍇	Weißburgunder Ried Neusetzberg 2017	€ 24,00
15	🍇🍇	Gelber Muskateller Ried Stradener Rosenberg 2018 *	€ 14,50

Top-Weine vergangener Jahrgänge:

17,5	🍇🍇🍇🍇	Chardonnay Ried Klaus 2016
17	🍇🍇🍇🍇	Cuvée weiß Wein aus dem Stein B1 2012
17	🍇🍇🍇🍇	Chardonnay Straden 2017

Vulkanland Steiermark DAC *

WEINGÜTER IM VULKANLAND STEIERMARK

Neumeister
8345 Straden 42
Tel.: 03473 8308
weingut@neumeister.cc
www.neumeister.cc

(bio)

Es vergeht kein Jahr, in dem wir nicht voll des Lobes für Christoph Neumeisters lebendige, strahlende und hochelegante Weinkollektion sind. Vor allem der Sauvignon Blanc Moarfeitl konnte punkten. Ein Wein von ganz feiner Klinge, trotzdem energisch und dicht. Er hat reife Sauvignon-Noten, ein wenig Pfirsich und Ananas und dazu eine herrliche Mineralität. Außerordentlich ist auch der Graugurgunder Saziani. Er spiegelt die typisch nussigen Noten wider, ist dicht und engmaschig.

19	♕♕♕♕	Sauvignon Blanc Ried Moarfeitl GSTK 2017	€ 37,00
18,5	♕♕♕♕	Graugurgunder Ried Saziani GSTK 2017	€ 37,00
18,5	♕♕♕♕	Morillon Ried Moarfeitl GSTK 2017	€ 37,00
18	♕♕♕♕	Sauvignon Blanc Ried Klausen 1STK 2018 *	€ 22,00
17,5	♕♕♕♕	Graugurgunder Straden 2018 *	€ 14,00
17,5	♕♕♕♕	Roter Traminer Ried Steintal 1STK 2018 *	€ 22,00
17	♕♕♕♕	Morillon Straden 2018 *	€ 14,00
17	♕♕♕♕	Sauvignon Blanc Straden 2018 *	€ 14,00
17	♕♕♕♕	Weißburgunder Ried Klausen 1STK 2018 *	€ 24,00
16	♕♕	Gelber Muskateller 2018 *	€ 12,00

Top-Weine vergangener Jahrgänge:

19	♕♕♕♕	Sauvignon Blanc Alte Reben 2015	
18,5	♕♕♕♕	Sauvignon Blanc Alte Reben 2013	
18,5	♕♕♕♕	Sauvignon Blanc Moarfeitl 2016	

Ploder-Rosenberg
8093 St. Peter am Ottersbach
Unterrosenberg 86
Tel.: 03477 3234
office@ploder-rosenberg.at
www.ploder-rosenberg.at

demeter – biodynamische Qualität

Am Weingut der Familie Ploder wird biodynamischer Landbau wirklich gelebt. Und das seit 2006. Mit dem Jahrgang 2012 arbeitete man das erste Mal mit dem Weinausbau in Tonamphoren. Eine kleine Kostprobe des Tero 2015 in Worten: Der Wein leuchtet in einem feinen Rotgold, er duftet nach Kumquats, Karamell und Mandeln, ist stoffig und energiereich am Gaumen und hat dazu ein feines, gut eingebundenes Tanningerüst. Ein geerdeter, wohltuender Wein mit vielen Facetten und Tiefgang.

17,5	♕♕♕	Cuvée weiß Tero 2015	€ 43,00
16,5	♕♕	Cuvée weiß Aero 2015	€ 43,00
16,5	♕♕	Graugurgunder 2017	€ 13,00
16,5	🍇🍇	Zweigelt Linea 2015	€ 25,00
16	♕♕	Gelber Muskateller 2018	€ 13,00
16	♕♕	Morillon 2017	€ 10,00

Top-Weine vergangener Jahrgänge:

17,5	🍇🍇🍇	Graugurgunder 2010 Trockenbeerenauslese	
17,5	♕♕♕	Cuvée weiß Aero 2013	
17	♕♕♕	Cuvée weiß Blanca 2016	

WEINGÜTER IM VULKANLAND STEIERMARK

WEIN

Winkler-Hermaden

8353 Kapfenstein 105
Schloss Kapfenstein
Tel.: 03157 2322
weingut@winkler-hermaden.at
www.winkler-hermaden.at

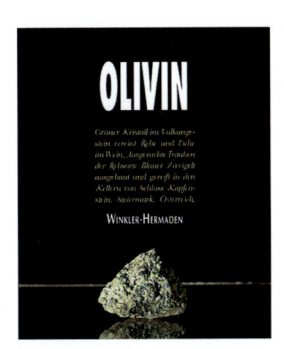

bio

Das Weingut wird nunmehr in der dritten Generation von der Familie Winkler-Hermaden geführt. Dabei liegen in den 40 Hektar großen Weinbergflächen die Schwerpunkte bei Sauvignon Blanc, Traminer und den Burgundersorten, während bei den Rotweinen Blauer Zweigelt und Merlot dominieren. Die neue Generation, Christof, Thomas und Wolfgang, bringt sich mehr und mehr ein. Fantastisch im Tasting der ausdrucksstarke und gleichzeitig elegante Sauvignon Blanc Kirchleiten.

18,5	🍇🍇🍇	Sauvignon Blanc Ried Kirchleiten GSTK 2017	€ 28,00
18	🍇🍇🍇	Morillon Ried Rosenleiten 1STK 2017	€ 19,00
17	🍇🍇🍇	Sauvignon Blanc Ried Klöcher Hochwarth 2017	€ 20,00
17	🍇🍇🍇	Traminer Ried Kirchleiten GSTK 2017	€ 25,00
17	🍇🍇🍇	Zweigelt Olivin 2016	€ 19,00
16,5	🍇🍇	Morillon Kapfenstein 2018 *	€ 12,00
16	🍇🍇🍇	Cuvée rot Hermada 2016	€ 18,00
15,5	🍇🍇	Gewürztraminer Klöch 2018 *	€ 12,50
15,5	🍇🍇	Sauvignon Blanc Kapfenstein 2018 *	€ 14,00
14	🍇	Muscaris 2018	€ 9,00

Top-Weine vergangener Jahrgänge:

18		Sauvignon Blanc Kirchleiten GSTK 2013
18	🍇🍇🍇🍇	Cuvée weiß Kirchleiten 2009 Trockenbeerenauslese
18	🍇🍇🍇	Graubugunder Ried Schlosskogel 1STK 2017

© ÖWM Armin Faber

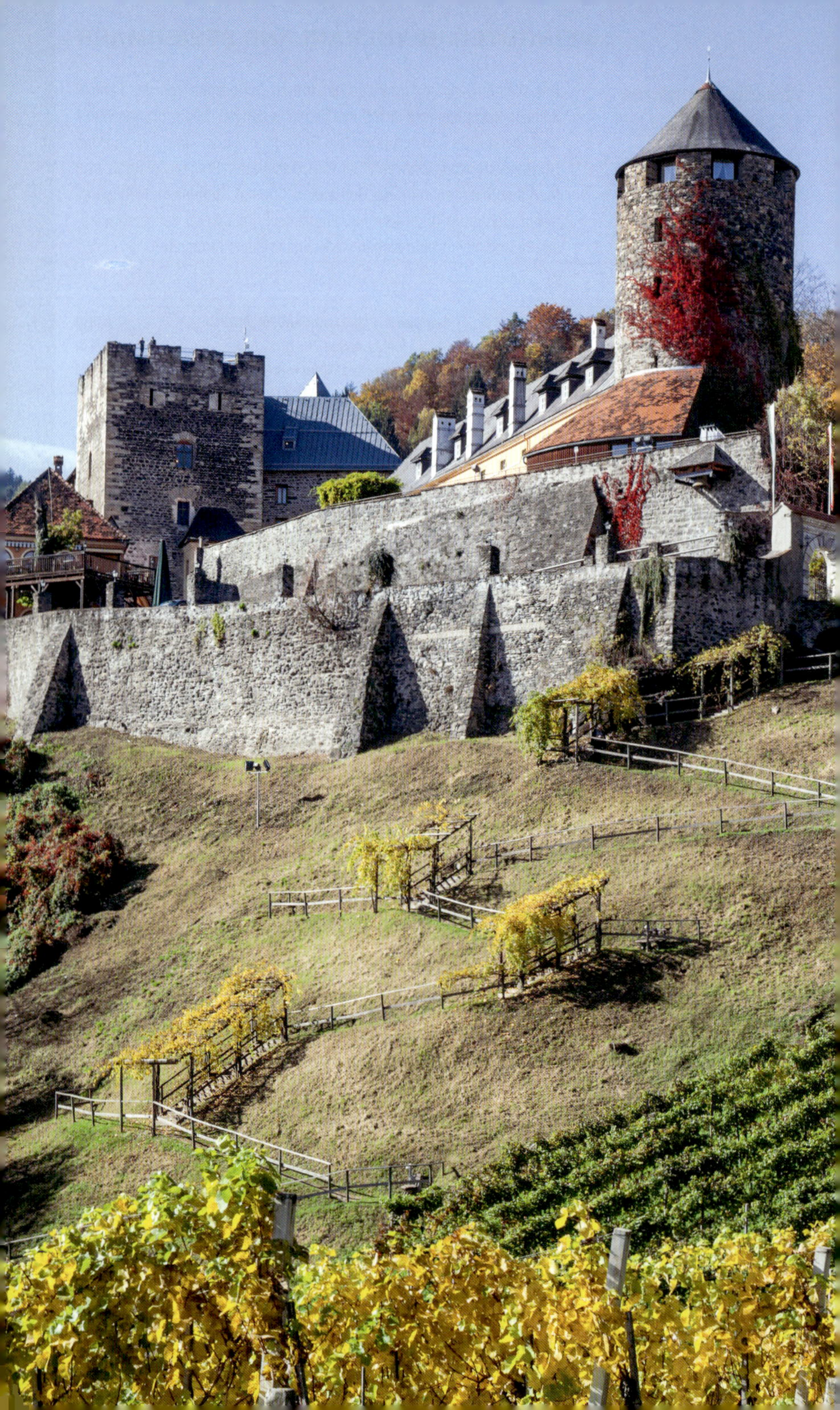

WESTSTEIERMARK UND BERGLAND

Die Weststeiermark wird stets in einem Atemzug mit dem Schilcher genannt. Er ist das autochthone Aushängeschild der Region.

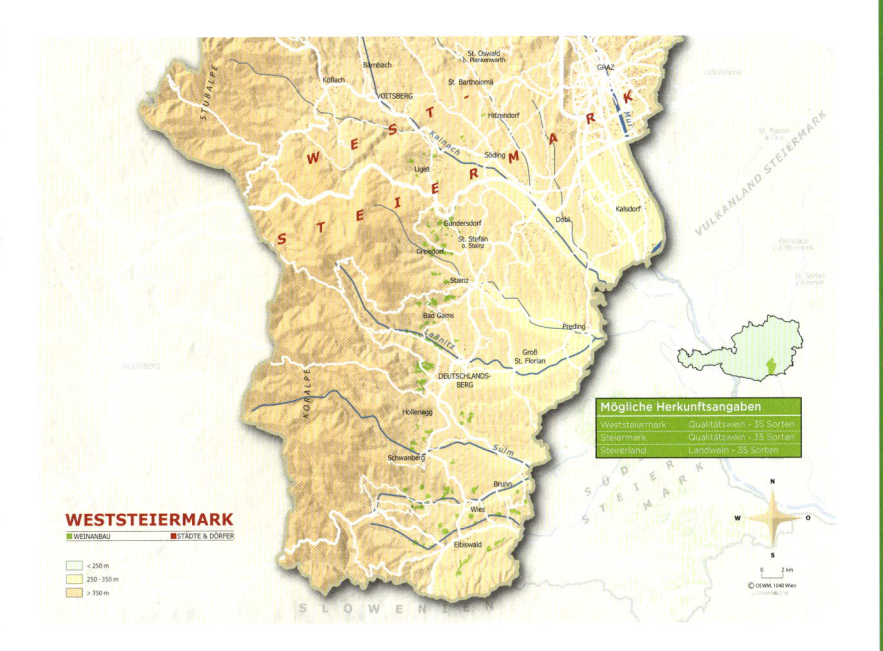

LIEBLINGSWEIN DER REDAKTION

2018 Grüner Veltliner Ried Neu Amerika Ländle Crü – Möth
Wein-Tester des Gault&Millau: Petra Bader

Josef Möth gilt als Visionär des Bregenzer Weinbaus. Dabei setzt er durchaus auf die traditionellen heimischen Sorten wie den Grünen Veltliner. Sein 2018er Ländle Crü bereitet enorm viel Trinkspaß. Er duftet frisch nach Kräutern und Tabak, ist authentisch und dabei herrlich lebendig am Gaumen.

WEINGÜTER IN DER WESTSTEIERMARK

Domaines Kilger

8551 Wies
Lamberg 11
Tel.: 03465 50 50 050
0664 881 83 37 00
wein@domaines-kilger.com
www.domaines-kilger.com

Der Münchner Geschäftsmann Hans Kilger ist weit gereist und sehr genussaffin. Als er vor Jahren in die Steiermark kam, verliebte er sich in die Gegend, in ihren Charme, die Landschaft und die Weine. Bald beschloss er, seine eigene, kleine Weinserie herzustellen. Kilger fand einen ehemaligen Gutshof, den er wiederbelebte. Er erwarb erste Weinberge in vielversprechender Toplage. Mittlerweile umfasst sein Projekt auch das südliche Burgenland. Zwei namhafte Winzer übernahmen die Vinifikation.

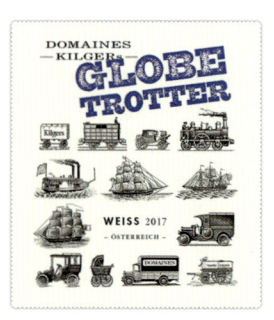

17		Weißburgunder s 2017	€ 28,00
16,5		Sauvignon Blanc Ried Kranachberg 2016	€ 33,00
16,5		Cuvée rot Private Reserve 2015	€ 48,00
14		Weißburgunder 2017	€ 10,90

Top-Weine vergangener Jahrgänge:

17		Sauvignon Blanc Ried Kranachberg 2015

Friedrich

8511 St. Stefan
Langegg 18
Tel.: 03463 81 252
0664 252 40 06
info@friedrich-schilcher.at
www.friedrich-schilcher.at

Bei den Friedrichs in St. Stefan ob Stainz dreht sich alles um den Schilcher. Ursprünglich im Nebenerwerb betrieben, widmet sich die Familie seit 2006 hauptberuflich ihrem Weingut und dem Kultwein der Weststeiermark. Ihre ausschließlich Blauen Wildbacher Reben stehen auf gut sechs Hektar Fläche. Den perfekten Untergrund bieten ihnen die kalkfreien Urgesteinsböden. Die Stöcke wurzeln tief und sind zudem vom etwas kühleren Klima auf 580 Meter Seehöhe beeinflusst.

15,5		Blauer Wildbacher Schilcher Liebelei 2018 Spätlese	€ 9,50
15		Blauer Wildbacher Schilcher Ried Kirchberg 2018 *	€ 8,50
15		Blauer Wildbacher Schilcher Ried Langegg 2018 *	€ 8,50
15		Blauer Wildbacher Schilcher Ried Pirkhofberg 2018 *	€ 8,50
14,5		Blauer Wildbacher Stainzer Schilcher 2018 *	€ 7,50
14		Blauer Wildbacher Schilcher Klassik 2018 *	€ 7,00
14		Blauer Wildbacher Schilcher Prima Donna halbtrocken 2018	€ 7,70

WEINGÜTER IN DER WESTSTEIERMARK

Schilcherei Jöbstl

8551 Wernersdorf
Am Schilcherberg 1
Tel.: 03466 43210
0664 5340777
info@joebstl.eu
www.joebstl.eu

Am südlichen Ende der Schilcher Weinstraße – dort, wo an den Ausläufern der Koralpe Weinberge von großflächigen Obstplantagen abgelöst werden, bearbeitet die Familie Jöbstl Grund und Boden. Der Großvater hatte bereits, für die damalige Zeit unüblich, von Ackerbau und Viehzucht auf Wein- und Obstbau umgestellt und nicht selten ein abschätziges Lächeln dafür geerntet. Der Erfolg jedoch gab ihm Recht. Jöbstl und der Schilcher werden seit vielen Jahren fast in einem Atemzug genannt.

16	🍇	Sauvignon Blanc Braunegg 2017	€ 8,30
16	🍇🍇🍇	Blauer Wildbacher Schilcher Ried Schilcherberg 2018 *	€ 8,00
15,5	🍇🍇🍇	Blauer Wildbacher Schilcher Alter Weingarten 2018	€ 7,50
15	🍇🍇	Blauer Wildbacher Schilcher No. 5 2018	€ 7,50
15	🍇🍇	Blauer Wildbacher Schilcher Ried Krass 2018 *	€ 7,50
14,5	🍇	Sauvignon Blanc 2018 *	€ 8,00
14	🍇	Gelber Muskateller 2018 *	€ 7,30
13,5	🍇	Weißburgunder 2018 *	€ 7,00
13	🍇	Blauer Wildbacher weiß 2018	€ 7,50

Langmann

8511 St. Stefan
Langegg 23
Tel.: 03463 6100
0676 5175217
weingut@l-l.at
www.weingut-langmann.at

Hier schlägt das Herz für den Schilcher. Drei Generationen Langmann leben und arbeiten am Hof. Stefan Langmann hat die Verantwortung. Mit fundiertem Wissen verbindet er Tradition und Moderne. Auch sein Weinkeller spielt alle Stückerl. Mit zeitgemäßer Technologie wie Hightech-Pressen wird das Lesegut schonend verarbeitet, temperaturgesteuerte Edelstahltanks garantieren einen perfekten Gärungs- und Reifeverlauf, um die Primärfrucht des Traubengutes im Wein zu erhalten.

16,5	🍇🍇	Sauvignon Blanc Ried Greisdorf 2017 Reserve	€ 22,00
16	🍇🍇🍇	Blauer Wildbacher Schilcher Ried Hochgrail 2018 *	€ 9,50
15,5	🍇🍇	Gelber Muskateller Ried Greisdorf 2018 *	€ 10,90
15,5	🍇🍇	Sauvignon Blanc Ried Greisdorf 2018 *	€ 14,90
15	🍇🍇	Sauvignon Blanc 2018 *	€ 8,90
15	🍇🍇	Sauvignon Blanc Stainz 2018 *	€ 10,90
15	🍇🍇	Blauer Wildbacher Schilcher Stainz 2018 *	€ 8,00
14,5	🍇	Blauer Wildbacher Schilcher 2018 Spätlese	€ 9,50

Top-Weine vergangener Jahrgänge:

17	🍇🍇🍇	Gewürztraminer Steinreib 2017 Beerenauslese	

Weststeiermark DAC *

WEINGÜTER IM BERGLAND

Casa Amore Wein ℕ

4707 Schlüßlberg
Oberschaffenberg 12
Tel.: 0699 11 14 44 56
casa-amore@gmx.at
www.casa-amore.at

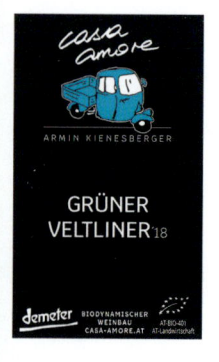

demeter
biodynamische Qualität

Unweit von Grieskirchen liegt das einzige oberösterreichische Weingut, das seit Anbeginn nach biodynamischen Grundsätzen betrieben wird. Armin Kienesberger hat sich vor rund acht Jahren entschlossen, Weinbauer zu werden. Heute bewirtschaftet er zwei Hektar Rebfläche. Seine Kollektion ist mehr als beeindruckend. Sie strahlt, jeder einzelne Wein wirkt enorm lebendig. Ergänzend zur Bio-Weingartenbewirtschaftung gibt es im Keller kaum Intervention. Eine echte Entdeckung – Chapeau!

Entdeckung des Jahres 2020

17,5		Müller-Thurgau Lady Orange 2017	€ 15,00
16,5		Pinot Blanc 2018	€ 8,50
16,5		Pinot Noir 2017	€ 12,00
16		Grüner Veltliner Amore Naturale 2018	€ 12,00
16		Grüner Veltliner 2018	€ 8,50
16		Müller-Thurgau 2018	€ 8,50
15,5		Gemischter Satz Apollo 18 Pét Nat 2018	€ 12,00
15,5		Zweigelt Amore Naturale 2018	€ 9,50
14		Rosé 2018	€ 7,00

Möth

6921 Kennelbach
Langenerstraße 5
Tel.: 0664 430 69 62
info@moeth.at
www.moeth.at

Mit 3,5 Hektar Fläche ist der Weinbaubetrieb der Familie Möth der größte in Vorarlberg. Die besten Rieden befinden sich in unmittelbarer Nähe zum Bodensee, in der Lage Neu Amerika. Hier profitiert der Winzer von den Einflüssen des Sees (Wärmespeicher, Reflexion des Wassers und Föhn). Die Rebstöcke stehen auf sandigen Kiesböden. Wie im Vorjahr gefällt uns auch heuer wieder der Grüne Veltliner besonders gut. Er duftet frisch nach Kräutern und Tabak, ist lebendig und würzig am Gaumen.

♥ Lieblingswein der Redaktion

16		Grüner Veltliner Ried Neu Amerika Ländle Crü 2018 ♥	€ 11,90
15,5		Chardonnay Ried Neu Amerika 2018	€ 11,90
15,5		Müller-Thurgau Ried Neu Amerika Seebrünzlar 2018	€ 11,90
15		Welschriesling Ried Neu Amerika Der kleine Möth 2018	€ 11,90
14,5		Cuvée rot Ried Neu Amerika Brigantium 2016	€ 19,90

WEINGÜTER IM BERGLAND

Nachbaur
6832 Röthis
Zehentstraße 4
Tel.: 0650 920 88 66
info@weingut-nachbaur.at
www.weingut-nachbaur.at

Die aktuelle Weinserie aus 2018 ist von großer Eleganz geprägt, besonders spannend ist der Pinot Noir. Die Familie Nachbaur betreibt in Röthis nahe Hohenems auf zwei Hektar Weinbau im Vollerwerb. Der Betrieb wird schon seit über 30 Jahren biologisch bewirtschaftet und ist auch entsprechend zertifiziert. Kelterung und Ausbau der Weine erfolgt in einem 600 Jahre alten Gewölbekeller. Die Weine bestechen durch ihre Lebendigkeit, ihren ganz klaren Rebsortenausdruck.

WEIN

16		Riesling 2018	€ 10,00
16		Blauburgunder 2017	€ 10,00
15		Weißburgunder 2018	€ 9,00
14		Grauburgunder 2018	€ 10,00
14		Pinot Noir Rosé 2018	€ 9,00

WEINGÜTER MIT HAUBENKÜCHE

DIE BESTEN

AMADOR – HAJSZAN NEUMANN
Wien

GUT OBERSTOCKSTALL
Oberstockstall

GUT PURBACH
Purbach

HARKAMP
St. Nikolai im Sausal

HEURIGENHOF BRÜNDLMAYER
Langenlois

HEURIGER SPÄTROT – JOHANNES GEBESHUBER
Gumpoldskirchen

HOFMEISTEREI HIRTZBERGER
Wösendorf

JAGLHOF – DOMAINES KILGER
Gamlitz

JOSEF JAMEK
Joching

JOSEFS HIMMELREICH – JOSEF FRITZ
Zaußenberg

LOIBNERHOF – KNOLL
Dürnstein

MAGNOTHEK & WIRTSHAUS AM ZIEREGG – TEMENT
Ehrenhausen

PFARRWIRT – MAYER AM PFARRPLATZ
Wien

RATHHAUS IM GEORGIUM
St. Georgen/Längsee, Kärnten

SATTLERHOF
Gamlitz

SAZIANI STUB'N – NEUMEISTER
Straden

WACHTER WIESLERS RATSCHEN
Deutsch Schützen

WEINHAUS NIGL
Senftenberg

WOLFGANG MAITZ
Ehrenhausen

ZUR DANKBARKEIT – JOSEF LENTSCH
Podersdorf am See

WEINGÜTER MIT HAUBENKÜCHE

DEUTSCH SCHÜTZEN

Wachter Wieslers Ratschen

7474 Deutsch Schützen
Am Ratschen 5
Tel.: 03365 20082
office@ratschen.at
www.ratschen.at

Das Südburgenland zählt zu den einzigartigen, faszinierenden Weinlandschaften. Und so ist auch die Gastronomie vor Ort. Die Familien Wachter und Wiesler haben hier ein Genussrefugium mit Wohnothek geschaffen, für das sich auch eine weite Anreise lohnt. Mit dem Team Csar/Konrath fanden sie zwei geniale junge Küchenchefs. Die überraschen mit Gerichten wie einem Csaterberg-Waller mit Miso, Rettich und Bohnencreme – alles ist geschmacklich und optisch perfekt.

DÜRNSTEIN

Loibnerhof – Knoll

3601 Dürnstein
Unterloiben 7
Tel.: 02732 82890
reservierung@loibnerhof.at
www.loibnerhof.at

Der Gastgarten des Loibnerhofs mit seinen schattenspendenden Bäumen ist einer jener besonderen Orte, wo sich wunderbar die Zeit vergessen lässt. Josef Knoll, Cousin des Winzers Emmerich Knoll, bietet aus seiner Küche gefüllte Kalbsbrust oder gebratenen Wels. Wer Spargel mag, ist hier auch an der richtigen Stelle. In der Saison sind natürlich die Marillenknödel Pflicht. Die Auswahl an passendem Knoll-Wein zu jedem einzelnen der Gerichte ist groß.

EHRENHAUSEN

Magnothek & Wirtshaus am Zieregg – Tement

8461 Ehrenhausen,
Zieregg 3
Tel.: 03453 22122
wirtshaus@magnothek.at
www.magnothek.at

Die Magnothek, untergebracht im ehemaligen Presshaus des Weingutes, ist nur einen Steinwurf vom neuen Keller der Familie Tement entfernt. Der Blick vom Gastraum und der Terrasse auf den Zieregg ist fantastisch. Klar ist, dass hier die Weinkarte alle Stückerl spielt. Betrieben wird das Wirtshaus von der Familie Wetzelhütter, die den Ort am Zieregg als magisch bezeichnen. Spezialisiert hat sie sich auf Magnumflaschen und größere Formate. Gekocht wird vor allem klassisches Comfort Food.

Wolfgang Maitz

8461 Ehrenhausen
Ratsch 45
Tel.: 03453 2153
0664 394 47 87
weingut@maitz.co.at
www.maitz.co.at

An einem der schönsten Plätze mit Blick auf die Ratscher Weinberge haben Wolfgang Maitz und sein Team über die Jahre ein sehr stimmiges Weingut-Wirtshaus-Weinhotel-Projekt entwickelt. Hier wird Gastfreundschaft mit großer Herzlichkeit gelebt. Die Küche bietet natürlich Backhendl, aber daneben auch eine kreative Wirtshauskarte mit steirischem „Thunfisch" (aus Duroc-Schwein) oder Leber vom Ratscher Milchschaf mit Topfenravioli. Perfekte Weinberatung durch Sommelier René Kollegger.

GAMLITZ

Jaglhof – Domaines Kilger

8462 Gamlitz
Sernau 25
Tel.: 03454 6675
jaglhof@domaines-kilger.com
www.jaglhof.at

Der Jaglhof ist nicht umsonst einer der Paradeaussichtsplätze an der Südsteirischen Weinstraße. Das Ambiente des Hauses ist traumhaft schön und auch die Küche hält daneben stand. Sie bietet zwei Menüs, die in die Kategorie einfallsreich mit sehr gutem handwerklichen Background einzuordnen sind. Einzelgänge sind beispielsweise wilder Brokkoli mit Zedernöl-Beurre-blanc oder gebeizter Schwarzer Rettich mit Portobello-Pilzen. Die Weinbegleitung kommt vom eigenen Weingut.

… DOMAINES
KILGER …

Est. MMXV

„Zeit – um zu wachsen und zu reifen – ist heute fast schon Luxusgut. Wir nehmen uns die Zeit Qualität zu erschaffen."

www.domaines-kilger.com

WEINGÜTER MIT HAUBENKÜCHE

Sattlerhof

8462 Gamlitz
Sernau 2
Tel.: 03453 25560
weingut@sattlerhof.at
www.sattlerhof.at

Der Sattlerhof ist eine Institution in der Südsteiermark. Das feine Miniresort mit wunderschönen Gästezimmern setzte schon immer auf höchste Qualität. Das gilt natürlich besonders für die Küche von Hannes Sattler. Er bietet sowohl eine Fine-Dining-Linie als auch eine Wirtshauskarte mit Klassikern der Region. Der Service ist herzerfrischend, die Weinkarte, neben der hauseigenen Kollektion, sehr gut bestückt. Natürlich sollte man auch einen Rundgang durch die Weingärten einplanen.

GUMPOLDSKIRCHEN

Heuriger Spätrot – johannes gebeshuber

2352 Gumpoldskirchen
Wienerstraße 1
Tel.: 02252 62230
johanna.gebeshuber@
heuriger-spaetrot.com
www.heurigerspaetrot.com

An der Wienerstraße Nummer eins in Gumpoldskirchen findet der Gast das, was landläufig als wahrhaft gelungenes Konzept bezeichnet werden darf. Die Idee: gutseigene Weine und abgestimmte Gerichte. Die Bezeichnung Heuriger führt vielleicht im ersten Moment in die Irre, handelt es sich doch eher um ein Restaurant. Der Gast sitzt bei gefüllter Zucchiniblüte mit Eierschwammerln oder knusprigem Chili-Blunzn-Gröstl samt dem passenden Wein von Johannes Gebeshuber und spürt, dass es gut ist.

JOCHING

Josef Jamek

3610 Joching
Josef-Jamek-Straße 45
Tel.: 02715 2235
info@weingut-jamek.at
www.weingut-jamek.at

Der Jamek zählt zu den großen Konstanten der heimischen Haubengastronomie und strahlt wie ein Fixstern über der Wachau. Das Ambiente ist wunderschön und liegt den Jochinger Weinbergen zu Füßen. Im Sommer ist die Terrasse mit dem Garten ein ganz besonderer Ort. Auf die Teller kommt Klassisches nach Edeltraut Jameks Rezepten wie Hechtnockerl oder Topfenhaluschka, ins Glas die hauseigenen, prachtvollen Rieslinge und Veltliner.

LANGENLOIS

Heurigenhof Bründlmayer

3550 Langenlois
Walterstraße 14
Tel.: 02734 2883
office@heurigenhof.at
www.heurigenhof.at

Der Heurigenhof im Herzen von Langenlois ist ein wunderschönes Ensemble samt Innenhof für warme Tage. Victoria und Martin Schierhuber sind die Gastgeber. Die Küche bietet unter anderem ein Degustationsmenü mit verlockenden Gerichten wie confierte Bergforelle mit Karfiol und Cashews. Besonders ist die Käseauswahl, die von Maître Fromager Bernard Antony aus dem Elsass geliefert wird. Wer mag, kann sich auch ein Picknick im Weingarten der Bründlmayers buchen.

WEINGÜTER MIT HAUBENKÜCHE

OBERSTOCKSTALL

Gut Oberstockstall

3470 Oberstockstall
Ringstraße 1
Tel.: 02279 2335
restaurant@gutoberstockstall.at
www.gutoberstockstall.at

Das Gut, unweit des Ortskerns von Kirchberg am Wagram, zählt zu den schönsten Plätzen, um am Land authentisch und höchst qualitativ zu essen und zu trinken. Die Familie Salomon hat ein zauberhaftes Ambiente geschaffen, wo sich Küchenchef Christoph Wagner ganz dem saisonalen Angebot als Begleitung zu Fritz Salomons naturbelassenen Demeter-Weinen widmen kann. Neben Köstlichkeiten wie Entenbrust auf Hetscherlrahm gibt es hier auch stets ein kreatives vegetarisches Menü.

PODERSDORF AM SEE

Zur Dankbarkeit – Josef Lentsch

7141 Podersdorf am See
Hauptstraße 39
Tel.: 02177 2223
office@dankbarkeit.at
www.dankbarkeit.at

Zu Josef Lentsch in seine Podersdorfer Dankbarkeit pilgern seit vielen Jahren die Liebhaber bodenständiger, hochwertiger Küche. Gerichte wie die jiddische Hühnerleber oder die burgenländische Krautsuppe wird er wohl nie von seiner Karte streichen können. Dazu gibt es eine Weinauswahl, die natürlich die eigenen Kreszenzen listet (unbedingt probieren!) sowie vieles andere zu gastfreundlichen Preisen. Die Dankbarkeit ist ein wahrhaftes Bilderbuchgasthaus.

WEIN

Gault&Millau

Gault&Millau 2020 – alle Ergebnisse ab sofort auch
unter www.gaultmillau.at erhältlich

WEINGÜTER MIT HAUBENKÜCHE

PURBACH

Gut Purbach
7083 Purbach
Hauptgasse 64
Tel.: 02683 20082
office@gutpurbach.at
www.gutpurbach.at

Mit Max Stiegl hat Dr. Hans Bichler, Patron des Hauses und genussaffiner Winzer aus Leidenschaft, einen guten Griff gemacht. Stiegl hat das Restaurant im Laufe von etwas mehr als zehn Jahren zum kulinarischen Hotspot im Burgenland geformt. Und das von Beginn an mit der damals noch nicht so allgegenwärtigen Nose-to-tail-Küche, mit der er heute in Österreich assoziiert wird. Sein Sautanz ist ebenso legendär wie seine Innereienmenüs. Im Sommer sitzt man im wunderbaren Innenhof.

SENFTENBERG

Weinhaus Nigl
3541 Senftenberg
Kirchenberg 1
Tel.: 02719 2609500
reservierung@weingutnigl.at
www.weingutnigl.at

Martin Nigl hat sich mit dem Weinhaus Nigl einen Traum erfüllt. Am Fuß der Ruine Senftenberg isst man hier Klassiker wie Essenz vom Tafelspitz mit Leberknöderl, Grießnockerl oder Frittaten und ein ausgelöstes Backhendel. Ein Kalbsbutterschnitzel wird ebenso serviert wie ein bis zu sechs Gänge großes Menü. Ein Muss dazu für alle Fans der Nigl-Weine – die Weinbegleitung. Ein Besuch wert ist auch der Raritätenkeller, in dem sich die Gäste perfekt Gereiftes aussuchen können.

ST. GEORGEN/LÄNGSEE, KÄRNTEN

Rathhaus im Georgium
9313 St. Georgen/
Längsee Kärnten
Längseestraße 9
Tel.: 0650 2241234
office@georgium.at

Markus Rath, der nun schon einige Jahre das Restaurant im Georgium führt, ist ein kongenialer Partner für Marcus Gruze und seine tiefgreifenden, sehr eigenständigen Weine. Rath bekocht die Gäste in Form eines Überraschungsmenüs in drei Versionen (klein, mittel, groß). Daneben stehen Klassiker wie fangfrischer Fisch (der Längsee ist nur einen Steinwurf entfernt) oder Ochs vom Holzkohlengrill. Wer nach dem Mahl nicht mehr fahren will: Es gibt wunderschöne Winzerzimmer.

ST. NIKOLAI IM SAUSAL

Harkamp
8505 St. Nikolai im Sausal
Flamberg 46
Tel.: 03185 2280
office@weingartenhotel.at
www.weingartenhotel.at

Erstes großes Erlebnis bei den Harkamps – der Blick hinein ins Land und die steilen Weinhänge hinunter Richtung St. Nikolai. Hier zeigt sich das Sausal von seiner schönsten und spektakulären Seite. Der als Weingartenhotel geführte Betrieb ergänzt das Weingut ideal, die Küche orientiert sich stark an heimischen Produkten. Was hier neben den gutseigenen Bioweinen ein Muss ist: die Sektkollektion von Hannes Harkamp, mehr als attraktive Aperitifs und Speisenbegleiter.

GUT PURBACH

KÜCHE UND WEIN AUS LEIDENSCHAFT

Die Verbindung von zeitgemäßer pannonischer Küche und Top Weinen aus dem eigenen Weingut sind das Aushängeschild des „Gut Purbach" am Neusiedlersee. Max Stiegl, Vorreiter des „Nose To Tail"-Kochens, sorgt u.a. mit seinen mehrgängigen Innereienmenüs für unvergessliche Geschmacksmomente bei seinen Gästen.

Dr. Hans Bichler – Winzer aus Leidenschaft – bringt mit seinen Burgundern und Blaufränkischen die perfekte Harmonie zu den Speisen von Max Stiegl auf den Tisch. Der für die Süd-Ost-Hänge des Leithagebirges charakteristische Boden aus Glimmschiefer und Kalk verleiht den Weiß- und Rotweinen eine einzigartige mineralische Note. Die Symbiose aus Küche und Wein machen das Gut Purbach nicht umsonst zu einem gastronomischen Leitbetrieb des Burgenlands.

gutpurbach.at

WEINGÜTER MIT HAUBENKÜCHE

STRADEN

Saziani Stub'n – Neumeister

8345 Straden
Sazianiweg 42
Tel.: 03473 8651
saziani@neumeister.cc
www.neumeister.cc

Harald Irka, der junge Küchenchef der Saziani Stub'n, hat hier seine kulinarische Heimat gefunden und in der Familie Neumeister große Förderer seiner kreativen, sensiblen und zugleich ungemein bodenständigen Küche. Unvergleichlich in ihrer Intensität und Leichtigkeit sind die mehrgängigen Menüs, zu denen die Neumeisters die kongeniale Weinbegleitung beisteuern. Wunderschön ist auch der neben dem Restaurant gelegene und von Angelika Ertl gestaltete Kräuter- und Gemüsegarten.

WIEN

Amador – Hajszan Neumann

1190 Wien
Grinzinger Straße 86
Tel.: 0660 907 05 00
reservation@restaurant-amador.com
www.restaurant-amador.com

Fritz Wieninger hat sich mit dem Restaurant Amador einen lang gehegten Wunsch erfüllt. Als er die Agenden des Weingutes Hajszan Neumann übernommen hat, war plötzlich die räumliche Möglichkeit für das Projekt da. Gewinnen konnte er als Betreiber keinen Geringeren als Juan Amador, hochdekorierter deutscher Küchenchef mit spanischen Wurzeln. Mit ihm zogen höchste Weihen ins Haus. Der Service und die Weinkarte sind übrigens nicht weniger spektakulär als die Küche.

Pfarrwirt – Mayer am Pfarrplatz

1190 Wien
Pfarrplatz 5
Tel.: 01 370 73 73
info@pfarrwirt.com
www.pfarrwirt.com

Ein Wirtshaus wie aus dem Bilderbuch. Mit seiner langen Geschichte ist es Anziehungspunkt für viele einheimische Stammgäste, aber auch weit Gereiste tauchen hier gerne in die klassische Wiener Wirtshauskultur ein. In dem Grinzinger Juwel speist man Gerichte wie die beliebte klassische Vorspeisenetagere, auf der sich das Beste zum Starten befindet, oder Klassiker wie Pfarrwirts Zwiebelrostbraten. Bei Schönwetter kann man im prachtvollen Gastgarten Platz nehmen.

Weinguide

Die besten Weine Österreichs im NEUEN Design.

WEINGÜTER MIT HAUBENKÜCHE

WÖSENDORF

Hofmeisterei Hirtzberger

3610 Wösendorf
Wösendorf 84
Tel.: 02715 22931
restaurant@hofmeisterei.at
www.hofmeisterei.at

Hartmuth Rameder und Erwin Windhaber konnten im Jahr 2014 das prachtvoll renovierte Ensemble im Herzen von Wösendorf von der Familie Hirtzberger pachten. Ein Glücksfall für alle Beteiligten und vor allem für die Gäste. Die Küche, sie ist in der Region verhaftet und trotzdem kreativ, bietet Köstlichkeiten wie gebeizte Bachforelle mit Salzzitrone, Rehbutterschnitzerl auf Zellerstampf oder knusprigen Zander. Die Weinkarte ist riesig, der Service herzerfrischend und amikal.

ZAUSSENBERG

Josefs Himmelreich – Josef Fritz

3701 Zaußenberg
Ortsstraße 4
Tel.: 02278 28241
info@gutehrlichessen.at
www.gutehrlichessen.at

In Zaußenberg, mitten in der Weinregion Wagram mit ihren herrlichen Roten Veltlinern, liegt das brandneue Restaurant von Josef Fritz. Als Pächter konnte er Josef Kellner (ehemals Souschef im Gourmettempel Mesnerhaus in Mauterndorf) gewinnen. Er kocht für eine kleine, handverlesene Gästeschar herzerfrischend auf. Kellner bietet ein ständig wechselndes Menü, wobei er auf Wünsche und Restriktionen der Gäste eingeht. Seine Partnerin Jasmin Wieland schupft charmant den Service.

WEINGUT JOSEF FRITZ

Josefs Himmelreich – der wahrgewordene Traum vom eigenen Restaurant

Der Wagramer Winzer Josef Fritz. Der Koch Josef Kellner. Ein liebevoll renovierter Ausgedingehof in Zaußenberg. Der Rote Veltliner & „gut ehrlich essen". Das sind die Zutaten für eine gelungene Kooperation und schon jetzt Erfolgsgeschichte. Zu den wunderbaren Kreationen des jungen Küchenchefs werden unter anderem die berühmten Roten Veltliner von Josef Fritz ausgeschenkt.

Denn wer Fritz sagt, sagt Roter Veltliner!

www.weingut-fritz.at
www.gutehrlichessen.at

WEINGÜTER MIT HEURIGEM ODER BUSCHEN-SCHANK

DIE BESTEN

13ER-HAUS – ZEDERBAUER
Palt

ALPHART AM MÜHLBACH
Traiskirchen

**BUSCHENSCHANK
IN RESIDENCE –
JUTTA AMBROSITSCH**
Wien

CHRIST
Wien

DOCKNER
Höbenbach

EDLMOSER
Wien

FUCHS-STEINKLAMMER
Wien

GRABEN GRITSCH
Spitz

**HECHINGERS HEURIGER –
MICHAEL AUER**
St. Margarethen am Moos

JÄGER
Weißenkirchen in der Wachau

KRISPEL
Hof bei Straden

**LANDGASTHAUS
IM WEINGARTEN –
JOHANNESHOF REINISCH**
Tattendorf

LANGMANN
St. Stefan

LEOPOLD AUER
Tattendorf

MICHAELA RIEDMÜLLER
Hainburg

MÖTH
Bregenz

NACHBAUR
Röthis

**PETER SKOFF –
DOMÄNE KRANACHBERG**
Gamlitz

SCHENK'HAUS – STREHN
Deutschkreutz

SOMMERLADEN – PRECHTL
Zellerndorf

STRAKA
Rechnitz

STUBITS
Harmisch

**WEINBEISSEREI –
MATTHIAS HAGER**
Mollands

WEINHOF UIBEL
Ziersdorf

ZAHEL
Wien

WEINGÜTER MIT HEURIGEM/BUSCHENSCHANK

BREGENZ

Möth

6900 Bregenz
Langenerstraße 5
info@moeth.at
www.moeth.at

Nur einen kurzen Spaziergang von der Bregenzer Innenstadt entfernt liegt der stets gut besuchte Heurige der Familie Möth. Hier ist alles sehr klassisch und traditionell, wie es sich für einen bodenständigen Heurigen gehört. Man wählt seine Jause vom Buffet, das reich bestückt mit Käse, Wurst und Schinken ist. Dazu schenkt Josef Möth seine unschlagbar guten Weine aus. Sie kommen aus der Lage Neu Amerika und hören auf die Namen Seebrünzlar (Müller-Thurgau) oder Ländle Cru (Grüner Veltliner).

DEUTSCHKREUTZ

Schenk'Haus – Strehn

7301 Deutschkreutz
Weinbergweg 1
Tel.: 02613 89362
0664 1636570
office@strehn.at
www.strehn.at

Das Schenk'Haus gehört zum Besten, was es im Burgenland an Buschenschanken gibt. Diese werden im Mittelburgenland als Schenkhaus oder Schangl bezeichnet. Gastronomie und Wein passen hier genial zusammen. Die Küche steht unter der Leitung von Andy, dem jüngsten der drei Strehn-Geschwister. Er weiß, was gut ist, und bietet den Gästen in dem Sinne saisonal wechselnd kreative Buschenschankgerichte wie im Winter beispielsweise Gänse-Maki oder im Sommer Gazpacho an.

GAMLITZ

Peter Skoff – Domäne Kranachberg

8462 Gamlitz
Kranachberg 50 – Sauvignonweg
Tel.: 03454 6104
weingut@peter-skoff.at
www.peter-skoff.at

Die Buschenschank der Familie Skoff ist von April bis November geöffnet. Von hier hat der Gast einen prachtvollen Blick auf die Weinhänge der Familie. Gegen Anmeldung führt Peter Skoff durch kommentierte Weinverkostungen. Zu knackig frischem Welschriesling oder tiefgründigem Lagen-Sauvignon gibt es aus der Küche knuspriges Hausbrot, bunte Salate aus dem eigenen Garten, Forelle aus heimischen Gewässern und weitere Delikatessen aus dem Naturpark.

HAINBURG

Michaela Riedmüller

2410 Hainburg
Klosterplatz 4
Tel.: 0699 1501169110
michaela.riedmueller@gmx.at
www.michaelariedmueller.at

Mitten in Hainburg an der Donau liegt der Heurige der Familie Riedmüller. 2018 hat Tochter Michaela den Betrieb übernommen und überzeugt mit hervorragender Weinqualität. Im Heurigenlokal mit Gastgarten im Innenhof des Weingutes ist aber alles beim Traditionellen, Alten und Guten geblieben. Auf der Speisekarte stehen Klassiker wie unterschiedlich zusammengestellte Jausenplatten, Kümmelbraten oder Rohschinken mit Melone.

Josef Dockner

Göttweig | Kremstal | Austria
www.dockner.at

WEINE AUS DEN BESTEN RIEDEN IM SÜDLICHEN KREMSTAL

www.dockner.at

WEINGÜTER MIT HEURIGEM/BUSCHENSCHANK

HARMISCH

Stubits

7512 Harmisch
Harmisch 12
Tel.: 0664 465 85 64
office@stubits.at
www.stubits.at

Viermal im Jahr öffnet die Familie Stubits ihre Räumlichkeiten für ihre weithin bekannten Buschenschank. Hier bekommt man immer schwer einen Tisch. Gründe dafür gibt es einige. Es geht urgemütlich und unkompliziert zu, man wird herzlich bedient und die Weine von Rainer Stubits sind Musterbeispiele für die Region und die Rebsorten, die hier wachsen. Aus der Küche kommen dazu klassische, hausgemachte Gerichte wie Bohnenstrudel oder Jausenplatten.

HÖBENBACH

Dockner

3508 Höbenbach
Ortsstraße 30
Tel.: 02736 7262
winzerhof@dockner.at
www.dockner.at

In ihrem Stammhaus in Höbenbach haben die Dockners viermal im Jahr für ihre Gäste geöffnet. Je nach Wetter kann man im wunderschönen Innenhof oder in den beiden Stüberln – Sacra oder Frauengrund – Platz nehmen. Aus Gudrun Dockners Küche kommen traditionelle und bodenständige Gerichte, die natürlich saisonal geprägt sind. Dazu gibt es alle Weine aus der breiten Palette des Weingutes zu kosten. Nicht fehlen darf natürlich der im Haus gekelterte Winzersekt.

HOF BEI STRADEN

Krispel

8345 Hof bei Straden
Neusetz 29
Tel.: 03473 78620
office@krispel.at
www.krispel.at

Der Gutsheurige der Familie Krispel darf als mehr als außergewöhnlich bezeichnet werden. Die Familie isst und genießt für ihr Leben gerne. Genau das regt ihre Überlegungen auch immer wieder an, was sie ihren Gästen bieten könnte. Seit vielen Jahren widmet sich die Familie Krispel auch der Erhaltung des Wollschweines. Daneben wird die Hommage an die steirische Tradition gelebt, es gibt nach wie vor die klassische Brettljause, aber auch vieles, was darüber hinausgeht.

MOLLANDS

Weinbeisserei – Matthias Hager

3562 Mollands
Mollands 84
Tel.: 02733 78080
genuss@weinbeisserei.at
www.weinbeisserei.at

Von März bis Oktober treffen einander Vinophile bei Hermann Hager. Er hat unter anderem bei Lisl Wagner-Bacher gelernt und setzt heute sein Fachwissen in der Weinbeisserei um. Seine Wurzeln sind in Mollands, hier lebt er seine Liebe zu Regionalität aus. Wichtig sind ihm allerbeste Produkte aus biologischem Anbau, die fast symbiotisch zu den Weinen seines Bruders Matthias passen. Auch architektonisch gehört der Betrieb zum Schönsten, was die Gegend zu bieten hat.

GENUSSURLAUB IM VULKANLAND STEIERMARK

Am Weingut Krispel erwartet Sie das Rundum-Paket: Vom ausgezeichneten Gutsheurigen mit hauseigenen Weinen und Wollschweinspezialitäten bis hin zur Erlebnistour durch den Betrieb mit Verkostung im Weinkeller. Entdecken. Erleben. Genießen.

Entspannung pur. Die schattigen Plätzchen in der Wiese nutzen oder vom Pool aus die Aussicht in den Weingarten genießen.

Modern und neu renoviert erstrahlen die Gästezimmer und laden zum Relaxen und Ausruhen ein.

Reichhaltig und abwechslungsreich erwartet Sie ein herrliches Frühstücksbuffet um gestärkt auf Entdeckungstour zu gehen.

Weingut Krispel
Neusetz 29, A - 8345 Straden
Tel.: +43 (0) 3473 78620
office@krispel.at
www.krispel.at

WEINGÜTER MIT HEURIGEM/BUSCHENSCHANK

PALT

13er-Haus – Zederbauer

3511 Palt
Wienerstraße 13
Tel.: 02732 82931
weingut.zederbauer@aon.at
www.weingut-zederbauer.at

„Tradition muss beibehalten und gelebt werden" – so lautet das Credo von Franz Zederbauer und seiner Familie. Seit 1994 betreiben sie das schmucke Heurigenlokal im Herzen von Palt. Aus der Küche kommen traditionelle Gerichte wie Schopfbraten oder Geselchtes, dazu schenkt man die finessenreichen Weine aus dem eigenen Keller aus. Darunter ist auch eine maischevergorene Variante vom Grünen Veltliner: Vitis Pura. Plus: ein wunderschöner Gastgarten in der warmen Jahreszeit.

RECHNITZ

Straka

7471 Rechnitz
Bahnhofstraße 15
Tel.: 0664 201 63 96
office@weinbau-straka.at
www.weinbau-straka.at

Im Herz der Welschriesling-Insel in Rechnitz betreibt Thomas Straka mit seiner Familie eine klassische Buschenschank. 40 Tage, verteilt über das Jahr, ist ausgesteckt. Da die Weine von Straka ganz klar in der Oberliga mitspielen, wird hier bei den Produkten der Küche ein ebenso hochqualitativer Weg begangen. Seit Jahren arbeitet man mit ausgesuchten Qualitätsproduzenten zusammen. Bei Schönwetter gibt es übrigens eine Terrasse mit Traumblick Richtung Eisenberg.

RÖTHIS

Nachbaur

6832 Röthis
Zehentstraße 4
Tel.: 0650 920 88 66
info@weingut-nachbaur.at
www.weingut-nachbaur.at

Im Vorarlberger Röthis betreibt die Familie Nachbaur seit 30 Jahren ihren Bioweinbau samt Buschenschank. Im Mai und September ist jeweils geöffnet. Auf diese Tage warten die vielen Stammgäste schon sehnsüchtig, denn dann gibt es wieder die bekannten hausgemachten Produkte, natürlich aus biologischen Zutaten. Der Speck wird selbst hergestellt. Dazu gibt es die klassischen und feingliedrigen Weine des Winzers, der vor allem ein Herz für die Burgundersorten hat.

SPITZ

Graben Gritsch

3620 Spitz
Viessling 21
Tel.: 02713 8478
weingut@josef-gritsch.net
www.josef-gritsch.net

Der Graben Gritsch gilt als einer der alteingesessenen, klassischen Heurigen in der Wachau. Die Küche bietet in diesem Sinne eine kräftige Unterlage für die Weinverkostung, denn das, was den Betrieb so speziell macht, sind die Weine, die hier weit über das Übliche hinausgehen. Josef Gritsch versteht es, das Spezielle seines Terroirs in die Flasche zu bringen, wobei hier weniger die Kargheit das Thema ist, sondern vielmehr die Mineralität von den felsdurchsetzten Terrassenlagen.

ST. MARGARETHEN AM MOOS

Hechingers Heuriger – Michael Auer

2433 St. Margarethen am Moos
Leithastraße 5
Tel.: 02230 3660
heuriger@hechingers.at
www.hechingers.at

Michael Auer gilt, was Weine aus dem Carnuntum anbelangt, als sichere Bank. Einst unsere Entdeckung des Jahres, hat er sich sehr schnell als Fixstarter unter den besten Winzern etabliert. Seine komplette Weinpalette gibt es in Margarethen/Moos, im Heurigen seiner Schwiegereltern, zu verfeinerter heimischer Hausmannskost. Diese wird der Jahreszeit entsprechend abgestimmt und geht weit über die übliche Heurigenküche hinaus. Herzerfrischend ist der familiäre Service.

Auer & Hechinger
ZWEI NAMEN, EINE FAMILIE

und die gemeinsame
Leidenschaft für Genuss

Der Auer macht Wein, durchdacht und präzise

Michael Auer geht ins Detail — im Weingarten und im Weinkeller. Mit dem Ziel, das Potenzial seiner Rieden in ausdrucksstarke und individuelle Weine zu verwandeln.

In nur zehn Jahren haben Michael und seine Frau Carina den Betrieb, der ursprünglich bloß auf einigen wenigen Rebflächen des Großvaters gründet, modernisiert, weiterentwickelt und erfolgreich etabliert.

Die Familientradition im Rücken, den Blick nach vorne gerichtet, steht das Weingut Michael Auer heute für herkunftstypische Weine, die neben einer starken Frucht auch Rückgrat besitzen. Dabei entstehen sie immer im Einklang mit der Natur und niemals zufällig.

Die Hechingers tischen auf

Aber auch den Auer trifft ab und an der Zufall. So brachte seine Frau Carina einen ausgezeichneten Heurigen mit in die Ehe. Bei so einer perfekten Kombination muss man fast an Schicksal glauben.

Hechingers Heurigenrestaurant und Genussmarkt wird von Andrea und Franz mit viel Liebe geführt und gilt als Tipp unter Liebhabern der heimischen Heurigenkultur. Jedes Monat werden in Margarethen am Moos Spezialitäten nach alten Familienrezepten angeboten, die sich allesamt hervorragend durch die Weine von Schwiegersohn Michael begleiten lassen.

Höflein · Carnuntum

Der Ried Aubühl 2016 zählt zu den Großen 10 lt. Gault&Millau Rotwein Guide 2019. Im Juli diesen Jahres feierte der Wein sein Debüt als »ÖTW Erste Lage«.

MICHAEL AUER

weingut-auer.com

WEINGÜTER MIT HEURIGEM/BUSCHENSCHANK

ST. STEFAN

Langmann
8511 St. Stefan
Langegg 23
Tel.: 03463 6100
weingut@l-l.at
www.weingut-langmann.at

In St. Stefan ob Stainz betreibt die Familie Langmann schon viele Jahre ihre beliebte Buschenschank. Dabei hat man sich über die Zeit vom sehr klassischen Betrieb weiterentwickelt und stellt heute kulinarische Traditionen gerne einmal auf den Kopf. Klassiker wie Kübelfleisch oder eine herzhafte Brettljause wird es aber immer geben. Denn da ruft schon der Schilcher ganz laut danach, den es hier in seiner allerbesten Form genauso wie herrlichen Winzersekt gibt.

TATTENDORF

Landgasthaus im Weingarten – Johanneshof Reinisch
2523 Tattendorf
Im Weingarten 1
Tel.: 02253 81423
0676 937 75 75
buerger@landgasthaus-imweingarten.at
www.landgasthaus-imweingarten.at

Dieser wunderschöne Ort des Genießens steht mitten in den Biorebgärten der Familie Reinisch. Die Weine sind hier absolute Oberklasse. Daher ist es nicht ungewöhnlich, dass die Küche des Heurigen, oder besser: Landgasthofes, da munter mitmacht. Ein Auszug aus der Karte: Räucherforellenverhackerts mit Grammeln, Schinkenfleckerl mit Salat oder hausgemachter Topfenstrudel mit Vanillesauce. Über das Jahr gibt es verschiedenste Aktivitäten.

Leopold Auer
2523 Tattendorf
Pottendorfer Straße 14
Tel.: 02253 81251
office@weingutauer.at
www.weingutauer.at

Mitten in Tattendorf liegt der Heurige der Familie Auer, der sehr viele Stammgäste hat. Zum einen sind es natürlich die Weine, die schon jahrelang überzeugen, zum anderen ist es das wunderschöne, gepflegte Ambiente mit Innenhof und St. Laurent Stüberl, wo sich die Zeit gut zubringen lässt. Glaskultur, Delikatessen auf dem Teller und herzliche Bedienung gehören genauso selbstverständlich dazu wie die Burgunder, für die Leopold Auer ein mehr als gutes Händchen hat.

TRAISKIRCHEN

Alphart am Mühlbach
2514 Traiskirchen
Wassergasse 9
Tel.: 02252 52292
0650 5229230
info@alphart.at
www.alphart.at

Der Heurige ist das kommunikative und kulinarische Herz des Weingutes Alphart am Mühlbach. Cathi Alphart leitet den Betrieb mit seinen gemütlichen Stuben und lauschigen Terrassen, die auch beheizt werden können. Von dort blickt man auch in den herrlich gepflegten Garten. Die Weine von Lorenz Alphart haben sich im Laufe der vergangenen Jahre enorm entwickelt, die sehr hochwertige und innovative Küche des Heurigen passt in ihrer Qualität kongenial dazu.

WEINGÜTER MIT HEURIGEM/BUSCHENSCHANK

WEISSENKIRCHEN IN DER WACHAU

Jäger
3610 Weißenkirchen
in der Wachau 1
Tel.: 02715 25 35
0664 230 78 49
jaeger@weingut-jaeger.at
www.weingut-jaeger.at

Einmal im Jahr, in der dritten Aprilwoche, wird am Weingut Jäger ausgesteckt. Der Heurige zieht seine Gäste von weit her nach Weißenkirchen, denn die Qualität hier ist viel mehr als das, was man sich normalerweise von einem Heurigen erwartet. Es gibt Roastbeef, Linsen mit gebratenem Speck, Basilikumbutter mit Kürbiskernbrot oder Weinkäse und Salami (alles selbstverständlich von Toplieferanten). So bekommen die spannungsreichen Jäger-Weine eine adäquate Begleitung.

WIEN

Buschenschank in Residence – Jutta Ambrositsch
1190 Wien
Langackergasse 5A
Tel.: 0664 500 60 95
buero@jutta-ambrositsch.at
www.jutta-ambrositsch.at

Jutta Kalchbrenner liebt den Heurigen und glaubt an ihn. Das Prinzip Heuriger besitzt für sie in seiner schlichten Direktheit ein Genuss-Potenzial, das von den vielen Touristenheurigen in Wien zwar ein wenig verdeckt, aber nicht eliminiert wird. Sie bietet eigene Weine, selbst ausgeschenkt, einfache Speisen, aber von bestmöglicher Qualität, Gastlichkeit, Atmosphäre, Idylle. Mit der Buschenschank in Residence belebt die Winzerin verzauberte Plätze wieder.

Christ
1210 Wien
Amtsstraße 10–14
Tel.: 01 29 25 152,
0699 11 06 99 87 7
info@weingut-christ.at
www.weingut-christ.at

Der Heurige ist eine Institution, die unmittelbar mit der Stadt Wien verbunden ist. Rainer Christ hat seinen Betrieb mit Naturstein, Holz und Glas sehr geschmackvoll neu eingerichtet. Seine Weine spielen bekanntermaßen in einer eigenen Liga. Neben dem klassischen Heurigenbuffet, wie es sich in Wien gehört, gibt es eine Speisekarte, die von den knusprigen Blunzenradln über Winzernockerl mit Veltlinerschinken bis zur Cremeschnitte viele Köstlichkeiten listet.

Edlmoser
1230 Wien
Maurer Lange Gasse 123
Tel.: 01 88 98 680
office@edlmoser.com
www.edlmoser.com

Laut Eigendefinition von Michael Edlmoser ist der Heurige ein lebendiger Ort und wahrscheinlich die coolste Wiener Tradition überhaupt. Er meint, hier erlebt der Gast Facebook quasi in echt. Dass in Sachen Wein und Essen einiges geboten wird, versteht sich fast von selbst. Ausgesteckt wird über das ganze Jahr, immer jeweils für zwei Wochen. Man sitzt in den gemütlichen Stuben oder im Innenhof zwischen Weinreben und Oleander und genießt es, die Zeit vorbeiziehen zu lassen.

Bei der Zusammenstellung dieses Führers ließen wir größtmögliche Sorgfalt walten, trotzdem können Daten falsch oder überholt sein. Eine Haftung können wir auf keinen Fall übernehmen.

Weingut PRECHTL
Weinviertel – Österreich

WEIN & MORE

Das **Weingut PRECHTL** liegt in Zellerndorf im Retzer Land und hat sich vor allem auf die Rebsorte Grüner Veltliner spezialisiert. Die Hälfte davon wird mittlerweile vom Weinviertel in zehn Länder der Welt exportiert. Der Winzer DI Franz Prechtl legt größten Wert auf naturnahen und nachhaltigen Weinbau, auf Herbizide wird gänzlich verzichtet. Blattarbeit, Traubenreduktion, händische Weintraubenernte, schonende Weinverarbeitung im freien Gefälle, das alles trägt zur Qualitätssicherung bei. Kühle Nächte und heiße Tage sorgen für das Aroma, die Kraft und Eleganz im Wein. Unter anderem werden sechs Varianten des Grünen Veltliners mit dem Gütesiegel Weinviertel DAC angeboten. Hier schaffen die Böden Urgestein, Löss und ehemaliger Meeresboden die besten Voraussetzungen dafür.

Von April bis Dezember kann man jeden Samstag von 10 bis 19 Uhr den angeschlossenen „**Sommerladen & Cafe**" besuchen. Die Weinakademikerin Petra Prechtl beglückt im alten Bauernhaus mit wunderbarem Innenhof ihre Gäste mit Schmankerln der Region und Selbstgebackenem. Außerdem kann man einzigartige Accessoires und Deko für Haus und Garten erwerben.

Der Weinverkauf sowie Weinverkostungen sind Montag bis Freitag von 8 bis 12 Uhr möglich.

COME IN WE ARE OPEN!

Weitere Öffnungszeiten finden Sie unter www.prechtl.at

2051 Zellerndorf 12 | T +43 (0)2945/2297 | weingut@prechtl.at | www.prechtl.at

WEINGÜTER MIT HEURIGEM/BUSCHENSCHANK

Fuchs-Steinklammer
1230 Wien,
Jesuitensteig 28–30
Tel.: 01 888 22 29
weingut@heuriger.co.at
www.heuriger.co.at

Hier beim Steinklammer ist es erdverbunden und sympathisch mit natürlichem Charme. Die Familie Fuchs-Steinklammer blickt mit ihrem Weingut und Heurigen auf eine hundertjährige Geschichte zurück. In den verschiedenen Stüberln gibt es für kältere Tage Kachelofen und offenen Kamin. Die Küche ist zutiefst bodenständig, aber von außergewöhnlicher Qualität, ebenso wie die Weine, für die seit Kurzem der talentierte Jungwinzer Stefan Fuchs verantwortlich zeichnet.

Zahel
1230 Wien
Maurer Hauptplatz 9
Tel.: 01 889 13 18
winery@zahel.at
www.zahel.at

In Wien Mauer ist der klassische Heurige des Weingutes Zahel daheim. Mittlerweile ist das Weingut Mitglied im Verband Demeter und somit natürlich biologisch zertifiziert. Klar ist, dass sich diese Philosophie bis zum Heurigen durchzieht. Das Sauerteigbrot wird täglich selbst gebacken, die Zutaten für die Klassiker aus der Küche wie Aufstriche, Schnitzerl oder Fleischlaberl sind alle biologisch, auch an Vegetarier ist gedacht. Zum Abschluss ein Muss: Omas Buchteln.

ZELLERNDORF

Sommerladen – Prechtl
2051 Zellerndorf 12
Tel.: 02945 22 97
0676 323 84 70
weingut@prechtl.at
prechtl.at

Von April bis Weihnachten versammeln sich jeden Samstag im prachtvoll geschmückten Innenhof und in den Räumlichkeiten des Weingutes Prechtl zahlreiche Genießer und Weinliebhaber. Es gibt dort neben den authentischen Weinen von Franz Prechtl verschiedene Leckerbissen und hausgemachte Mehlspeisen zu kosten. Accessoires, die liebevoll von Petra Prechtl zusammengetragen wurden, kann man für zu Hause kaufen. Ein echter Tipp für Weinviertel-Fans.

ZIERSDORF

Weinhof Uibel
3710 Ziersdorf
Hollabrunner Straße 35
Tel.: 0699 11368161
wine@uibel.at
www.uibel.at

Im Heurigen von Leo Uibel wird größter Wert auf persönliche Betreuung der Gäste gelegt. Man sitzt im geschützten Innenhof und dem angrenzenden Lokal. Gemeinsam mit seiner Partnerin Michaela und seinem Bruder bietet Uibel in Sachen Küche ein breites Spektrum, wobei auch an Vegetarier und Veganer gedacht wird. Seit einiger Zeit sind alle Weine vegan zertifiziert. Und: Wer hier Veltliner für Fortgeschrittene sucht, ist genau am richtigen Platz.

MEIN WUNDERBARER
Kochsalon
www.martinahohenlohe.com

WEINGÜTER MIT VISIONÄRER ARCHI-TEKTUR

DIE BESTEN

ALZINGER
Unterloiben

AUMANN
Tribuswinkel

CLAUS PREISINGER
Gols

EBNER-EBENAUER
Poysdorf

ERICH MACHHERNDL
Wösendorf

ERWIN SABATHI
Leutschach

F. X. PICHLER
Dürnstein

FRANZ WENINGER
Horitschon

FRED LOIMER
Langenlois

GERNOT UND HEIKE HEINRICH
Gols

GESELLMANN
Deutschkreutz

GEYERHOF
Furth-Oberfucha

HIRSCH
Kammern

HÖGL
Spitz

JUDITH BECK
Gols

NIMMERVOLL
Engelmannsbrunn

PITTNAUER
Gols

PÖCKL
Mönchhof

R & A PFAFFL
Stetten

RUDI PICHLER
Wösendorf

STUDENY
Obermarkersdorf

TOM DOCKNER
Theyern

WAGENTRISTL
Großhöflein

© Shutterstock – Elena Elisseeva

WEINGÜTER MIT VISIONÄRER ARCHITEKTUR

DEUTSCHKREUTZ

Gesellmann
7301 Deutschkreutz
Lange Gasse 65
Tel.: 02613 80 36 00
weingut@gesellmann.at
www.gesellmann.at

1767 wurde das Gut Gesellmann erstmals urkundlich erwähnt. Eine lange Geschichte liegt hinter dem Weingut, heute ist es schlicht auf der Höhe der Zeit. Dahinter stehen natürlich die Menschen. Albert Gesellmann hat aus dem Betrieb, den er von seinem Vater bereits als weitbekanntes und hochgeschätztes Weingut übernommen hatte, ein Schmuckstück von internationaler Reputation gemacht. Sein Keller ist architektonisch durchdacht, das Ensemble vereint stimmig Alt und Neu.

DÜRNSTEIN

F. X. Pichler
3601 Dürnstein
Oberloiben 57
Tel.: 02732 85 375
weingut@fx-pichler.at
www.fx-pichler.at

Er ist zum Monument in den Loibner Weingärten geworden: der Neubau des Weingutes F. X. Pichler. M wie Monumental heißt nicht nur sein kraftvollster und ausdrucksstärkster Grüner Veltliner, das Wort trifft auch auf das Gebäude der Kellerei zu. Straßenseitig optisch als dunkler Flachbau erkennbar, erweist sich der Blick vom Weingarten her wahrhaft gewaltig. Die Familie schaute sich Weingutprojekte in der Welt an – als Essenz der vielen Eindrücke entstand ihre Adaptierung.

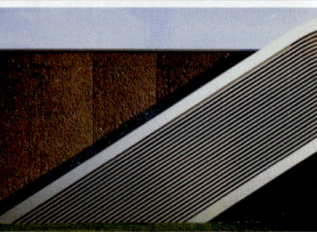

WEINGUT F.X. PICHLER

Oberloiben 57
3601 Dürnstein / Wachau
Telefon: +43 2732 - 85375
weingut@fx-pichler.at
www.fx-pichler.at

Weinverkauf und Verkostung nach telefonischer Vereinbarung

„ JEDER KELLER HAT EINE EIGENE, INDIVIDUELLE ATMOSPHÄRE UND JEDER SEINE EIGENE HÜLLE. " - LUCAS PICHLER

WEINGÜTER MIT VISIONÄRER ARCHITEKTUR

ENGELMANNSBRUNN

Nimmervoll
3470 Engelmannsbrunn
Steingassl 30
Tel.: 0676 950 36 82
office@nimmervoll.cc
www.nimmervoll.cc

Mit viel Engagement, Energie und Mut haben Claudia und Gregor Nimmervoll ihre Zukunft und die ihres Weingutes geplant. Wichtiger Faktor dabei: der Neubau des Betriebes. Ein zeitgemäßer Würfel aus Beton und Holz steht dafür als Symbol. 2009 bis 2011 wurde er geplant und realisiert. 2017 hat man mit dem erneuten flächenmäßigen Wachstum nochmals erweitert, um die aktuell rund 13 Hektar Rebanlagen ideal verarbeiten und die Weine reifen lassen zu können.

FURTH-OBERFUCHA

Geyerhof
3511 Furth-Oberfucha
Ortsstraße 1
Tel.: 02739 2259
weingut@geyerhof.at
www.geyerhof.at

Es muss nicht immer eine neu umgesetzte, bombastisch wirkende Architektur sein, die ein Weingut im geschmackvollen und aktuellen Glanz strahlen lässt. Am Weingut Geyerhof der Familie Maier wurde über die Jahre der Altbestand behutsam gepflegt und modernisiert, ohne den Charme des gewachsenen Betriebes zu ändern. Vor allem der Verkostungsraum und der angrenzende umgebaute ehemalige Pferdestall für Tastings und Veranstaltungen sind wunderschön gelungen.

GOLS

Claus Preisinger
7122 Gols
Goldbergstraße 60
Tel.: 02173 2592
wein@clauspreisinger.at
www.clauspreisinger.at

Claus Preisinger bezeichnet sein Weingut als Aussiedlerhof. Aussiedeln bedeutet für ihn weniger der Wechsel eines Ortes, sondern mehr die Bereitschaft, Altes und Konventionelles hinter sich zu lassen. Sein visionärer Neubau entstand am höchsten Punkt des Goldberges. Das selbstbewusste Gebäude besteht aus Beton und Lärchenholz. Es ist zweckmäßig im besten Sinne des Wortes und gleichzeitig architektonisch das Maß der Dinge. Die Architekten waren Propeller Z.

Gernot und Heike Heinrich
7122 Gols
Baumgarten 60
Tel.: 02173 3176 0
weingut@heinrich.at
www.heinrich.at

Die Heinrichs begannen 2006 ihren neuen Weinkeller zu planen. Damals ein visionäres Projekt, ist er heute zum idealen Arbeits- und Lebensumfeld geworden. Und für viele Kollegen State-of-the-Art, was einen durchdachten Bau mit vollendeten Formen anbelangt. Hier werden die Trauben von rund 140 Hektar Fläche (rund 90 davon eigene) verarbeitet. Schon vor dem neuen Kellerbau startete auch die konsequente Hinwendung zum biodynamischen Weinbau.

WEINGÜTER MIT VISIONÄRER ARCHITEKTUR

Judith Beck
7122 Gols
In den Reben 1
Tel.: 02173 2755
judith@weingut-beck.at
www.weingut-beck.at

Das Weingut liegt in den Ausläufern der Weingärten an der Parndorfer Platte und hat eine stimmige Adresse: In den Reben 1. Judith Beck und ihr Partner Ulrich haben hier mit Hilfe der Golser Architekten Halbritter & Hillerbrand einen geschmackvollen und gleichzeitig funktionalen Bau errichtet. Er vereint den Wohnraum der Familie mit dem Weingut – also Leben und Arbeiten an einem Platz. Unter dem Verputz befindet sich ein Gebäude, das rein aus Holz errichtet wurde.

Pittnauer
7122 Gols
Neubaugasse 90
Tel.: 02173 3407
0699 109116177
weingut@pittnauer.com
www.pittnauer.com

In einem flachen Stück von Pittnauers Weingärten und vom Ort aus gesehen hinter dem Stammhaus der Familie entstand vor rund 15 Jahren ein zeitgeistiger, kubischer Baukörper, der heute alle Räumlichkeiten des Weingutes beherbergt. Der in seiner formalen Reduktion dem schlichten Konzept entsprechende Innenausbau stammt vom Architektenteam AllesWirdGut, für das Gesamtkonzept zeichnen die Architekten Halbritter & Halbritter verantwortlich.

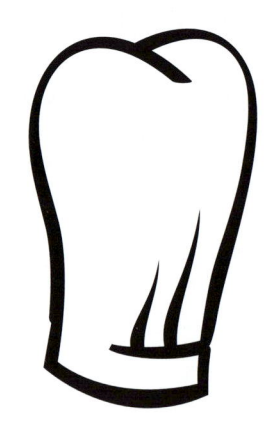

Gault&Millau

Besuchen Sie uns auf Facebook unter
www.facebook.com/Gault.Millau.Oesterreich

WEINGÜTER MIT VISIONÄRER ARCHITEKTUR

GROSSHÖFLEIN

Wagentristl
7051 Großhöflein
Rosengasse 2
Tel.: 02682 61 415
weingut@wagentristl.com
www.wagentristl.com

Im Laufe der vergangenen zwei Jahre hat sich der Betrieb deutlich verändert. Das bezieht sich nicht alleine auf die Qualität der Weine. Auch das Gebäude von Rudi Wagentristl wurde vergrößert und adaptiert. Konzipiert hat den Bau das Architekturbüro plusminusnull. Heute ist der Winzer stolz, dass er so mutig war, diesen Schritt zu tun. Nun fällt nicht nur die Arbeit leichter, sie macht auch mehr Spaß in einem stimmigen Umfeld, das aus dem Altbestand ideal entwickelt wurde.

HORITSCHON

Franz Weninger
7312 Horitschon
Florianigasse 11
Tel.: 02610 42165
weingut@weninger.com
www.weninger.com

Der Name Weninger steht wie kaum ein zweiter für authentischen Blaufränker. Und das an zwei Orten. Der Familienbetrieb entstand aus einer Landwirtschaft im mittelburgenländischen Horitschon. Im Jahr 1997 gründete man unweit der Grenze im ungarischen Balf einen zweiten Standort. Dieser wurde 2000 von der jungen Generation übernommen. Die Architektur hier ist zukunftsweisend, schlicht und ergreifend gelungen. Wie der Keller sind auch die Weine.

KAMMERN

Hirsch
3493 Kammern
Hauptstraße 76
Tel.: 02735 2460
info@weingut-hirsch.at
www.weingut-hirsch.at

Wer vom Verkostungsraum im Weingut Hirsch den Blick in die angrenzenden Weingärten gleiten lässt, versteht die Weine von Johannes Hirsch sofort. Sie sind unverwechselbar und spiegeln die Lagen wie Heiligenstein, Grub oder Lamm wider. Der Verkostungsraum wurde als einer der ersten in der Region mit viel Geschmack und Sinn für die Moderne adaptiert. Er passt sich harmonisch in den Weinberg und den Altbestand ein. Die Distanz dazwischen verschwimmt fast.

LANGENLOIS

Fred Loimer
3550 Langenlois
Haindorfer Vögerlweg 23
Tel.: 02734 2239
weingut@loimer.at
www.loimer-shop.at

Vor gut 17 Jahren entstand in der Langenloiser Kellergasse die markante Blackbox, die damals bei vielen Einheimischen für Verwirrung sorgte. Heute gehört sie so selbstverständlich dazu wie alles, was dort je gebaut wurde. Die Box, die anstelle des baufälligen Presshauses errichtet wurde, liegt über weit verzweigten Kellergängen aus dem 18. und 19. Jahrhundert und bildet ein fast magisches Gegenstück zu dem, was unter ihr liegt. Ein großes Fenster öffnet sich mit Blick auf den Heiligenstein.

Stylish verkosten

Sie wollen Weine in moderner und entspannter Atmosphäre verkosten?
Besuchen Sie uns auf unserem Weingut!

Weingut Pöckl | Zwergäcker 1 | 7123 Mönchhof
T +43 2173 80 258 | F +43 2173 80 258 44
info@poeckl.com | www.poeckl.at

Unsere Öffnungszeiten:
Montag — Freitag 09:00 — 12:00 Uhr und 13:00 — 16:00 Uhr, Samstag nach telefonischer Vereinbarung

Haben Sie keine Zeit für eine Reise ins Burgenland, dann besuchen Sie doch unseren **Onlineshop: shop.poeckl.at**

WEINGÜTER MIT VISIONÄRER ARCHITEKTUR

LEUTSCHACH

Erwin Sabathi
8463 Leutschach
Pössnitz 48
Tel.: 03454 265
weingut@sabathi.com
www.sabathi.com

Als zeitgeistiger Block aus Beton und viel Holz auf einem fast quadratischen Grundriss steht der Betrieb von Erwin Sabathi in der südsteirischen Weinlandschaft. Und das keineswegs als Fremdkörper, sondern sanft eingepasst in die Gegend. Der gesamte Keller ist nach dem Grundsatz der kurzen Wege ausgerichtet. Erwin Sabathi wurde als Bauherr für diesen Weinkeller im Juni 2005 mit dem Viktor Geramb Dankzeichen für „gutes Bauen in der Steiermark" ausgezeichnet.

MÖNCHHOF

Pöckl
7123 Mönchhof
Zwergäcker 1
**Tel.: 02173 80258
0664 3525925**
info@poeckl.com
www.poeckl.com

Ein von weitem sicht- und unverkennbares Weingut in Mönchhof mit seiner hellen Fassade und den vielen roten Elementen. Die Pöckls zählten zu den ersten Winzern im Burgenland, die sich außerhalb des Ortskernes über den Bau eines großen, modernen Kellers getrauten. Im hochfunktionalen Keller entstehen die kraftvollen Rotweine von René Pöckl. Er ist mit kühlen unterirdischen Gär- und Barriquekellern eingerichtet, die alle Stückerl spielen.

OBERMARKERSDORF

Studeny
2073 Obermarkersdorf 174
Tel.: 02942 8252
office@studeny.at
www.studeny.at

Neben dem Wohnhaus von Herbert Studeny entstand ein Zubau im zeitgeistigen Stil. Ebenerdig befindet sich im Pavillon, der auch auf dem Dach begrünt ist, der Verkostungsraum. Er öffnet sich mit einer großen Glasfront nach außen. Vom Kostraum gelangt man zu den restlichen Räumlichkeiten, die darunter liegen. Sichtbeton herrscht vor. Zwei Durchbrüche ermöglichen die Verbindung zum bestehenden Keller. Hier befindet sich die komplette Verarbeitung von der Traube zum Wein.

POYSDORF

Ebner-Ebenauer
2170 Poysdorf
Laaer Straße 5
Tel.: 02552 2653
office@ebner-ebenauer.at
www.ebner-ebenauer.at

Es weht fast ein wenig mediterranes Flair durch das Weingut von Marion und Manfred Ebner-Ebenauer. Kein Wunder, hatten doch Manfreds Großeltern in Frankreich und Italien studiert. Das märchenhaft wirkende Gebäude wurde 2012 behutsam renoviert. In jedem Eck und Winkel spürt man die große Liebe des Paares zur Architektur und zu den schönen Dingen des Lebens. Der Platz ist eine Kraftoase, wo sich alte Gemäuer und moderne Elemente stimmig verbinden.

Mit Authentizität & Typizität

Authentizität und Typizität sind zwei Schlagwörter, die recht präzise die Vorstellungen widerspiegeln, mit denen Josef und Georg Högl ihre Weine keltern. Die Authentizität liefert der Spitzer Graben, jenes wilde, steil abfallende Tal, das sich vom Waldviertel bis nach Spitz zieht und in dem man sich an den klimatischen Grenzen des Weinbaus befindet. Knapp zehn Hektar Weingärten besitzen die Högls dort, fast alle sind abschüssig und schroff, und in fast allen wachsen die Rebstöcke unter einer dünnen Humusschicht auf Glimmerschiefer und Gneis.

In den beiden berühmtesten Lagen des Spitzer Grabens, der Schön und der Bruck, wurzeln Veltliner und Riesling – manche davon 50 Jahre und älter – und bilden die Basis für ihre Palette an Federspielen und Smaragden. In ihnen manifestieren sich Tradition und Typizität und durch sie transportieren sie all die Eigenheiten und Spezifika, die das Terroir in ihren Weinen hinterlässt. Die Veltliner sind würzig, dunkel und bisweilen von feinen Kräuternoten geprägt. Die Rieslinge dagegen sind fruchtpräzis, druckvoll, saftig, glasklar und kompakt.

A-3620 Spitz a. d. Donau   +43(0)2713/8458

weingut-hoegl.at

WEINGÜTER MIT VISIONÄRER ARCHITEKTUR

WEIN

SPITZ

Högl
3620 Spitz
Viessling 31
Tel.: 02713 8458
office@weingut-hoegl.at
www.weingut-hoegl.at

Die Familie Högl betreibt seit vielen Generationen Weinbau in Vießling im Spitzer Graben. 2013 entschloss sich Josef Högl, den Betrieb komplett umzubauen. Er beauftragte Elmar Ludescher und Philip Lutz, seine Vorstellungen eines in die Kulturlandschaft der Wachau eingefügten und doch eigenständigen und originellen Gebäudes umzusetzen. Ein Versuch, der so perfekt umgesetzt wurde, dass die Familie Högl den Staatspreis für Architektur 2016 erhielt.

www.gaultmillau.at

Tipps, Trends, Rankings und alle Restaurantkritiken

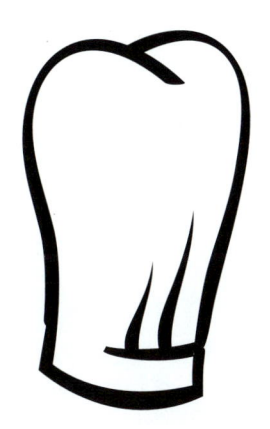

Gault&Millau

NEU! Die besten Almhütten in Tirol und Niederösterreich, alle Infos unter www.gaultmillau.at

PFAFFL

PRIVAT

für meine Julia

WEINGÜTER MIT VISIONÄRER ARCHITEKTUR

STETTEN

R & A Pfaffl
2100 Stetten
Schulgasse 21
Tel.: 02262 673423
wein@pfaffl.at
www.pfaffl.at

Das Weingut Pfaffl ist ein typischer Weinviertler Langhof, dessen Charakter die Familie bei ihrem Umbau bewusst erhalten hat und dennoch sehr viele moderne, lebensfrohe Elemente einbauen konnte. Jeder Raum erzählt eine Geschichte aus der Vergangenheit, Gegenwart und Zukunft. Sichtbeton und moderne Kunst an den Wänden wurden hier mit der alten Bausubstanz elegant verschmolzen. Jüngst wurde der Betrieb um eine riesige neue Kellerhalle erweitert.

THEYERN

Tom Dockner
3134 Theyern
Traminerweg 3
**Tel.: 02783 7278
0664 5441779**
weingut@docknertom.at
www.docknertom.at

Der jungen Traisentaler Winzer Tom Dockner hat seinem alten Gewölbekeller ein modernes Haus zum Leben und Wirtschaften aufgesetzt. Kein Wunder, dachte er doch eine Zeit lang darüber nach, im Brotberuf Architekt zu werden. Doch die Liebe zum Wein setzte sich durch. Gott sei Dank. Heute ist er aus der Region als Topwinzer nicht mehr wegzudenken. Sein Verkostungsraum gibt den Blick auf die Weingärten frei. So versteht der Kunde, warum der Wein im Glas so ist, wie er ist.

CERTIFIED
984981
SUSTAINABLE
AUSTRIA

„Die Traisentaler Weine begeistern mich mit seiner eleganten Struktur und feinen Frische jedes Jahr wieder aufs Neue." **Tom Dockner**

WEINGUT **TOM DOCKNER** | www.docknertom.at | Traminerweg 3 | A-3134 Theyern | TRAISENTAL

WEINGUT RUDI PICHLER

In der Wachau gibt es Winzer mit unverkennbarer Signatur.
Einer ist Rudi Pichler.

— *Benno Hurt*

Marienfeldweg 122   A-3610 Wösendorf / Wachau
T +43 2715 2267   weingut@rudipichler.at   www.rudipichler.at

WEINGÜTER MIT VISIONÄRER ARCHITEKTUR

TRIBUSWINKEL

Aumann
2512 Tribuswinkel
Oberwaltersdorfer Straße 105
Tel.: 02252 80502
weingut@aumann.at
www.aumann.at

Der Betrieb von Leo Aumann ist schon seit Jahren eines der wegweisenden Weingüter in Sachen Architektur und Funktionalität. Nicht zu verfehlen ist der Bau samt Heurigem am Ortseingang von Tribuswinkel. In großen Lettern steht der Name Aumann auf dem markanten, modernen Ensemble. Der Weinkeller ist wohldurchdacht und spielt alle Stückerl. Erst vor rund 25 Jahren entschied sich die Familie für die Konzentration auf den Wein und wurde damit rasch sehr erfolgreich.

UNTERLOIBEN

Alzinger
3601 Unterloiben 11
Tel.: 02732 77900
weingut@alzinger.at
www.alzinger.at

Was hier gelebt wird, drückt sich auch in der Architektur aus: die harmonische Verbindung von Alt und Jung, von Tradition und Kreativität. So wie Vater und Sohn zusammenarbeiten, fügt sich auch die Architektur harmonisch zusammen. Das Büro Tauber ließ die geschichtsträchtigen Gebäude des ursprünglichen Betriebes mit dem Neubau genial verschmelzen. Das wurde auch honoriert. 2017 erhielten die Alzingers den Preis für „Vorbildlichen Bau" des Landes Niederösterreich.

WÖSENDORF

Erich Machherndl
3610 Wösendorf
Hauptstraße 1
Tel.: 02715 2282
0664 3504053
office@machherndl.com
www.machherndl.com

Das Weingut ist seit 1786 bereits im Besitz der Familie Machherndl. Heute wird es von Erich und seiner Frau Karin geleitet. Es besteht aus zwei Teilen – einer davon aus dem 13. und der andere aus dem 15. Jahrhundert. 2006 erweiterte man um einen stimmig eingepassten, modernen Zubau, ausgestattet mit einem acht Meter langen Glastisch. Dabei achtete die Familie Machherndl auf Materialien, die aus der Gegend kommen, wie z. B. der Wachauer Marmor für den Boden.

Rudi Pichler
3610 Wösendorf
Marienfeldweg 122
Tel.: 02715 2267
0664 3445742
weingut@rudipichler.at
www.rudipichler.at

Er war der erste Winzer in der Wachau, der sich traute, aus dem veralteten Denken, ein Weingut solle traditionell ausschauen, auszubrechen. 2004 stellte er am Fuß der Ried Kollmütz seinen zukunftsweisenden, neuen Betrieb auf, der sich perfekt an den Standort anpasst. Hier verschmelzen Ästhetik und Funktionalität, das private Wohnhaus und der Arbeitsbereich mit Keller fließen ineinander. Ausgeführt wurde die Planung vom Kremser Büro Tauber.

WEINGÜTER MIT
GESCHICHTE

DIE BESTEN

ESTERHÁZY
Trausdorf

FJ GRITSCH
Spitz

JURIS
Gols

LACKNER TINNACHER
Gamlitz

NIKOLAIHOF WACHAU
Mautern

RM ROLAND MINKOWITSCH
Mannersdorf

SALOMON UNDHOF
Stein a.d. Donau

SCHLOSS GOBELSBURG
Gobelsburg

SCHLOSS MAISSAU
Röschitz

SCHLOSSWEINGUT GRAF HARDEGG
Seefeld-Kadolz

SCHLUMBERGER WEIN- & SEKTKELLEREI
Wien

SEPP MOSER
Rohrendorf bei Krems

STIFT ALTENBURG
Röschitz

STIFT GÖTTWEIG
Furth

STIFT KLOSTERNEUBURG
Klosterneuburg

STIFTSWEINGUT HERZOGENBURG
Herzogenburg

SCHLOSS GOBELSBURG
WEINKULTURERBE ÖSTERREICHS

Österreichische Traditionsweingüter
1ᵉʳ ERSTE LAGEN

WEINGÜTER MIT GESCHICHTE

FURTH

Stift Göttweig

3511 Furth
Göttweig 1
Tel.: 02732 80 14 40
office@weingutstiftgoettweig.at
www.weingutstiftgoettweig.at

Das Stift wurde 1083 vom heiligen Altmann, Bischof von Passau, gegründet und 1094 den Benediktinern übergeben. Seit damals bilden Forstwirtschaft und Weinbau die wirtschaftliche Basis. Hier prägte man die Entwicklung des Weinbaus für diese Region entscheidend. Die barocke Stiftsanlage wurde nach Plänen des Architekten Johann Lucas von Hildebrandt erbaut. Fritz Miesbauer leitet den Betrieb sehr erfolgreich, die Weine sind weltweit vertreten.

GAMLITZ

Lackner Tinnacher

8462 Gamlitz
Steinbach 12
Tel.: 03453 21 42
weingut@tinnacher.at
www.tinnacher.at

Die Geschichte des Weingutes Lackner Tinnacher begann 1770. Durch die Heirat von Wilma Lackner mit Fritz Tinnacher im Jahr 1978 erhielt der Betrieb den Namen Lackner Tinnacher. Das Paar prägte über 30 Jahre die Weinkultur des Gutes, erweiterte die Rebflächen, baute einen architektonisch anspruchsvollen Weinkeller und definierte den heute noch geltenden Qualitätsanspruch der Familie: Nur beste Trauben aus den eigenen Gärten machen ihren Wein. Sie sind eine Größe in der Region.

GOBELSBURG

Schloss Gobelsburg

3550 Gobelsburg
Schlossstraße 16
Tel.: 02734 24 22
schloss@gobelsburg.at
www.gobelsburg.at

1074 wurde das Schloss Gobelsburg erstmals urkundlich erwähnt. Danach wechselte es immer wieder die Besitzer. 1740 wurde es an das Stift Zwettl verkauft. Im Zuge dessen kamen die heute bekannten Weingärten dazu. Ab 1954 wurde es von Pater Bertrand, einem hervorragenden Kellermeister, geführt. In dieser Zeit erreichte das Schloss, auch dank seines Messweines, einen außerordentlichen Ruf. Die Entwicklung zum – auch international – höchst renommierten Weingut erfolgt seit 1996 durch Eva und Michael Moosbrugger. Ihre Weine stehen auf den besten Weinkarten rund um den Globus.

GOLS

Juris

7122 Gols
Marktgasse 12–18
Tel.: 02173 27 48
office@juris.at
www.juris.at

Das Weingut Juris befindet sich im historischen Ortskern von Gols. Die Familie Stiegelmar betreibt hier seit vielen Generationen Weinbau. Eine erste Erwähnung stammt aus dem Jahre 1571. In einem Gebetsbuch der Familie aus dieser Zeit finden sich handschriftliche Aufzeichnungen über das damalige Leben mit dem Wein. Georg Stiegelmar begann bereits bei seinem Eintritt 1965, zu der Zeit ungewöhnlich, mit der Erzeugung von hochwertigen Qualitätsweinen im Bereich Süßwein.

STIFT KLOSTERNEUBURG

Große Weine seit 1114

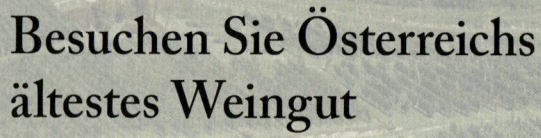

Besuchen Sie Österreichs ältestes Weingut

- Kellerführung täglich
- Weine verkosten & kaufen in der Stiftsvinothek

www.stift-klosterneuburg.at

STIFT KLOSTERNEUBURG

ST. LAURENT
Ausstich

WEINGÜTER MIT GESCHICHTE

HERZOGENBURG

Stiftsweingut Herzogenburg
3130 Herzogenburg
Wielandsthal 1
Tel.: 0676 448 49 50
office@stiftsweingut-herzogenburg.com
www.stiftsweingut-herzogenburg.com

Der heute noch bestehende barocke Keller in Wielandsthal wurde von 1725 bis 1730 von dem berühmten niederösterreichischen Baumeister Jakob Prandtauer errichtet. Darüber erhebt sich das 1739 von Josef Munggenast errichtete Kellerschlössel samt Presshaus. Im 20. Jahrhundert wurde der Weingartenbesitz des Stiftes Herzogenburg in Wielandsthal, Reichersdorf und Inzersdorf zu einem Weingut zusammengefasst. Seit 2009 hat Dr. Hans Jörg Schelling das Weingut gepachtet.

KLOSTERNEUBURG

Stift Klosterneuburg
3400 Klosterneuburg
Stiftsplatz 1
Tel.: 02243 41 15 48
weingut@stift-klosterneuburg.at
www.stift-klosterneuburg.at

Bis 1114 reicht die Geschichte hier zurück. Um die Gründung des Stiftes spinnt sich die Schleier-Legende. Am Tag ihrer Vermählung sollen Markgraf Leopold III. und seine Gemahlin Agnes von Waiblingen am Söller ihrer Burg gestanden sein, als ein plötzlicher Windstoß den Brautschleier erfasste. Erst neun Jahre später soll Leopold III. den Schleier unerwartet in unversehrtem Zustand wiedergefunden haben. Dieses göttliche Zeichen war der Grund, das Stift zu errichten.

MANNERSDORF

RM Roland Minkowitsch
2261 Mannersdorf
Kirchengasse 64
Tel.: 02283 36 39
0650 590 00 62
weingut@roland-minkowitsch.at
www.roland-minkowitsch.at

Das Weingut ist eines der letzten weltweit, das die gesamte Produktion heute noch mit der Baumpresse durchführt. Sie ist seit 1820 im Einsatz. Die Arbeit damit bedeutet einen enormen Mehraufwand. Doch dieser lohnt sich. Die schonende und langsame Pressung mit niedrigem Druck garantiert höchste Weinqualität. Der Pressbaum ist knapp 8,40 Meter lang und aus Eichenholz angefertigt. Das Verfahren ist die naturnahste und schonendste Weinkeltermethode.

MAUTERN

Nikolaihof Wachau
3512 Mautern
Nikolaigasse 3
Tel.: 02732 82901
wein@nikolaihof.at
www.nikolaihof.at

Die Fundamente des Hofes gehen auf das römische Kastell Favianis (63 n. Chr.) zurück. In jedem Winkel des Weingutes ist die lange Geschichte zu spüren. Im Jahr 777 erhielt das Stift Kremsmüster den Nikolaihof als Gründungsgeschenk. 1803 wurde das Kloster säkularisiert. 1894 wurde es von der Familie Saahs erworben. Schon 1971 begann man mit der Bewirtschaftung nach biodynamischen Grundsätzen. Seit rund 15 Jahren wird das Paradeweingut von Nikolaus Saahs geführt.

Weingüter mit Tradition
Das Familienweingut Sepp Moser

Kaum ein Name hat in der Österreichischen Weinbau-Geschichte eine Bekanntheit wie der Name **Moser** erlangt. Dr. HC Lenz Moser war derjenige, der in den 50er und 60er-Jahren des letzten Jahrhunderts die hohe Erziehungsform der Rebe in Drahtrahmen entwickelt und somit die **Rebkultur**, nicht nur in Europa, sondern **weltweit revolutioniert** hat.

Das **Familiengut Sepp Moser** geht auf dessen Sohn zurück, der seit Mitte der **80er-Jahre** unabhängig und unter seinem eigenen Namen dem Weingut eine neue Struktur verlieh.

Die Moser'schen Rebflächen haben eine spezielle Konstellation aufzuweisen, denn abgesehen von den **Kremstaler Terrassenweingärten** werden auch Reben im **Burgenländischen Seewinkel** in der Gemeinde **Apetlon** kultiviert.

Mit Jahrtausendwende übernahmen Nikolaus Moser und seine Frau Andrea die Geschicke des Guts und stellten die gesamte Fläche von **51 Hektar** auf **biodynamische Bewirtschaftung mit Demeter-Zertifizierung** um.

Das **Atriumhaus**, Mitte der 60er-Jahre vom Großvater am Berghang erbaut, ist der erhabene Sitz des Gutes, wo nicht nur die ausdrucksstarken Demeter-Weine verkostet und gekauft werden können. Für **Hochzeiten** und sonstige **feierliche Anlässe** lässt sich das eindrucksvolle Gebäude auch mieten.

Familiengut Sepp Moser
Andrea & Nikolaus Moser, 3495 Rohrendorf
Unt. Wienerstr. 1, Tel.: +43 (0) 2732 / 70531
office@sepp-moser.at, www.sepp-moser.at

WEINGÜTER MIT GESCHICHTE

RÖSCHITZ

Schloss Maissau
3743 Röschitz
Winzerstraße 46
Tel.: 02984 2765
office@weingutschlossmaissau.com
www.weingutschlossmaissau.com

Die Ursprünge von Schloss Maissau gehen bis ins 13. Jahrhundert zurück, der Wart- und Wehrturm stammen aus dieser Zeit. Seit 1537 befindet sich das Schloss im Besitz der Familie Abensperg und Traun. Durch Zu- und Umbauten und eine grundlegende Renovierung 1870 erhielt Schloss Maissau sein heutiges Aussehen. Bereits bei der ersten Erwähnung des Namens Maissau, in einer Urkunde aus dem Jahre 1114, ist von Weingärten in Maissau die Rede.

Stift Altenburg
3743 Röschitz
Winzerstraße 46
Tel.: 02984 2765
office@weingutstiftaltenburg.com
www.weingutstiftaltenburg.com

Seit gut 250 Jahren besitzt das Stift Altenburg Weingärten in Limberg am Manhartsberg. Der Weinbau war über Jahrhunderte einer der wichtigsten Wirtschaftsfaktoren für das Stift. Seit dem Jahr 2007 werden die historischen Lagen von den Geschwistern Gruber, bekannten Winzern in Röschitz, gepflegt. Sie zeichnen auch für den Ausbau der Weine verantwortlich. Mit ihnen kam frischer Wind. Oberste Maxime im Stift: „Der Wein erfreue des Menschen Herz" (Psalm 104,15).

ROHRENDORF BEI KREMS

Sepp Moser
3495 Rohrendorf bei Krems
Untere Wiener Straße 1
Tel.: 02732 70531
office@sepp-moser.at
www.sepp-moser.at

Die Familie Moser ist eine der großen traditionellen Weinbau-Dynastien Österreichs. 1848 gründete Anton Moser sein Weingut in der kleinen Ortschaft Rohrendorf. Das berühmteste Mitglied der Familie war Weinbau-Pionier Lenz Moser, der in den 1950er-Jahren die nach ihm benannte hohe Reberziehungsform entwickelte. Sepp Moser leitete den Betrieb unter seinem Namen mit Rebflächen im Kremstal und am Neusiedler See. Sohn Nikolaus führt das Demeter-Weingut seit 2000.

SEEFELD-KADOLZ

Schlossweingut Graf Hardegg
2062 Seefeld-Kadolz
Großkadolz 1
Tel.: 02943 2203
office@hardegg.at
www.grafhardegg.at

Die Grafen Hardegg stammen von den Prueschenks ab. Es handelt sich um den ältesten steirischen Adel. Heute, nach mehr als 500 Jahren Familiengeschichte im Wein- und Waldviertel, lebt Maximilian Hardegg mit seiner Familie in Seefeld-Kadolz. Er führt die Geschichte der Grafen Hardegg in einer zeitgemäßen Lebens- und Wirtschaftsform fort. Sein 35 Hektar großes Weingut leitet er äußerst erfolgreich. Die Weingärten werden biologisch bewirtschaftet und teilen sich in drei Rieden auf.

17 58
ESTERHÁZY
WEINGUT

Genuss und Freude sind Ausdruck der pannonischen Lebensart.

Leithaberg DAC von Esterházy

www.esterhazywein.at

WEINGÜTER MIT GESCHICHTE

SPITZ

FJ Gritsch
3620 Spitz
Kirchenplatz 13
Tel.: 02713 2450
office@gritsch.at
www.gritsch.at

Der Mauritiushof wurde im 13. Jahrhundert erbaut und war damals der Lesehof der Mönche aus Niederaltaich (Bayern). Der Name Mauritiushof hat seinen Ursprung in der benachbarten Pfarrkirche, die dem heiligen Mauritius geweiht ist. Das geschichtsträchtige Anwesen kam 1799 in den Besitz der Familie Gritsch. Sie führen bereits in der siebten Generation das weiter, was hier vor Jahrhunderten begonnen hat: die Leidenschaft für den Weinbau in der einzigartigen Natur der Wachau.

STEIN AN DER DONAU

Salomon Undhof
3500 Stein a. d. Donau
Undstraße 10
Tel.: 02732 83226
office@salomonwines.com
www.salomonwines.com

Salomon Undhof ist eines der ältesten privaten Weingüter Österreichs mit einer Geschichte von 225 Jahren. In den frühen 1930er Jahren füllte man als Pioniere bereits Weine in Flaschen. Seit 2005 führen Gertrud und Berthold Salomon den Vorzeigebetrieb. Aus den besten Lagen entlang der Donau stammen so bekannte Weine wie Ried Kögl, Ried Pfaffenberg oder Ried Wachtberg. Daneben betreibt die Familie seit 1998 die Salomon Estate im australischen Weinbaugebiet Finniss River.

TRAUSDORF

Esterházy
7061 Trausdorf 1
Tel.: 02682 63348
wein@esterhazy.at
www.esterhazywein.at

Die Linie Esterházy wurde 1687 durch Kaiser Leopold I. aus Dank für den Einsatz Pauls I. während der Türkenkriege in den Fürstenstand erhoben. Jahrhunderte prägten die Fürsten den lokalen Weinbau und setzten immer wieder auf Innovationen. Auch das Wirken Joseph Haydns ist eng mit der Familie Esterházy und dem Wein verbunden. Er erhielt einen Teil seines Salärs in Wein ausbezahlt. Im Jahr 2006 wurde die zukunftsweisende neue Weinkellerei in Trausdorf gebaut.

WIEN

Schlumberger Wein- & Sektkellerei
1190 Wien
Heiligenstädter Straße 43
Tel.: 01 368 22 580
alice.huber@schlumberger.at
www.schlumberger.at

Mitte des 19. Jahrhunderts hat das Sekthaus Schlumberger auch große Bedeutung als Rotweinproduzent erlangt. Robert Schlumberger importierte einige rote Rebsorten aus Frankreich und pflanzte diese erstmals in Österreich aus. In diesem Bereich gilt er also als Pionier. Er kultivierte als Erster Cabernet Sauvignon und Merlot in Österreich. Dafür pachtete er vom herrschaftlichen Zehentkeller in Bad Vöslau Weingärten und gründete das Unternehmen.

WEINGÜTER ZUM ÜBER-NACHTEN

DIE BESTEN

ELISABETH RÜCKER
Unterretzbach

FAMILIE BAUER
Großriedenthal

FUHRGASSL-HUBER
Wien

GAGER
Deutschkreutz

HERBERT ZILLINGER
Ebenthal

IBY-LEHRNER
Horitschon

JOHANN DONABAUM
Spitz

KÖGL
Ratsch an der Weinstraße

MALAT
Palt

MARTIN OBENAUS
Glaubendorf

PASLER
Jois

POLZ/GUT PÖSSNITZBERG
Spielfeld

SCHAUER
Kitzeck im Sausal

SCHLOSS KAPFENSTEIN
Kapfenstein

SCHÜTZENHOF
Deutsch Schützen

SCHUSTER
Großriedenthal

SILVIA HEINRICH
Deutschkreutz

STEPHANO
Deutsch Schützen

TAUSS
Leutschach

VELICH
Apetlon

WEIXELBAUM
Straß im Straßertal

WOLFGANG AIGNER
Krems

ZÖHRER
Krems

ZUSCHMANN-SCHÖFMANN
Martinsdorf

WEINGÜTER ZUM ÜBERNACHTEN

APETLON

Velich
7143 Apetlon
Seeufergasse 12
Tel.: 02175 31 87
weingut@velich.at
www.velich.at

Hier lässt sich das außergewöhnliche Lebensgefühl im ursprünglichen burgenländischen Seewinkel genießen. Die Residenz ist ein Zollhaus, das 2010 behutsam renoviert und in ein stilgetreues Hotel umgewandelt wurde. Fünf großzügige, sehr hochwertig ausgestattete Zimmer und ein eigener Spabereich sind in unmittelbarer Nachbarschaft zum Nationalpark Neusiedler See-Seewinkel ein perfekter Ausgangspunkt für ein einzigartig entspannendes Natur- und Kulturerlebnis.

DEUTSCH SCHÜTZEN

Schützenhof
7474 Deutsch Schützen
Winzerstraße 41
Tel.: 03365 22 03
0664 109 93 33
weingut@schuetzenhof.cc
www.schuetzenhof.cc

Hier trifft rustikales Ambiente auf die heutige, moderne Zeit. Die Familie Faulhammer hat ihr Gästehaus dem Thema Jahreszeiten im Weingarten gewidmet. Sind Sie ein Sommermensch? Dann wird Ihnen das helle Sommerzimmer besondere Freude bereiten. Haben Sie es lieber etwas nordischer? Im Winterzimmer erwarten den Gast kühlere Töne. Das Herbstzimmer erinnert an die Lese und den Wein und die Frische des jungen Jahres weht Ihnen im Frühlingszimmer entgegen.

ENTSPANNTER WEINGENUSS im Südburgenland

ENTSCHLEUNIGUNG für alle Sinne

stephano
DAS-WEIN-GUT

WEINGUT STEPHANO
Unterer Weinweg 11
7474 Deutsch Schützen
office@stephano.at
+43 664 2636939
www.stephano.at

WEINGÜTER ZUM ÜBERNACHTEN

StephanO
7474 Deutsch Schützen
Unterer Weinweg 11
Tel.: 0664 2636939
office@stephano.at
www.stephano.at

Am Morgen wird man – wenn man es will – von der direkt über der Ungarischen Tiefebene aufgehenden Sonne geweckt. Danach erwartet den Gast ein reichhaltiges Frühstück mit regionalen und saisonalen Köstlichkeiten. Stephan Oberpfalzer hat hier ein wahrhaft geschmackvolles Ambiente geschaffen. Die zwei wunderschönen Gästezimmer sind mit jeglichem Komfort und modernster Technik ausgestattet. So wohnt man zeitgemäß mitten im Weinberg.

DEUTSCHKREUTZ

Gager
7301 Deutschkreutz
Karnergasse 2 + 8
**Tel.: 02613 80385
0664 8205703**
info@weingut-gager.at
www.weingut-gager.at

Das Weingut Gager bietet fünf komfortable und modern ausgestattete Zimmer. Morgens gibt es ein reichhaltiges Frühstücksbuffet, im ganzen Haus wird Granderwasser angeboten. Im Herzen von Deutschkreutz gelegen, ist der Betrieb der Gagers eine ideale Basis für die Erkundung des Blaufränkischlandes. Wer mag, kann hier gerne auch einen Blick hinter die Kulissen eines Weingutes machen. Die Gästezimmer sind von Mitte Dezember bis Ende März nicht buchbar.

Silvia Heinrich
7301 Deutschkreutz
Karnergasse 59
Tel.: 02613 89615
office@weingut-heinrich.at
www.weingut-heinrich.at

Tür an Tür mit dem Lieblingswein: Von April bis September hat der Gast hier die Möglichkeit, in einem der gemütlichen Zimmer mit den Namen Goldberg, terra o., Vitikult oder Siglos zu übernachten. Jedes von ihnen hat einen gartenseitigen Balkon – Ruhe und Erholung sind somit garantiert. Bei Schönwetter wird das Frühstück im Innenhof des Weingutes serviert. Eine gute Flasche Rotwein zum Tagesausklang zum Ab-Hof-Preis ist in der Unterkunft erhältlich.

EBENTHAL

Herbert Zillinger
2251 Ebenthal
Hauptstraße 17
Tel.: 02538 85395
info@zillingerwein.at
www.radikal.bio

Der Weinviertler Winzer und seine Frau Carmen verstehen nicht nur etwas von Weinen, bei denen sie schlicht das Beste auf den Punkt bringen. Auch ihre Gästezimmer rangieren in dieser Liga. Ihr Agrotourismus bietet stylische Zimmer ohne Blümchentapete, dafür Vogelgezwitscher beim Aufwachen und frisches Obst am Frühstückstisch, biologische Frühstückseier und bestes Brot vom nahen Bäcker. Und soll es eine morgendliche Runde im Pool sein – auch das geht hier in Ebenthal.

MEIN WUNDERBARER
Kochsalon
www.martinahohenlohe.com

WEINGÜTER ZUM ÜBERNACHTEN

GLAUBENDORF

Martin Obenaus
3704 Glaubendorf
Lange Zeile 24
Tel.: 0664 249 07 42
office@weingut-obenaus.at
www.weingut-obenaus.at

Die fünf Zimmer am Weingut von Martin Obenaus sind nach den von ihm angebauten Rebsorten benannt. Sie wurden in den vergangenen Jahren mit neuestem Komfort aufgewertet. Wer hier in der Langen Zeile in Glaubendorf übernachtet, startet genussvoll mit einem Biofrühstück in den Tag. Es werden Produkte vom Hof wie grüne Eier vom Araucana-Huhn, Pasteten vom Mangalitza-Schwein, Honig von Weingartenbienen, Kräuteraufstriche oder herrliche Marmeladen serviert.

GROSSRIEDENTHAL

Familie Bauer
3471 Großriedenthal
Hauptstraße 68
info@familiebauer.at
www.familiebauer.at

Seit 2015 stehen im Weingut der Familie Bauer drei Gästezimmer zur Verfügung. Der Ausblick von den Zimmern auf den Hausberg ist vor allem am Morgen ein Erlebnis. Ein junger, engagierter Tischler aus der Region hat bei der Einrichtung ausschließlich heimisches Eichenholz verwendet. Besonders ist: Er kam dabei ganz ohne Schrauben oder Nägel aus. Die Böden sind aus Eschenholz und lassen die Zimmer in hellem Glanz erscheinen. Die Sofas sind hochwertig und ein besonderer Sitzgenuss.

Gault&Millau
2020

Die neuesten Ergebnisse aus der Haubenwelt:
800 Restaurants, neu getestet und bewertet.

Plus: Die besten Weine, Wirtshäuser, Hotels und Almhütten.
Neu in dieser Ausgabe: Golfclubs, Cafés und Bars.

Zwei Bücher, ein Preis: € 39,- für Ihren Wegweiser in die Welt des guten Geschmacks
www.gaultmillau.at

Bleiben Sie up to date mit unseren täglichen Nachrichten
auf **Facebook** und **Instagram**.

WEINGÜTER ZUM ÜBERNACHTEN

GROSSRIEDENTHAL

Schuster

3471 Großriedenthal
Hauptstraße 61
Tel.: 02279 7203
office@weingut-schuster.at
www.weingut-schuster.at

Das Gästehaus der Schusters ist so eingerichtet, wie die Familie selbst auch wohnen möchte. Die Einheiten bieten viel Platz, strahlen in warmen Farben und sind mit Vollholzmöbeln ausgestattet. Für zwischendurch gibt es eine kleine Kochecke. Der Frühstücksraum ist zugleich Raum zum Weinverkosten, Plaudern, Spielen, Ausruhen. Im urigen Lösshof vis-à-vis kann der Gast am Wochenende einkehren und sich bei einem Glas Wein und einem guten Essen entspannen.

HORITSCHON

Iby-Lehrner

7312 Horitschon
Hauptstraße 34
Tel.: 02610 42113
info@iby-lehrner.at
www.iby-lehrner.at

Weinträumerei nennen sich die nagelneuen Zimmer am Weingut der Familie Iby-Lehrner. Sie sind architektonisch geschmackvoll errichtet. Den Gästen wird hier Geborgenheit und jede Menge Einblick in das alltägliche Leben eines Winzers sowie seiner Familie geboten. Die Iby-Lehrners sind eine Winzerfamilie in dritter Generation. Sie leben und arbeiten mit viel Herz und Seele an ihrer Weinkollektion, die die Gäste hier auch verkosten und kaufen können.

JOIS

Pasler

7093 Jois
Untere Hauptstraße 30
Tel.: 02160 7385
weingut@franzpasler.at
www.franzpasler.at

Es ist vor allem die familiäre Atmosphäre, mit der die Familie Pasler bei ihrem Gästehaus punktet. Die Zimmer liegen alle zum Innenhof, Ruhe und Erholung sind also garantiert. Hier in Jois findet man daneben die richtige Mischung aus Entspannung, sportlicher Betätigung und Naturgenuss: Radfahren (Radweg B10 führt direkt beim Gästehaus vorbei), Reiten, Wandern, Schwimmen, Segeln, Tennisspielen, Festefeiern, Kultur und viel Natur; Windsurfen oder Wellenreiten am Neusiedler See.

KAPFENSTEIN

Schloss Kapfenstein

8353 Kapfenstein 105
Tel.: 03157 2322
weingut@winkler-hermaden.at
www.winkler-hermaden.at

Schloss Kapfenstein liegt inmitten des steirischen Vulkanlandes ganz weit im Südosten der Steiermark, nahe der slowenischen und ungarischen Grenze. Auf einem erloschenen Vulkankegel erbaut, thront die Wehrburg aus dem 11. Jahrhundert. Das Herz der einstigen Festung ist heute ein kleines, familiäres Hotel mit 16 Gästezimmern und einem ausgezeichneten Restaurant. Zusammen mit den Plätzen auf den Schlossterrassen ist das Ensemble ein wundervoller Platz mit Geschichte.

KITZECK IM SAUSAL

Schauer

8442 Kitzeck im Sausal
Greith 21
Tel.: 03456 3521
office@weingut-schauer.at
www.weingut-schauer.at

Der Platz, auf dem das Weingut Schauer und die Buschenschank stehen, ist zu schön, um wieder wegzufahren. Der Grund: ein fantastischer Blick von hoch oben über die beeindruckenden Steillagen mit den Weingärten, über die Wälder und Berge. Bei den Schauers gibt es gemütliche Gästezimmer, aufgeteilt in drei Kategorien. Alle bieten Ruhe, ein wunderschönes Panorama und zeitgemäßen Komfort. Besonders ist auch das selbst gebackene Brot der Oma zum Frühstück.

WEINGÜTER ZUM ÜBERNACHTEN

KREMS

Wolfgang Aigner
3500 Krems
Wiener Straße 133
Tel.: 02732 84558
0664 2001612
info@aigner-wein.at
www.aigner-wein.at

Die Familie Aigner sieht sich als leidenschaftliche Gastgeber und führt daher auch ein Gästehaus mit insgesamt 32 Betten. Diese verteilen sich auf zehn voll ausgestattete Doppelzimmer und drei Ferienwohnungen. Beim Frühstück verwöhnt man die Gäste mit hausgemachter Marmelade und Frühstücksspeck, der von Wolfgang Aigner selbst geselcht wird. Die Eier stammen direkt vom Nachbarn. Bei Schönwetter ist der Frühstückstisch in der Morgensonne im Innenhof aufgedeckt.

Zöhrer
3500 Krems
Sandgrube 1
Tel.: 02732 83191
weingut@zoehrer.at
www.zoehrer.at

Seit dem Frühjahr 1997 gibt es das Gästehaus im Weingut Zöhrer, das unweit der Stadt und der Weingärten der Kremser Großriede Sandgrube liegt. Die modernen Zimmer sind mit Naturholzeinrichtung ausgestattet, das Frühstück ist liebevoll hergerichtet und im Sommer steht ein Outdoorpool zur Verfügung. Außergewöhnlich sind die Zimmer, deren Betten aus einem alten Schlitten oder einem Holzfass gezimmert wurden. Für Romantiker gibt es Himmelbetten.

TAUSS
Biologisch-Dynamisches Weingut

Im Naturpark Südsteiermark, umgeben von eigenen Streuobstwiesen und Weinbergen, liegt in wunderbar ruhiger Einzellage das Weingut Tauss. Menschen, die Ruhe und Rückzug suchen, finden sich hier ein. Sie genießen einen Urlaub in intakter Natur, den beheizten Pool, die Sauna, Körperbehandlungen, den Yoga- und Meditationsraum und wohnen in ökologischen Zimmern. Die großteils hausgemachten und zu 100% bio-zertifizierten Köstlichkeiten kocht, backt und serviert die Gastgeberin persönlich, der Hausherr ist für die feinen Weine zuständig. Der Garten und die unzähligen gemütlichen Plätze werden liebevoll gepflegt, für Wanderungen direkt vom Haus weg gibt es Rucksäcke und allerlei Brauchbares zum Ausleihen. Kleine Aufmerksamkeiten im und rund ums Haus sowie die herzliche Betreuung der Gäste tragen zum Alleinstellungsmerkmal des Weinguts bei.

www.weingut-tauss.at

Biologisch-Dynamisches Weingut Tauss, Schloßberg 80, 8463 Leutschach, +43 3454 67 15, info@weingut-tauss.at

WEINGÜTER ZUM ÜBERNACHTEN

LEUTSCHACH

Tauss
8463 Leutschach
Schlossberg 80
Tel.: 03454 6715
info@weingut-tauss.at
www.weingut-tauss.at

Natürlich genießen und entspannen heißt es am biodynamischen Weingut Tauss im Naturpark Südsteiermark. Hier wird die Vielfalt des Lebens und ihre Zusammenhänge für die Gäste auf allen Ebenen spürbar. Der Betrieb liegt mitten im Grünen, umgeben von den Tauss'schen Weingärten und in ruhiger Einzellage. Neben den zehn Winzerzimmern mit komfortabler und ökologischer Einrichtung gibt es auch ein geräumiges Winzerhaus direkt im Weingarten zu mieten.

MARTINSDORF

Zuschmann-Schöfmann
2223 Martinsdorf
Winzerstraße 52
Tel.: 02574 8428
office@zuschmann.at
www.zuschmann.at

Das Bioweingut der Familie ist weit über die Grenzen hinaus bekannt. Die äußerst geschmackvollen Zimmer und Suiten der Weinlodge wurden 2010 errichtet. Dabei haben die Winzer Else Zuschmann und Peter Schöfmann viel Wert auf natürliche Materialien und schlichte, aber liebe- und niveauvolle Gestaltung gelegt. Auch das Frühstück geht hier weit über das Übliche hinaus. Für die vielen selbst erzeugten Spezialitäten zeichnet Peter, ehemals Spitzenkoch, verantwortlich.

PALT – KREMS

Malat
3511 Palt
Hafnerstraße 12
Tel.: 02732 82934
weingut@malat.at
www.malat.at

Das besonders geschmackvolle Hotel der Malats verfügt über neun Suiten und ein Apartment. Die Winzerfamilie hat bei der Errichtung des Hauses moderne Architektur und heimische Materialien gefühlvoll kombiniert: Die Mauern sind aus den Steinen ihres alten Hafnerhauses gefertigt, die Formen kubisch und klar. Innen dominiert stilvolle Zurückhaltung, außen ist die Natur Hauptdarsteller: Das Malat Hotel liegt inmitten von Weingärten, mit imposantem Blick auf das Stift Göttweig.

RATSCH AN DER WEINSTRASSE

Kögl
8461 Ratsch
an der Weinstraße 59
info@weingut-koegl.com
www.weingut-koegl.com

Ein paar Tage Urlaub am Weingut Kögl verändern die innere Wahrnehmung, sagt man. Hier ist der perfekte Ort für einen Rückzug, zum Abschalten oder einfach nur um zu genießen. In ruhiger Lage im Herzen der Südsteirischen Weinstraße bietet die Familie Kögl fünf Zimmer mit Frühstück und malerischer Aussicht. Zahlreiche Wanderstrecken durch die hügelige Weinlandschaft können von hier aus entdeckt werden, stärken kann sich der Gast danach in der hauseigenen Buschenschank.

www.gaultmillau.at – Tipps, Trends, Rankings und alle Restaurantkritiken

Wirtshaus

GUT PÖSSNITZBERG
WEINHOTEL

Die Essenz der Südsteiermark schmecken!

WEINHOTEL GUT PÖSSNITZBERG
Pössnitz 168 | A-8463 Leutschach | www.poessnitzberg.at | hotel@poessnitzberg.at

WEINGÜTER ZUM ÜBERNACHTEN

SPIELFELD

Polz/Gut Pössnitzberg
8472 Spielfeld
Am Grassnitzberg 39
Tel.: 03453 23 010
weingut@polz.co.at
www.polz.co.at

Insgesamt 40 Winzerzimmer und Suiten stehen hier im traditionellen, mit moderner Architektur bereicherten Gutshof zur Auswahl: Vom Klassik-Zimmer bis zur Toplagen-Suite mit großzügiger Terrasse findet man für jeden Geschmack das ideal ausgestattete Zimmer im Angebot. Dazu bietet das Hotel einen Wellnessbereich mit beheiztem Außenpool, Dampfbad und Sauna. Daneben gibt es verschiedene Packages, um das Land und den Wein kennenzulernen.

SPITZ

Johann Donabaum
3620 Spitz
Laaben 15
Tel.: 02713 2488
0676 931 31 50
info@weingut-donabaum.at
www.weingut-donabaum.at

Das WeinSpitz Boutiquehotel Wachau steht für die harmonische Verbindung von Genuss und Ambiente. Inmitten der Spitzer Weinberge, hinter dem Tausendeimerberg, residieren die Gäste in insgesamt elf großzügigen, designorientierten und klimatisierten Suiten und Zimmern mit einem einzigartigen Blick auf die Wachauer Terrassenlagen. Im Erdgeschoss gibt es eine barrierefreie Suite, von der aus man direkt in den Garten und zum Poolbereich gelangt.

STRASS IM STRASSERTAL

Weixelbaum
3491 Straß im Straßertal
Weinbergweg 196
Tel.: 02735 2269
0676 325 84 83
weixelbaum@vinoweix.at
www.vinoweix.at

Die zwei gemütlichen Ferienwohnungen der Weixelbaums befinden sich direkt am Weingut. Von hier aus sind die schönsten Ausflugsziele des Kamptales leicht zu erreichen. Das historische Schloss Grafenegg, die Weinerlebniswelt Loisium und die Altstadt von Krems sind nur wenige Autominuten entfernt. Die Ausstattung der Wohnungen: 40 m² Fläche, ebenerdig mit eigener Terrasse, Garten und Wohnraum mit voll ausgestatteter Küche, Schlafzimmer sowie schönem, gepflegtem Bad.

UNTERRETZBACH

Elisabeth Rücker
2074 Unterretzbach
Herrengasse 1
Tel.: 02942 208 02
0664 427 99 35
office@elisabeth-wein.at
www.elisabeth-wein.at

Das Motto: Auf den Spuren des Weins. Weinfreunde, Wanderer, Radfahrer oder kulturell Interessierte können die neu gewonnenen Eindrücke im gemütlichen Gästehaus von Elisabeth Rücker Revue passieren lassen und einige Tage im Einklang mit der Natur genießen sowie die einzigartige Architektur des Gutes hautnah erfahren. Es gibt fünf gemütliche Doppelzimmer, einen Garten mit schattiger Laube zum Entspannen und ein feines Frühstück für einen guten Start in den Tag.

WIEN

Fuhrgassl-Huber
1190 Wien
Neustift am Walde 68
Tel.: 01 4401 405
weingut@fuhrgassl-huber.at
www.fuhrgassl-huber.at

Das Landhaus Fuhrgassl-Huber in Wien hat 36 Zimmer sowie eine kleine (für 2 bis 3 Personen) und eine große Suite (für 4 bis 5 Personen). Der Gast kann auf vier Stockwerken zwischen Zimmern zum sonnigen Arkadenhof und Zimmern mit Balkon zum Garten wählen. Wer hier nächtigt, ist mittendrin im Wiener Weinbaugebiet, ganz nah dran am Heurigen der Familie und unweit der vielen Spazierwege durch die gutseigenen Reben. Und auch die Kulturmetropole ist in Reichweite.

WEINGÜTER FÜR
FESTE, FEIERN, ERLEBNIS

DIE BESTEN

BARBARA ÖHLZELT
ZU TISCH AM SEEBERG
Zöbing

COBENZL
Wien

DOMÄNE WACHAU
Dürnstein

FISCHER
Sooß

GROSZ
Gaas

HANS IGLER
Deutschkreutz

KÄSTENBURG
Ratsch an der Weinstraße

PLODER-ROSENBERG
St. Peter am Ottersbach

PONGRATZ
Gamlitz

SCHMELZ
Joching

SEYMANNS WEINHANDWERKEREI
Pernersdorf

WINZER KREMS – SANDGRUBE 13
Krems

WEINGÜTER FÜR FESTE, FEIERN UND ERLEBNIS

DEUTSCHKREUTZ

Hans Igler
7301 Deutschkreutz
Langegasse 49
Tel.: 02613 80365
info@hans-igler.com
www.hans-igler.com

Der Schaflerhof der Familie Igler ist eine unvergleichliche Eventlocation für maximal 70 Personen. Bestechend ist die Architektur des Hauses, vom Dachgeschoss öffnet sich der Blick in die Weinregion. In diesem Ambiente finden Geburtstagsfeiern, Hochzeiten und Firmenevents statt. Die Räume bieten vielfältige Möglichkeiten des Feierns in Kombination mit Weinen der Region. Im Sommer kann die Außenanlage genutzt werden, sie bietet für Trauungen im Freien eine traumhafte Kulisse.

DÜRNSTEIN

Domäne Wachau
3601 Dürnstein 107
Tel.: 02711 371
office@domaene-wachau.at
www.domaene-wachau.at

Das nach Plänen von Jakob Prandtauer in den Jahren 1714 bis 1719 erbaute barocke Schlösschen der Genossenschaft ist ein weithin sichtbares Wahrzeichen der Wachau. Im Laufe der Jahrhunderte hatte das Kellerschlössel viele berühmte Gäste, darunter auch Kanzler Leopold Figl, der im Rahmen der Verhandlungen zum österreichischen Staatsvertrag das Weingut oft und gerne besuchte. Es dient als Verkostungslocation der Domäne, als besonderer Veranstaltungsort ist das Kellerschlössel zu mieten.

Gault&Millau
2020

Die neuesten Ergebnisse aus der Haubenwelt:
800 Restaurants, neu getestet und bewertet.

Plus: Die besten Weine, Wirtshäuser, Hotels und Almhütten.
Neu in dieser Ausgabe: Golfclubs, Cafés und Bars.

Zwei Bücher, ein Preis: € 39,- für Ihren Wegweiser in die Welt des guten Geschmacks
www.gaultmillau.at

Bleiben Sie up to date mit unseren täglichen Nachrichten
auf **Facebook** und **Instagram**.

WEINGÜTER FÜR FESTE, FEIERN UND ERLEBNIS

GAAS

Grosz
7521 Gaas 82
Tel.: 0660 279 823
office@weingut-grosz.at
www.weingut-grosz.at

Nicht nur die authentischen Weine des Juniorchefs machen das Weingut zum Tipp. Die Räumlichkeiten der Familie Grosz bieten für Events 75 Sitzplätze im Innenbereich (Wintergarten und Stüberl) sowie 90 Sitzplätze im Außenbereich. Von der Terrasse hat man einen fantastischen Blick in die Kleine Ungarische Tiefebene. Seit der Eröffnung des Zubaus im Jahr 2015 gibt es bei Grosz auch zweimal im Jahr eine klassische südburgenländische Buschenschank.

GAMLITZ

Pongratz
8462 Gamlitz
Kranachberg 73
Tel.: 03453 4477
0676 337 96 52
wein@pongratz.cc
www.pongratz.cc

Das Weingut Pongratz ist „die" Hochzeitslocation in der Südsteiermark. Direkt am Kranachberg gelegen, ist schon alleine der Blick hinein ins Weinland unschlagbar. Daneben wird hier an alle Details gedacht: vom Blumenschmuck bis zur Weinauswahl, von der passenden Unterhaltung bis zur Abfolge der Speisen. Im Rahmen von Veranstaltungen bietet das Weingut auch Übernachtungsmöglichkeiten in den urigen Gästezimmern. Hie und da finden besondere Konzerte statt.

JOCHING

Schmelz
3610 Joching
Weinbergstraße 14
Tel.: 02715 2435
0664 132 06 77
info@schmelzweine.at
www.schmelzweine.at

Es gibt Dinge, die mit dem Trend schwimmen, und es gibt solche, die Trends setzen. Die Familie Schmelz bevorzugt eindeutig Letzteres. So kam es zur Weinbühne: Mit traumhaftem Ausblick auf die Weingärten können die Gäste die gutseigenen Weine probieren. Goldrichtig ist die Location für Feiern im besonderen Rahmen wie Hochzeiten oder Geburtstage. Wer mag, kann sich hier auch von der Familie Schmelz mit Hausgemachtem auf hohem Niveau bekochen lassen.

KREMS

Winzer Krems – Sandgrube 13
3500 Krems
Sandgrube 13
Tel.: 02732 85511
office@winzerkrems.at
www.winzerkrems.at

Über Jahrhunderte waren die Presshäuser in den Kellergassen die Behausung für den Wein. Heute sind die traditionellen Unikate in Niederösterreich oftmals vom Verfall bedroht – zu mühsam sind für die Winzer die Arbeitsabläufe in den engen Kellern. Winzer Krems widmet sich mit dem Erhalt des historischen Ortes am Bründlgraben der Pflege dieses Kulturguts. Mit viel Liebe und Mühe wurden sieben langjährig ungenutzte Keller saniert und so wieder zum Leben erweckt.

WEINGÜTER FÜR FESTE, FEIERN UND ERLEBNIS

PERNERSDORF

Seymanns Weinhandwerkerei
2052 Pernersdorf
Karlsdorf 50
Tel.: 02944 8290
0699 111206399
office@seymann.at
www.seymann.at

Am Weingut der Familie Seymann tut sich immer etwas. Das ganze Frühjahr und den Sommer über finden hier Veranstaltungen statt. Diese reichen von der Weingartenwanderung samt Erzählungen über die sagenumwobene Gegend bis zum Suchen von Heilkräutern. Hier treffen einander Kunstinteressierte und Naturfreunde. Themen wie unter anderem der Klimawandel geben die Richtung für die Wanderungen vor. Ein Muss ist auch das Sommerfest am wunderschönen Biohof.

RATSCH AN DER WEINSTRASSE

Kästenburg
8461 Ratsch an der Weinstraße Nr. 66
Tel.: 03453 2565
kaestenburg@aon.at
www.kaestenburg.at

Am Wein- und Sektgut der Familien Jakopé und Barthau passiert das ganze über Jahr viel. Einmal pro Monat findet ein Themenbrunch im wunderschönen Saal oder bei Schönwetter im Kastaniengarten statt. Daneben gibt es Seminare zu aktuellen, dem Zeitgeist entsprechenden Themen, ein Picknick zwischen den Reben oder Dinner im Weinberg. Wer danach nicht mehr nach Hause fahren möchte, kann eines der traditionellen Gästezimmer mieten und hier entspannen.

SOOSS

Fischer
2504 Sooß
Hauptstraße 33
Tel.: 02252 87130
0699 17 387 13 00
office@weingut-fischer.at
www.weingut-fischer.at

Heiraten am Weingut? Eine Trauung direkt im Weingarten? Individuell nach den Wünschen der Gäste gestaltet Marion Zimmermann neben Hochzeiten auch Geburtstage, Taufen, Sponsionsfeiern, Vorträge, Workshops und Firmenevents auf dem Weingut, im Lokal oder im prachtvollen Garten der Familie Fischer. Mit dabei sind natürlich die biologisch erzeugten Weine in ihrer ganzen Vielfalt, gekocht wird sehr individuell und auf die Gäste zugeschnitten.

ST. PETER AM OTTERSBACH

Ploder-Rosenberg
8093 St. Peter am Ottersbach
Unterrosenberg 86
Tel.: 03477 3234
office@ploder-rosenberg.at
www.ploder-rosenberg.at

Das Weingut der Familie Ploder im Vulkanland Steiermark ist ein Ort der Begegnung – für Weinliebhaber, für Kunstinteressierte und einfach genussfreudige Menschen. Hier kann der Gast in die Welt des Weins eintauchen, in einem Seminar mehr über die Biodynamie, das Anliegen der Ploders, lernen und so die Zusammenhänge von Boden, Menschen, Tieren und Pflanzen besser verstehen. Obelisken, Skulpturen und inspirierende Gestaltungen bereichern daneben das Umfeld.

WEINGÜTER FÜR FESTE, FEIERN UND ERLEBNIS

WIEN

Cobenzl
1190 Wien
Am Cobenzl 96
Tel.: 01 32 05 805
office@weingutcobenzl.at
www.weingutcobenzl.at

Hier ist die Lage unschlagbar. Das Weingut Cobenzl bietet eine traumhafte Kulisse für eine standesamtliche Hochzeit. Die Traumhochzeit kann direkt im Weingarten mit wunderbarem Blick über Wien oder im stilvoll eingerichteten Weinkeller gefeiert werden. Von der Trauung über die Agape bis zum kompletten Fest kann man hier den schönsten Tag verbringen. Der Weinkeller bietet Platz für 45 Gäste, für bis zu 150 Personen der Weingarten oder der wetterfeste Stadl.

ZÖBING

**Barbara Öhlzelt/
Zu Tisch am Seeberg**
3561 Zöbing
Eichelbergstraße 32
Tel.: 02734 4857
barbara@weinberggeiss.at
www.weinberggeiss.at

Das ist mehr als ein Heuriger. „Zu Tisch am Seeberg" nennt Barbara Öhlzelt die Weinkost, die von April bis August fünfmal stattfindet. Karl Schwillinsky, großer Meister am Herd, begleitet die Weinkollektion seiner Frau in Haubenqualität mit fünf Gängen. Dabei ist die Winzerin am Tisch mit zu Gast und erklärt am Ort des Entstehens ihre Weine und ihre Philosophie mit Ausblick auf den berühmten Heiligenstein. Bei Schlechtwetter wird in den schönen, alten Presskeller gewechselt.

BARBARA ÖHLZELT — Winzerin aus Leidenschaft

Zu Tisch im Weingut ist eine außergewöhnliche Weinkost im kleinen, sehr persönlichen Rahmen.

Je nach Wetterlage nehmen Sie an der Tafel im bezaubernden Garten oder im gemütlichen alten Presshaus des Weingutes von Barbara Öhlzelt Platz. Für maximal 12 Personen begleitet Karl Schwillinsky mit fünf saisonal-regionalen Gängen die feinen Weine von Barbara Öhlzelt. Es erwartet Sie ein unvergesslicher Abend mit ausgezeichneten Weinen, hervorragendem Essen und guter Gesellschaft im Weingut von Barbara Öhlzelt.

Wir freuen uns, Sie im Weingut begrüßen zu dürfen.

Weingut
BARBARA ÖHLZELT
3561 Zöbing
Eichelbergstraße 32
www.weinberggeiss.at
www.verjus.at

SEKT

LIEBE SEKTFREUNDINNEN, LIEBE SEKTFREUNDE,

der Gusto der Österreicher auf Sekt ist ungebrochen. Ganz gleich, ob puristisch und knochentrocken oder etwas verspielter mit höherer Dosage – es darf prickeln.

Die heimische Schaumweinbranche entwickelt sich ausgezeichnet. Sektsteuer hin, Sektsteuer her. Vor allem beim Rosé konnten in den vergangenen zwei Jahren gute Zuwächse verzeichnet werden. Und auch qualitativ geht es immer weiter bergauf. Die Sektpyramide ist seit dem Herbst des Vorjahres komplett. Heuer konnten wir somit zusätzlich eine schöne Anzahl an „Großen Reserven" der besten heimischen Sektkellereien verkosten. Sie überzeugten durchwegs in ihrer Hochwertigkeit.

In Österreich sind 26 weiße und 14 rote Rebsorten für das Keltern von Qualitätsweinen zugelassen. Das Gleiche gilt auch für die Produktion von heimischem Sekt. **Blanc de Blancs wird ausschließlich aus weißen Trauben produziert, Blanc de Noirs und Rosésekt aus roten Sorten.** Den Kellermeistern stehen dabei viele spannende Variationen offen. Sei es mit den Paradesorten wie Grüner Veltliner und Zweigelt oder mit der klassischen Cuvée aus Chardonnay und Pinot Noir. Hie und da werden auch rebsortenreine Weine gekeltert, die dann zu typischen und ausdrucksstarken Schäumern werden.

Den österreichischen Sektqualitäten verleiht die gesetzlich verankerte, dreistufige Qualitätspyramide ein geschärftes Profil. Die „Klassik" bildet die Basis. Hierfür kann mittels traditioneller Flaschengärung oder Tankgärverfahren produziert werden. Wichtig ist die Verweildauer auf der Hefe von neun Monaten. Zudem muss das Bundesland auf dem Etikett angegeben werden. In der nächsten Kategorie werden die Anforderungen etwas strenger.

Die Trauben für die „Reserve" müssen von Hand geerntet werden, auch Ganztraubenpressung ist Pflicht.

Zudem darf die Mostausbeute nicht mehr als 60 Prozent ausmachen, der Presswein muss also abgetrennt werden. Ein Hefelager für 18 Monate und nicht mehr als zwölf Gramm Dosage pro Liter sind weitere Parameter. **Für eine „Große Reserve" müssen die Trauben zu 85 Prozent aus einer Gemeinde, die auch auf dem Etikett vermerkt ist, stammen.** Die Mostausbeute darf nur 50 Prozent betragen, zudem ist ein Hefelager von mindestens 30 Monaten vorgeschrieben. Die Sekte aus dieser Kategorie haben einen herrlichen Tiefgang und viel Anspruch. Darunter auch unser Sekt des Jahres, der durch seine Reinsortigkeit (100 Prozent Grüner Veltliner) ein besonders hochwertiger und charmanter Vertreter Österreichs ist.

Petra Bader

Petra Bader

Jury Gault&Millau: Petra Bader (Gault&Millau), Steve Breitzke (Sommelier), Walter Kutscher (Sommelier-Ausbilder)

UNSERE BESTEN

1	🍇🍇🍇	18	Grüner Veltliner Große Reserve Brut Nature 2015, Zuschmann-Schöfmann
2	🍇🍇🍇	18	Blanc de Blancs, Schloss Gobelsburg
3	🍇🍇🍇	18	Blanc de Blancs Extra Brut Reserve, Bründlmayer
4	🍇🍇🍇	17,5	Zero Dosage, Sektmanufaktur Harkamp
5	🍇🍇🍇	17,5	Blanc de Blancs 2017, Sepp Moser
6	🍇🍇🍇	17,5	Extra Brut Reserve, Loimer
7	🍇🍇🍇	17,5	Brut Reserve, Schloss Gobelsburg
8	🍇🍇🍇	17,5	Brut Reseve, Bründlmayer
9	🍇🍇🍇	17,5	Weißburgunder Panzaun Große Reserve 2015, Steininger
10	🍇🍇🍇	17,5	Chardonnay Große Reserve Brut 2015, Schlumberger Wein- & Sektkellerei

AUSZEICHNUNGEN

SEKT DES JAHRES 2020

2015 Grüner Veltliner Brut Nature Große Reserve

Er war die große Überraschung in unserer heurigen Sekt-Blindverkostung. Gratulation an Else Zuschmann und Martin Schöfmann für ihren fantastischen Winzersekt, einen Grünen Veltliner aus dem Jahr 2015, den sie angenehmerweise brut nature belassen haben. Die Trauben dafür stammen aus den organisch-biologisch bewirtschafteten Lagen rund um ihren Heimatort Martinsdorf. Diese wurden händisch geerntet, Ganztraubenpressung und die Abtrennung des Pressmostes sind weitere wichtige Faktoren für die hohe Qualität. 32 Monate reifte der Sekt nach der zweiten Gärung in der Flasche, bevor er im Dezember 2018 degorgiert wurde. Herrlich sind die klassische Veltliner-Würze und die feinen Autolyse-Töne durch die zweite Gärung. Daneben: eine zarte Apfelfrucht und viel Finesse. Der Sekt ist geprägt von Eleganz, er spiegelt seine Herkunft wundervoll wider und lässt sich als idealer Speisenbegleiter einsetzen. Aber auch einfach so ist er schlicht perfekt.

Zuschmann-Schöfmann
Winzerstraße 52, 2223 Martinsdorf, Weinviertel

2019 Blanc de Blancs Extra Brut Reserve, Bründlmayer, Kamptal
2018 2010 Blanc de Blancs, Ebner-Ebenauer, Weinviertel
2017 Blanc de Blancs, Schloss Gobelsburg, Kamptal

KELLEREIEN IN ÖSTERREICH

Bründlmayer

3550 Langenlois
Zwettler Straße 23
Tel.: 02734 21720
weingut@bruendlmayer.at
www.bruendlmayer.at

Wer in Österreich nach allerbestem Winzersekt fragt, bekommt in der Regel jenen vom Weingut Bründlmayer empfohlen. Man hat sich über die Jahre einen schier unantastbaren Ruf dafür erarbeitet. Die kleine Serie besteht mittlerweile aus vier verschiedenen Stilen: Brut, Extra Brut, Rosé und neu: Blanc de Blancs. Zum Kult über die vergangenen Jahre ist die rosafarbene Variante geworden. Mit ihrem einprägsamen Etikett sticht sie in jedem Weinregal heraus. Daneben ist sie nahezu Everybody's Darling aufgrund ihrer feinen, beerigen Note und der frischen, animierenden Art am Gaumen. Und das auf allerhöchstem Niveau. Internationale Klasse zeigt der Blanc de Blancs mit seiner Eleganz.

18		Blanc de Blancs Extra Brut Reserve
17,5		Brut Reseve
17		Extra Brut Reserve
17		Brut Rosé

Top-Sekte vergangener Jahrgänge:

18		Brut 2007
18		Brut 2008
18		Blanc de Blancs Extra Brut

Christina Hugl

3562 Mollands
Im Weingarten 3
Tel.: 0659 7427151
info@christinahugl.at
www.christinahugl.at

Von klein auf war Wein ein wichtiger Bestandteil im Leben von Christina Hugl. In die Sektkellerei der Eltern (Weinviertler Sektmanufaktur) war sie schon in jungen Jahren eingebunden. Ihr größter Wunsch: Die prickelnde Faszination ganz nach ihren Vorstellungen umzusetzen und Schaumweine mit ihrer eigenen Handschrift zu versehen. Sie bildete sich weiter, sah sich in der Welt um. Nun keltert sie aus Trauben, die auf kalkreichen Böden wachsen, eigenständige Sekte, so pur wie möglich und brut nature ausgebaut, und Péts Nats in Weiß, Rosé und Rot. Dafür hat sie Weingärten im Kamptal gefunden, die sie biologisch bewirtschaftet. Ihre (noch) kleine Produktion ist in Mollands beheimatet.

17		Blanc de Noirs Brut Nature 2017	€ 18,00
17		Pinot Noir Rosé Brut Nature 2017	€ 18,00
16,5		Grüner Veltliner Brut Nature 2016	€ 18,00
15,5		Grüner Veltliner Pét Nat 2018	€ 18,00
15		Red Nat Blauer Portugieser 2018	€ 18,00
14,5		Golden Pét Nat Neubürger 2018	€ 18,00
14		Rosa Pét Nat 2018	€ 18,00

Top-Sekte vergangener Jahrgänge:

16		Rosa Pét Nat Pinot Noir 2017
16		Traminer x Welschriesling 2015
16		Blanc de Blancs Reserve 2014

KELLEREIEN IN ÖSTERREICH

SEKT

Dockner
3508 Höbenbach
Ortsstraße 30
Tel.: 02736 7262
winzerhof@dockner.at
www.dockner.at

Schon mehrere Jahre hatten die Dockners die Idee, neben den Weinen auch Sekt nach traditioneller Methode am Winzerhof zu produzieren. Ihr Betrieb am Kremser Frauengrund ist die erste Sektmanufaktur in der Weinstadt Krems. In der Kellergasse wurden mehrere Keller aufwendig renoviert und zusammengeschlossen. Ideen zur Sektproduktion holten sie sich in der Champagne. Mittlerweile können sie zwei Sekte aus der Ried Kremser Frauengrund präsentieren: den Brut aus Chardonnay, Weißburgunder und Grauburgunder und den Brut Rosé aus Pinot Noir und Zweigelt. Im Rahmen der Manufaktur bietet man einen Sektbrunch an.

16,5		Brut Kremser Frauengrund Große Reserve 2014	€ 24,00
15		Brut Rosé Reserve 2015	€ 24,00

Top-Sekte vergangener Jahrgänge:

16,5		Brut Kremser Frauengrund 2013	
16		Brut Rosé	

Fuchs & Hase
3550 Langenlois
Rudolfstraße 39
Tel.: 02734 21160
info@petnat.at
www.petnat.at

Hinter dem Projekt Fuchs & Hase stehen die beiden Kamptaler Weingüter Jurtschitsch und Arndorfer. Das ist quasi auch gleichbedeutend für Sektkompetenz. Zum einen sind da Stefanie und Alwin Jurtschitsch, die sehr straighten Winzersekt aus Grünem Veltliner keltern, und zum anderen Anna und Martin Arndorfer. Anna ist die Tochter von Sektdoyen Karl Steininger und somit familiär bedingt mit dem prickelnden Virus infiziert. Mit dem Jahrgang 2018 haben sie die fünfte Kollektion ihrer eigenständigen Pét Nats (Vins pétillants naturels) aufgelegt. Produziert wird nach der alten französischen Méthode rural. Was so entsteht, ist teilweise wild, aber stets von sehr guter Qualität.

16,5		Pét Nat Vol. 4 2017	€ 15,90
16		Pét Nat Vol. 3 2017	€ 15,90
15,5		Pét Nat Rosé 2018	€ 15,90
14,5		Pét Nat Vol. 2 2018	€ 15,90

Top-Sekte vergangener Jahrgänge:

17,5		Pét Nat. Vol. 2 2015	
17,5		Pét Nat. Vol. 4 2015	
17		Fuchs & Hase am Ponyhof 2014	

KELLEREIEN IN ÖSTERREICH

Harkamp

Hollerbrandweg 6
8430 Leibnitz
Tel.: 03452 76420
weingut@harkamp.at
www.harkamp.at

Die gesamte Harkamp'sche Weinbereitung und Versektung findet in der historischen Villa Hollerbrand in Leibnitz statt. Die Villa wurde 1897 von zugewanderten Italienern erbaut. Im Jahre 1992 konnte die Familie die Villa von der Genossenschaft erwerben. Aufgrund der großen Sektnachfrage baute man im Jahr 2012 gründlich um und renovierte den Keller. So entstand ein eigener Bereich für die Sektproduktion mit einer Kapazität von mehr als 100.000 Flaschen. Pinot Noir ist für die Harkamp-Sekte die wichtigste Rebsorte. Sie ist vor allem für jene mit längerer Hefelagerung wie Harkamp Brut Rosé und Harkamp Brut Reserve unverzichtbar. Bei der Grande Dame des Hauses, der Harkamp Brut Reserve, spielt auch die übrige Burgunder-Rebsortenfamilie eine entscheidende Rolle.

17,5	🍇🍇🍇	Zero Dosage	€ 17,80
17	🍇🍇🍇	Brut Reserve	€ 17,80
16,5	🍇🍇	Sauvignon Blanc Extra Brut	€ 17,80
16,5	🍇🍇	5 Elemente 2013	€ 17,80
16	🍇🍇	Brut Rosé	€ 17,80

Top-Sekte vergangener Jahrgänge:

18	🍇🍇🍇	Zero Dosage 2014
17,5	🍇🍇🍇	Brut Reserve 2014
17	🍇🍇🍇	Sauvignon Blanc Extra Brut

Jurtschitsch

3550 Langenlois
Rudolfstraße 39
Tel.: 02734 21160
weingut@jurtschitsch.com
www.jurtschitsch.com

Die Leidenschaft für Prickelndes geht bei Stefanie und Alwin Jurtschitsch auf ihre Studentenzeit an der Fachhochschule in Geisenheim zurück. Dort kamen sie in ihrer freien Zeit immer wieder mit unterschiedlichsten Schaumweinen in Berührung, die ihr Interesse weckten. Zu Hause im elterlichen Betrieb beschlossen sie, ihren eigenen Schäumer zu machen. Eine hoch gelegene, recht kühle Lage, bestockt mit Veltliner, bringt das ideale Ausgangsmaterial für den Sekt, den sie nun nach traditioneller Methode herstellen. Er gilt als Sinnbild dafür, dass man auch reinsortig aus Grünem Veltliner Sekt keltern kann. Daneben gibt es einen fröhlichen, beerigen Rosé mit Struktur.

17	🍇🍇🍇	Grüner Veltliner Brut Nature Große Reserve 2015
16,5	🍇🍇🍇	Rosé Brut

Top-Sekte vergangener Jahrgänge:

17,5	🍇🍇🍇	Grüner Veltliner Brut Nature 2012
17,5	🍇🍇🍇	Rosé Brut
17	🍇🍇🍇	Grüner Veltliner Brut Nature Große Reserve 2014

KELLEREIEN IN ÖSTERREICH

Kästenburg

8461 Ratsch an der
Weinstraße 66
Tel.: 03453 2565
kaestenburg@aon.at
www.kaestenburg.at

Ilse Jakopé und ihr Mann Werner Barthau, ein gebürtiger Schwabe, sind große Spezialisten in Sachen Sektherstellung. Bei ihnen vermischen sich deutsche und österreichische Wein- und Sektkultur. Die beiden Winzer keltern ihre Schaumweine im eigenen, südsteirischen Betrieb seit vielen Jahren mit Sorgfalt und verwenden dazu die klassischen Sorten der Region. Die Sekte bleiben im konstanten Klima des alten Gewölbekellers und verlassen das Gut erst, wenn sie perfekt gereift sind. Ein Link nach Deutschland ist der rote Pinot Noir Sekt, der in Magnumflaschen gereift wird. Er zeigt eine typische, kräftige Beerenfrucht, hier vermählen sich spannendes Tannin und feines Mousseux.

16,5	🍇🍇🍇	Pinot Noir (aus der Magnum) 2013	€ 13,40
16	🍇🍇	Muskateller 2017	€ 13,40
16	🍇🍇	Chardonnay 2015	€ 13,40
16	🍇🍇	Riesling 2014	€ 13,40
15,5	🍇🍇	Sauvignon Blanc 2013	€ 13,40
15	🍇🍇🍇	Rosé 2016	€ 13,40
15	🍇🍇	Traminer 2013	€ 13,40
14	🍇	Kreo Pét Nat 2017	€ 13,40

Top-Sekte vergangener Jahrgänge:

17	🍇🍇🍇🍇	Sauvingnon Blanc Reserve 2014
16,5	🍇🍇	Cuvée Burgunder Reserve 2013
16	🍇🍇	Chardonnay Reserve 2014

Loimer

3550 Langenlois
Haindorfer Vögerlweg 23
Tel.: 02734 2239
weingut@loimer.at
www.loimer.at

(bio)

Knapp 17 Jahre hat es gedauert, bis wir wieder Sekt von Fred Loimer kosten konnten. Eine Variante in Extra Brut und einen Rosé stellt er aus biodynamisch erzeugtem Grundwein her. Beide sind aus einer Cuvée von Zweigelt und Pinot Noir gekeltert und bleiben für 14 Monate auf der Hefe, bevor sie degorgiert werden. Das Resultat ist mehr als überzeugend. Die hohe Qualität dieser Schaumweine bestätigt einmal mehr den guten Ruf Loimers als Spitzenwinzer und jenen von Langenlois als niederösterreichischer Sekthochburg. Die Trauben stammen aus den biologisch gepflegten Langenloiser und Gumpoldskirchner Weingärten und werden im Stahltank spontanvergoren.

17,5	🍇🍇🍇	Extra Brut Reserve
17	🍇🍇🍇🍇	Brut Rosé Reserve

Top-Sekte vergangener Jahrgänge:

18	🍇🍇🍇	Brut Nature Langenlois Große Reserve 2013
17,5	🍇🍇🍇🍇	Brut Rosé Reserve
17	🍇🍇🍇	Extra Brut Reserve

KELLEREIEN IN ÖSTERREICH

Christian Madl

2172 Schrattenberg
Hauptstraße 49
Tel.: 02555 24168
0664 4225142
office@madlsekt.at
www.madlsekt.at

Christian Madl gehört mit seiner Passion zu den Ausnahmeerscheinungen der heimischen Sektszene. Er arbeitet auf allerhöchstem Niveau mit unglaublich großer Leidenschaft für das Produkt. Er lernte sein Handwerk bei Meistern in Deutschland und in der Champagne. Im Weinviertel hat er das perfekte Terroir für elegante und ausdrucksstarke Grundweine. Im kommenden Jahr werden nun bereits seit 30 Jahren Sekte in Madls Kellerei hergestellt. Spannend ist sein Grüner Veltliner Brut Nature aus 2015. Der Grundwein kommt komplett ohne Schwefel aus und ist daher besonders bekömmlich. Die Trauben für den Rosé Önothek stammen aus 2010. Er reifte acht Jahre auf der Hefe.

17	🍇🍇🍇🍇	Grüner Veltliner Brut Nature 2015	€ 16,50
16,5	🍇🍇🍇	Blanc de Noirs Brut	€ 16,50
16	🍇🍇🍇	Önothek Rosé trocken 2010	€ 16,50
14	🍇	Schretenperg Cuvée trocken 2016	€ 16,50
14	🍇	Rosé extra trocken 2013	€ 16,50
13	🍇	Schretenperg Rosé trocken	€ 16,50

Top-Sekte vergangener Jahrgänge:

18	🍇🍇🍇🍇	Önothek Brut 2008
17,5	🍇🍇🍇	Brut Nature
17	🍇🍇🍇	Cuvée Special Brut

Malat

3511 Palt/Krems
Hafnerstraße 12
Tel.: 02732 82934
weingut@malat.at
www.malat.at

Der Malat Brut war der erste Winzersekt Österreichs – und damit der Vorreiter der inzwischen prosperierenden heimischen Winzersekt-Szene. Seit 1976 wird er nach der traditionellen Methode in der Flasche vergoren und händisch gerüttelt. Dieses aufwändige Verfahren ist neben der speziell auf den Sekt abgestimmten, sorgfältigen Auswahl der Grundweine die wichtigste Voraussetzung für die besondere Finesse und das zarte Mousseux. Ein weiterer Faktor ist auch, dass die Jahrgangssekte mindestens drei Jahre auf der Hefe reifen, ehe sie degorgiert werden. Ebenso wie bei den Weinen gilt das Prinzip, dass sämtliche Produktionsschritte bei Michael Malat im Weingut selbst erfolgen.

16,5	🍇🍇	Brut Nature Reserve 2014
16	🍇🍇🍇	Brut Rosé Reserve 2014

Top-Sekte vergangener Jahrgänge:

17,5	🍇🍇🍇	Brut 2009
17,5	🍇🍇🍇	Brut 2012
17,5	🍇🍇🍇	Blanc de Blancs Brut Nature 2012

KELLEREIEN IN ÖSTERREICH

SEKT

Sepp Moser
7143 Apetlon
Wallerner Straße 59
Tel.: 02732 70531
office@sepp-moser.at
www.sepp-moser.at

demeter
biodynamische Qualität

Die Familie Moser ist eine der großen, traditionellen Weinbaudynastien Österreichs. 1848 gründete Anton Moser sein Weingut in der kleinen Ortschaft Rohrendorf. Der berühmteste Spross der Familie ist der Weinbaupionier Dr. Lenz Moser, der in den 50er-Jahren die hohe Erziehungsform der Rebe entwickelte. Sepp Moser startete mit seinem eigenen Betrieb unter seinem eigenen Namen mit Rebflächen in den Regionen Kremstal und Neusiedlersee. Sohn Nikolaus übernahm das Weingut im Jahr 2000. Als einer der Ersten in Österreich stellte er auf biodynamische Bewirtschaftung um. Von ihm stammt einer der ganz wenigen Sekte, die das Demeter-Label tragen. Die Qualität ist überragend.

17,5	🍇🍇🍇	Blanc de Blancs 2017

Top-Sekte vergangener Jahrgänge:

17,5	🍇🍇🍇	Blanc de Blancs 2014

A-Nobis ⓝ
7122 Gols
Am Anger 31
Tel.: 0676 720 58 60
sekt@a-nobis.at
www.a-nobis.at

Hinter A-Nobis stehen Norbert und Birgit Szigeti (das A steht für die Herkunft Österreich) mit ihrem hochmotivierten Team aus Mitarbeitern und Partnern. Die mehr als drei Jahrzehnte lange Erfahrung von Norbert Szigeti und die hochwertige Versektung bilden das Fundament der Produktion. Sekte mit originärem Geschmacksprofil und klarer Herkunft sind für ihn große Freude und gelebte Berufung. Bestes Traubenmaterial verdankt A-Nobis langjährigen Winzerfreunden als Lieferanten. Für die Versektung wird momentan ein neuer Keller im burgenländischen Zurndorf geschaffen. Die Fertigstellung ist für Sommer 2020 geplant. Bis dahin bleibt die Dependance in Gols geöffnet.

17	🍇🍇🍇	Welschriesling Brut 2015	€ 17,50
16,5	🍇🍇🍇	Cuvée 1217 Blanc de Noir Extra Brut 2014	€ 17,50
16	🍇🍇🍇	Brut 2015	€ 17,50
15,5	🍇🍇🍇	Pinot Blanc Brut 2017	€ 17,50
15,5	🍇🍇🍇🍇	Cuvée 1217 Rosé Extra Brut 2014	€ 17,50
15	🍇🍇	Traminer Brut 2015	€ 17,50
14	🍇	Sauvignon Blanc Brut 2015	€ 17,50

KELLEREIEN IN ÖSTERREICH

Erich und Walter Polz

8471 Spielfeld
Grassnitzberg 54 a
Tel.: 03453 23010
office@polz.co.at
www.polz.co.at

Seit 2006 beschäftigen sich Erich und Walter Polz sehr intensiv mit dem Thema Sekt. Dieser hat sich als fixe Marke in der Riege der heimischen Winzersekte etabliert. Ihr Keller am Gut Pössnitzberg wurde schon vor mehr als 40 Jahren für die Sektproduktion gebaut und beherbergt heute eine außergewöhnliche Manufaktur, die technisch bestens ausgestattet ist und in der die Sekte die Ruhe finden, die sie für Reifung und die Bildung ihres speziellen, steirischen Charakters benötigen. Für den Rosé werden Pinot-Noir-Trauben zu einem rebsortentypischen Grundwein verarbeitet. Der fertige Sekt duftet nach Brioche und Beeren, hat viel Komplexität und ein angenehmes Mousseux.

17		Brut Rosé Vintage 2012	€ 18,40

Top-Sekte vergangener Jahrgänge:

17		Brut Blanc 2013

Schloss Gobelsburg

3550 Gobelsburg
Schlossstraße 16
Tel.: 02734 2422
schloss@gobelsburg.at
www.gobelsburg.at

Michael Moosbrugger ist seit über 20 Jahren Herr über das Weingut Schloss Gobelsburg. Im Laufe dieser Zeit hat er eine Weinserie etabliert, die zum absolut Besten in Österreich gehört. Aber auch die Sekte zeigen die charakteristischen Feinheiten der Weingärten des Kamptals. Fantastisch ist der Blanc de Blancs. Die Trauben dafür werden zum richtigen Zeitpunkt in kleine Kisten gelesen und sofort gepresst, wobei aber nur das Herzstück für den Grundwein verwendet wird. Nach sechs Monaten Fasslagerung wird er für die zweite Gärung in Flaschen gefüllt. Auf der Hefe, die zur cremigen Textur beiträgt, ruht er dann drei Jahre, bis er von Hand gerüttelt und degorgiert wird.

18		Blanc de Blancs
17,5		Brut Reserve

Top-Sekte vergangener Jahrgänge:

18		Vintage 2004
18		Blanc de Blancs
18		Vintage 2008

KELLEREIEN IN ÖSTERREICH

Schlumberger Wein- & Sektkellerei

1190 Wien
Heiligenstädter Straße 43
Tel.: 01 368 22 58-0
services@schlumberger.at
www.schlumberger.at

Die Geschichte der Sektkellerei Schlumberger begann 1842, als Robert Schlumberger nach seiner Ausbildung in der Champagne die Méthode traditionelle nach Österreich brachte. Der Vöslauer Sparkling avancierte bald zum Lieblingsgetränk der Wiener Gesellschaft. 1878 wurde Schlumberger mit dem Titel Edler von Goldeck in den Adelsstand erhoben. Unter Verwendung ausschließlich österreichischer Grundweine beziehungsweise Trauben werden Qualitätssekte in der Flasche vergoren und gerüttelt. Das Haus hat sich über die Jahre bis heute einen zuverlässigen Namen für sehr hochwertigen Schaumwein geschaffen und bleibt mit Innovationen immer am Puls der Zeit.

17,5	Chardonnay Große Reserve Brut 2015	€ 14,00
16,5	Prestige Cuvée Reserve Brut 2015	€ 14,00
16	Sparkling Klassik Brut 2017	€ 14,00
15,5	Rosé Klassik Brut 2017	€ 14,00
15,5	Grüner Veltliner Klassik Brut 2016	€ 14,00

Top-Sekte vergangener Jahrgänge:

17	Chardonnay Reserve Brut 2015	
17	Blanc de Noirs Reserve Brut 2012	

Schödl

2225 Loidesthal
Loidesthaler Hauptstraße 76
Tel.: 0676 316 80 07
mail@weingutschoedl.at
www.weingutschoedl.at

Loidesthal liegt im Herzen des östlichen Weinviertels, die Familie Schödl ist hier zu Hause. Speziell im Betrieb, neben der eindrücklichen Weinserie, ist die Herstellung von Sekt. Die Schödls produzieren ihn von der Traube bis zum fertigen Schaumwein komplett in Eigenregie. Geleitet wird das Wein- und Sektgut von den drei Geschwistern Victoria, Mathias und Leonhard. In ihrer kleinen Serie gibt es einen beerigen, frischen und animierenden Rosé und einen Blanc de Blancs, der wunderbar cremig am Gaumen ist und im Bukett ganz fein nussig, etwas nach heller Frucht und Brioche duftet. Neu ist der Blanc de Noirs, der zwar frisch ist, aber etwas markanter als der Blanc de Blancs daherkommt.

17	Blanc de Blancs
16,5	Blanc de Noirs
16	Rosé Brut

Top-Sekte vergangener Jahrgänge:

17,5	Blanc de Blancs
16	Rosé Brut

KELLEREIEN IN ÖSTERREICH

Schwarzböck Ⓝ

2102 Hagenbrunn
Hauptstraße 56–58
Tel.: 02262 67 27 40
weingut@schwarzboeck.at
www.schwarzboeck.at

Die Weinviertler Familie Schwarzböck macht seit einiger Zeit auch Sekt. Man keltert einen Riesling und einen Rosé. Hergestellt werden sie nach traditioneller Methode zu 100 Prozent im eigenen Keller in Hagenbrunn. Riesling-Sekte sind nicht sehr häufig in Österreich. Den Schwarzböcks gelang ein sehr trinkfreudiger und frischer Sekt, der die Riesling-Typizität sehr gut transportiert. Er ist lebendig, hat feine Pfirsichnoten und eine angenehme Perlage. Ein Sekt für jedermann. Übrigens: Keine Geringere als Opernstar Anna Netrebko wählte den Riesling-Sekt der Schwarzböcks für die Agape ihrer Hochzeit mit dem Tenor Yusif Eyvazov, die im Wiener Schloss Belvedere stattfand, aus.

16	🍇	Riesling Brut	€ 14,00
15,5	🍇🍇	Rosé Brut	€ 14,00

Steininger

3550 Langenlois
Walterstraße 2
Tel.: 02734 2372
office@weingut-steininger.at
www.weingut-steininger.at

Wer keltert die besten rebsortenreinen Winzersekte in Österreich? Karl Steininger. Er überzeugt Jahr für Jahr mit seiner facettenreichen Serie. Keiner versteht es wie er, den Sortencharakter als prickelnde Variante so typisch und lebendig auf den Punkt zu bringen. Beste Beispiele heuer dafür: der traubige, frische Muskateller und der ganz feine, charmante Weißburgunder. Begonnen hat alles mit einem Urlaub in der Champagne, der die Leidenschaft für das Thema Schaumwein entfachte. Das Jahr 1989 war ein Meilenstein – die Familie begann mit der Sektherstellung nach der traditionellen Flaschengärmethode. Symbol für Steininger-Sekt ist auch die spezielle, bauchige Flasche geworden.

17,5	🍇🍇🍇🍇	Weißburgunder Panzaun Große Reserve 2015
17	🍇🍇🍇🍇	Muskateller 2017
16,5	🍇🍇🍇	Riesling Heiligenstein Große Reserve 2015
16,5	🍇🍇🍇	Grüner Veltliner Steinhaus Große Reserve 2015
16	🍇🍇🍇	Cabernet Sauvignon Rosé 2017
16	🍇🍇🍇	Burgunder Reserve 2016
16	🍇🍇🍇	Grüner Veltliner Methode Elementar 2015

Top-Sekte vergangener Jahrgänge:

18	🍇🍇🍇🍇🍇	Sauvignon Blanc Sekt 2010
17,5	🍇🍇🍇🍇	Sauvignon Blanc Sekt 2014
17,5	🍇🍇🍇🍇	Weißburgunder Panzaun Große Reserve Sekt 2013

KELLEREIEN IN ÖSTERREICH

SEKT

Stift Klosterneuburg

3400 Klosterneuburg
Stiftsplatz 1
Tel.: 02243 411522
weingut@stift-klosterneuburg.at
www.stift-klosterneuburg.at

Im Stift Klosterneuburg, dem ältesten Weingut Österreichs, werden seit heuer drei verschiedene Sektlinien gepflegt. Der Klostersekt steht für Frische, Frucht und unkomplizierten Genuss. Die beim Mathäi Sekt verwendeten Chardonnay-Tauben finden in den Lagen des Stifts am Wiener Nussberg die besten Voraussetzungen zur optimalen Reife und sorgen für die besondere Stilistik des Blanc de Blancs. Nur der Wein der ersten Pressung wird für diesen Sekt verwendet. Als jüngstes Mitglied der Stift Klosterneuburg Sektlinie kam heuer die Mathäi Große Reserve hinzu. Die Trauben hierfür stammen auch vom Nussberg. Der Sekt reift nach der zweiten Gärung für fünf Jahre auf der Hefe.

16		Mathäi Große Reserve
15,5		Mathäi Reserve
14,5		Klostersekt

Top-Sekte vergangener Jahrgänge:

16,5		Mathäi Brut 2013

Sektkellerei Szigeti

7122 Gols
Sportplatzgasse 2 a
Tel.: 02173 2167
sektkellerei@szigeti.at
www.szigeti.at

Die Sektkellerei Szigeti wurde 1991 in Gols gegründet. Seit damals hat man sich zur wichtigsten Aufgabe gemacht, die typischen Eigenschaften der einzelnen Rebsorten im Produkt einzufangen. Die Trauben für die eigene Sektkollektion stammen fast ausschließlich aus dem Burgenland. Peter Szigeti und sein Kellermeister verbringen viel Zeit in den Weingärten ihrer Partner und Lieferanten um sicherzustellen, dass die Trauben hohen Qualitätsansprüchen gerecht werden. Die jungen Grundweine kommen mit Champagnerhefe zur zweiten Gärung. Neben der Arbeit an der eigenen Kollektion ist Szigeti stark als Versekter für andere Winzer aus allen Regionen Österreichs tätig.

16,5		Grüner Veltliner Brut 2017
16,5		Pinot Blanc Brut 2017
16,5		Cuvée Prestige Brut 2015
16		Pinot Noir Rosé Brut 2017
15		Welschriesling Brut 2017
15		Rosé Brut 2017

Top-Sekte vergangener Jahrgänge:

17,5		Blanc de Blancs Brut 2013
16,5		Gols Prestige Brut 2013
16		Riesling Spitzergraben Brut 2014

KELLEREIEN IN ÖSTERREICH

Weinviertler Sektmanufaktur

2165 Stützenhofen
Kirchenstraße 3
Tel.: 0676 790 07 22
wsm@goldstueck.at
www.weinviertlersekt.at

Gemeinsam mit seiner Frau Barbara produziert Georg Hugl seit 1979 Sekt nach der traditionellen Methode am Weingut in Stützenhofen im nördlichen Weinviertel. Jetzt ist mittlerweile schon Sohn Daniel am Ruder. Mit viel Feingefühl und Know-how entstehen hier Produkte, die den Charakter des Weinviertels widerspiegeln. Es wird viel Wert darauf gelegt, den perfekten Grundwein zu erzeugen. Dieser sollte einen niedrigen Alkoholgehalt aufweisen, äußerst fruchtbetont und duftig sein. Durch einen optimal angesetzten Lesezeitpunkt erhalten die Sekte einen unverwechselbaren Charakter. Nach der mindestens zwölfmonatigen Hefelagerung muss kaum mehr Dosage hinzugefügt werden.

16,5		Blanc de Blancs Extra Brut 2017	€ 14,90
16		Pinot Blanc Extra Brut 2017	€ 14,90
16		Sauvignon Blanc & Welschriesling Brut 2015	€ 14,90
15		Riesling Cuvée Brut 2016	€ 14,90
15		Gelber Muskateller & Welschriesling Extra Brut 2015	€ 14,90

Top-Sekte vergangener Jahrgänge:

17,5		Blanc de Noirs Brut Nature 2008
17		Zweigelt Rosé Brut Nature 2012
17		Classic Brut 2011

Zuschmann-Schöfmann

2223 Martinsdorf
Winzerstraße 52
Tel.: 02574 84 28
office@zuschmann.at

Es gibt ein weiteres spannendes Produkt im Weingut Zuschmann-Schöfmann – ein biologisch erzeugter, regionsverbundener Winzersekt. Die Trauben stammen zu 100 Prozent aus Martinsdorfer Lagen und sind Anfang September 2015 gelesen. Ganztraubenpressung und Abtrennung des Pressmostes sind die Basis für diesen Sekt, hergestellt nach der traditionellen Methode der Flaschenvergärung. Der Ausbau des Grundweines erfolgte zu 100 Prozent im Stahltank, danach folgte der biologische Säureabbau. Nach einem 32-monatigen Hefelager wurde im Dezember 2018 degorgiert. Ein zutiefst überzeugender Sekt mit viel Seele, fantastischem Trinkfluss und Tiefgang. Unser Sekt des Jahres!

• **Sekt des Jahres 2020**

18		Grüner Veltliner Große Reserve Brut Nature 2015 •
16,5		Riesling Brut 2015

Top-Sekte vergangener Jahrgänge:

17		Grüner Veltliner Brut Nature 2013
17		Grüner Veltliner Brut Nature 2014

Gault&Millau
2020

Die neuesten Ergebnisse aus der Haubenwelt:
800 Restaurants, neu getestet und bewertet.

Plus: Die besten Weine, Wirtshäuser, Hotels und Almhütten.
Neu in dieser Ausgabe: Golfclubs, Cafés und Bars.

Zwei Bücher, ein Preis: € 39,- für Ihren Wegweiser in die Welt des guten Geschmacks
www.gaultmillau.at

Bleiben Sie up to date mit unseren täglichen Nachrichten auf **Facebook** und **Instagram**.

BIER

LIEBE BIERFREUNDINNEN UND BIERFREUNDE,

das hier ist die vierte Auflage des Gault&Millau-Bierguides in seiner jetzigen Form.

Und auch wenn vier Jahre gar nichts sind im Vergleich zu den 41 Jahren, die der Restaurantguide schon seines Amtes waltet, streng und gerecht, so muss man doch anmerken: Weniger spannend als die österreichische Restaurantszene ist die heimische Bierszene auch nicht, im Gegenteil! Nach wie vor scheint die Gründerlust nicht abzureißen, aber auch in der Szene der traditionellen Regionalbrauereien bemerken wir großartige Qualitätsinitiativen und ein interessiertes Erforschen der eigenen Möglichkeiten. Und – wie schon in den Jahren zuvor – auch die Großen schlafen nicht, tatsächlich kann es einen mit Stolz erfüllen, wie innovativ und beweglich auch die stets als träge verschrienen Großbetriebe sein können.

Mit einem Wort: Es gibt wahnsinnig viel gutes Bier und wir sind sogar davon überzeugt, dass es immer besser wird.

Was fiel uns im vergangenen Jahr besonders auf? Einerseits, dass der sich im Vorjahr abgezeichnete Trend der Fruchtbiere heuer voll eingeschlagen hat. Fast alle kreativen Braumeister haben eines im Talon, seien es Interpretationen der Berliner Weißen, seien es Biere, die nach Vorbild der belgischen Krieks gebraut werden, seien es orangenschalige Witbiere oder überhaupt ganz individuelle Schöpfungen – Biere, die wirklich Spaß machen. Aber auch die untergärigen Biere verblassen nicht, das Wiener Lager erlebt einen Siegeszug quer durch alle Brauereien und auch das gute, alte, elegant-herbe Pils wird immer wieder neu entdeckt – und das, obwohl es eine der schwierigsten Übungen ist, so ein Bier zu brauen.

Kann es sein, dass ein Bier im heurigen Bierguide anders bewertet ist als im Vorjahr? Ja, das kann durchaus sein, und dafür gibt es auch mehrere Möglichkeiten. Zum Beispiel die klassische, dass die Rezeptur verändert wurde und das Bier nun schlichtweg besser (oder auch schlechter) schmeckt. Es kann aber natürlich auch sein, dass sich die Referenz-Biere verändert haben, dass sich das Niveau änderte. Bier ist heute längst kein standardisiertes Industrieprodukt mehr, ein großer Teil der hier vorgestellten Getränke entsteht durch handwerkliche Arbeit und persönliche Einflussnahme eines Brauers oder einer Brauerin. Und das macht die Sache ja so spannend.

Allerdings sind nicht Benotung und Abmahnung Sinn und Zweck dieses Guides, vielmehr soll er die absolut beeindruckende Vielfalt, die enorme Dynamik, die Kreativität und den Willen zur Qualität in Österreichs Bierszene widerspiegeln. In diesem Sinne wünschen wir Ihnen viel Spaß und Genuss mit diesem Guide,

Ihr Florian Holzer

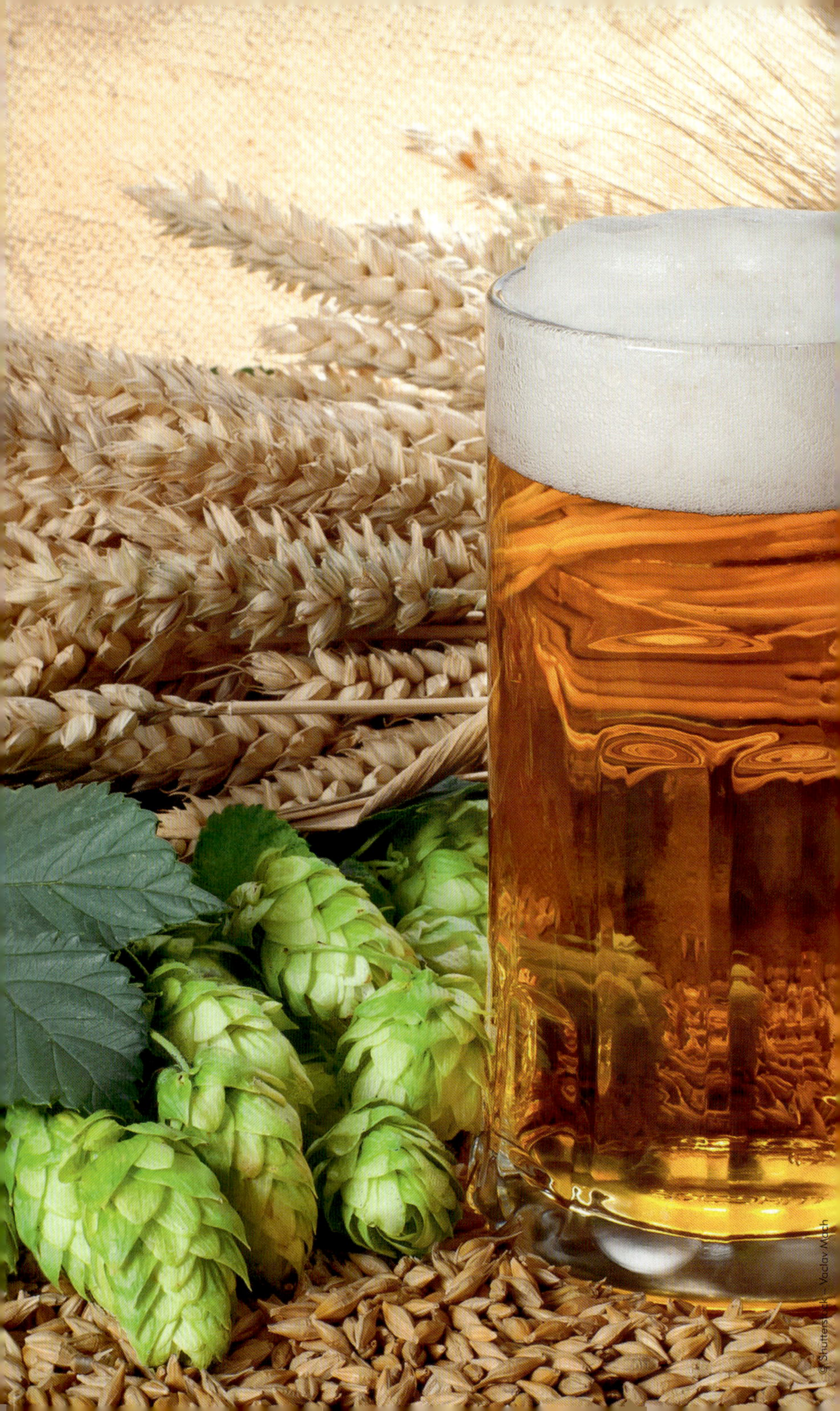

DIE BESTEN

1	🌺🌺🌺🌺	19	Mikrozirkus 15 Wilde Kriecherl, Alefried, Rechbauerstraße 24, 8010 Graz
2	🌺🌺🌺🌺	19	Waldbier 2018 Holzbirne, Kiesbye's, Sixtenstraße 3, 5162 Obertrum
3	🌺🌺🌺	18,5	Gregorius, Triple, Trappistenbier Stift Engelszell, Stiftstraße 6, 4090 Engelszell an der Donau
4	🌺🌺🌺	18,5	Brett Chicx, Oatmeal-Stout, Brew Age, Haberlandtgasse 64/3/1, 1220 Wien
5	🌺🌺🌺	18,5	Ur-Bier 2018, Stieglgut Wildshut, Wildshut 8, 5120 St. Pantaleon
6	🌺🌺🌺	18	Abtei Bier 2016, Triple, Stiftsbrauerei Schlägl, Schlägl 1, 4160 Schlägl
7	🌺🌺🌺	18	Granitbock, Brauerei Hofstetten, Adsdorf 5, 4113 St. Martin
8	🌺🌺🌺	18	Kramah, West Coast IPA, BEVOG Gewerbepark B Nr. 9, 8490 Bad Radkersburg
9	🌺🌺🌺	18	G'mahde Wiesn, Kräuterbier, Stieglgut Wildshut, Wildshut 8, 5120 St. Pantaleon
10	🌺🌺🌺	18	Sortenspiel, Blonde, Stieglgut Wildshut, Wildshut 8, 5120 St. Pantaleon
11	🌺🌺🌺	18	Golden Bay, Barrel Aged Saison, Brauküche 35 Schalladorf 35 2022 Schalladorf
12	🌺🌺🌺	18	Golden Sour, Solera-Sauerbier, Alefried Rechbauerstraße 24, 8010 Graz

AUSZEICHNUNGEN

BIER DES JAHRES 2020

© Mario Pampel

Mühlviertler Perle

Gibt es einen Beitrag Österreichs zur Kulturgeschichte des Bieres? Zweifellos, etwa das Wiener Lager, 1841 von Anton Dreher in Schwechat erfunden, bis zum Ersten Weltkrieg eines der erfolgreichsten Biere der Welt und auch heute noch Basis aller untergärigen Lagerbiere. Aber wie das in Österreich halt so ist, geriet dieses Bier in Vergessenheit und rückte erst nach der Wiederentdeckung durch amerikanische Micro-Breweries wieder ins Licht der Bier-Öffentlichkeit. Marcus Führer braute es in seiner kleinen Heimbrau-Anlage, als er noch Werbefilmer war und keine einzige österreichische Brauerei dieses Bier im Sortiment hatte. Die Sorte habe ihn immer schon gereizt, sagt er, schließlich hätte es in Gablitz vom Mittelalter bis 1880 eine große Brauerei gegeben, und wie die damaligen Biere wohl geschmeckt haben könnten, interessierte den – damals noch – Hobbybrauer sehr. „Auf historische Rezepte hatte ich keinerlei Zugriff, ich komponierte es frei aus dem Bauch heraus." Und lag da mit seinem extrem harmonischen Bier, wunderschön balanciert zwischen Malzigkeit (pointiert durch einen kleinen Anteil Rauchmalz) und appetitlicher Bittere der traditionellen Hopfensorte Mühlviertler Perle, wahrscheinlich sehr richtig. Denn wie wäre der Welterfolg des Wiener Lager sonst möglich gewesen, wenn es nicht einfach ansprechend und köstlich gewesen wäre.

Gablitzer Privatbrauerei
3003 Gablitz, Hauptstraße 14

© Markus Führer

AUSZEICHNUNGEN

BIERSORTIMENT DES JAHRES 2020

Bierfracht

Wie kommt man als WU-Absolvent und Angestellter einer Managementberatung darauf, mit Bier zu handeln? Eine Reise nach Mittelamerika, in die USA und nach Kanada vor zehn Jahren wies Clemens Kainradl den Weg. „Ich besuchte in Vancouver eine kleine Brauerei, da hatten alle Biere eine andere Farbe und alle schmeckten super!" In New York arbeitete er dann sogar in einer Kleinbrauerei mit, und als er wieder nach Hause kam, stand fest, dass Craftbeer sein Auftrag ist.

Biere aus den USA und aus Italien waren die ersten, „weil die brauten einfach kompromisslos". Kainradl spezialisierte sich bald auf Bier-Stile, die in Österreich völlig unbekannt waren und eher als ungenießbar galten: Sauerbiere, Brettanomyces-Biere, Biere mit Fassausbau. Heute konzentriert sich die Firma „Bierfracht" vor allem auf wirklich kleine, wirklich innovative Nischenbrauereien, „die zu unserem Ansatz passen".

Der Respekt, den man dem handgebrauten Bier gegenüber aufbringt, zeigt sich auch darin, dass die Biere gekühlt gelagert werden, „weil da schmeckt man schon einen Unterschied". Die Zukunft des individuellen, handwerklich gebrauten Biers sieht Clemens Kainradl in der Gastronomie. Im Oktober 2018 setzte Kainradl mit einem Kollegen einen ersten eigenen Schritt: Sie machten ein leerstehendes Geschäftslokal in Eisenstadt zur Bierbar „Hopfen & Soehne".

Bierfracht
7000 Eisenstadt, Kleinhöfleiner Hauptstraße 34

AUSZEICHNUNGEN

BRAUMEISTER DES JAHRES 2020

© Alefried Mood

Alfried Borkenstein

Craftbeer-Quereinsteiger aus der Medien- und Kreativbranche gibt es wie Sand am Meer, „das scheint sich irgendwie anzubieten", sagt Alfried Borkenstein. Borkenstein war Grafiker, braute hobbymäßig und machte es 2015 zu seinem Beruf. Natürlich braut auch Borkenstein IPA & Co, aber eben nicht nur.

Denn im Zuge der diversen Craftbeer-Messen versuchte er, jedes Mal etwas Neues anbieten zu können und kam damit bald auf Sauerbier. Saures Bier? Tatsächlich sind die aus Belgien stammenden, spontan vergorenen Lambic-Biere ganz große Braukunst, eine Vermischung von Handwerk und Zeit, mit einem Wort: Terroir. Also experimentierte „Alefried" mit natürlichen Hefen, mit Brettanomyces- und Lactobazillen, mit Holzfässern, mit Fruchtsuden, „das Überraschende, das Spontane, jede Flasche anders, das ist so spannend – und die Biere schmecken natürlich extrem vielschichtig." Seine Sude bekommt Borkenstein von der kleinen Flamberger Brauerei in St. Nikolai im Sausal, er selbst agiert dann quasi als „Affineur".

Sein neuestes Projekt: ein in einem 1700 Liter fassenden Amarone-Fass ausgebautes Bier nach Solera-System, das heißt, fertiges Bier wird entnommen, junges nachgefüllt, ein kontinuierlicher Prozess. Nein, das sind keine Biere, die man nach dem Tennis gegen den Durst trinkt. Das sind Biere, die man sich anstatt eines Burgunders aufmacht.

Brauerei Alefried
8010 Graz, Rechbauerstraße 24

AUSZEICHNUNGEN

BIERPROJEKT DES JAHRES 2020

Fisser Imperial Braugerste

Je individueller Biere zum Glück ja wieder werden, desto wichtiger sind besondere, individuelle Zutaten. So auch besondere Malze. Christoph Kössler, der aus dem Zillertaler Märzen einen Zigarrenbrand brennt, machte die Bierbrauer vor sechs Jahren darauf aufmerksam, dass es da in Fiss eine alte Gerstensorte gäbe, die Fisser Imperial, die früher einmal ein hohes Ansehen genossen habe, dann in Vergessenheit geriet. Die Brauer schauten sich die Gerste mit dem schönen Namen genauer an, man begann eine Kooperation mit zwei Landwirten, ließ erste Proben in Weihenstephan überprüfen. Die bayrischen Bierwissenschaftler rieten zwar ab, aber da war es schon zu spät, die Leidenschaft war entfacht. 3600 Kilo Getreide stellten 2013 die Ausgangsbasis des Projektes dar, erzählt Philipp Geiger von der Zillertaler Brauerei, also quasi nichts, weshalb es zuerst darum ging, das Saatgut zu vermehren. Und einen Weg zu finden, wie man dieses Urgetreide braubar machen kann. Der Zillertaler Braumeister fand einen Weg und bald waren es 60 Landwirte, die auf 70 Hektar rund 200 Tonnen Fisser-Imperial-Gerste anbauten. Vor zwei Jahren erschien das Tyroler Imperial Zwickl, ein extrem schön strukturiertes Bier mit feinem Hopfen-Parfüm, eines der besten Zwickl des Landes. Das Tyroler Imperial Helles folgte bald, ein präzise definiertes, wunderschönes Lager.

Zillertal Bier
6280 Zell am Ziller, Bräuweg 1

BRAUEREIEN IN ÖSTERREICH

100 Blumen Brauerei

1230 Wien
Endresstraße 18
Tel.: 0677 61 94 51 888
servus@100blumen.at
www.100blumen.at

Der Sinologe Alexander Forstinger lernte Bierbrauen via Youtube, braute seine ersten Biere in der Küche, gründete 2016 seine „100 Blumen"-Brauerei und mietete sich vorerst in der Golser Brauerei ein. Im Juni 2018 eröffneten die Blumen dann endlich ihre eigene Brauerei im Ziegelgebäude der ehemaligen Klavierfabrik Luner & Pattart. Die 100-Blumen-Biere zeigen sich als erfrischend, lebendig und komplex, das rassige Wiener Lager zählt zu den besten seiner Art, sehr gut heuer auch das Cerealien-Zwickl aus Malzen von Gerste, Weizen, Roggen, Buchweizen und Hafer. Etwa zehn Wander- und Gipsy-Brauer haben sich bei den Blumen schon eingemietet.

16,5	🍺🍺	Cerealien-Zwickl
16	🍺🍺	1030 Pils
16	🍺🍺	1020 Wiener Lager

Braumeister: Alexander Forstinger
Sudgröße: 10 hl

Alefried

8010 Graz
Rechbauerstraße 24
giveme@alefried.com
www.alefried.com

Eigentlich ist Alfried Borkenstein ja Grafiker, und als er sich 2015 selbständig machte, tat er das eigentlich nicht mit der Absicht, nur Bier zu brauen. Aber genau so geschah es und innerhalb kürzester Zeit wurde „Alefried" zu einer der herausragenden Persönlichkeiten der heimischen Craftbeer-Szene. „Hopfig, belgisch, sauer", lautet sein Motto, Borkenstein gilt als Spezialist für alle Arten von sauren und gesäuerten Bieren, arbeitet gerne mit Barriques und Brettanomyces-Hefen. Seine Experimentalbiere namens Mikrozirkus sind pure Brau-Avantgarde, jede Flasche ein Erlebnis.

Braumeister des Jahres 2020

19	🍺🍺🍺🍺	Mikrozirkus 15 Wilde Kriecherl
18	🍺🍺🍺	Golden Sour, Solera-Sauerbier
17	🍺🍺🍺	Mikrozirkus 22, Belgisches Ale

Besitzer: Alfried Borkenstein
Braumeister: Alfried Borkenstein
Jährlicher Ausstoß: 5 hl

BRAUEREIEN IN ÖSTERREICH

Augustiner Bräu

5020 Salzburg
Lindhofstraße 7
Tel.: 0662 43 12 4 60
info@augustinerbier.at
www.augustinerbier.at

Ja, auch in Österreich gibt es ein Augustinerbräu, manche behaupten sogar, es handle sich dabei um das wichtigste Gebäude Salzburgs, andere sprechen vom schönsten Biergarten des Landes. Gebraut wird hier wie vor hundert Jahren: in offenen Gärbottichen, mit einem „Kühlschiff", dem letzten in Österreich, und natürlich mit Lagerung in Holzfässern. Eine Methode, die dem Augustiner auch in der Flasche seine ganz besondere, authentische Lowtech-Anmutung verleiht, mit goldgelber Farbe, dem zarten Duft des Hallertauer Hopfens, ganz feiner Perlage und dezent malzigem Background. Ein Bier mit Charakter, Geschichte und Identität.

16,5	🍺🍺	Augustiner Märzenbier
16,5	🍺🍺	Augustiner Fastenbier

Besitzer: Kloster Mülln
Braumeister: Hansjörg Höplinger
Jährlicher Ausstoß: 16.000 hl

Brauerei Gastronomie:
Mo–Fr 6.30–22, Sa, So, Feiertag 14–22 Uhr

The Beer Buddies Brewing Company

4284 Tragwein
Zeller Straße 44
Tel.: 0676 84 72 65 20 00
office@thebeerbuddies.at
www.thebeerbuddies.at

Ein Biermärchen: 2014 beschlossen die beiden Freunde und Bierfreunde Dr. Andreas Weinhartner und Dr. Christian Semper ihr Brauhobby ein bisschen professioneller anzugehen und wählten dafür einen alten Gutshof im Mühlviertel mit jeder Menge Aura, viel Platz und einem eigenen Tiefenbrunnen. Die Beer Buddies brauen hier aber durchwegs „moderne" Biere, also hopfendefinierte, mitunter sehr starke Brauwerke, auch das Flaschendesign ist absolut erstklassig. Die Beer-Buddies-Biere zeichnen sich durch Harmonie und Geschmeidigkeit aus, Biere, von denen man gleich noch ein zweites will, das Tragweiner Bernstein auch heuer wieder top.

17	🍺🍺🍺	Tragweiner Bernstein, Dunkles Lager
16,5	🍺🍺	Bio-Pils
15	🍺🍺	Hopf'n Foppa, IPA

Besitzer: Andreas Weinhartner, Christian Semper
Braumeister: Andreas Weinhartner, Christian Semper

Brauerei Gastronomie:
Fr 14–18 (jeden 1. Freitag im Monat mit Livemusik)

BRAUEREIEN IN ÖSTERREICH

BEVOG

8490 Bad Radkersburg
Gewerbepark B Nr. 9
Tel.: 03476 41543
office@bevog.at
www.bevog.at

Eigentlich wollte Vasja Golar seine Craftbeer-Brauerei ja in seiner Heimat Slowenien starten, dort zeigte sich die Bürokratie aber nicht kooperativ, ganz im Gegensatz zur Stadt Bad Radkersburg. Wofür man sich bedanken muss, denn so entstand hier schon vor einigen Jahren eine Craftbeer-Schmiede, die auch internationales Renommee genießt. Grundsätzliches Thema sind anglo-amerikanische Ales der extremeren Art, im vergangenen Jahr widmete man sich aber auch dem Thema Fruchtbier, und man muss sagen: Das Himbeerbier Berliner Reise nach Vorbild der Berliner Weißen gelang großartig. Abfüllung aller Biere auch in Dosen.

18	🍺🍺🍺	Kramah, West Coast IPA
16	🍺🍺	Hazy Bar, Passionsfrucht-IPA
15	🍺	Berliner Reise, Himbeer-Fruchtbier

Besitzer: Vasja Golar
Braumeister: Vasja Golar

Brauerei Gastronomie:
Mo–Fr 8–18, Sa 10–18 Uhr

Bierschmiede

4853 Steinbach am Attersee
Seefeld 56
Tel.: 0664 5486321
office@bierschmiede.at
www.bierschmiede.at

Man kann aus seiner Haut einfach nicht heraus: Mario Scheckenberger war zwölf Jahre lang für den marketingmäßigen Auftritt der Brau-Union-Biere zuständig, allen voran der Gösser-Biere, heimste zahlreiche Werbepreise ein und beschloss 2014, von nun an sein eigenes Bier zu brauen. In seiner „Bierschmiede" arbeitet er freilich mit anderen Dimensionen, allerdings nicht unbedingt mit anderen Stilen. Denn neben diversen „kreativen" und „modernen" Bieren sind es vor allem auch die klassischen Biertypen, die von Scheckenbergers Handwerklichkeit profitieren. Das „modern" angelegte Pils gefiel uns heuer besonders gut.

17	🍺🍺🍺	Meisterstück, Pils
16	🍺🍺	Weißglut, Weißbier
15	🍺🍺	Zunder, Rauchbier

Besitzer: Mario Scheckenberger
Braumeister: Mario Scheckenberger
Jährlicher Ausstoß: 700 hl
Sudgröße: 10 hl

Brauerei Gastronomie:
s'Gschäft'l, Okt.–April: Fr 15–18, Sa 10–12 Uhr;
Mai–Sept.: Do, Fr 15–18, Sa 10–12 Uhr

BRAUEREIEN IN ÖSTERREICH

Brauküche 35

2022 Schalladorf
Schalladorf 35
Tel.: 0680 212 22 42
post@braukueche35.at
www.braukueche35.at

Eine kleine, moderne Brauerei mitten in den Weingärten in einem winzigen Ort nördlich von Hollabrunn. Drei Jahre dauerte es, bis Kathrin Erlebach, Rainer Gartler und Jörg Gartler aus ihrem Küchenbrau-Projekt eine wirkliche Brauerei werden ließen. 2016 war es dann so weit, die Brauküche startete in der eigenen Anlage mit einer Range moderner, unfiltrierter, unpasteurisierter, flaschenvergorener, handgearbeiteter Biere. Und man muss sagen: Die sind allesamt großartig. Harmonisch, körperreich, originell – wenngleich das Mangalitza Milk Stout, bei dem zwei geräucherte Sauschädel eingebraut wurden, in der Szene eher für Kopfschütteln sorgte.

18	🍺🍺🍺	Golden Bay, Barrel Aged Saison
17	🍺🍺🍺	Hausbier, Helles
13,5	🍺	Relax, Kreativ-Pils

Besitzer: Kathrin Erlebach, Rainer Gartler, Jörg Gartler
Braumeister: Jörg Gartler
Sudgröße: 4,5 hl

Brauerei Gastronomie:
Sa 10–12 Uhr

BrauSchneider

3533 Schiltern
Laabergstraße 5
Tel.: 02734 32917
info@brauschneider.at
www.brauschneider.at

Wodurch unterscheiden sich Michael und Felix Schneider von der unübersichtlichen Zahl an jungen Craftbeer-Quereinsteigern? Vielleicht dadurch, dass ihre Flaschen ein gelungenes Design besitzen; außerdem dadurch, dass sie – nach Jahren der Gastbrauer-Tätigkeit – im Mai 2017 ihre eigene Brauerei in Schiltern bei Langenlois eröffneten, eine der ersten Designer-Brauereien des Landes. Dass ihre Biere auch schon im Supermarktregal stehen und nicht zuletzt dadurch, dass sie sowohl untergärige Klassiker als auch „moderne" anglo-amerikanische obergärige Biere aus dem Effeff beherrschen. Eine tolle Serie, jedes Bier sowohl stilsicher als auch individuell.

16,5	🍺🍺	Pilsner
16	🍺🍺	Session Pale Ale
16	🍺🍺	Brown Ale

Besitzer: Michael & Felix Schneider
Braumeister: Felix Schneider, William Kite

Brauerei Gastronomie:
BrauSchneider Shop, Mo, Di, 11–16, Mi–Sa 11–19, So, Fei 11–18 Uhr

BRAUEREIEN IN ÖSTERREICH

Brauwerk

1160 Wien
Ottakringer Platz 1
Tel.: 01 491 00 54 80
office@brauwerk.wien
www.brauwerk.wien

Das Brauwerk ist das Bekenntnis einer Großbrauerei zum handwerklichen Craftbeer: 2014 wurde aus einem ehemaligen Lagertank auf dem Ottakringer Brauereigelände eine kleine, eigenständige Designer-Brauerei gebastelt, in der Biere mit Nischenprodukt-Charakter gebraut werden – hauptsächlich obergärig, gerne auch einmal mit Aromen versetzt (Bergamotte Ale) oder sauer (Flanders Red). Das heißt: Ottakringer spielt mit den Brauwerk-Bieren absolut in der Craftbeer-Szene mit. Die Bühne für diese Biere sind in erster Linie die Wiener Szene-Gastronomie und diverse Events. Mit dem Lokal am Yppenplatz lief es bisher nicht so toll, hoffentlich wird das noch.

16,5	🍺🍺	No. 1 Sunbeam, Blonde
16	🍺🍺	No. 3 Black & Proud, Porter
15	🍺🍺	No. 2 Big Easy, Session IPA

Besitzer: Ottakringer Brauerei
Braumeister: Silvan Leeb
Sudgröße: 10 hl

Brew Age

1220 Wien
Haberlandtgasse 64/3/1
Tel.: 01 95 50 935
office@brewage.at
www.brewage.at

Die vier jungen Männer von Brew Age sind der klassische Fall eines Craftbeer-Start-ups: Seit 2014 brauen sie ihre Biere, alle eher stark gehopft und von den fruchtigen Noten amerikanischer Aromahopfen geprägt, hauptsächlich Ales, IPAs, Stouts und Barley Wines, und natürlich betreibt man auch einen Blog. Der Großteil der Produktion entsteht einstweilen bei Gusswerk in Hof bei Salzburg, eine eigene Brauerei in Wien ist allerdings geplant. Mit den Jahren wurde das Sortiment immer bunter und kreativer, seien es die „Fasskooperationen" mit Whiskybrenner Farthofer oder Brettanomyces-Biere aus Bourbonfässern.

18,5	🍺🍺🍺	Brett Chicx, Oatmeal-Stout
16	🍺🍺	Malzstraße, Wiener Lager
15	🍺🍺	Fructosaurus, Rasberry Sour

Besitzer: Johannes Kugler, Raphael Schröer, Thomas Maurer, Michael Maurer
Braumeister: Johannes Kugler
Sudgröße: 20 hl

Brauerei Gastronomie:
Shop: 1060 Wien, Mittelgasse 4, Di–Do 14–19, Fr 12–17 Uhr

BRAUEREIEN IN ÖSTERREICH

Collabs Brewery

1150 Wien
Ullmannstraße 31/1–3
cheers@collabs.beer
www.hawidere.at/collabs/

„Gipsy-Brewers", Brauer ohne eigene Brauerei, die ihre Biervorstellungen in anderen Brauereien gemeinsam mit den dortigen Braumeistern umsetzen, gibt es in Österreich ja recht viele. Die Collabs Brewery ist da allerdings die kompromissloseste, die brauen nämlich jedes ihrer Biere woanders. Man startete 2014 mit einem bei Bierol gebrauten Pils namens Domrep, das aktuell in der Brauerei Schrems im Waldviertel gebraut wird. Schilk und Windisch gehen manchmal auch über die Grenze, 2015 braute man in Thornbridge ein Sauerbier mit Uhudlersaft, das derzeit allerdings bei der Bierquelle im Südburgenland hergestellt wird.

16	🍺🍺	Domrep Pils
16	🍺🍺	Schwarze Isabella, Uhudler-Stout
15	🍺🍺	Rote Tante, Milk Stout

Besitzer: Dominique Schilk, Adalbert Windisch
Braumeister: Dominique Schilk, Adalbert Windisch

Der Belgier

2100 Korneuburg
Hauptplatz 33
Tel.: 0660 8230703
office@derbelgier.at
www.derbelgier.at

Raf Toté kam vor vier Jahren als Microsoft-Manager nach Österreich. „Und was macht ein Belgier – Pommes oder Bier." Er entschloss sich fürs Bier, begann seine ersten Versuche zu Hause in der Badewanne, mittlerweile ist er hauptberuflicher Brauer, züchtet Hefen selbst, braut hauptsächlich bei 100 Blumen in Wien. Die Biere zeichnen sich durch besondere Aromaintensität und Brillanz aus, mit Steirereck-Sommelier René Antrag braute er schon einmal gemeinsam eine Steirereck-Spezialedition mit Fingerlimette. Großartiges, sehr belgisches Brauhandwerk und ein angenehmer Kontrast zum anglo-amerikanischen Craftbeer-Mainstream.

17,5	🍺🍺🍺	No. 5, Saison
17	🍺🍺🍺	Mad Moustache, Red Ale
17	🍺🍺🍺	Explorateur, Blonde

Besitzer: Raf Toté
Braumeister: Raf Toté
Jährlicher Ausstoß: 5 hl

BRAUEREIEN IN ÖSTERREICH

Egger Bier Ⓝ

3105 St. Pölten-Unterradlberg
Tiroler Straße 18
Tel.: 02742 3920
www.egger-bier.at

Eine Wanderbrauerei der speziellen Art: Die Brauerei Egger hat ihre Ursprünge eigentlich in Kufstein, dort wurde sie im 17. Jahrhundert gegründet und im 19. Jahrhundert von der Familie Egger übernommen. 1978 erfuhr die Brauerei eine Neugründung in Unterradlberg, gemeinsam mit einer Möbelfabrik und einem Biomassekraftwerk. Der Ausstoß ist gewaltig, Egger gehört zu den größten Privatbrauereien Österreichs, interessant wurde man allerdings mit dem jüngsten Projekt: Die beiden Braumeister Wolfgang Reither und Johannes Meister kreierten je eine limitierte Sonderserie, Meister ein stark gehopftes Lager, Reither ein füllig-weiches Rotbier nach Nürnberger Tradition.

14,5	🍺	Rote Symphonie, Rotbier
14	🍺	Hopf'n'Roll, Lager
13	🍺	Märzen

Braumeister: Wolfgang Reither, Johannes Meister
Jährlicher Ausstoß: 1.000.000 hl

Trappistenbier Stift Engelszell

4090 Engelhartszell a. d. Donau
Stiftstraße 6
Tel.: 07717 8010
pforte@stift-engelszell.at
www.stift-engelszell.at

Zweifellos eines der interessantesten österreichischen Brauprojekte der vergangenen Jahre: In Engelhartszell existiert seit 1929 das einzige Trappistenkloster Österreichs, man erzeugt bittere Klosterliköre und Honig, der unter anderem für die Erzeugung des Honigbocks von Peter Krammers Brauerei Hofstetten dient. So lernte man einander kennen und tauschte Ideen aus. Mit dem Effekt, dass die Patres 2012 eine Brauerei errichteten, aus der seither österreichisches Trappistenbier – Blonde, Dubbel und Triple – kommt. Sehr, sehr stark, sehr gut und am internationalen Markt unter den Bierfreaks und Sammlern auch schon extrem begehrt.

18,5	🍺🍺🍺	Gregorius, Triple
16	🍺🍺	Nivard, Blonde

Besitzer: Stift Engelszell
Braumeister: Peter Krammer
Jährlicher Ausstoß: 2.000 hl

BRAUEREIEN IN ÖSTERREICH

Erzbräu

3292 Gaming
Grubberggasse 4a
Tel.: 07485 98599
office@bruckners-bierwelt.at
www.erzbräu.at

Peter Bruckner ist ein vielseitiger Mann: Er brennt an der Eisenstraße Whiskys und Edelbrände, setzt Liköre an, veranstaltet Brauseminare, beherbergt Gipsy-Brewer und braut natürlich auch eigenes Bier – aus Wasser einer Quelle am Fuße des Ötschers und mit Biozutaten. Das Sortiment ist enorm, zu zahlreichen Standardbieren kommt eine Vielzahl von Spezialitäten wie zum Beispiel ein nach belgischem Vorbild gebrautes Fruchtbier, für das der Saft von Kornelkirschen („Dirndln") zum Einsatz kommt. Die Spezialbiere wie in diesem Fall das hopfig-vollmundige Ötscher Pils werden immer nur eine Zeit lang gebraut, wechseln einander ab.

16	🌿🌿	Bergquell, Märzen
15	🌿🌿	Ötscher Pils
14	🌿	Schwarzer Graf

Besitzer: Peter Bruckner
Braumeister: Peter Bruckner
Jährlicher Ausstoß: 1.200 hl
Sudgröße: 10 hl

Brauerei Gastronomie:
Di–So 10–18 Uhr

Brauerei Fohrenburg

6700 Bludenz
Fohrenburgstraße 5
Tel.: 05552 6060
fohrenburg@fohrenburg.at
www.fohrenburg.at

Die Brauerei Fohrenburg ist ein Traditionsbetrieb, wurde 1880 von Ferdinand Gasser in Bludenz gegründet, weil sich durch den Bau der Arlbergbahn und infolgedessen der vielen Bahnarbeiter ein interessantes Absatzgebiet eröffnete. Aufgrund seiner verhältnismäßig „späten" Gründung zählte die Fohrenburger immer schon zu den eher moderneren und auch größeren Brauereien des Landes. Seit 1998 besteht eine Kooperation mit dem Fruchtsaftkonzern Rauch, im Jahr 2000 wurde die Brauerei von Rauch übernommen. Neben diversen, traditionell angelegten Bieren ist es vor allem das vollmundige Jubiläumsbier, das zu überzeugen weiß.

15,5	🌿🌿	Jubiläum, Spezial

Besitzer: Wolfgang Sila
Braumeister: Andreas Rosa
Jährlicher Ausstoß: 500.000 hl
Sudgröße: 230 hl

BRAUEREIEN IN ÖSTERREICH

Forstner

8401 Kalsdorf
Dorfstraße 52
Tel.: 03135 54228
0699 11 99 26 822
bestbier@forstner-biere.at
www.forstner-biere.at

Gerhard Forstner war Optiker und begann im Jahr 2000 mehr oder weniger zufällig mit der Bierbrauerei. Über Experimente erarbeitete er sich ein ungeheures Wissen, drang in Bierregionen vor wie kaum jemand sonst, nichts war ihm zu schräg. Forstner-Biere wurden Kult, zählten zur frühen Craftbeer-Elite des Landes. Ende 2014 starb Gerhard Forstner, seine Frau Elfriede führt seither die Brauerei mit nicht minderer Ambition und Kompetenz, die Biere sind pure Avantgarde, jede Flasche ein lebendiges Einzelstück, dank endloser Haltbarkeit auch für Sammler interessant.

16	🌺🌺	Gammon Ale, Rauchbier
15	🌺🌺	Dry Stout
15	🌺🌺	Slow 2, Roggen-Ale

Besitzerin: Elfriede Forstner-Schroll
Braumeisterin: Elfriede Forstner-Schroll
Sudgröße: 250 l

Freistädter Bier

4240 Freistadt
Brauhausstraße 2
Tel.: 07942 75777
office@freistaedter-bier.at
www.freistaedter-bier.at

Eine in mehrerer Hinsicht höchst sympathische Brauerei: Zuerst einmal, weil sie als Braucommune den Besitzern von 150 Häusern in der Freistädter Altstadt gehört, die sich das Braurecht teilen – die Brauerei ist somit quasi unverkäuflich. Außerdem wird hier seit jeher recht bitter gebraut, Braumeister Johannes Leitner setzte schon auf edle Hopfenbittere, als das noch keineswegs so modern war. Das knusprige Junghopfenpils (mit den Hopfensorten Magnum, Aurora, Golding, alle drei aus dem Mühlviertel) zählt definitiv zu den besten Pilsen des Landes, das Ratsherren Premium ist ein nachgerade perfektes Beispiel für Mühlviertler Bierharmonie.

16,5	🌺🌺	Ratsherrn Premium
16,5	🌺🌺	Junghopfenpils
16	🌺🌺	Bio-Zwickl

Besitzer: Braucommune Freistadt
150 Hausbesitzer aus Freistadt
Braumeister: Johannes Leitner
Jährlicher Ausstoß: 90.000 hl
Sudgröße: 80 hl

Brauerei Gastronomie:
Mo–Fr 7–16.30 Uhr

BRAUEREIEN IN ÖSTERREICH

Gablitzer Privatbrauerei

3003 Gablitz
Hauptstraße 14
Tel.: 02231 90422
0664 8520352
markus.fuehrer@gablitzer.at
www.gablitzer.at

Bis vor ein paar Jahren war Markus Führer noch Werber, zumindest hauptberuflich. Denn sein Hobby war das Brauen schon länger, 2012 und 2013 konnte er mit seinen Hobby-Bieren sogar einen Vize- und einen Staatsmeistertitel holen. Führers Braustil kann als „klassisch" bezeichnet werden – untergärig, lange Lagerung, gerne mit traditionellen Hopfensorten. Das Gablitzer Original ist eines der böhmischsten Pilse, die in Österreich gebraut werden, füllig und süffig, das Wiener Lager aber ist zweifellos Markus Führers Spezialität: röstig, malzig, harmonisch, animierend – so könnte Wiener Lager auch schon vor 150 Jahren geschmeckt haben.

• **Bier des Jahres 2020**

17	🌾🌾🌾	Wiener Lager •
16,5	🌾🌾	Bernstein Märzen
16	🌾🌾	Gablitzer Original, Böhmisches Pils

Besitzer: Markus Führer
Braumeister: Markus Führer
Jährlicher Ausstoß: 850 hl
Sudgröße: 10 hl

Brauerei Gastronomie:
Shop: Do, Fr 9–12 und 14–17 Uhr
von April–Dezember auch Sa 10–12 Uhr

Gallier Bräu Ⓝ

2486 Landegg
Alfed-Weber-Straße 9
Tel.: 0650 6733378
www.gallier-braeu.at

Der Wohnort des geborenen Belgiers Jan Van Laere in Landegg am Leithagebirge ist gut gewählt: Erstens hat er es von dort nicht weit zu seinem Arbeitsplatz am Flughafen Schwechat und zweitens befindet sich die Gegend ja auch kulinarisch gerade im Aufwind. Sein extrem klassisches und aromatisch eindeutiges Himbeerbier Hildegarde braut Van Laere bei Kriek-Spezialisten in Belgien, die übrigen geraten in der Steiermark zu ihrer Endfassung. Auf jeden Fall eine Bereicherung der Szene, erstklassig gebraute belgische Biere.

16,5	🌾🌾	Hildegarde, Fruchtbier
16,5	🌾🌾	Jacobus, Triple
15	🌾🌾	Witten Dix, Witbier

Besitzer: Jan Van Laere
Braumeister: Jan Van Laere

BRAUEREIEN IN ÖSTERREICH

Brauerei Göss

8700 Leoben
Brauhausgasse 1
Tel.: 03842 20900
office@brauunion.com
www.goesser.at

Die Ausstoßmenge der Brauerei Göss ist ein gut gehütetes Geheimnis, immerhin weiß man, dass sie schon in den 1930er-Jahren bei 400.000 hl lag. Das Gösser Märzen ist so etwas wie das österreichische Nationalbier, umso erfreulicher, dass sich dieses extra-typische Alltagsbier dennoch auf sehr hohem Niveau bewegt. Und fein, dass sich auch beim Biertanker Gösser etwas bewegt: Die beiden unter „Brauschätze" laufenden Zwickl-Biere sind feinste Braukunst, das helle wird aus vier verschiedenen Malzen und Leutschacher Hopfen gebraut. Und das dunkle Stiftsbräu könnte man ohne Weiteres als Rauchbier bezeichnen. Leider selten anzutreffen: das großartige Spezial.

15	🌿🌿	Gösser Märzen
15	🌿🌿	Stiftsbräu, Dunkles
14	🌿	Stifts-Zwickl, hell

Besitzer: Brau Union AG
Braumeister: Andreas Werner

Brauerei Gastronomie:
Mo–Fr 8.30–12, 12.30–15.30 Uhr

Golser Bier

7122 Gols
Sandgrube 1 a
Tel.: 02173 2719
office@golserbier.at
www.golserbier.at

Die Golser Brauerei entstand 2007 dank des Enthusiasmus des Getränkehändlers Harald Sautner, der eine alte Brauanlage aus Bayern erstand und in seinen Lagerhallen installierte. Es folgte das erste burgenländische Braumalz, für das er sich pannonische Sommergerste vermälzen ließ. 2015 wurde die Anlage komplett neu errichtet, mittlerweile ist Sohn Markus Sautner, Diplom-Biersommelier, als Braumeister und Geschäftsführer tätig. Eine Serie von Craftbeers wurde auch schon gestartet, besonders interessant das Maronibier Kästensud, für das Edelkastanien uralter Bäume aus dem Mittelburgenland eingebraut wurden.

16	🌿🌿	Kästensud, Kastanienbier
14	🌿	Premium
13	🌿	Lager Pils

Besitzer: Harald Sautner, Markus Sautner
Braumeister: Markus Sautner
Jährlicher Ausstoß: 7.000 hl
Sudgröße: 60 hl

Brauerei Gastronomie:
Mo–Fr 8–12, 13–16.30, April–August Sa 9–12 Uhr

BRAUEREIEN IN ÖSTERREICH

Gratzerbräu

8224 Kaindorf
Obertiefenbach 26
Tel.: 0664 30233 44
office@brauereigratzer.at
www.brauereigratzer.at

Alois Gratzer, der schon im Alter von 15 Jahren mit dem Bierbrauen begonnen haben soll, es seit 2002 aber hauptberuflich macht, legt großen Wert auf Individualität. Das äußert sich etwa darin, dass er seinen Bieren Vornamen gibt, CO-neutral braut (mit Hilfe des Joanneum-Research wurden alle Abläufe analysiert) oder von sich selbst als dem „Hasen" spricht. Auch die Biere weisen einen sehr individuellen Charakter auf, heuer besonders gut gelungen etwa das milde, harmonische Lager namens Johann, sehr röstig, karamellig das malzige Dunkelbier Hermann. Den Namen Adelheid trägt ein grapefruitfruchtig-bitteres Leichtbier mit nur 3,8 Prozent.

16	🍺🍺	Hermann, Dunkles
15	🍺🍺	Johann, Lager
13,5	🍺	Adelheid, Leichtbier

Besitzer: Alois Gratzer
Braumeister: Alois Gratzer
Jährlicher Ausstoß: 2.500 hl
Sudgröße: 10 hl

Brauerei Grieskirchen

4710 Grieskirchen
Stadtplatz 14
Tel.: 07248 6070
office@grieskirchner.at
www.grieskirchner.at

Die Grieskirchner Brauerei besitzt eine interessante Historie: Nicht nur, dass die Brauerei schon seit 1569 existiert und bis 1868 eigentlich aus zwei benachbarten Brauereien bestand. Zu Beginn des 19. Jahrhunderts befand sich die Grieskirchner Brauerei sogar auf bayrischem Boden und war somit die östlichste bayrische Weißbier-Brauerei. 2013 wurde das Unternehmen von Marcus Mautner Markhof übernommen, seither erlebt die Brauerei einen Marketing- und Innovationsschub, zwischenzeitlich etwa mit den limitierten 4710-Kreativbieren, wobei in letzter Zeit wieder die „klassische" Linie die Oberhand besitzt.

15	🍺🍺	Grieskirchner Pils
13	🍺	Grieskirchner Dunkles

Besitzer: Marcus Mautner Markhof
Braumeister: Michael Stockinger

Brauerei Gastronomie:
Mo–Fr 8–12, 13–15.30 Uhr

BRAUEREIEN IN ÖSTERREICH

Gusswerk

5322 Hof bei Salzburg
Römerstraße 3
Tel.: 06229 39777
info@brauhaus-gusswerk.at
www.brauhaus-gusswerk.at

Reinhold Barta braute schon während seines Studiums Bier, leitete für Stiegl die kleine Kreativbrauerei „Ambulanz" im Alten AKH und kreierte schließlich die Reihe der Monatsbiere. 2007 eröffnete er seine Gusswerk-Brauerei außerhalb von Salzburg, 2013 übersiedelte er mit dem Projekt nach Hof. Barta kann schlicht und ergreifend alles: Das Sortiment ist enorm, wird immer größer und umfasst quasi jeden Biertyp. Barta braut ein glutenfreies Bio-Lager, ersetzt beim nachhaltigen Projekt Brotbier einen Teil des Malzes durch übriggebliebenes Brot, braut das Steinbier nach uralter Salzburger Rezeptur.

16,5	🍺🍺	Steinbier
15	🍺🍺	Brotbier
14	🍺	Glutenfrei Lager

Besitzer: Reinhold Barta
Braumeister: Reinhold Barta
Jährlicher Ausstoß: 4.000 hl
Sudgröße: 20 hl

Brauerei Gastronomie:
Mo–Do 8–16, Fr 7–12 Uhr

Brauerei Hirt GmbH

9322 Micheldorf
Hirt 9
Tel.: 04268 20500
office@hirterbier.at
www.hirterbier.at

Die Brauerei in Hirt ist uralt, schon seit dem Mittelalter wird hier gebraut, und vor allem hat sie seit langer Zeit einen sehr, sehr guten Ruf. Den sie in erster Linie ihrem Privat Pils verdankt, einem nach böhmischer Art gebrauten Traditionspils, also vollmundig und mit belebender Hopfenbittere versehen. Neuerungen der nachhaltigen Art ist man hier aber auch durchaus aufgeschlossen, so wird die Braugerste seit einiger Zeit von lokalen Landwirtschaften bezogen und mit dem 1270 hat man bereits eine Art Wiener Lager gebraut, ein großartiges, harmonisch-malziges Bier mit feiner Bittere – als das noch nicht alle machten.

16,5	🍺🍺	1270, Dunkles Lager
16	🍺🍺	Privat Pils
15	🍺🍺	Kellermeister, Bio-Zwickl

Besitzer: Klaus Möller, Nikolaus Riegler
Braumeister: Raimund Linzer
Jährlicher Ausstoß: 140.000 hl
Sudgröße: 100–200 hl

Brauerei Gastronomie:
Bierathek, tägl. 10–19 Uhr

BRAUEREIEN IN ÖSTERREICH

Brauerei Hofstetten

4113 St. Martin
Adsdorf 5
Tel.: 07232 2204
bier@hofstetten.at
www.hofstetten.at

Peter Krammer ist einer der Pioniere der österreichischen Kreativbier-Szene. Krammer braute in der ältesten Brauerei Österreichs immer schon gegen den Mainstream. Es ist schwer, aus dem riesigen Sortiment drei Biere auszuwählen, das jüngste Projekt, Heine's Altes Lager, ein Bier, das mit einer rekultivierten, alten Gerstensorte nach alter Rezeptur gebraut wurde, darf da aber nicht fehlen. Ebenfalls sehr speziell: der Granitbock, gereift in 200 Jahre alten, riesigen Granittrögen. Und natürlich Krammers Lieblingsthema, die ganz starken, süßen, „gefrorenen" Jahrgangsbiere, ausgelegt auf ewige Lagerfähigkeit.

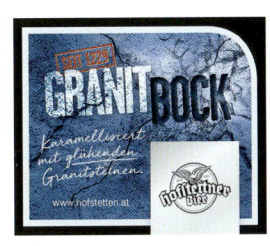

18	🍺🍺🍺	Granitbock
17	🍺🍺🍺	Heine's Altes Lager
17	🍺🍺🍺	G'froren's 2016, Iced IPA

Besitzer: Peter Krammer
Braumeister: Markus Thaller, Peter Krammer
Jährlicher Ausstoß: 7.000 hl

Brauerei Gastronomie:
Mo–Fr 7–12, 13–18, Sa 8–12 Uhr

Hopfenspinnerei Schloss Walpersdorf

3131 Walpersdorf
Schlossstraße 2
Tel.: 0660 2009869
hallo@hopfenspinnerei.at
www.hopfenspinnerei.at

Noch vor Kurzem machte Evelyn Bäck PR für die Seefestspiele Mörbisch, bis sie eines Tages überlegte, ob man Bier eigentlich auch selbst machen kann, „und es hat sofort funktioniert". Evelyn Bäck will sich in kein Korsett pressen lassen, die Rezeptur ihres Basisbiers Camillo (helles Ale) wird ständig weiterentwickelt, an Zutaten verwendet sie Kräuter, Gewürze und Bergamotte. Mit der 200-Liter-Anlage im Renaissanceschloss Walpersdorf braut sie nicht, weil sie es klein haben will, sondern weil nur dieser Kessel durch die Türe passte. Seit Kurzem betreibt Evelyn Bäck einen gut sortierten Craftbeer-Shop im Zentrum von St. Pölten.

16,5	🍺🍺	Georg Ludwig, Lavendel-Fruchtbier
16	🍺🍺	Camillo, Blonde

Besitzerin: Evelyn Bäck
Braumeisterin: Evelyn Bäck
Sudgröße: 2 hl

Brauerei Gastronomie:
Craftbeer-Shop in St. Pölten, Herrenplatz 2

BRAUEREIEN IN ÖSTERREICH

Hubertus Bräu

2136 Laa an der Thaya
Hubertusgasse 1
Tel.: 02522 2246
office@hubertus.at
www.hubertus.at

Das Hubertus Bräu in Laa an der Thaya ist ein Traditionsunternehmen. Hier werden Biere traditionell gebraut, hier wird die nähere Umgebung mit Hubertus Bräu versorgt, außerhalb dieser Kernzone ist das Hubertus eine Rarität. Schade, denn die Biere sind in ihrer klassisch-südmährischen Ausrichtung wirklich ein Genuss, vor allem die zwei Pils-Biere entsprechen absolut der Tradition der nur wenige Kilometer entfernten großen Biernation. Das körperreich-vollmundige, trockene Herrnpils mit typisch Saazer Hopfenparfüm in der markanten Flasche ist eine absolute Wohltat.

16,5	♛♛	Herrnpils
15,5	♛♛	Pils
13	♛	Lager

Besitzer: Hermann Kühtreiber
Braumeister: Hermann Kühtreiber
Sudgröße: 150 hl

Hofbräu Kaltenhausen

5400 Hallein
Salzburger Straße 67
Tel.: 06245 7950
bierkultur@kaltenhausen.at
www.kaltenhausen.at

Einerseits ist die Brauerei Kaltenhausen mit Gründungsjahr 1475 die älteste Brauerei Salzburgs, andererseits ist sie das kleinstrukturierte Versuchslabor der Brau Union: Bis 2010 wurden hier Kaiser und Edelweiss gebraut, 2011 auf Micro-Brewery umgestellt. Braumeister Günther Seeleitner erforscht hier die Möglichkeiten kreativen Brauens, zahlreiche Biere gibt es nur saisonweise, etwa ein Zirben-Bier auf Basis des Kellerbiers oder ein mit Traubenmost vergorenes Bier namens Cervinia. Das Original und ein äußerst explizit gehopftes Pale Ale sind das ganze Jahr über erhältlich und dienen als Anker der Brau Union in die Craftbeer-Szene.

16	♛♛	Edition Hieronymus, Blonde
16	♛♛	Edition Cervinia, Bier-Wein-Hybrid
15	♛♛	Edition Zirbe

Besitzer: Brau Union AG
Braumeister: Dr. Günther Seeleitner
Sudgröße: 20 hl

BRAUEREIEN IN ÖSTERREICH

Kapsreiter ⓝ

4780 Schärding/Inn
Franz-Xaver-Brunner Straße 1
Tel.: 07712 31 11 90
office@brauerei-baumgartner.at
www.kapso.at

Eine der wenigen Bierlegenden in Österreich lebt wieder! Die Schärdinger Brauerei Baumgartner übernahm 2013, gleich nach der Schließung der Kapsreiter-Brauerei im Jahr 2012, die Gebäude, den Brunnen und die Markenrechte. Mit 2019 wurde nun das erste Kapsreiter-Bier seit sieben Jahren auf den Markt gebracht – wie schon in den 80er-Jahren, als Ottakringer (und später die Familie Harmer) die Geschicke der Brauerei bestimmten, mit einigermaßen großem Marketingaufwand. Statt des seinerzeit legendären Bügelverschlusses gibt es beim neuen Kapsreiter einen Aufreiß-Kapselverschluss. Bei der Rezeptur blieb man dem Original aus den 80ern einigermaßen treu.

15 🌾🌾 Landbier hell

Besitzer: Gerhard Altendorfer
Braumeister: Michael Moritz

Kiesbye's

5162 Obertrum
Sixtenstraße 3
info@bierkulturhaus.com
www.kiesbyes.com

Axel Kiesbye, ehemaliger (und langjähriger) Braumeister bei Trumer, ist Herr des Biersommelier-Ausbildungszentrums Bierkulturhaus und Schöpfer einiger der eindrucksvollsten Biere des Landes. Das Projekt Waldbier, das er seit einigen Jahren gemeinsam mit den Bundesforsten betreibt (jedes Jahr wird ein Bier mit einer Waldzutat gebraut), zählt mittlerweile zu den interessantesten „Limited Edition"-Bierprojekten Österreichs, die Edition 2018 besteht aus einem im Whiskyfass ausgebauten Ale mit Auszügen von Ästen, Blättern und Früchten der Holzbirne – ein geniales Bier. Als Ergänzung dazu das extrem frische Session IPA mit Minze namens Tau.

19 🌾🌾🌾🌾 Waldbier 2018 Holzbirne
16 🌾🌾 Tau, Session IPA

Besitzer: Axel Kiesbye
Braumeister: Axel Kiesbye

BRAUEREIEN IN ÖSTERREICH

The Lakeseidel Ⓝ

7100 Neusiedel am See
Oberer Kirchberg 76
Tel.: 0676 606 24 77
nik@lakeseidel.at
www.lakeseidel.at

Umgeben von zahlreichen der besten Winzer Österreichs beschloss Nikolaus Tittler, einmal etwas anderes zu versuchen. Er belegte Braukurse und so dauerte es nicht lange, bis das Interesse des leidenschaftlichen Seglers und Neusiedler-See-Genießers geweckt war. Seit 2017 braut Tittler seine Biere, es sind „klassische" Craftbiere, also recht stark gehopft, sehr unfiltriert bis hin zu milchig trüb und natürlich mit fröhlichen Etiketten versehen. Alle Biere besitzen einen zumindest thematischen Bezug zum Neusiedler See, wir warten gespannt auf das erste Craftbeer mit Schilfinfusion.

14,5	🍺	Weissstorch, Helles Lager
14	🍺	Seamile, Wiener Lager
13	🍺	Zitronenstelze, IPA

Besitzer: Nikolaus Tittler
Braumeister: Nikolaus Tittler

Laxenburger Brauhandwerk Ⓝ

2361 Laxenburg
Wiener Straße 5
Tel.: 0677 61 27 07 777
office@laxenburger.at
www.facebook.com/
laxenburgerbrauhandwerk/

2016 startete Alexander Knez seine Wanderbrauerei „Lax". Wie die meisten dieser Bierprojekte ist auch hier der Hopfen der dominierende Eindruck, je nach Ort der Herstellung (der einmal auf der Flasche bekannt gegeben wird, einmal ein Geheimnis bleibt), besser oder weniger gut integriert. Beim in Gablitz gebrauten Zwickl namens Laxenburger Hopfenkeller gelingt das ganz gut, das Monk's Delight Dubbel zeigt sich hingegen weniger ausdrucksstark.

14	🍺	Laxenburger Hopfenkeller, Zwickl
13	🍺	Monk's Delight, Dubbel

Besitzer: Alexander Knez
Braumeister: Alexander Knez

Brauerei Gastronomie:
einmal pro Woche gleich neben dem Eingang zum Schlosspark

BRAUEREIEN IN ÖSTERREICH

Privatbrauerei Loncium

9640 Kötschach-Mauthen
Mauthen 69
Tel.: 0699 121368944
bier@loncium.at
www.loncium.at

Als Klaus Feistritzer und Alois Planner 2007 zu brauen begannen, fand das noch in Plastikkübeln und in der Badewanne statt. Das ist lange her, mittlerweile zählen die beiden Mauthener Wirtssöhne zur Craftbeer-Elite des Landes, ihre Biere gewinnen internationale Preise ohne Ende. 2014 wurde die Brauerei komplett modernisiert und – untergebracht im ehemaligen Kuhstall des Gasthofs Edelweiss – zum gestylten Ort für Brauseminare gestaltet. Die Loncium-Biere zeichnen sich durch große Harmonie und Trinkbarkeit aus, jedes ihrer Biere ist exakt definiert. Und ein Weißbier wie die Gailtaler Weisse muss man selbst in Oberösterreich lange suchen.

17	🍺🍺🍺	Gailtaler Weisse, Weißbier
17	🍺🍺🍺	Royal Dark, Milk Stout
16,5	🍺🍺	Carinthipa, IPA

Besitzer: Alois Planner, Klaus Feistritzer
Braumeister: Alois Planner, Klaus Feistritzer

Die Marktbrauerei

4020 Linz
Marktplatz 4b
Tel.: 0664 3276964
office@marktbrauerei.at
www.marktbrauerei.at

Die Marktbrauerei ist nicht nur einfach eine weitere Craftbeer-Schmiede. Denn erstens befindet sie sich am Linzer Südbahnhofmarkt, quasi dem Genusszentrum der oberösterreichischen Landeshauptstadt, und zweitens ist die Marktbrauerei so etwas wie eine Bierschule. Denn neben dem Brauen von Bieren – sowohl Klassiker der heimischen Bierkultur als auch anglo-amerikanische Craftbeer-Zugpferde – kann man hier auch Braukurse belegen. Alle Biere der Marktbrauerei zeichnen sich – unpasteurisiert, unfiltriert – durch extreme Trübung, gut eingebundene Bittere und sehr viel Körper aus. Neu: ein Hafenkaffee, ein dunkles Porter mit Kaffeeinfusion.

16	🍺🍺	Mandarina Weizen, Weißbier
16	🍺🍺	Roter Bock
14	🍺	Helles Marktbier

Sudgröße: 2,5 hl

Brauerei Gastronomie:
Flaschenverkauf zu den Öffnungszeiten

BRAUEREIEN IN ÖSTERREICH

Mohrenbrauerei August Huber

6850 Dornbirn
Dr.-Waibel-Straße 2
Tel.: 05572 37770
verwaltung@mohrenbrauerei.at
www.mohrenbrauerei.at

Ursprünglich wurde die Dornbirner Mohrenbrauerei 1784 als Gasthaus mit eigener Bierbrauerei gegründet, 50 Jahre später übernahm der Schlosser Franz-Anton Huber das Lokal, heute wird die Brauerei in sechster Generation von Heinz Huber geführt. Unter seiner Ägide wurde der historische Mohren Braukeller renoviert und eine kreative Kleinbrauerei für Experimental- und Seminarzwecke eingerichtet. Das Sortiment ist einerseits klassisch, andererseits schreckt man nicht vor Innovationen wie Witbier, einem tatsächlich scharfen Pfefferbier und einem im Whiskyfass gelagerten Festbock zurück.

16	🌿🌿	Kellerbier, Zwickl
14	🌿	Spezial
13	🌿	Pfiff, Märzen

Besitzer: Familie Huber
Braumeister: DI Ralf Freitag
Jährlicher Ausstoß: 173.000 hl
Sudgröße: 200 hl

Brauerei Gastronomie:
Mo–Sa 9–12, Mo–Fr 14–17

Brauerei Murau eGen

8850 Murau
Raffaltplatz 19–23
Tel.: 03532 32660
office@murauerbier.at
www.murauerbier.at

Die Brauerei am Fuße des fürstlichen Schlosses nimmt einen ganzen Stadtteil ein. Seit 1495 wird hier schon gebraut, seit 1910 wird die Brauerei als Genossenschaft geführt. Den Standardbieren wird in Murau große Aufmerksamkeit zuteil, umso überraschender, dass die Murauer immer wieder auch eher „exotische" Biere wie etwa eine tolle Dunkle Weiße oder ein dunkel-mächtiges Stout in der Großflasche ins Rennen schicken. Das Pils – über viele Jahre das Zugpferd der Brauerei – zeigte sich heuer so gut wie schon lange nicht, klar und mit eleganten Bittertönen, das Märzen ein großartiger Klassiker mit dem gewissen Hopfen-Plus.

16	🌿🌿	Pils
15,5	🌿🌿	Märzen
14	🌿	Weissbier

Besitzer: Brauerei Murau Genossenschaft
Braumeister: Johann Zirn
Jährlicher Ausstoß: 263.000 hl
Sudgröße: 220 hl

Brauerei Gastronomie:
Mo–Do 7–16.30, Fr 7–11.30 Uhr

BRAUEREIEN IN ÖSTERREICH

Muttermilch Vienna Brewery

1060 Wien
Gumpendorfer Straße 35
Tel.: 01 5810513
office@muttermilchbrewery.at
www.muttermilchbrewery.at

Als der Craftbeer-Shop „Beerlovers" Anfang 2016 eröffnete, schlagartig 1500 handwerklich gebraute Biere aus der ganzen Welt abrufbar machte und damit die Craftbeer-Situation in Wien dramatisch veränderte, stand schon irgendwie im Raum, dass da vielleicht noch eine Dimension dazukommen würde. November 2017 war es dann so weit: eine kleine 250-Liter-Anlage für Brauseminare – und eigene Biere, deren Namen mit „Muttermilch" mutig gewählt wurde. Bei den Braustilen bleibt man einstweilen untergärig, von der Zutatenauflistung des Wiener Opi – Rosinen & Vanille – darf man sich nicht abschrecken lassen: sehr dezent und harmonisch gebraut.

16,5	🍺🍺	Wiener Opi, Imperial Vienna Lager
16	🍺🍺	Hefe Buam, limited Edition Weizenbier
14,5	🍺	Bitta von Tresen, Pils

Besitzer: R. Ammersin GesmbH
Braumeisterin: Marina Ebner
Sudgröße: 2,5 hl

Neufeldner BioBrauerei

4120 Neufelden
Bräuhausgasse 3
Tel.: 07282 86927
bier@biobrauerei.at
www.biobrauerei.at

Die Brauerei in Neufelden ist fast 500 Jahre alt, stellte im Jahr 2009 aber ihren Betrieb ein. Vorerst, denn 2011 kamen die Welser Immobilien- und Logistikunternehmer Alois und Martin Meir, investierten und eröffneten als Oberösterreichs erste Biobrauerei. Ihr Braumeister ist der Waldviertler Matthias Mezera, der zuvor in der Brauerei Schrems arbeitete. Hier geschieht das mit ausschließlich Mühlviertler Biozutaten und – das ist selten – in offenen Gärtanks. Das Sortiment ist klassisch mühlviertlerisch, bei der heurigen Verkostung überzeugte das überaus komplexe, reichhaltige Weißbier ganz besonders.

17	🍺🍺🍺	Mühlviertler Weisse
16	🍺🍺	S'Zwickl
14,5	🍺	Pils naturtrüb

Besitzer: Alois Meir
Braumeister: Matthias Mezera
Sudgröße: 20 hl

BRAUEREIEN IN ÖSTERREICH

Next Level Brewing

1210 Wien
Wilhelmstraße 23
Tel.: 01 9744627
beer@nextlevelbrewing.at
www.nextlevelbrewing.at

Next Level Brewing ist für Freunde des Craftbeer und vor allem für Freunde des Craftbeer-Brauens eine wichtige Adresse. Hier bekommt man nämlich nicht nur die besten Exemplare heimischer Kleinbraukunst, sondern vor allem auch alle Hefen, alle Malze und alle Hopfen dieser Welt sowie das Equipment, um daraus Bier zu machen. Für ihre eigenen Biere mieten sich Alexander Beinhauer und Johannes Grohs bei versierten Kreativbrauern ein und schöpfen bei den Zutaten natürlich aus dem Vollen: viele verschiedene Hopfen und diverse Malze, was Bieren auch bei geringer Plato-Gradation viel Körper verleiht.

17	🌿🌿🌿	Jail Break, New England IPA
16	🌿🌿🌿	The Twister, New England Pale Ale
15	🌿🌿	Local Hero, Pale Ale

Besitzer: Johannes Grohs & Alexander Beinhauer
Braumeister: Johannes Grohs & Alexander Beinhauer
Sudgröße: 20 hl

Brauerei Gastronomie:
Beer Store Vienna, 1120 Wien, Wilhelmstraße 23

Noom Ⓝ

8333 Riegersburg
Gleichenberger Straße 30
Tel.: 0660 5752891

Die klassische Craftbeer-Story: Die Brüder Jakob und Johannes Marn aus Riegersburg experimentierten vor ein paar Jahren im Keller und auf der Terrasse mit Craftbieren herum, fanden Gefallen daran und nach diversen Abenteuerreisen nach Nepal und Neuseeland beschloss der frühere Softwaretechniker Johannes Marn, hauptberuflicher Kreativbrauer zu werden. Im Kellergeschoß des Gasthauses des Onkels wurde 2018 die kleine Brauerei eingerichtet, im Frühling 2019 wurde gebraut: eine Interpretation der Berliner Weißen mit roten Ribiseln, ein Pale Ale und ein IPA, das sehr vom Aroma des Hull-Melon-Hopfens geprägt ist.

15	🌿🌿	Melon blanc, IPA
13	🌿	Neo, Typ Berliner Weiße

Besitzer: Johannes Marn, Jakob Marn
Braumeister: Johannes Marn, Jakob Marn

BRAUEREIEN IN ÖSTERREICH

Ottakringer Brauerei

1160 Wien
Ottakringer Platz 1
Tel.: 01 491000
office@ottakringer.at
www.ottakringerbrauerei.at

Die Ottakringer Brauerei ist nicht nur die einzige große Brauerei auf Wiener Boden, sie ist auch ein Wahrzeichen des 16. Bezirks. Außerdem ist die Brauerei das wesentliche Veranstaltungszentrum im westlichen Wien, bis zu 25.000 Besucher passen in die Räumlichkeiten des alten Gerstenbodens und anderer Säle, auch Brauveranstaltungen finden hier immer wieder Platz. Man fährt zwei Linien: Goldfassl, auf klassische Premiumbiere fokussiert; Ottakringer, die zeitgeistigeren Szenebiere. Als absolutes Zugpferd und bestes Bier im Sortiment erwies sich auch heuer das Wiener Original, ein nach hundertjähriger Rezeptur gebrautes Wiener Lager.

16		Wiener Original, Wiener Lager
14,5		Goldfassl Premium, Zwickl
14		Ottakringer Helles

Besitzer: Christiane Wenckheim
Braumeister: DI Tobias Frank
Jährlicher Ausstoß: 559.000 hl
Sudgröße: 450 hl

Brauerei Gastronomie:
Mo–Fr 9–19, Sa 9–18 Uhr

P3 Perchtoldsdorfer Privatbräu Ⓝ

2380 Perchtoldsdorf
Hochstraße 7
Tel.: 0720 11 54 40
www.perchtoldsdorf.beer

Und noch ein neues Bierprojekt aus dem Süden Wiens: Über hundert Jahre wurde in Perchtoldsdorf schon kein Bier mehr gebraut, bis Philipp Prochaska 2016 im kleinen Rahmen wieder damit begann. 2018 übernahmen ein Immobilienunternehmer und eine Buchhalterin die Marke sowie die Rezepturen, lassen die Biere augenblicklich bei 100 Blumen brauen und richteten in einem renovierten Altstadthaus einen Verkostraum namens Die Verkosterei ein. Die Biere kommen unfiltriert auf die Flasche, für die Bittere sorgen Tettnanger und Magnum-Hopfen. Zu Redaktionsschluss war das unfiltrierte Lager zu verkosten, ein Pils stand kurz vor Fertigstellung.

14,5		Burgwächter, Lager

Jährlicher Ausstoß: 80 hl

Brauerei Gastronomie:
Do, Fr 16–20, Sa 10–13 Uhr

BRAUEREIEN IN ÖSTERREICH

Pinzgau Bräu

5671 Bruck
Glocknerstraße 60 a
Tel.: 06545 93080
0676 5655220
info@pinzgau-braeu.at
www.pinzgau-braeu.at

Eine Geschichte fast wie aus Hollywood: Hans Peter Hochstaffl ist gelernter Kfz-Mechaniker, bummelte durch die Welt, arbeitete als Fahrer eines Getränkelogistikers und träumte davon, mehr vom Bier zu verstehen. Er heuerte bei der Salzburger Weißbierbrauerei „Die Weisse" an, machte eine Lehre, die Braumeisterprüfung und arbeitete 13 Jahre lang als Braumeister. 2015 dann die eigene Brauerei in Bruck an der Glocknerstraße – und dass es gerade die Weißbiere sind, die im Sortiment von Hans Peter Hochstaffl besonders überzeugen, muss einen nicht wundern: frisch, cremig-hefig, fruchtig und komplex, auch das Zwickl füllig, ein „Maul voll" Bier.

16	🍺🍺	Pinzga' Weizen hell
15	🍺🍺	Pinzga' Zwickl

Besitzer: Hans Peter Hochstaffl
Braumeister: Hans Peter Hochstaffl

Brauerei Gastronomie:
Mo–Fr 8–12 Uhr, Sa 9–12 Uhr

Brauerei Puntigam

8055 Graz
Triester Straße 357–359
Tel.: 0316 5020
office@brauunion.com
www.puntigamer.at

Die Brauerei im Süden von Graz besteht eigentlich aus zwei Brauereien – schließlich fusionierten 1943 die beiden Braustätten der steirischen Landeshauptstadt – Puntigamer und Reininghaus – zu einem Unternehmen, die beiden Marken lebten allerdings auch nach der Fusionierung mit der Brau AG und später nach der Übernahme durch Heineken weiter. Zwei Biere stechen aus dem Sortiment besonders hervor, einerseits das großartige Puntigamer Panther, das uns heuer leider nicht zur Verfügung stand, und das Reininghaus Jahrgangspils, seit 2002 mit Leutschacher Hopfen eines Jahrgangs gebraut und eines der elegantesten Pilse des Landes.

15	🍺🍺	Reininghaus Jahrgangspils 2018
13	🍺	Puntigamer, Märzen

Besitzer: Brau Union AG
Braumeister: DI Andreas Werner
Jährlicher Ausstoß: über 1.000.000 hl

BRAUEREIEN IN ÖSTERREICH

Brauerei Raschhofer

4950 Altheim
Braunauer Straße 12
Tel.: 07723 42 20 50
mein.bier@raschhoferbier.at
www.raschhoferbier.at

Die Sudpfanne direkt zu befeuern, das Bier in Kupfer zu brauen, und zwar offen, Wasser aus eigenem Brunnen zu nehmen – die Prinzipien dieser kleinen, über 370 Jahre alten und seit 240 Jahren in Familienbesitz befindlichen Innviertler Brauerei klingen im ersten Moment eher ultra-traditionell. Es gibt aber auch eine „moderne" Seite der kleinen Brauerei: Etwa das Bier-Erlebniszentrum namens „Brauturm" und seit einiger Zeit werden auch „Kreativbiere" gebraut, etwa eines der ersten Witbiere Österreichs. Die Klassiker wie das Märzen oder ein „echtes" Zwickl (ohne Weizenmalztrübung!) sind ebenfalls bemerkenswert.

16	🍺🍺	Zwickl
15	🍺🍺	Tausendsassa, Lager
15	🍺🍺	Lebenskünstler, Witbier

Besitzerin: Doris Scheriau-Raschhofer
Braumeister: Johann Eder
Sudgröße: 70 hl

Brauerei Gastronomie:
Mo–Do 7–11.30, 12.30–17, Fr 7–11 Uhr

Brauerei Ried

4910 Ried im Innkreis
Brauhausgasse 24
Tel.: 07752 82017
office@rieder-bier.at
www.rieder-bier.at

Natürlich hat die Brauerei Ried – seit dem 16. Jahrhundert als Brauerei geführt, ab 1908 eine Genossenschaft von etwa 150 regionalen Wirten – auch untergärige Standardbiere wie Märzen, Zwickl und ein glasklares, bayerisches Pils im Programm. Die eigentliche Kernkompetenz der Rieder liegt aber beim Weißbier, das immerhin in fünffacher Ausformung gebraut wird: hell, dunkel, leicht, alkoholfrei und als Weißbierbock. Vor ein paar Jahren kamen auch noch ein paar Spezialitäten dazu, unter denen besonders das schon seit 2012 gebraute, angenehm unaufgeregte IPA hervorzuheben ist.

16	🍺🍺	Rieder Helle Weisse
15	🍺🍺	Rieder Pils
15	🍺🍺	Rieder IPA

Besitzer, Geschäftsführer: Josef Niklas
Braumeister: Josef Niklas

BRAUEREIEN IN ÖSTERREICH

Rodauner Biermanufaktur

1230 Wien
Manowardagasse 5 a
Tel.: 0664 9648123
info@rodauner-biermanufaktur.at
www.rodauner-biermanufaktur.at

Unter den vielen Quereinsteiger-Craftbeermachern der vergangenen Jahre sticht Kurt Tojner durchaus hervor. Schon seit 30 Jahren braute er zu Hause ein typisches Hobbybier, dann machte er die Ausbildung zum Bier-Sommelier und das war die Zündung zur Professionalisierung. Die Rezepturen seiner Biere werden nach wie vor zu Hause in der 20-Liter-Anlage entwickelt, dann geht es damit zu Gusswerk, nach Ried, zu Gerald Schwarz oder ins Storchenbräu. Alle Biere zeichnen sich durch Harmonie aus, eine der interessantesten Neuerungen in Tojners Sortiment ist das Calafati, ein mit Gerasdorfer Naturreis gebrautes, frisch-spritziges Lager.

17	🍺🍺🍺	G'selchter, Smoked Ale
16,5	🍺🍺	Strizzi, Wiener Lager
15	🍺🍺	Calafati, Reisbier

Besitzer: Kurt Tojner
Braumeister: Kurt Tojner

Brauerei Gastronomie:
gegen Voranmeldung und einmal pro Monat (Info auf der Website)

Braumanufaktur Schalken

1160 Wien
Neulerchenfelder Straße 57
Tel.: 0699 19288 6822
office@braumanufakturschalken.at
www.braumanufakturschalken.at

Ein ganz besonders typisches Beispiel der jungen, kreativen Craftbeer-Szene: Roland und Robert Schalken sind eigentlich Jazzmusiker, haben nach eigenen Angaben eine starke Affinität zu Selbstgemachtem und landeten vor drei Jahren irgendwann einmal beim Bier. Gebraut wird mit einer kleinen 200-Liter-Anlage in Ottakring, die Zielrichtung lautet: obergärig, Flaschengärung und eine gewisse stilistische Nähe zu Belgien. Demnächst werden vielleicht auch die Hefen selbst gezüchtet und auch der Name „Kølx" hat eine Erklärung: Da Kölsch nur im Raum Köln so genannt werden darf, fand man einen „ähnlichen" Fantasienamen.

16	🍺🍺	Wit
15	🍺🍺	Kølx, Typ Kölsch
15	🍺🍺	Coffee Ale

Besitzer: Roland und Robert Schalken
Braumeister: Roland und Robert Schalken
Sudgröße: 2–3 hl

Brauerei Gastronomie:
einmal pro Monat Gassenverkauf, Info auf der Website

BRAUEREIEN IN ÖSTERREICH

Schiffner Bierspezialitäten

4160 Aigen-Schlägl
Linzer Straße 9
Tel.: 07281 8888
www.biergasthaus.at

Karl Schiffner, der Mann, der alles über Bier weiß, unzählige in seinem Biergasthaus vorrätig hat und 2009 erster Biersommelier-Weltmeister wurde (von der Auszeichnung „Biersortiment des Jahres" im Gault&Millau-Bierguide ganz zu schweigen). Seit Frühling 2018 ist er nun auch Brauer, das heißt, eigentlich ist das Sohn Felix Schiffner, der 2016 die Braumeisterlehre abschloss. Karl führt Regie, gebraut wird in befreundeten Bauereien wie zum Beispiel in Hofstetten. Etwa ein fantastisches Imperial Pilsner, das das Aroma des Aurora-Hopfens perfekt in Szene setzt, Österreichs erstes Leinsamenbier oder einen Eis-Bock, dessen Mindesthaltbarkeit mit 2028 angegeben wird.

17	🍺🍺🍺	Aurora, Imperial Pilsner
17	🍺🍺🍺	Silentium, Eis-Bock
16,5	🍺🍺	Bio-Leinsamenbier

Besitzer: Karl Schiffner
Braumeister: Felix Schiffner

Brauerei Schladming

8970 Schladming
Hammerfeldweg 163
Tel.: 03687 225910
office@schladmingerbier.at
www.schladmingerbier.at

Die kleine Schladminger Brauerei, seit 2002 im Verbund der Brau Union, nimmt innerhalb der Gruppe die Rolle der alpinen Spezialitätenbrauerei ein: Man verweist stolz darauf, reinstes und unaufbereitetes Bergquellwasser aus den Tauern und generell hundertprozentig österreichische Grundprodukte zu verwenden. Für das Zwickl und das seit 2012 auch hier gebraute Weißbier Schnee-Weiße kommen sogar biologisch zertifizierte Braustoffe zum Einsatz. Was das Bier auch für urbane Märkte attraktiv zu machen scheint. Das leichte Sepp-Bier kann man während der Wintersaison auch in der PET-Flasche kaufen, muss aber nicht.

14	🍺	Märzen
13,5	🍺	Bio-Zwickl

Besitzer: Brau Union AG
Braumeister: DI Andreas Werner
Jährlicher Ausstoß: 30.000 hl

BRAUEREIEN IN ÖSTERREICH

Stiftsbrauerei Schlägl

4160 Schlägl
Schlägl 1
Tel.: 07281 8801221
brauerei@stift-schlaegl.at
www.stiftsbrauerei-schlaegl.at

Die Stiftsbrauerei in Schlägl ist eine der interessantesten Brauereien nicht nur des Mühlviertels: Brautradition seit 1580, Betonung der christlichen Werte von Nachhaltigkeit und Nächstenliebe – aber auch reichlich Innovationswillen als Kontrast. So schuf man schon vor mehr als 20 Jahren das erste Roggenbier Österreichs, damals eine brautechnische Meisterleistung. Seit 2012 bringt man auch limitierte Serien von wirklich starken Abteibieren heraus, aber auch die „normalen" Biere glänzen durch Klasse, Kraft, Harmonie und Ausdruck. Das Bio-Zwickl strotzt vor Aromenreichtum, das Kristall ist ein ruhiges, gehaltvolles Spezialbier, wie sie heute selten sind.

DAS WERTVOLLSTE BIER ÖSTERREICHS

18	🍺🍺🍺	Abtei Bier 2016, Triple
16,5	🍺🍺	Bio-Zwickl
16,5	🍺🍺	Kristall, Spezial

Besitzer: Stift Schlägl, **Geschäftsführer:** Mag. Markus Rubasch
Braumeister: Reinhard Bayer
Jährlicher Ausstoß: 30.000

Brauerei Gastronomie:
Mo–Fr 7–12, 13–16.30 Uhr

Schleppe Brauerei

9020 Klagenfurt
Schleppeplatz 1
Tel.: 0463 42700
schleppebrauerei@schleppe.at
www.schleppe.at

Gebraut wird hier in Klagenfurt zwar schon seit 412 Jahren, die vergangenen 25 waren aber recht turbulent: Zuerst wurde die Schleppe Brauerei Teil der „Vereinigten Kärntner Brauereien", dann wurde das Brauereiareal zum modernen Businesspark, in dem sich unter anderen die Brennerei Pfau ansiedelte, beim Brauen verlegte man sich immer mehr auf die Spezialitäten – die mit der hübsch gestylten Craftbeer-Serie der vier „Kreativbiere" einen vorläufigen Höhepunkt erreichte. Braumeister Friedrich Koren spielt hier mit Pale Ale, Saison und Imperial IPA absolut in der kreativen Oberliga mit.

17	🍺🍺🍺	No. 3, Imperial IPA
15	🍺🍺	No. 4, Belle Saison
15	🍺🍺	No. 6, Session IPA

Besitzer: Vereinigte Kärntner Brauereien AG
Braumeister: Friedrich Koren
Jährlicher Ausstoß: 32.000 hl

BRAUEREIEN IN ÖSTERREICH

Schnaitl

5142 Eggelsberg
Gundertshausen 9
Tel.: 07748 66820
office@schnaitl.at
www.schnaitl.at

Die Brauerei Schnaitl befindet sich seit ihrer Gründung im Jahre 1842, als der Wirt Franz Schnaitl erstmals 36 Eimer Bier braute, in Familienbesitz und wurde seither kontinuierlich vergrößert. Mit der Übernahme durch Matthias Schnaitl IV besann man sich noch mehr der Tradition: Seit 2012 wird eigene Braugerste angebaut, seit 2015 deckt man den Hopfenbedarf zu 35 Prozent aus eigenen Anlagen, so wird das Leichtbier Gundertshauser Ernte nur aus eigenen Rohstoffen gebraut. Das mit Mühlviertler Naturhopfen gebraute, extrem lebendige, elegante Pils de Luxe zählt zu den besten Bieren dieser Kategorie in Österreich, man könnte von Weltklasse sprechen.

17	🌿🌿🌿	Pils de Luxe
16	🌿🌿	Schnaitl Original, Märzen

Besitzer: Familie Schnaitl
Braumeister: Alexander Pöllner
Jährlicher Ausstoß: 12.500 hl
Sudgröße: 160 hl

Brauerei Gastronomie:
Mo–Fr 7.15–12, 13–16.30, Sa (April–September) 9–12 Uhr

Bierbrauerei Schrems

3943 Schrems
Niederschremser Straße 1
Tel.: 02853 772750
office@schremser.at
www.schremser.at

Karl Theodor Trojan ist davon überzeugt, dass man mit Harmonie und Kreativität beim Bier mehr erreicht als mit irgendwelchen Rekordwerten. Seine Biere bestätigen ihn darin, denn Harmonie zieht sich durch das gesamte Programm. Innovativ ist man insofern, als man seit 20 Jahren mit Waldviertler Landkorn-Gerste, weichem Urgesteinswasser und zum Teil mit Waldviertler Hopfen braut, also effektiv ein „Regionalbier" braut. Mit dem untergärigen Vienna I.P entstand eines der besten Wiener Lager des Landes auf dem Markt, das feine, obergärige Roggenbier ist in seiner exakten Aromendefinition ohnehin ein Musterbeispiel dieser Gattung.

16,5	🌿🌿	Bio-Roggen
15	🌿🌿	Märzen
14,5	🌿	Hanfbier

Besitzer: DI Karl Theodor Trojan
Braumeister: DI Karl Theodor Trojan
Jährlicher Ausstoß: 34.000 hl
Sudgröße: 110 hl

Brauerei Gastronomie:
Mo–Fr 7–12, 13–17, Sa 8–11 Uhr

BRAUEREIEN IN ÖSTERREICH

Brauerei Schwechat

2320 Schwechat
Mautner-Markhof-Straße 11
Tel.: 01 701400
office@brauunion.com
www.schwechater.at

Die 1632 gegründete Schwechater Brauerei hat zweifellos hohen historischen Stellenwert: Hier wurde im 19. Jahrhundert das damals revolutionäre „Wiener Lager" entwickelt. 1978 wurde die Brauerei Schwechat Teil der Brau AG, heute werden in Schwechat fast alle Dosenbiere der Brau Union abgefüllt. Vor einigen Jahren begann man aber damit, der bis dahin eher als Quelle von „Hacklerbier" geltenden Brauerei ein neues Markenimage zu verpassen: Mit einem der besten Zwickl-Biere im Verband der Brau-Union, und zum 175. Jubiläum der Erfindung des Wiener Lagers brachte man sogar ein Bier nach originaler Rezeptur von einst heraus.

16	🍺🍺	Schwechater Wiener Lager
15	🍺🍺	Schwechater Zwickl

Besitzer: Brau Union AG
Braumeister: Andreas Urban
Jährlicher Ausstoß: 1.200.000 hl
Sudgröße: 580 hl

Brauerei Gastronomie:
Mo–Fr 9–12.30, 13–17, Sa 10–14 Uhr

Stiegl

5017 Salzburg
Kendlerstraße 1
Tel.: 050 14920
office@stiegl.at
www.stiegl.at

Die Stiegl-Brauerei zählt zu den Großen in Österreich, hat aber schon früh beschlossen, so spannend wie eine Kleinbrauerei zu agieren. Das beginnt damit, dass für das Pils „moderne", aromatische Hopfensorten wie etwa der „Saphir" verwendet werden, geht weiter über die so genannten, überaus extravagant gebrauten und gestalteten „Hausbiere" bis zum Projekt Stieglgut Wildshut, einem der komplexesten und interessantesten Brauprojekte Österreichs. Interessant: Sowohl Brauerfahrungen von den Hausbieren als auch Zutaten aus Wildshut finden Eingang in die Standardbiere, so wird für das Zwickl Malz vom Laufener Landweizen verwendet.

16	🍺🍺	Paracelsus, Bio-Zwickl
15	🍺🍺	Columbus 1492, Pale Ale
15	🍺🍺	Hausbier Nr. 30, Böhmisches Pils

Besitzer: Dr. Heinrich Dieter Kiener
Braumeister: Dipl. Brmst. Christian Pöpperl
Jährlicher Ausstoß: 1.000.000 hl

BRAUEREIEN IN ÖSTERREICH

Sudhaus ⓝ
8054 Graz
Weblinger Straße 10
Tel.: 0316 26 95 700
info@sudhaus.at
www.sudhaus.at

Eine neue und sehr interessante Biergeschichte: Das Unternehmen Anton Paar begann 1922 als steirische Schlosserei und zählt heute zu den weltweit führenden Unternehmen auf dem Sektor der Labor-Messtechnik. Und weil Brauen auch etwas mit Messen zu tun hat, aber auch weil zwei Mitarbeiter des Unternehmens Erfahrung in der Brauwirtschaft haben (Daniel Gore sammelte diese sogar bei der legendären Altbier-Brauerei Uerige in Düsseldorf), startete man 2019 das Sudhaus, eine Gasthaus-Brauerei in Graz-Straßgang. Die Biere sind interessant, vor allem das „Altsteirische" im Altbier-Stil, weit über dem üblichen Braugasthaus-Niveau.

16	🍺🍺	Das Altsteirische, Altbier
14,5	🍺	Das Erste, Helles

Besitzer: Mario Santner
Braumeister: Gebhard Sauseng, Daniel Gore

Ten.Fifty. ⓝ
1100 Wien
Absberggasse 27/3/10.2
Tel.: 0650 21 58 959
beer@tenfifty.at
www.tenfifty.at

Wenn man das Gelände der alten Ankerbrotfabrik in Favoriten betritt, denkt man sich: Hier würde eine Brauerei perfekt hineinpassen, die alten Ziegelmauern, der Hof, die kreative Umgebung, die Geschichte, … Seit Mai 2018 ist das auch der Fall, da errichteten Martin White und Simon Latzer, die in den Jahren davor schon mit Hobby-Braugerätschaft Erfahrungen gesammelt hatten, eine eindrucksvolle Loft-Brewery mit wunderschönen Designerkesseln aus England. Das Sortiment besteht aus den klassischen Craftbeer-Kandidaten, allerdings ist immer wieder auch Untergäriges dabei, gebraut wird mit besten Zutaten.

17	🍺🍺🍺	Red IPA
16,5	🍺🍺	Pale Ale
15	🍺🍺	Wiener Weizen, Weizenbier

Besitzer: Martin White, Simon Latzer
Braumeister: Martin White
Sudgröße: 20 hl

Brauerei Gastronomie:
Do 18–24

BRAUEREIEN IN ÖSTERREICH

Trumer

5162 Obertrum am See
Brauhausgasse 2
Tel.: 06219 74110
beer@trumer.at
www.trumer.at

Die Brauerei präsentiert sich als zeitgemäßes Bier-Erlebniszentrum: Das moderne Sudhaus (2008) mit nach eigenem Patent gebauten offenen Gärbottichen steht für Führungen offen, der Braugasthof ist legendär. Braumeister Felix Buser fokussiert sich auf die zweifellosen Kernkompetenzen der Brauerei, sprich auf das nachgerade perfekt beherrschte Pils, Variationen davon sowie Traditionelles wie das sehr gelungen designte „Obertrumer Original", ein Zwickl in klassischer (Klein-) Flasche und charmantem Retro-Etikett. Hier zwar nicht Thema, aber trotzdem erwähnenswert: ein milchsauer vergorener Bioradler mit Zitronenverbene.

17	🍺🍺🍺	Pils
16	🍺🍺	Obertrumer Original, Zwickl
14	🍺	Hopfenspiel, Leichtbier

Besitzer: Josef Sigl XIII
Braumeister: Felix Bussler
Jährlicher Ausstoß: 100.000 hl
Sudgröße: 1.000 hl

Brauerei Gastronomie:
Mo–Fr 9–18, Sa 8.30–12 Uhr

Tschöams Biere Ⓝ

2344 Maria Enzersdorf
Dobrastraße 106
Tel.: 0650 294 41 01

Eigentlich ist Stefan Germany ja Lehrer, unterrichtet an der Pädagogischen Hochschule zum Thema Verhaltensauffälligkeit. Ob der Weg zum selbst gebrauten Bier da ein logischer ist, darüber kann man diskutieren, jedenfalls fand Germany nach einigen Versuchen Spaß an der Sache, braute seine sowohl unter- wie obergärigen Craftbiere zuerst in Mödling, seit zwei Jahren bei 100 Blumen. In der Zwischenzeit absolvierte Stefan Germany auch schon den Kurs zum Diplom-Biersommelier, hat also auch hier quasi einen akademischen Grad. Seine Biere besitzen Persönlichkeit und zeichnen sich durch Handwerklichkeit aus.

16,5	🍺🍺	Wiener Wunder, Wiener Lager
16	🍺🍺	Schwarz wie die Nacht, Porter
14	🍺	Blonde

Besitzer: Stefan Germany
Braumeister: Stefan Germany

BRAUEREIEN IN ÖSTERREICH

Uttendorf Bier

5261 Uttendorf 25
Tel.: 07724 2508
privatbrauerei.vitzthum@gmx.at
www.uttendorf-bier.com

Die Brauerei in Uttendorf ist ein Paradebeispiel für Innviertler Brautradition: Die kleine, im Jahr 1600 gegründete Brauerei ist seit über hundert Jahren in Familienbesitz, befindet sich am Hauptplatz des Städtchens, der Braugasthof ist seit den 20er-Jahren unverändert und quasi der Inbegriff eines Innviertler Braugasthofs. Vor allem aber braut Matthias Vitzthum herrliche Biere, „stets ein bisschen bitterer als die anderen". Das feinherbe, glockenklare Pils zählt zu den besten des Landes, quasi ein Riesling unter den Bieren. Empfehlenswert auch das bernsteinfarbene, dezent malzige Premium oder das harmonische Export, ein Bier für alle Fälle.

16,5	🌾🌾	Pils
16	🌾🌾	Export
15	🌾🌾	Premium

Besitzer: Familie Vitzthum
Braumeister: Matthias Vitzthum
Jährlicher Ausstoß: 20.000 hl
Sudgröße: 130 hl

Villacher Brauerei

9500 Villach
Brauhausgasse 6
Tel.: 04242 27777
brauerei@villacher.com
www.villacher.com

Die 1738 in Villach gegründete Fischer Steinbierbrauerei ist die Basis der heutigen „Vereinigten Kärntner Brauereien AG", die nach dem Ersten Weltkrieg mit Unterstützung der Brauereien Göss und Reininghaus gebildet wurde. 1996 übernahm man die Klagenfurter Brauerei Schleppe, die sowohl mit Namen und eigenem Spezialitätenprogramm weiterexistiert, sowie 2005 die Piestinger Brauerei, die leider aufgelöst und zum Logistikzentrum umfunktioniert wurde. Das Sortiment der Villacher Brauerei ist im Gegensatz zu Schleppe recht klassisch angelegt, die Biere zeichnen sich durch dezente Süße aus, bemerkenswert das erfrischend herbe Glockner Pils.

14	🌾	Naturtrüb, Zwickl
14	🌾	Märzen
13	🌾	Dunkles

Besitzer: Vereinigte Kärntner Brauereien AG
Braumeister: Manuel Düregger

Brauerei Gastronomie:
9500 Villach, Franz-von-Tschabuschnig-Straße 8, Mo–Fr 8–17, Sa 9–12 Uhr

BRAUEREIEN IN ÖSTERREICH

Weißbierbrauerei „Die Weisse"

5020 Salzburg
Bayerhamerstraße 10
Tel.: **0662 876376**
prost@salzburgerweissbier.at
www.salzburgerweissbier.at

Die Geschichte der Weißbierbrauerei geht bis etwa 1900 zurück, als hier ein besonders helles, feinfruchtiges Weißbier kreiert wurde. 1987 gründete Hans Georg Gmachl die Brauerei neu, seit 2015 fungiert Sohn Felix Gmachl als Braumeister, nachdem er zuvor eine Ausbildung in München genoss und einen Klon der Weissen in Kansas City gründete. „Die Weisse"-Weißbier gibt es in neunfacher Ausführung, von alkoholfrei bis zum Jubilator, seit 2015 sogar glutenfrei. Das klassische Weißbier ist top, der Druck in den flaschenvergorenen Bieren kann mitunter hoch, die Qualität von Flasche zu Flasche unterschiedlich sein. Wenn man Glück hat – ein perfektes Weißbier.

16,5	🍺🍺	Die Weisse hell
14	🍺	Die Weisse glutenfrei

Besitzer: Familie Gmachl
Braumeister: Felix Gmachl, Bernhard Neunhoefer
Sudgröße: 20 hl

Bierwerkstatt Weitra

3970 Weitra
Sparkassenplatz 160
Tel.: **02856 2387**
info@bierwerkstatt.at
www.bierwerkstatt.at

Kaum vorstellbar, dass die kleine, von Mauern umgebene Stadt Weitra im Waldviertel einmal 35 verschiedene Brauereien besaß. Zwei davon sind geblieben, eine ist das ehemalige Hofbräuhaus der Familie Pöpperl, heute Bierwerkstatt genannt und seit 2003 zur Zwettler Brauerei gehörend. Nach wie vor werden Weitra-Biere in Weitra, unmittelbar vor der Stadtmauer, gebraut. Das Hadmar Bio ist zweifellos das Zugpferd der Brauerei, ein Bier mit starker Identität: offen vergoren und nach Vorbild des augenblicklich ja wieder boomenden Wiener Lager"gebraut, bernsteinfarben, malzig, mit anregender Hopfenbittere.

16	🍺🍺	Hadmar Bio, Spezial/Wiener Lager
15	🍺🍺	Das Helle, Märzen

Besitzer: Karl Schwarz
Braumeister: Heinz Wasner
Jährlicher Ausstoß: 10.000 hl
Sudgröße: 50 hl

BRAUEREIEN IN ÖSTERREICH

Wenzl Privatbräu

4783 Wernstein
Wimberg 1
Tel.: 0664 739098288
verkauf@wenzl-bier.at
www.wenzl-bier.at

Johann Kieslinger-Furtner war fast 40 Jahre lang Braumeister der wunderbaren Kapsreiter Brauerei in Schärding (die es seit heuer ja wieder gibt!) und in dieser Zeit wurde das Innviertel ein Teil von ihm. Als die Brauerei geschlossen wurde, errichtete er auf seinem privaten Wenzl-Gut in Wernstein eine eigene, kleine Brauerei und braut hier nun seit 2015 zwei extraklassische, untergärige, straffe Biere, ein naturtrübes, aromahopfiges Stammtisch-Hopfen und ein etwas malzigeres, süffiges Wirtshaus Helles. Besonders schön auch das immer nur kurzzeitig erhältliche, sehr harmonische, eine Spur leichtere und hopfen-fruchtiger angelegte Sommer-Wenzl.

16,5	🍺🍺	Stammtisch-Hopfen
16,5	🍺🍺	Wirtshaus Helles
15	🍺🍺	Sommer-Wenzl

Besitzer: Johann Kieslinger
Braumeister: Johann Kieslinger
Sudgröße: 2,5 hl

Brauerei Wieselburg

3250 Wieselburg
Dr.-Beurle-Straße 1
Tel.: 07416 5010
office@brauunion.com
www.wieselburger.at
www.kaiserbier.at

Schon seit dem Neubau in den 70er-Jahren war die Wieselburger Brauerei eine der modernsten Brauereien in Österreich, 2015 wurde dann noch einmal stark in eine Abfüll- und Verpackungsanlage investiert, was den Standort zu einem der wesentlichen Logistikzentren der Brau Union macht. Neben den vier verschiedenen Wieselburger-Bieren – darunter ein seit 2015 gebrautes, extrem trinkfreudiges Schwarzbier – werden hier auch noch die Biere der Marke „Kaiser" gebraut sowie diverse internationale Marken des Heineken-Konzerns. Stammbräu und Schwarzbier werden in Bügelflaschen mit wertiger Anmutung abgefüllt.

14,5	🍺	Wieselburger Stammbräu, Märzen
13,5	🍺	Wieselburger Gold, Märzen

Besitzer: Brau Union AG
Braumeister: Christian Huber
Sudgröße: 540–660 hl
Brauerei Gastronomie:
Mo–Fr 9–12.30, 13.30–17 Uhr

BRAUEREIEN IN ÖSTERREICH

Stieglgut Wildshut

5120 St. Pantaleon
Wildshut 8
Tel.: 06277 64141
biergut@stiegl.at
www.biergut.at

Mit dem 2012 gegründeten „Biergut Wildshut" leistet sich die Stiegl-Brauerei ein quasi autarkes Bierparadies, mit eigenem Anbau diverser biologischer Urgetreide, eigener Mälzerei, eigener Rösterei, Lowtech-Brauerei, Tierzucht, Greißlerei und (großartigem) Lokal, alles verbunden in einer Kreislaufwirtschaft. Und das Tolle: Die Biere sind keine Blender, gefallen mit dezenter Komplexität und Natürlichkeit, großartiger Harmonie und einem immer wieder aufs Neue überraschenden Biererlebnis – und da vor allem das in der Amphore gebraute Ur-Bier mit Schafgarbe statt Hopfen, mit Honig, Datteln, Safran und Anis. Hat man noch nicht oft getrunken, so etwas.

18,5	✦✦✦	Ur-Bier 2018
18	✦✦✦	G'mahde Wiesn, Kräuterbier
18	✦✦✦	Sortenspiel, Blonde

Besitzer: Heinrich Dieter Kiener
Braumeister: Markus Trinker, Sebastian Essl

Wimitz Bräu

9311 Kraig
Wimitz 7
Tel.: 04212 30930
brauerei@wimitzbraeu.com
www.wimitzbraeu.com

Ein plastischer Chirurg, ein Biolandwirt und ein Maschinenbauer tun sich zusammen, um Bier zu brauen. Das erinnert zwar an die Betriebsgeschichte vieler Craftbeer-Manufakturen in Österreich, doch das, was die drei Neo-Brauer da im Wimitztal nördlich von St. Veit machen, ist dann doch ein bisschen anders: eigene Biogerste anbauen, eigenen Biohopfen anbauen und (fast) durchwegs klassische Biere daraus brauen. Etwa ein wirklich tolles „Land-Pils", das außerdem das schönste Etikett dieses Jahres besitzt, ein interessantes, bernsteinfarbenes Lemisch oder einen im Whiskyfass ausgebauten Sonnwend-Bock mit Portweinaromen.

17	✦✦✦	Corma, Sonnwendbock
16,5	✦✦	Land-Pils
15	✦✦	Lemisch, Dunkles Lager

Besitzer: Josef Habich
Braumeister: Philip Riedl

Brauerei Gastronomie:
Mo–Do 8–16, Fr 8–13 Uhr

BRAUEREIEN IN ÖSTERREICH

Winzer Bräu Hofbauer ⓝ

2074 Unterretzbach
Hauptstraße 1
Tel.: 02942 2505
www.weingut-hofbauer.at

Das Weingut Hofbauer gilt als Musterbetrieb im Retzer Umland, sortenreine Auspflanzungen fanden hier schon in den 1930er-Jahren statt, Ludwig Hofbauer spezialisierte sich schon früh auf Burgundersorten – und auf Bier: Vor einem Jahr verwirklichte er seinen Jugendtraum, machte den Biersommelierkurs und begann mit dem Brauen: Ein Kellerbier (das eigentlich eine Art bayerisches Märzen ist), ein Weißbier, ein dunkles Bier in Rotweinfassausbau ist natürlich auch schon in Planung, wie könnte es anders sein. Bei der Etikettengestaltung blieb Ludwig Hofbauer klassisch, „es muss zum Betrieb passen."

14,5   Retzbacher Kellerbier, Märzen

Besitzer: Ludwig Hofbauer
Braumeister: Ludwig Hofbauer
Sudgröße: 2,5 hl

XAVER

1160 Wien
Hasnerstraße 14
Tel.: 0664 6131225
xaver.brauerei@gmail.com
www.xaverebrauerei.com

Die kleine Xaver-Brauerei ist der klassische Fall einer Hinterhof- beziehungsweise Garagen-Craftbeer-Schmiede und war bis vor ein paar Jahren die zweite Brauerei in Ottakring (mittlerweile gibt es vier!). Die Nebenerwerbsbrauer Franz Lughofer und Thomas Haginger gehören zum fixen Kreis der Wiener Craftbeer-Szene, vor allem ihre dunklen, obergärigen Biere sorgen für Aufsehen, das Stout ist schlichtweg sensationell. Die gebrauten Mengen sind noch recht klein, die Nachfrage ist groß, weshalb die Xaver-Biere immer recht schnell vergriffen sind. Heuer verkostet: ein interessantes, cremiges Weizenbock mit bemerkenswerter Mauve-Färbung.

16,5   Weizenbock

Besitzer: Franz Lughofer, Thomas Haginger
Braumeister: Franz Lughofer, Thomas Haginger
Jährlicher Ausstoß: 100 hl
Sudgröße: 2 hl

Brauerei Gastronomie:
Fr 14–17, Sa 10–13

BRAUEREIEN IN ÖSTERREICH

Zebedäus Bräu ⓝ
2052 Zellerndorf 334
Tel.: 0676 49 32 176
0664 845 31 18
zebedaeus-braeu@outlook.at
www.zebedaeus-braeu.at

Ein weiteres, junges Projekt aus Niederösterreich, ein weiteres mit einem – zumindest zarten – Bezug zum Weinbau: Stefan Kahrer kommt aus einer Winzerfamilie, besuchte gemeinsam mit Florian Andre die HTL, erste Brauversuche in einem Glühweinkocher funktionierten prächtig, schnell wurde das Projekt größer. Interessant erschien uns bei Zebedäus ein bieriger Englandbezug: Das Brown Ale Englisch ist sehr klassisch und weit vom üblichen Craftbeer-Mainstream entfernt, das Mischgetränk aus Schwarzbier und Apfelcidre namens Black Cider überhaupt eine tolle Kreation. Da tun sich noch ungeahnte Möglichkeiten auf.

15	🍺🍺	Englisch, Brown Ale
15	🍺🍺	Black Cider, Biermischgetränk
14	🍺	Classic

Besitzer: Florian Andre, Stefan Kahrer
Braumeister: Florian Andre, Stefan Kahrer

Brauerei Gastronomie:
Sa 9–13 Uhr

Zillertal Bier
6280 Zell am Ziller
Bräuweg 1
Tel.: 05282 23660
verkauf@zillertal-bier.at
www.zillertal-bier.at

Als sich die Zillertaler Brauerei aus der Runde der „Cultur Brauer" verabschiedete, ließ das nichts Gutes erahnen. Aber was soll man sagen, der Linie dieser Brauerei, die es schon seit dem Jahr 1500 gibt und deren berühmtestes Bier immer der acht Monate gereifte Gauderbock war, tat das nicht schlecht. In der brandneuen Brauerei wird etwa auch ein klassisch-bayerisches Pils gebraut, ein beeindruckend gutes Zwickl und ein Helles aus Fisser Gerste (eine regionale Sorte, die man gemeinsam mit Landwirten rekultivierte) und ein fulminantes Kreativbier namens 517, eine Art Weizen-Dinkel-Bock mit Waldbeeraromen.

Bierprojekt des Jahres 2020

17	🍺🍺🍺	Gauder Steinbock
17	🍺🍺🍺	517, Dinkel-Weizenbock
15	🍺🍺	Pils

Besitzer: Familie Lechner
Braumeister: Peter Kaufmann
Jährlicher Ausstoß: 60.000 hl
Sudgröße: 120 hl

Brauerei Gastronomie:
Mo–Fr 8–17.30, Sa 8–12 Uhr

BRAUEREIEN IN ÖSTERREICH

Privatbrauerei Zwettl

3910 Zwettl
Syrnauer Straße 22–25
Tel.: 02822 500
info@zwettler.at
www.zwettler.at

Die Privatbrauerei Zwettl ging immer den etwas anderen Weg. Sei es, schon vor über 30 Jahren den Waldviertler Hopfenanbau zu rekultivieren; sei es, in den 90er-Jahren in die (nahe) Iglauer Brauerei Jezek in Böhmen zu investieren (leider erfolglos), sei es, mit der Brauwerkstatt Weitra auf eine Bio-Spezialitätenbrauerei mit starker Waldviertler Identität zu setzen oder mit dem Saphir-Pils erstmals ein Bier einer konventionellen Brauerei mit „modernem" Aromahopfen und einem Bitterwert von immerhin 38 IBU auf den Markt zu bringen. Sehr interessant auch die junge Linie extrem kräftiger Kreativbiere.

15	🌺 🌺	Zwettler Original, Märzen
14,5	🌺	Zwickl naturtrüb
13,5	🌺	Export Lager

Besitzer: Karl Schwarz
Braumeister: Heinz Wasner
Jährlicher Ausstoß: 188.500 hl
Sudgröße: 200 hl

Brauerei Gastronomie:
Zwettler Biershop Mo–Fr 8–17, Sa 9–14 Uhr

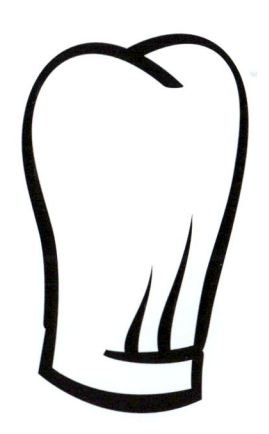

Gault&Millau

Besuchen Sie uns auf Facebook unter
www.facebook.com/Gault.Millau.Oesterreich

SCHNAPS

Der klare Tropfen als Auszeichnung:
Der Kreis der auserwählten Edelbrenner mit der besten Gesamtwertung

LIEBE SCHNAPS-LIEBHABER UND -INNEN!

Auf den folgenden Seiten finden Sie all die Betriebe abgebildet, die bei der verdeckten Bewertung in der Gault&Millau Redaktion zur Destillata Prämierung 2019 in mindestens einer Kategorie den Sieger gestellt haben und für ihre Edelbrände ausgezeichnet wurden.

Diese Betriebe sind, von zwei Dutzend Juroren ermittelt, die Besten aus mehr als einhundert internationalen Einreichern. Die Beschreibungen der Produzenten und eine Liste ihrer besten Produkte sind nach Ländern, Bundesländern und in alphabetischer Reihenfolge angeführt.

Die Abkürzung „SdJ" hinter einigen Punktewertungen bedeutet „Schnaps des Jahres". Das heißt, dass dieses Produkt in einem eigenen Abstimmungsverfahren als das Beste seiner Kategorie ermittelt wurde.

Heuer wurden in insgesamt 32 Kategorien Sortensieger (Schnaps des Jahres) ermittelt und 106 weitere Produkte wurden bei der Destillata Prämierung 2019 mit einer Goldmedaille ausgezeichnet.

Für die qualitätsbewussten Destillateure ist es eine große Herausforderung, sich im internationalen Umfeld, bei Einreichern aus Österreich, Deutschland, Ungarn, Italien, Frankreich, Niederlande, der Schweiz, Rumänien, Chile und Argentinien zu messen und für Schnaps-FreundInnen eine Möglichkeit, neue Betriebe und interessante Produkte kennenzulernen.

Ich wünsche Ihnen viel Spaß beim Riechen, Kosten und Schmecken, beim Erkennen von Aromanoten und Düften, beim gemeinsamen Probieren und Diskutieren, somit bei einem hochgeistigen Genusserlebnis,

Wolfgang Lukas

Leiter des Referates Obstbau der NÖ Landwirtschaftskammer

Jury Gault&Millau: Peter Zinter (Haubenkoch), Dr. Stefan Gergely, Jürgen Schmücking, Karin Schnegdar (JournalistInnen), Paul Golger, Wolfgang Schedelberger (Gault&Millau)

SCHNAPS
DES JAHRES

Spenlingschnaps

Unter den Sortensiegern der Edelbrandmeisterschaft Destillata 2019 wurde in einer eigenen Bewertung des Gault Millau der „Schnaps des Jahres" gewählt.

Das ist heuer der Spenlingbrand des Tiroler Überfliegers Wolfgang Kaufmann. Dieser konnte den Titel „Newcomer des Jahres 2018" eindrucksvoll mit der Aufnahme in den „Kreis der Auserwählten 2019" bestätigen.

Die Kostnotiz des „Schnaps des Jahres" lautet: Würziges Mandel-Marzipanaroma in der Nase, rauchig-karamelig, zarter Flieder-Veilchen-Minze-Duft. Am Gaumen intensive Pflaumennote, rote Beeren, Bitterschokolade, dicht, fruchtsüß, harmonischer Abgang mit langem Nachhall.

Kaufmann Spirits
Mühlberg 5, 6352 Ellmau

BURGENLAND

SCHNAPS

Destillerie Emmerich & Karin Kohlmann

7312 Horitschon
Eichengasse 18
Tel.: 0664 496 49 09
destillerie@kohlmann.at
www.kohlmann.at

Die Destillerie von Emmerich und Karin Kohlmann zählt zu den Aushängeschildern der Vereinigung Top Destillerie Burgenland, die sich um die Förderung und Qualitätssicherung der burgenländischen Edelbrände verdient macht. Beste Rohware wird sorgfältig verarbeitet. Das feine Gespür von Brennmeisterin Karin Kohlmann wird mittlerweile auch von Kollegen geschätzt, die ihre Rohware gerne zur Verarbeitung bringen. Ihre Motivation ist es, die besten Aromen der Frucht ins Destillat zu bringen. Vor einiger Zeit wurde begonnen, Obst in kleinen Mengen und absolut sortenrein zu destillieren. Der Einmaischvorgang wird mit modernster Technik vorgenommen, um alle Aromen aufzuschließen. Reinzuchthefen garantieren eine reintönige und sortentypische Vergärung. Die hohe Qualität drückt sich auch in der Tatsache aus, dass künstliche Aromen und der Zusatz von Zucker absolut tabu sind.

19	„The Oakheart" Single Malt Whisky – SdJ
19	Zirbe – SdJ
18	Zwetschkenbrand – SdJ

Landwirtschaftliche Fachschule Eisenstadt

7000 Eisenstadt
Neusiedler Straße 6
Tel.: 02682 636 44
eisenstadt@weinbauschule.at
www.weinbauschule.at

Die Landwirtschaftliche Fachschule in Eisenstadt bietet eine fundierte Ausbildung in Weinbau, Kellerwirtschaft, Obstbau und Obstverarbeitung. „Lernen durch Tun" ist das Schulmotto, deshalb wird auf den praktischen Unterricht in der Lehr- und Versuchsanlage besonderer Wert gelegt. In der 2,5 Hektar großen, schuleigenen Versuchsanlage werden die bedeutendsten heimischen Obstarten kultiviert. Unter anderem befinden sich Äpfel, Birnen, Quitten, Marillen, Pfirsiche, Zwetschken und Kirschen im Sortiment der Schule. Die Weiterverarbeitung und Veredelung des Obsts findet in der eigenen Obstverarbeitung statt, wo in Zusammenarbeit mit den Schülern hochwertige Produkte erzeugt werden. Vor allem die Wein- und Obstbrände sind von herausragender Güte, so wurde heuer der Weinhefebrand aus Muskat Ottonel als Schnaps des Jahres mit den maximal möglichen 20 Punkten ausgezeichnet.

| 20 | Hefebrand Muskat Ottonel – SdJ |
| 18 | Weinbrand |

BURGENLAND/OBERÖSTERREICH

Obsthof Zotter

7543 Kukmirn
Schöngrund 7
Tel.: 03328 32027
destillerie@obsthof-zotter.at
www.obsthof-zotter.at

Mehr als 25 Hektar Obstkulturen bearbeitet die Familie Zotter im sonnigen Kukmirn. Dabei wird nur ausgesuchtes Qualitätsobst für die schonende Destillation der Edelbrände verwendet. Die besonders schonend zubereitete Maische wird dann unter optimalen Gärtemperaturen drei bis sechs Wochen gelagert, wo sie bis zum Destillieren entsprechend heranreifen kann. Der Brennvorgang folgt den Regeln alter Destillierkunst, die in der Familie Zotter seit Generationen wie ein Schatz gehütet wird. Hochwertige Destillate wachsen in Glasballons oder Holzfässern ihrer Reife entgegen. Erst nach ein bis zwei Jahren sind sie „groß" genug, um geschmackvoll auf der Zunge zu zergehen. Die Kostnotizen zum dem als Schnaps des Jahres ausgezeichneten Quittenbrand lauten: „Sauber, feinfruchtig mit schöner Aromafülle, frischer Zitrustouch, dezente Süße am Gaumen, lebendig und anhaltend."

19		Himbeerbrand – SdJ
18		Kriecherlbrand
18		Quittenbrand – SdJ

Edelbrände Matthias Gasteiger

4820 Bad Ischl
Auweg 73
Tel.: 06132 23 3 63
matthiasgasteiger@hotmail.com

Die im wunderschönen Bad Ischl gelegene Brennerei von Matthias Gasteiger veredelt alle heimischen Obstarten, die das Salzkammergut zu bieten hat, zu hochwertigen Bränden und Likören. Das volle Aroma der Früchte füllt er in schmucke Flaschen mit dem Konterfei des Kaisers. Damit haben seine hervorragenden Produkte eine unverwechselbare Aufmachung. Alljährlich nimmt der Profi an verschiedenen Prämierungen teil, bei der heurigen Destillata wurde sein Zwetschkenbrand im Holzfass als bester Zigarrenbrand mit der höchsten Punktezahl ausgezeichnet. Natürlich kann man auch vor Ort die hervorragende Qualität der Produkte verkosten. Darüber hinaus gibt es die Möglichkeit, bei einer Betriebsführung hinter die Kulissen zu Blicken und vom reichhaltigen Erfahrungsschatz des Brennmeisters zu profitieren.

20		Zwetschkenbrand – SdJ
18		Enzian

OBERÖSTERREICH/STEIERMARK

Honky – Bio Imkerei & Destillerie

4150 Rohrbach-Berg
Altenhofen 3
Tel.: 0664 845 17 58
office@honky.at
www.honky.at

Der Familienbetrieb der Gumpenbergers im Mühlviertler Granithochland führt seit 1993 das Honig-Gütesiegel und verarbeitet hofeigene Früchte, Getreide und Honig. Etwa acht Hektar Anbaufläche und 35 Bienenvölker stehen Brennmeister Helmut Gumpenberger zur Verfügung. Der Ertrag wird mit viel Kreativität nach überlieferten, laufend verfeinerten Rezepten verarbeitet. Besonders angetan zeigte sich die Fachjury von Gumpenbergers intensiv aromatischem, zimtig akzentuiertem Zwetschkenbrand. Das lebendige, milde und fruchtsüße Destillat wurde als bestes seiner Kategorie zum Schnaps des Jahres gekürt. Mit vielen weiteren Medaillen für Getreide- und Obstbrände konnte sich Helmut Gumpenberger in der Gesamtwertung der internationalen Edelbrandmeisterschaft im Elitekreis der auserwählten Destillerien platzieren.

20		Apfelbrand
19		Zwetschke Kristall – SdJ
18		Kletzenbirne
18		Whisky

Obsthof-Destillerie Pirker

8630 Mariazell
Grazer Straße 10
Tel.: 03882 217 90
mariazell@pirker-lebkuchen.at
www.lebkuchen-pirker.at

Von der Sortenvielfalt der Pirker'schen Schnäpse überzeugt man sich am besten direkt in Mariazell oder in den Shops in Wien und Salzburg. Und dabei sei besonderes Augenmerk auf die fruchtigen, feinen Beerendestillate gelegt, mit denen das Traditionsunternehmen auch heuer reüssieren konnte. Der gut ausgewogene Brand aus schwarzen Johannisbeeren erhielt für die dicht-fruchtige Aromatik mit schöner Cassisnote die Auszeichnung Schnaps des Jahres. Das gelungene Produkt zeigt sich mild, weich und rund am Gaumen und klingt lange fruchtig nach. Und wem das noch zu wenig ist, der kann aus einer großen Produktpalette zusätzliche Genüsse auswählen. Verschieden sortenreine Apfelbrände sind genauso perfekt destilliert, wie der Brand von der Vogelbeere oder von der Elsbeere. Und natürlich fehlt auch der Honigbrand nicht.

19		Schwarze Johannisbeere – SdJ
18		Schlehe

STEIERMARK

Semlitsch Naturprodukte

8493 Klöch
Deutsch-Haseldorf 2
Tel.: 0664 426 42 90
office@semlitsch-naturprodukte.at
www.semlitsch-naturprodukte.at

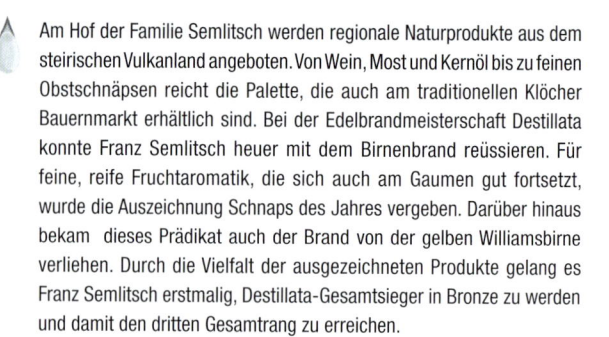

Am Hof der Familie Semlitsch werden regionale Naturprodukte aus dem steirischen Vulkanland angeboten. Von Wein, Most und Kernöl bis zu feinen Obstschnäpsen reicht die Palette, die auch am traditionellen Klöcher Bauernmarkt erhältlich sind. Bei der Edelbrandmeisterschaft Destillata konnte Franz Semlitsch heuer mit dem Birnenbrand reüssieren. Für feine, reife Fruchtaromatik, die sich auch am Gaumen gut fortsetzt, wurde die Auszeichnung Schnaps des Jahres vergeben. Darüber hinaus bekam dieses Prädikat auch der Brand von der gelben Williamsbirne verliehen. Durch die Vielfalt der ausgezeichneten Produkte gelang es Franz Semlitsch erstmalig, Destillata-Gesamtsieger in Bronze zu werden und damit den dritten Gesamtrang zu erreichen.

20	♙♙♙♙	Gelber Williamsbrand – SdJ
18	♙♙♙	Birnenbrand – SdJ
18	♙♙♙	Branntwein
18	♙♙♙	Zwetschkenbrand

Trachtenmoden Wernbacher

8662 Mitterdorf
Grazer Straße 14
Tel.: 03858 2227
info@trachten-wernbacher.at
www.trachten-wernbacher.at

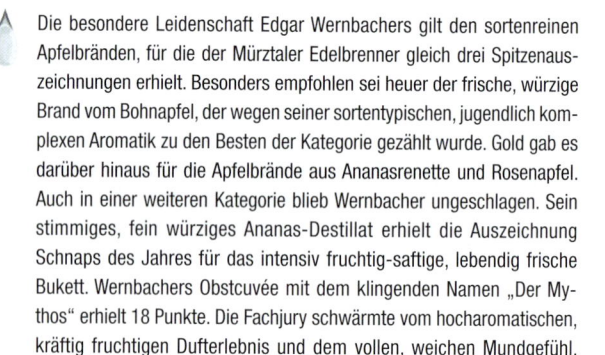

Die besondere Leidenschaft Edgar Wernbachers gilt den sortenreinen Apfelbränden, für die der Mürztaler Edelbrenner gleich drei Spitzenauszeichnungen erhielt. Besonders empfohlen sei heuer der frische, würzige Brand vom Bohnapfel, der wegen seiner sortentypischen, jugendlich komplexen Aromatik zu den Besten der Kategorie gezählt wurde. Gold gab es darüber hinaus für die Apfelbrände aus Ananasrenette und Rosenapfel. Auch in einer weiteren Kategorie blieb Wernbacher ungeschlagen. Sein stimmiges, fein würziges Ananas-Destillat erhielt die Auszeichnung Schnaps des Jahres für das intensiv fruchtig-saftige, lebendig frische Bukett. Wernbachers Obstcuvée mit dem klingenden Namen „Der Mythos" erhielt 18 Punkte. Die Fachjury schwärmte vom hocharomatischen, kräftig fruchtigen Dufterlebnis und dem vollen, weichen Mundgefühl.

20	♙♙♙♙	Ananas – SdJ
20	♙♙♙♙	Bohnapfelbrand
19	♙♙♙♙	Ananas Renette
19	♙♙♙♙	Zwetschkenbrand
18	♙♙♙	Obst Cuvée
18	♙♙♙	Rosenapfelbrand

TIROL

Brennerei Flunger Ⓝ

6423 Mötz
Lente 48
Tel.: 0676 557 81 84
michael.flunger@gmail.com

In der 1994 errichteten Brennerei werken Vater Bernhard und der als Edelbrandsommelier ausgebildete Sohn Michael und destillieren mit hoher handwerklicher Kunst edle Obstbrände. Im Angebot gibt es Destillate aus verschieden Birnensorten (auch Williams), diverse Apfelsorten, Zwetschken, Spänling, Kirschen, Zibarten, Vogelbeere und – ganz speziell und selten – von der Wahlschen Birne. Das Obst stammt aus den eigenen – naturnah – bewirtschafteten Obstgärten. Das Ziel der Brennerei Flunger ist es, aus alten und vergessenen Streuobstsorten edle Destillate herzustellen! Somit hat sich die jahrelange Tüftelei und Investition in Qualität bezahlt gemacht. Damit steht Michael aber noch nicht am Ende seiner Ziele, in Plan ist bereits hauseigener Whiskey und in noch näherer Zukunft die Herstellung von exquisitem Gin.

19	♛♛♛♛	**Spänling**
18	♛♛♛	**Wahlsche Birnen – SdJ**

Crownhill-Destillerie

6334 Schwoich
Höhe 48
Tel.: 0664 365 75 65
manfred.hoeck@chello.at
www.edelbrandbrennerei.at

Der Kronbühelhof (Crownhill-Farm) umfasst acht Hektar Grünland, acht Hektar Wald und über 200 sehr alte Obstbäume, die als Rohstofflieferanten für die Edelbrände dienen. Darüber hinaus leben 40 Bienenvölker, sieben Mutterkühe und 60 Hühner am Hof. Das Hauptaugenmerk liegt aber auf der Erzeugung von hochwertigen Edelbränden, Whisky, Rum, Gin und Likören. Nicht die Massenproduktion steht im Vordergrund, sondern die hohe Qualität und – wenn möglich – der regionale Bezug der Rohware. Besonders gelungen ist der Single Malt Whisky, der als Schnaps des Jahres Sieger der Kategorie wurde. Dazu noch Goldmedaillen für Zwetschke, Muskat Traube und Orange zeugen von der hohen Kunst des Brennmeisters.

19	♛♛♛♛	**Zwetschkenbrand**
18	♛♛♛	**Muskat Traubenbrand**
18	♛♛♛	**Orangenbrand**
18	♛♛♛	**Whisky Single Malt – SdJ**

TIROL

Johann Baumgartner Ⓝ

6492 Imsterberg
Endsfeld 4
Tel.: 0664 541 06 88
monika.b@cni.at

„Nomen est omen", die Destillerie Baumgartner verwendet die besten Obstsorten aus heimischen Gärten und stellt mit Liebe zur Tiroler Tradition hochprozentige Köstlichkeiten her. Die familieneigene Brennerei befindet sich auf rund 900 Metern Seehöhe in Imsterberg bei Imst. Im traditionellen Kupferkessel werden diverse Bio-Streuobstarten vom Brennmeister Johann Baumgartner unter Abfindung hergestellt. Der Apfelbrand wurde mit der Beurteilung „sehr sauber, voll aromatisch, mild, rund, lang anhaltend, komplex im Abgang" als Schnaps des Jahres ausgezeichnet. Aber natürlich ist auch der, aus der regionalen Spezialität hergestellte, goldprämierte Spänling – mild, fruchtig, intensive Nase mit Marzipan, würzig am Gaumen und lang anhaltend im Abgang – einen Umweg nach Imsterberg wert.

18	🥃	Anis
18	🥃	Apfelbrand – SdJ
18	🥃	Spänling

Die Brennerei Ⓝ

6020 Innsbruck
Philippine-Welser-Straße 88
Tel.: 0650 261 80 88
info@diebrennerei.at
www.diebrennerei.at

Die Brennerei ist eigentlich ein vielfach ausgezeichnetes Restaurant in Innsbruck, in dem auch der glänzende Kupferkessel steht. Nach dem tollen Menü aus regionalen Spezialitäten kann der Schlusspunkt mit den hauseigenen Destillaten gesetzt werden. Sowohl Monika als auch Anton Steixner sind Mitglied der Tiroler Edelbrandsommeliers. Bei der strengen Ausbildung zum Genussbotschafter wird großer Wert auf die Sensorik gelegt. Ein Umstand, den man bei allen Destillaten des Schöberlhofs deutlich erkennen kann. Der sortenreine Gala-Apfelbrand erreicht mit 20 die Höchstpunktezahl und wird als „sauber, knackige Frucht, würzig, intensiv, komplex am Gaumen und langanhaltend im Abgang" beschrieben.

20	🥃	Apfelbrand Gala – SdJ
18	🥃	Orange

TIROL/DEUTSCHLAND

Kaufmann Spirits

6352 Ellmau
Mühlberg 5
Tel.: 0664 912 75 70
info@kaufmannspirits.com
www.kaufmannspirits.com

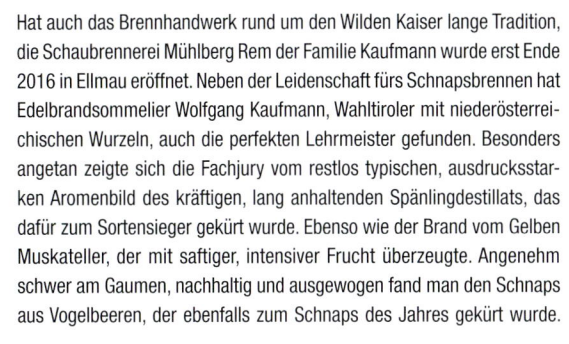

Hat auch das Brennhandwerk rund um den Wilden Kaiser lange Tradition, die Schaubrennerei Mühlberg Rem der Familie Kaufmann wurde erst Ende 2016 in Ellmau eröffnet. Neben der Leidenschaft fürs Schnapsbrennen hat Edelbrandsommelier Wolfgang Kaufmann, Wahltiroler mit niederösterreichischen Wurzeln, auch die perfekten Lehrmeister gefunden. Besonders angetan zeigte sich die Fachjury vom restlos typischen, ausdrucksstarken Aromenbild des kräftigen, lang anhaltenden Spänlingdestillats, das dafür zum Sortensieger gekürt wurde. Ebenso wie der Brand vom Gelben Muskateller, der mit saftiger, intensiver Frucht überzeugte. Angenehm schwer am Gaumen, nachhaltig und ausgewogen fand man den Schnaps aus Vogelbeeren, der ebenfalls zum Schnaps des Jahres gekürt wurde.

- **GAULT&MILLAU SCHNAPS DES JAHRES 2020**

19	Gin
19	Spenling – SdJ •
18	Gelber Muskateller – SdJ
18	Vogelbeere – SdJ

Edelbrandbrennerei Markus Wurth Ⓝ

77743 Neuried-Altenheim
Laubertsweg 6
Tel.: 0049 78 07 23 38
markus.wurth@online.de
www.edelbrennerei-wurth.de

Das Brennrecht besteht seit 1919 in dem in Altenheim – vor den Toren Straßburgs, auf der deutschen Seite – angesiedelten Betrieb. Markus Wurth ist Spezialist für Single Malt Whisky, diverse Gin-Typen und klassische Obstbrände, kreiert aber auch so außergewöhnliche Geschmacksvariationen wie Eierlikör vom Tila-Huhn mit Waldhimbeere und Tahitivanille. Dazu Markus Wurth im Originalton: „Atmen Sie den Duft der Natur. Kosten Sie den Moment einer persönlichen Erinnerung mit jedem Schluck aus. Das ist die Gaumenkunst, der ich mich ganz verschrieben habe. Bewusst zu genießen, das bedeutet auch ars vivendi – die Kunst zu leben." Der Baden Württemberger Genussbotschafter Wurth lebt nach dem Motto: „Meine Destillate braucht man nicht zum Leben, aber sie machen das Leben schöner!"

20	Trester Gewürztraminer
19	Trester Muskat
19	Tresterbrand Spätburgunder – SdJ
18	Birnenbrand im Eichenfass – SdJ
18	Gin

DEUTSCHLAND

ascaim – edle destillate Ⓝ

85609 Aschheim
Ismaninger Straße 5
Tel.: **0049 89 12 28 15 20**
info@ascaim.com
www.ascaim.com

Ascaim, mit der Namensbedeutung „Heim bei den Eschen" ist der althochdeutsche Name des Ortes Aschheim und die Bezeichnung der Edelbrandmanufaktur nahe München die 2014 von den Brüdern Christian und Franz Böltl gegründet wurde. Die Idee war geboren, exzellente Brände, Mazerate, Geiste und Liköre zu kreieren – kompromisslos in Herstellung sowie der Auswahl der verwendeten Rohstoffe. Neben mannigfaltiger Kern- Stein- und Beerenobstbränden finden sich auch verschiedene Gin – Typen sowie Geiste aus Kakao- oder Tonkabohne im Sortiment. Aus der Fülle der hochwertigen Destillate ragt nochmals der Brand von der Schwarzkirsche. Dieser ist mit 19 Punkten zum Schnaps des Jahres gekürt worden. Likörfreunde kommen mit dem Espresso-, dem Nuss-, und dem Schlehenlikör – alle bestechen durch ihre Ausgewogenheit – voll auf ihre Rechnung.

19	♛♛♛♛	Schwarzkirsche – SdJ
18	♛♛♛	Eschenblatt Gin

Destillerie Bernd Brugger Ⓝ

88085 Langenargen-Oberdorf
Ortsstraße 43
Tel.: **0049 75 43 96 69 80**
info@destillerie-brugger.de
www.destillerie-brugger.de

Die Destillerie Brugger bietet Obstbrände für Liebhaber feinster Genüsse. Als traditionsreicher Familienbetrieb aus Oberdorf werden ausschließlich aromaintensive Früchte aus dem Bodenseeraum verwendet. Die Natur und traditionsreichen Produktionsmethoden stehen dabei immer im Mittelpunkt. Neben diverser Kern- Stein und Beerenobstbrände findet sich auch ein perfekter Zigarrenbrand. Dafür wird ein Apfelbrand im Sherry-Fass gelagert und schonend zu einer Cuvée mit würziger Rasse und feiner Fruchtnote gereift. Eine absolute Besonderheit stellt der Absinth (66%vol.) dar. Sternanis, Fenchel und zahlreiche Kräuter verleihen der „Grünen Fee" ihre smaragdgrüne Farbe. Künstler und Intellektuelle wie Picasso oder Hemingway machten den Absinth zum Kultgetränk, das am Bodensee in hoher Qualität wieder aufersteht.

19	♛♛♛♛	Sauerkirsch – SdJ
18	♛♛♛	Gin

DEUTSCHLAND/SÜDTIROL

SCHNAPS

Edelbrennerei Destilleum

63762 Pflaumheim
Anton-Bieber-Weg 4
Tel.: 0049 60 26 85 46
willkommen@destilleum.de
www.destilleum.de

Bereits mit 16 Jahren hat der jetzige Brennmeister Michael Mayer aus dem Örtchen Pflaumheim im Bachgau im Spessart gewusst, dass er ein Zuhause mit einer Brennerei errichten wird. Landwirtschaft, Handwerk und Kultur prägen die Region und die Lebensart der Menschen. Aus dem Hobby wurde Beruf und Berufung inklusive Meisterausbildung. Letztendlich geht es immer um die Frucht, die reine Essenz. Die ist bei Michael Mayer in vielfältiger Art anzutreffen. Von verschiedenen sortenreinen Apfelbränden über Williams und Kirschen bis zu Mirabellen und diversen Beerendestillaten. Darüber hinaus gibt es hier mehrere Gin-Typen, fantastische Whiskys und ungewöhnliche Kreationen wie Geist von der marokkanischen Bergamotte oder einen sehr spannenden Gurkengeist.

18	♛♛♛	**Bierbrand vom Winterbock Triologie – SdJ**
18	♛♛♛	**Speierling**

Brennerei Gratznhäusl ⓝ

39040 Ridnaun
Untere Gasse 13
Tel.: 0039 04 72 65 62 09
manfred@gassenhof.com
www.gassenhof.com

Die Brennerei Gratznhäusl liegt im Norden Südtirols und ist in einem alten Bauernhaus aus dem Jahre 1380 untergebracht. Es werden hauptsächlich die Früchte, Kräuter und Wurzeln der Südtiroler Berglandschaft destilliert. So findet man im Sortiment Brände vom Apfel, der Marille, von Holunder, Himbeere und Heidelbeere aber auch Meisterwurz, Enzian, Fichtenspitz, Wacholder, Zirben, Latschen und vieles mehr. Verschiedene erlesene Grappas im Holzfass dürfen bei der Produktpalette nicht fehlen, der Gin mit dem wunderbaren Namen ArGINtum wurde dieses Jahr auf der Destillata Sortensieger mit dem Punktemaximum. Gastgeber und Hausherr Manfred Vollger kümmert sich um die hochgeistigen Genussmomente während des Hotelaufenthaltes. Mit wahrer Passion destilliert er mit den Gästen und verrät interessante Details über die Kunst der Schnapsbrennerei in Südtirol.

20	♛♛♛♛	**Agintum – SdJ**

DESTILLATA – VERZEICHNIS ALLER GOLD-BRÄNDE

Sorte	Punkte	Medaille	Name	
BEEREN				
Himbeere	19	SDJ	Obsthof Zotter	A
Schwarze Johannisbeere	19	Gold	Edelobstbrennerei Scherner	D
Schwarze Johannisbeere	19	SDJ	Obsthof-Destillerie Pirker – PIRKER GmbH	A
GETREIDE				
Bockbierbrand	18	SDJ	Edelbrennerei Destilleum Michael Mayer	D
Bier	18	Gold	Uerige Obergärige Hausbrauerei GmbH	D
Single Malt Whisky	18	SDJ	Crownhill-Destillerie	A
Single Malt Whisky	19	SDJ	Destillerie Emmerich & Karin Kohlmann	A
Single Malt Whisky	18	Gold	Edelbrennerei Destilleum Michael Mayer	D
Whisky	18	Gold	Edelbrennerei Destilleum Michael Mayer	D
Whisky	18	Gold	Gastronomie mit Pfiff Betriebs GesmbH	A
Whisky	18	Gold	Honky – Bio-Imkerei & Destillerie	A
KERNOBST				
Ananas Renette	19	Gold	Trachtenmoden Wernbacher GmbH	A
Apfel	18	SDJ	Johann Baumgartner	A
Apfel	18	Gold	Stadlbrennerei Dexheimer	A
Birne	18	SDJ	Edelbrandbrennerei Markus Wurth	D
Birne	18	SDJ	Semlitsch Naturprodukte	A
Bohnapfel	20	Gold	Trachtenmoden Wernbacher GmbH	A
Boskoop	18	Gold	Weingut - Landgasthof Frohe Aussicht	D
Gala	18	Gold	Brennerei Wezl	IT
Gala	20	SDJ	Die Brennerei	A
Gala	18	Gold	Kaufmann Spirits	A
Kletzenbirne	18	Gold	Honky – Bio-Imkerei & Destillerie	A
Quitte	18	SDJ	Obsthof Zotter	A
Rosenapfel	18	Gold	Trachtenmoden Wernbacher GmbH	A
Wahl'sche Birne	18	SDJ	Brennerei Flunger	A
Williams	18	Gold	Macho	A
Williams	20	SDJ	Semlitsch Naturprodukte	A
SONDERSORTEN UND CUVÉES				
Ananas	20	SDJ	Trachtenmoden Wernbacher GmbH	A
Anis	18	Gold	Johann Baumgartner	A
Apfel	20	Gold	Honky – Bio-Imkerei & Destillerie	A
Apfel	18	Gold	Weingut – Landgasthof Frohe Aussicht	D
Enzian	18	Gold	Edelbrände Matthias Gasteiger	A
Fenchel	18	Gold	Windecker Dorfbrennerei	D
Gin	18	Gold	Edelbrandbrennerei Markus Wurth	D
Gin	18	Gold	ascaim – edle destillate	D
Gin	18	Gold	CP-Obstbau	A
Gin	18	Gold	Edelbrennerei Pipifein Ges.n.b.R	A
Gin	20	SDJ	Brennerei Gratznhäusl	IT
Gin	18	Gold	Hotel Lürzerhof GmbH	A
Gin	20	Gold	Obstveredelung WAWI 2	A
Gin	18	Gold	Obstveredelung WAWI 2	A
Gin	19	Gold	Kaufmann Spirits	A
Grappa	18	SDJ	ZANIN 1895 SRL	IT
Haselnuss	18	Gold	Edelbrennerei Leidingerhof	A
Himbeere	18	SDJ	Destillerie Zott	D
Holunder-Trester	20	Gold	Edelbrennerei Leidingerhof	A

Die Abkürzung „SdJ" hinter einigen Punktewertungen bedeutet „Schnaps des Jahres", das heißt, dass das jeweilige Produkt in einem eigenen Abstimmungsverfahren mit rund drei Dutzend Experten als das beste seiner Kategorie ermittelt wurde.

DESTILLATA – VERZEICHNIS ALLER GOLD-BRÄNDE

Sorte	Punkte	Medaille	Name	
SONDERSORTEN UND CUVÉES				
Ingwer	18	Gold	D'Brennerin Rosi Huber	A
Nuss	18	Gold	Edelbrennerei Leidingerhof	A
Obstcuvée	18	Gold	Die Brennerei	A
Obst Cuveé	18	Gold	Trachtenmoden Wernbacher GmbH	A
Orange	18	Gold	Crownhill-Destillerie	A
Orange	19	SDJ	Destillerie Zott	D
Orange	18	Gold	Die Brennerei	A
Pfefferminze	19	Gold	Edelbrennerei Leidingerhof	A
Trester	19	Gold	Brennerei	A
Weinbrand	18	Gold	Landwirtschaftliche Fachschule Eisenstadt	A
Zirbe	19	SDJ	Destillerie Emmerich & Karin Kohlmann	A
Zwetschke	18	Gold	Destillerie Emmerich & Karin Kohlmann	A
Zwetschke	20	SDJ	Edelbrände Matthias Gasteiger	A
STEINOBST				
Dollenseppler	19	Gold	Lacher Edelbrände	D
Kirsche	18	Gold	Binter Edelbrände	A
Kriecherl	18	Gold	Obsthof Zotter	A
Spänling	19	Gold	Brennerei Flunger	A
Spänling	18	Gold	Johann Baumgartner	A
Spänling	19	Gold	Kaufmann Spirits	A
Spänling	19	SDJ	Kaufmann Spirits	A
Schwarzkirsche	19	SDJ	ascaim – edle destillate	D
Weichsel	19	SDJ	Destillerie Bernd Brugger	D
Weichsel	19	Gold	Destillerie Zott	D
Zwetschke	18	Gold	Abfindungsbrennerei Johann Kastner	A
Zwetschke	19	Gold	Crownhill-Destillerie	A
Zwetschke	19	SDJ	Honky – Bio-Imkerei & Destillerie	A
Zwetschke	18	Gold	Semlitsch Naturprodukte	A
Zwetschke	19	Gold	Trachtenmoden Wernbacher GmbH	A
WEIN, TRAUBE, TRESTER				
Alte Traube	18	Gold	Kaufmann Spirits	A
Branntwein	18	Gold	Semlitsch Naturprodukte	A
Gewürztraminertrester	20	Gold	Edelbrandbrennerei Markus Wurth	D
Kerner	20	Gold	Brennerei Knöspele	IT
Muskat Traube	18	Gold	Crownhill-Destillerie	A
Traubentrester	19	SDJ	Edelbrandbrennerei Markus Wurth	D
Traubentrester	18	Gold	Edelbrandbrennerei Markus Wurth	D
Traube Muscat	18	SDJ	Kaufmann Spirits	A
Trester Muscat	19	Gold	Edelbrandbrennerei Markus Wurth	D
Trester Sieger Rebe	18	Gold	Edelobstbrennerei Scherner	D
Weinhefe	20	SDJ	Landwirtschaftliche Fachschule Eisenstadt	A
WILDFRÜCHTE				
Asperl	19	Gold	W-H Schroll KG	A
Elsbeere	18	Gold	Edelbrennerei Destilleum Michael Mayer	D
Schlehe	18	Gold	Obsthof-Destillerie Pirker – PIRKER GmbH	A
Speierling	18	Gold	Edelbrennerei Destilleum Michael Mayer	D
Vogelbeere	18	Gold	Kapruner Edelbrände	A
Vogelbeere	18	SDJ	Kaufmann Spirits	A

ALLE PRODUKTE WURDEN MIT GOLDMEDAILLEN AUSGEZEICHNET

BRENNEREIEN ADRESSENLISTE

Abfindungsbrennerei Johann Kastner
Johann Kastner
Hauptstraße 51, 2724 Hohe Wand, A
Tel.: +43 (0) 680 200 86 63
j-kastner@aon.at

Edelbrandbrennerei Markus Wurth
Markus Wurth
Laubertsweg 6, 77743 Neuried-Altenheim, D
Tel.: +49 (0) 78 07 23 38
markus.wurth@online.de
www.edelbrennerei-wurth.de

ascaim - edle destillate
Franz und Christian Böltl
Ismaninger Straße 5, 85609 Aschheim, D
Tel.: +49 (0) 89 12 28 15 20
info@ascaim.com
www.ascaim.com

Binter Edelbrände
DI Elke Obkircher
Niedermauern 5, 9972 Virgen, A
Tel.: +43 (0) 48 74 52 2 43
office@brennerei-obkircher.at
www.brennerei-obkircher.at

Brennerei Roman Kraus
Roman Kraus
Feldstraße 4, 2264 Jedenspeigen, A
Tel.: +43 (0) 676 424 88 11
roman@brennerei-kraus.at
www.brennerei-kraus.at

Brennerei Flunger
Bernhard und Michael Flunger
Lente 48, 6423 Mötz, A
Tel.: +43 (0) 676 557 81 84
michael.flunger@gmail.com

Brennerei Gratznhäusl
Manfred Volgger
Untere Gasse 13, 39040 Ridnaun, IT
Tel.: +39 (0) 472 65 62 09
manfred@gassenhof.com
www.gassenhof.com

Brennerei Knöspele
Martin Rastner
Hartmannweg 100 – Kronebitt, 39042 Brixen, IT
Tel.: +39 (0) 349 290 01 25
rastnermartin@hotmail.com

Brennerei Wezl
Jochen Kofler
Jaufenstraße 27, 39010 Riffian (BZ), IT
Tel.: +39 (0) 33 58 18 94 33
info@wezl.it
www.wezl.it

CP-Obstbau
Claus Pelzmann
Unterschilling 20, 2413 Berg, A
Tel.: +43 (0) 699 19 90 04 22
cp@garten-pelzmann.at

Crownhill-Destillerie
anfred Höck
Höhe 48, 6334 Schwoich, A
Tel.: +43 (0) 664 365 75 65
manfred.hoeck@chello.at
www.edelbrandbrennerei.at

D'Brennerin Rosi Huber
Rosa Huber
Seedorf 4, 4852 Weyregg, A
Tel.: +43 (0) 76 64 22 20
rosi.huber@brennerin.at, www.brennerin.at

Destillerie Bernd Brugger
Bernd Brugger
Ortsstraße 43, 88085 Langenargen-Oberdorf, D
Tel.: +49 (0) 75 43 96 69 80
info@destillerie-brugger.de
www.destillerie-brugger.de

Destillerie Emmerich & Karin Kohlmann
Emmerich Kohlmann
Eichengasse 18, 7312 Horitschon, A
Tel.: +43 (0) 664 496 49 09
destillerie@kohlmann.at
www.kohlmann.at

Destillerie Zott
Dr. Katharina Zott
Hauptstraße 32, 86514 Ustersbach, D
Tel.: +49 (0) 15 12 755 90 88
info@zott-destillerie.de
www.zott-destillerie.de

Die Brennerei am Schöberlhof
Anton und Monika Steixner
Philippine-Welser-Straße 88, 6020 Innsbruck, A
Tel.: +43 (0) 0650 261 80 88
info@diebrennerei.at
www.diebrennerei.at

Edelbrände Matthias Gasteiger
Matthias Gasteiger
Auweg 73, 4820 Bad Ischl, A
Tel.: +43 (0) 61 32 23 3 63
matthiasgasteiger@hotmail.com

Edelbrennerei Destilleum Michael Mayer
Michael Mayer
Anton-Bieber-Weg 4, 63762 Pflaumheim, D
Tel.: +49 (0) 60 26 85 46
willkommen@destilleum.de
www.destilleum.de

Edelbrennerei Leidingerhof
Johann Stabauer
Obergaisberg 7, 5310 Mondsee, A
Tel.: +43 (0) 62 32 28 83
panorama@leidingerhof.at
www.panorama-leidingerhof.at

Edelbrennerei Pipifein Ges.n.b.R
Reinhard Wölkart
Packerstraße 59, 8580 Köflach, A
Tel.: +43 (0) 664 303 13 69
reinidesign-pipifein@aon.at
www.edelbrennerei-pipifein.at

BRENNEREIEN ADRESSENLISTE

SCHNAPS

Edelobstbrennerei Scherner
Thomas Scherner
Wormser Straße 28, 67256 Weisenheim am Sand, D
Tel.: +49 (0) 63 53 18 17
info@scherner-edelobstbrennerei.de
www.scherner-edelobstbrennerei.de

Gastronomie mit Pfiff Betriebs GesmbH
Bernd Kistler
Waggasse 5, 1040 Wien, A
Tel.: +43 (0) 664 620 65 73
bernd.kistler@wieden-braeu.at
www.wieden-braeu.at

Honky Bio-Imkerei & Destillerie
Helmut und Regina Gumpenberger
Altenhofen 3, 4150 Rohrbach-Berg, A
Tel.: +43 (0) 664 845 17 58
office@honky.at, www.honky.at

Hotel Lürzerhof GmbH
Harald Habersatter
Dorfstraße 23, 5561 Untertauern, A
info@gnadenalm.at, www.luerzerhof.at

Johann Baumgartner
Endsfeld 4, 6492 Imsterberg, A
Tel.: +43 (0) 664 541 06 88
monika.b@cni.at

Kapruner Edelbrände
Anton Rattensperger
Schaufelberg 50, 5710 Kaprun, A
Tel.: +43 (0) 664 510 82 09
info@unteraigen.at, www.unteraigen.at

Kaufmann Spirits
Wolfgang Kaufmann
Mühlberg 5, 6352 Ellmau, A
Tel.: +43 (0) 664 912 75 70
info@kaufmannspirits.com
www.kaufmannspirits.com

Lacher Edelbrände
Corina und Frank Lacher
Ecklegasse 5, 79686 Hasel, D
Tel.: +49 (0) 77 26 51 6 60
info@lacher-edelbraende.de

Landwirtschaftliche Fachschule Eisenstadt
LFS Eisenstadt
Neusiedler Straße 6, 7000 Eisenstadt, A
Tel.: +43 (0) 26 82 63 6 44
eisenstadt@weinbauschule.at
www.weinbauschule.at

Macho
Christian Macho
Reschenstraße 287, 6543 Nauders, A
Tel.: +43 (0) 676 339 28 94
office@rathauswirt.com

Obsthof Zotter
Gerald Zotter
Schöngrund 7, 7543 Kukmirn, A
Tel.: +43 (0) 33 28 32 0 27
destillerie@obsthof-zotter.at
www.obsthof-zotter.at

Obsthof-Destillerie Pirker – PIRKER GmbH
Familie Pirker
Grazer Straße 10, 8630 Mariazell, A
Tel.: +43 (0) 38 82 21 7 90
mariazell@pirker-lebkuchen.at
www.lebkuchen-pirker.at

Obstveredelung WAWI 2
Mathias Wimmer
Ematberg 7 a, 5722 Niedernsill, A
Tel.: +43 (0) 664 235 51 17
wimmer.mathias@gmx.at

Semlitsch Naturprodukte
Franz Semlitsch
Deutsch-Haseldorf 2, 8493 Klöch, A
Tel.: +43 (0) 0664 426 42 90
office@semlitsch-naturprodukte.at
www.semlitsch-naturprodukte.at

Stadlbrennerei Dexheimer
Wolfgang Dexheimer
Jaukenberg 31, 4170 Haslach, A
Tel.: +43 (0) 676 67 79 09
info@stadlbrennerei.at
www.stadlbrennerei.at

Trachtenmoden Wernbacher GmbH
Edgar Wernbacher
Grazer Straße 14, 8662 Mitterdorf i. Mürztal, A
Tel.: +43 (0) 38 58 22 27
info@trachten-wernbacher.at
www.trachten-wernbacher.at

Uerige Obergärige Hausbrauerei GmbH
Bergerstraße 1, 40213 Düsseldorf, D
Tel.: +49 (0) 211 86 69 90
info@uerige.de
www.stickum.de

Weingut-Landgasthof Frohe Aussicht
Dietmar Opitz
Kümmertsweiler 1, 88079 Kressbronn, D
Tel.: +49 (0) 75 43 87 66
kontakt@froheaussicht.de
www.froheaussicht.de

W-H Schroll KG
Karl Schroll
Rantenberg 4, 3644 Emmersdorf a.d. Donau, A
Tel.: +43 (0) 664 134 59 56
hofbrennerei@wachauer.at
www.wachauer.at

Windecker Dorfbrennerei
Frank Ginsberg
Bergstraße 10, 51570 Windeck, D
Tel.: +49 (0) 22 92 929 09 92
info@windecker-dorfbrennerei.de
www.windecker-dorfbrennerei.de

ZANIN 1895 SRL
Piero Zanin
Via Cinquevie, 20 36030 Zugliano (Vi), IT
Tel.: +39 (0) 445 33 01 05
zanin@zanin.it, www.zanin.it

Die Edelbrenner des Jahres 2019

GOLD & Nationensieger Österreich
Trachtenmoden Wernbacher GmbH
– Edgar Wernbacher
http://www.trachten-wernbacher.at/

SILBER & Newcomer des Jahres
Altenheimer Edelbrennerei Wurth
– Markus Wurth
www.edelbrennerei-wurth.de

BRONZE
Semlitsch Naturprodukte
– Franz Semlitsch
www.semlitsch-naturprodukte.at

Die Welt gehört dem, der sie genießt.
Graf Giacomo Leopardi

Das war die *Destillata Gala 2019...*

Kreis der auserwählten Destillerien

Honky – Bio Imkerei & Destillerie (Rohrbach-Berg, Oberösterreich)
Crownhill-Destillerie (Schwoich, Tirol)
Wolfgang`s Edelbrände GmbH (Ellmau, Tirol)
Edelbrennerei Destilleum (Pflaumheim, Deutschland)
Obsthof-Destillerie Pirker (Mariazell, Steiermark)
Edelbrennerei Leidingerhof (Mondsee, Oberösterreich)
Schöberlhof „Die Brennerei" (Innsbruck, Tirol)
Destillerie Zott (Ustersbach, Deutschland)
Obsthof Zotter (Kukmirn, Burgenland)
Landwirtschaftliche Fachschule Eisenstadt (Eisenstadt, Burgenland)

TOP Destillerien mit höchster Qualität

Brennerei Draxl (Inzing, Tirol)
Brennerei Druffel (Oelde-Stromberg, Deutschland)
Destillerie Gasteiger (Bad Ischl, Oberösterreich)
Edelbrennerei Schloss Neuenburg (Freyburg/Unstrut, Deutschland)
Abfindungsbrennerei E&J Kastner (Hohe Wand, Niederösterreich)
Brennerei Wezl (Riffian, Südtirol)
Destillerie Emmerich und Karin Kohlmann (Horitschon, Burgenland)
Lacher Edelbrände (Hasel, Deutschland)
Binter Edelbrände Familie Obkircher (Virgen, Tirol)
Wachauer Hofbrennerei (Emmersdorf, Niederösterreich)
Verschlussbrennerei Stix (Thiersee-Lechen, Tirol)
Manfred Zeindler (Haslach, Niederösterreich)

TOP Destillerien mit sehr guter Qualität

Familie Baumgartner (Imsterberg, Tirol)
Hirtner Gusti u. Herbert (St. Lorenzen/Mzt., Steiermark)
Brennerei Zeisele (Telfs, Tirol)
Brennstüberl Geistreich (Burghausen, Deutschland)
Purnerweindl – Erbhof (Rum, Tirol)
Weingut – Landgasthof Frohe Aussicht (Kressbronn, Deutschland)
Brennerei Knöspele (Brixen, Südtirol)
Kapruner Edelbrände (Kaprun, Salzburg)
Edelobstbrennerei Scherner (Weisenheim/Sand, Deutschland)
Edle Tropfen Selinschek (St. Veit, Steiermark)

FRUCHT-SAFT

Der rote Apfel als Auszeichnung
der besten Säfte Österreichs

LIEBE FREUNDINNEN UND FREUNDE DES SAFTES,

den puren Geschmack einer Frucht in Form von Saft in die Flasche zu bekommen, ist eine hohe Kunst, die erfreulicherweise eine stattliche Zahl heimischer Bauern beherrscht.

Wie beim Wein gilt es, den perfekten Erntezeitpunkt zu erwischen, dann möglichst rasch und sanft zu pressen. In den letzten Jahren sind immer mehr Obstbauern dazu übergegangen, auch reinsortige Apfelsäfte abzufüllen, bei denen man die Sortenunterschiede deutlich schmeckt. So sehr wir diese Entwicklung begrüßen, haben wir heuer einen Mischsaft (Apfelsaft mit Traube von Gruber's Fruchtsaft aus dem Weinviertel) zum Saft des Jahres gekürt. Damit wollen wir die hohe Kunst, einen perfekt balancierten Mischsaft zu komponieren, würdigen. Gerade Apfelsaft lädt mit seiner lebendigen Säure dazu ein, ihn mit süßem Obst – in diesem Fall mit Weintrauben – zu vereinen.

Die vielfältige Welt heimischer Fruchtsäfte steckt voller erfreulicher Überraschungen, die es lohnen, entdeckt zu werden.

Dass derartige Schätze nicht immer und überall verfügbar sind, erhöht nur deren Reiz. Und auch wenn der eine oder andere in diesem Guide bewertete Saft irgendwann nicht mehr verfügbar – weil ausgetrunken – ist, lohnt sich die Suche, denn sämtliche hier vorgestellten Produzenten zählen zur „Saft-Elite" unseres Landes, wie das hohe Niveau bei der Verkostung auch heuer wieder eindrucksvoll unterstrich.

Jury Gault&Millau: Peter Zinter (Haubenkoch), Dr. Stefan Gergely, Jürgen Schmücking, Karin Schnegdar (JournalistInnen), Paul Golger, Wolfgang Schedelberger (Gault&Millau)

FRUCHTSAFT
DES JAHRES 2020

© Shutterstock – Iudina Ekaterina

Apfel-Traubensaft

Die Expertenrunde ist sich einig: den österreichischen Fruchtsaftproduzenten liegt Qualität sehr am Herzen. Und das schmeckt man. Die Entscheidung fiel nicht leicht.

Als Sieger in der Kategorie Fruchtsaft des Jahres stach der Apfel-Traubensaft von Grubers Fruchtsaft aus dem niederösterreichischen Putzing heraus.

Der im Weinviertel ansässige Betrieb von Franz Gruber überzeugt die Jury mit einer sehr gelungenen und fruchtigen Kombination aus frischem Apfel und der natürlichen Süße vollreifer Trauben. Wir gratulieren sehr herzlich!

Gruber's Fruchtsaft
Kirchensteig 35
2203 Putzing

SAFTPRODUZENTEN IN ÖSTERREICH

Franz & Sigrid Allerstorfer

4101 Feldkirchen an der Donau
Oberndorf 15
Tel.: 07233 6341
office@obstbau-allerstorfer.at
www.obstbau-allerstorfer.at

Der Familienbetrieb im Eferdinger Becken bevorzugt die integrierte Produktion. Das köstliche Tafelobst wird zu Säften, Most und Cider verarbeitet und ab Hof verkauft.

20 🍎🍎🍎 Apfel-Rote-Rüben-Saft € 1,90

Buschenschank Pichler Ⓝ

8271 Bad Waltersdorf
Wagerberg 76
Tel.: 03333 2425
jause@buschenschank-pichler.at
www.buschenschank-pichler.at

Die Früchte aus dem Obstgarten werden zu köstlichen Natursäften, Mosten und Bränden verarbeitet. Der Wein ist vom eigenen Weingut. In der Buschenschank und im Hofladen erwerbbar.

20 🍎🍎🍎 Pfirsichnektar € 2,80

Gruber's Fruchtsaft

2203 Putzing
Kirchensteig 35
Tel.: 0676 5041676
franz@grubersfruchtsaft.at
www.grubersfruchtsaft.at

Höchste Qualität bietet der Fruchtsaftspezialist aus dem sonnigen Weinviertel. Zur Produktpalette gehören Apfel-, Birnen- sowie Traubensaft, Marillennektar und Mischsäfte.

19 🍎🍎🍎 Apfelsaft Dalinette € 2,20
19 🍎🍎🍎 Apfel-Traubensaft • € 2,80

**• GAULT&MILLAU FRUCHT-
SAFT DES JAHRES 2020**

Johann Simon Ⓝ

2620 Mollram
Ortsstraße 55
Tel.: 02635 68583
johann.simon@direkt.at
www.most-simon.at

Säfte, Most und Öle gehören zu den Spezialitäten von Familie Simon. Auch Fleisch, Getreide, Eier und andere Hofprodukte werden beim eigenen Heurigen verkauft und ausgeschenkt.

19 🍎🍎🍎 Apfel-Himbeersaft Bio € 4,80

SAFTPRODUZENTEN IN ÖSTERREICH

Leopold Rosenbaum
3163 Rohrbach/Gölsen
Durlaßstraße 4
Tel.: 02764 7425
fam.rosenbaum@aon.at
www.rosenbaum.or.at

Am Hof der Rosenbaums gibt es neben Obst aus heimischen Gärten und Milchwirtschaft auch einen Mostheurigen. Das Most-, Saft- und Schnapssortiment wird laufend erweitert.

19 🍎🍎🍎 Apfel-Johannisbeer-Saft

Marillenglück Zimmermann Ⓝ
2124 Oberkreuzstetten
Hauptstraße 185
Tel.: 0664 535 34 88
marillenglueck@outlook.com
www.facebook.com/marillenglueck

Die Weinviertler Marillenexperten machen Köstlichkeiten aus der orangefarbenen Frucht: Nektare, Chutney, Ketchup. Alles ist im örtlichen Bauernladen erhältlich.

19 🍎🍎🍎 Marillennektar € 4,20

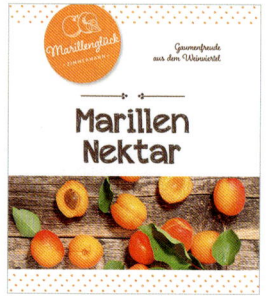

Erlebnisbiobauernhof Mörwald
4451 Garsten
Kammergraber Straße 17
Tel.: 07252 42695
info@naturerlebnisschule.at
www.naturerlebnisschule.at

Auf dem Biobauernhof wird möglichst alles selbst weiterverarbeitet: z. B. Äpfel und Birnen zu Säften oder Essig. Schulklassen können hier bewussten Umgang mit der Natur lernen.

19 🍎🍎🍎 Apfel-Himbeer-Saft Bio € 2,50

Obstbau Wolfgang Bucher Ⓝ
3714 Sitzendorf a. d. Schmida
Braunsdorf 75
Tel.: 02959 3286
office@obstbau-bucher.at
www.obstbau-bucher.at

Neben dem Frischobstverkauf von Äpfeln, Birnen und Marillen verarbeitet Familie Bucher eigenes Obst zu hochwertigen Fruchtsäften, Cider, Likören und Destillaten. Ab-Hof-Verkauf.

20 🍎🍎🍎 Apfelsaft naturtrüb € 1,80

SAFTPRODUZENTEN IN ÖSTERREICH

Obsthof Fuchs
8273 Ebersdorf
Nörning 12
Tel.: 03333 2593
office@obst-fuchs.at
www.obst-fuchs.at

Äpfel, Pfirsiche, Holunder etc. wachsen auf dem Obsthof der Familie Fuchs. Daraus werden köstliche Säfte, Brände und Marmeladen hergestellt. Ab-Hof- und Online-Verkauf.

19 🍎🍎🍎 Johannisbeernektar € 2,20

Passauerhof Ⓝ
4073 Wilhering
Lohnharting 4
Tel.: 07221 88877
office@passauerhof-hofladen.at
www.passauerhof-hofladen.at

Unweit von Linz wartet ein Obstparadies: Äpfel, Kirschen (auch zum Selberpflücken), Zwetschken werden u. a. zu Säften, Most, Cider, Bränden verarbeitet und ab Hof verkauft.

20 🍎🍎🍎 Apfelsaft € 1,90

Bioobstbau Peterseil
4225 Luftenberg
Statzingerstraße 10
Tel.: 0676 8212520551
office@bioapfel.com
www.bioapfel.com

Respektvoller Umgang mit der Natur: Aus den Früchten des Bioobstgartens von Familie Peterseil werden Köstlichkeiten aus Äpfeln, Erdbeeren, Marillen und Trauben gemacht. Im Hofladen erhältlich.

19 🍎🍎🍎 Apfel-Weichsel-Saft

Weinkultur Preiß
3134 Theyern
Ringgasse 4
**Tel.: 02783 6731
0676 9418580**
juice@kulturpreiss.at
www.fruchtkult.at

Hochwertiges Obst aus dem Traisental: Frisch gepresst kommen u. a. reinsortige Apfel- und Traubensäfte oder Marillennektar in die Flasche. Täglich Ab-Hof-Verkauf bei Voranmeldung.

19 🍎🍎🍎 Birne Williams Christ

FRUCHTSAFT

SAFTPRODUZENTEN IN ÖSTERREICH

Obsthof Schiefermüller

4611 Buchkirchen
Spengenedter Straße 31
Tel.: 07242 28038
office@obsthofschiefermueller.at
www.obsthofschiefermueller.at

Hier bekommt man nicht nur exzellentes Frischobst (Äpfel, Birnen, Marillen, Kirschen etc.), sondern auch daraus produzierte Säfte, Most, Brände, Liköre usw. Ab-Hof-Verkauf.

19 🍎🍎🍎 Apfelsaft

Johann & Stefanie Steiner

4363 Pabneukirchen
Unterpabneukirchen 13
Tel.: 07265 5860
st.johann@gmx.at
www.facebook.com/steiners.biomost

Bester Biomost, -saft und -cider aus eigenen Äpfeln, Birnen oder Himbeeren wird von der Mühlviertler Familie Steiner mit Liebe hergestellt und vor allem ab Hof verkauft.

20 🍎🍎🍎 Birnensaft

Weingut Felberjörgl

8442 Kitzeck im Sausal
Höch 47
Tel.: 03456 3189
info@felberjoergl.at
www.felberjoergl.at

Das Weingut im steirischen Kitzeck produziert nicht nur hervorragende Weine, sondern auch zahlreiche Apfel- und Traubensäfte. Ausschank auch in der hauseigenen Buschenschank.

19 🍎🍎🍎 Traubensaft € 3,50

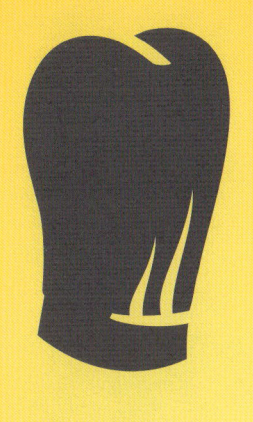

Gault & Millau
2020

Die neuesten Ergebnisse aus der Haubenwelt:
800 Restaurants, neu getestet und bewertet.

Plus: Die besten Weine, Wirtshäuser, Hotels und Almhütten.
Neu in dieser Ausgabe: Golfclubs, Cafés und Bars.

Zwei Bücher, ein Preis: € 39,- für Ihren Wegweiser
in die Welt des guten Geschmacks
www.gaultmillau.at

Bleiben Sie up to date mit unseren täglichen Nachrichten
auf **Facebook** und **Instagram**.

LIKÖR

Die Likörflasche als Auszeichnung
für den besten Likör Österreichs

LIEBE FREUNDINNEN UND FREUNDE DES LIKÖRS!

Es gibt zahlreiche Möglichkeiten, die Natur in ihrer besten Form einzufangen. Seien es Marmeladen, Schnäpse oder auch Liköre.

Aus den hochwertigsten Ausgangsstoffen, von Früchten über Nüsse bis hin zu herben Kräutern oder Eiern, erzeugen österreichische Brennereien, aber auch kleinere Betriebe, eine große Vielfalt unterschiedlichster Liköre. Im Fokus steht dabei immer die Entstehung eines Ausgangsprodukts mit einer Einzigartigkeit, die man schmecken und spüren kann. Schließlich sind die Österreicher gerade beim Genuss von Hochprozentigem, der auf eine lange Tradition zurückgeht, besonders anspruchsvoll.

Zum Glück liefert Mutter Natur zu jeder Jahreszeit Grundstoffe, die sich perfekt zu Likör verarbeiten lassen.

Somit ist für die verschiedensten Geschmäcker und Anlässe zu jeder Zeit etwas dabei. Wer schätzt zu Ostern nicht das betörende Aroma des Eierlikörs oder gönnt sich zum Abschluss eines üppigen Dinners nicht gerne ein Gläschen Kräuterlikör?

Dass dieses Produkt so schön abwechslungsreich ist, hat auch unsere Expertenjury bei der Verkostung von Gault&Millau gemeinsam mit der Messe Wieselburg begeistert. Aus den besten Likören zehn verschiedener Kategorien, die zuvor bei der Prämierung „Das goldene Stamperl" ermittelt wurden, haben wir unseren Gault&Millau-„Likör des Jahres" gefunden – und die Entscheidung ist nicht leicht gefallen.

Jury Gault&Millau: Peter Zinter (Haubenkoch), Dr. Stefan Gergely, Jürgen Schmücking, Karin Schnegdar (JournalistInnen), Paul Golger, Wolfgang Schedelberger (Gault&Millau)

LIKÖR DES JAHRES

Heidelbeerlikör

Aus dem steirischen Schilcherland kommt heuer der „Likör des Jahres". Familie Hainzl-Jauk überzeugte die Expertenjury mit ihrem hausgemachten Heidelbeerlikör. Neben der typischen dunklen bläulich-violetten Färbung begeisterte auch sein delikater, milder und doch intensiv-fruchtiger Duft. Sehr zum Hervorheben sind auch das samtige und volle Schwarzbeeraroma und der volle Fruchtgeschmack des Likörs. Erfrischend und fruchtig. Wir gratulieren ganz herzlich.

Hainzl-Jauk
8523 Frauental, Grazer Straße 231

LIKÖRPRODUZENTEN IN ÖSTERREICH

Traditionsbrennerei Nöbl – Benedikt
6591 Grins
Innerdorf 47
0664 595 45 28
franz@thurner.co.at

Die Brennerei nahe Landeck stellt rund 15 Sorten Likör, 15 Sorten Edelbrände und Marmeladen her (u. a. Beerenmix-, Erdbeer- oder Quittenlikör bzw. Zwetschken- oder Vogelbeerbrand).

19 ⚭⚭⚭ Beerenmix Likör Josta & Schwarze Johannisbeere

Diermayr ⓝ
4911 Tumeltsham
Ottenbach 1
Tel.: 07752 85682
0650 375 73 79
erwin.diermayr@gmail.com

Der Innviertler Bürgermeister ist auch gelernter Edelbrandsommelier. Mit seiner Frau stellt er u. a. Nuss-, Weichsel- und Marillenlikör sowie Edelbrände her. Ab-Hof-Verkauf.

19 ⚭⚭⚭ Weichsel-Kirsch-Likör

Franz Huber ⓝ
4892 Fornach
Emming 4a
wellnesshof.huber@gmx.at
www.wellnesshof.gmxhome.de

Neben einem landwirtschaftlichen Betrieb mit Rindern, Kälbern und Hühnern sowie Ferienwohnungen findet Familie Huber noch Zeit für Selbstgemachtes wie z. B. hausgebrannte Schnäpse.

18 ⚭⚭ Bratapfellikör

Welser Heide – Familie Lehner ⓝ
4616 Weißkirchen
Schimpelsberg 4
Tel.: 07242 53622
0699 11 59 58 36
info@welser-heide.at
www.welser-heide.at

Die Kürbisse von Familie Lehner werden im Einklang mit der Natur angebaut und die Kerne selbst verarbeitet. Ab Hof und online können u. a. Öl, Knabbereien und Likör gekauft werden.

19 ⚭⚭⚭ Welser Heide Kürbiskernlikör

Maurer's Manufaktur ⓝ
8411 Hengsberg
Komberg 16
Tel.: 0664 281 11 34
maurer@maurers-manufaktur.at
www.gutesvomkomberg.at

Alte, geschmackvolle Obstsorten werden von Familie Maurer in ihrer kleinen südsteirischen Manufaktur per Hand zu Marmeladen, Sirupen und Likören verarbeitet. Webshop!

18 ⚭⚭ Himbeere II Likör

Hainzl-Jauk ⓝ
8523 Frauental
Grazer Straße 231
Tel.: 0664 418 55 45
kontakt@hainzl-jauk.at
www.hainzl-jauk.at

Neben Weingut und Landwirtschaft betreibt man auch einen eigenen Genussladen, in dem man allerlei Köstlichkeiten aus der Schilcherregion erwerben kann: Säfte, Weine, Kürbiskernöl, Liköre, Edelbrände u. v. m.

• **GAULT&MILLAU LIKÖR DES JAHRES 2020**

20 ⚭⚭⚭ Kürbiskernlikör
19 ⚭⚭⚭ Heidelbeerlikör •

LIKÖRPRODUZENTEN IN ÖSTERREICH

Hofdestillerie Dicker ⓝ
5133 Gilgenberg
Mairhof 6
Tel.: 07728 8435
0664 473 51 33
higi.dicker@aon.at
www.hofdestillerie-dicker.at

Als gelernter Edelbrandsommelier lassen Josef Dicker und seine Familie viel Passion und Expertise in die Edelbrände und Liköre einfließen, die aus heimischem Obst hergestellt werden.

| 19 | ⓞⓞⓞ | Apfeltraum Likör |

Karl Stierschneider ⓝ
3622 Mühldorf/Wachau
Bergwerkstraße 38
Tel.: 0660 198 42 77
melly.berger@aon.at
www.wachauer-marille.com

Der Wachauer Familienbetrieb mit den höchstgelegenen Marillengärten produziert Liköre, Marmeladen, Nektar, Sirupe und Schnäpse aus diesen und anderen Früchten. Ab-Hof-Verkauf.

| 18 | ⓞⓞ | Mohnlikör |

Eierlikör und Spezialitäten – Martina Höfinger ⓝ
3004 Ollern
Hauptstraße 21
Tel.: 0664 561 86 00
martina.hoefinger@gmx.at
www.eierlikoer24.at

Unweit von Tulln betreibt Familie Höfinger eine konventionelle Landwirtschaft. Frisches Obst und Gemüse sowie Eier, Säfte, Liköre und Brände verkauft sie online bzw. ab Hof.

| 20 | ⓞⓞⓞ | Eierlikör Klassik |

Schönleitner Spirituosen ⓝ
5113 St. Georgen
Moosachstraße 7
Tel.: 0660 717 01 44
juergen@schoenleitner.net
www.schoenleitner.net

In der kleinen Manufaktur nahe Salzburg werden nur handverlesene Zutaten zu aromatischen Spirituosen verarbeitet, z. B. Espresso-, Hagebutten-, Jasmin- oder Zirbenlikör.

| 18 | ⓞⓞ | Espressolikör |

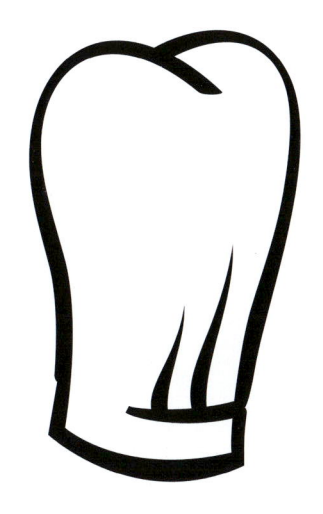

Gault&Millau

Gault&Millau 2020 – alle Ergebnisse ab sofort auch unter www.gaultmillau.at erhältlich

HONIG

Die Wabe als Auszeichnung
für den besten Honig Österreichs

LIEBE FREUNDINNEN UND FREUNDE DES HONIGS,

die Nachrichten um das Bienensterben der vergangenen Jahre sind wohl an niemandem vorübergegangen. Doch es ist nicht nur der Schutz dieser Insekten, der so viele ÖsterreicherInnen, sogar in der Großstadt, dazu bringt, eigene Bienenstöcke im Garten oder auf dem Balkon aufzustellen.

Imkern liegt groß im Trend. Genauso wie die Frage nach der Herkunft der Lebensmittel, die wir tagtäglich zu uns nehmen. Gerade beim Honig sollte man speziell darauf achten, denn immer wieder sind gefälschte oder gestreckte Erzeugnisse im Umlauf.

Dabei ist die Besonderheit des flüssigen Nektars, dass er ein reines Naturprodukt ist. Jeder Honig schmeckt anders und weist deutliche Unterschiede in Farbe, Geruch und Konsistenz auf.

Erstaunlich, wie ähnlich und doch verschieden ein und dasselbe Produkt sein kann.

Während Waldhonig eine dunkle Färbung und ausgeprägte malzige Noten hat, zeigt sich Blütenhonig hell und blumig am Gaumen. Wer also auf der Suche nach einem standardisierten Geschmacksbild ist, wird dieses nicht finden.

Bei unserer Verkostung gemeinsam mit der Messe Wieselburg, die im Vorfeld bereits einige Imker mit der „Goldenen Honigwabe" ehrte, ging es aber auch gar nicht darum, Gemeinsamkeiten zu finden, sondern mit allen Sinnen die Besonderheiten dieses einzigartigen Nahrungsmittels zu erfahren. Von den 1162 eingereichten Proben haben wir die besten aus jeder Kategorie probiert und so den Gault&Millau-„Honig des Jahres" gefunden.

Jury Gault&Millau: Konstantin Filippou, Peter Zinter, Roland Huber (Haubenköche), Paul Golger, Wolfgang Schedelberger, Martina Hohenlohe (Gault&Millau), Frido Hütter, Jürgen Schmücking (Journalisten)

HONIG
DES JAHRES 2020

Löwenzahnhonig

Der Löwenzahnhonig von Bernhard Struckl aus dem Kärntner Lavanttal wurde heuer von der Expertenjury zum „Honig des Jahres" ausgezeichnet.

Die nicht alltägliche Sorte ist ein geschmackliches Highlight: einerseits kräftig und aromatisch, aber auch gleichzeitig mild und mit einer angenehmen Bitternote.

Die goldgelbe Farbe und streichzarte Konsistenz des Honigs sind ebenso ein Genuss für das Auge wie den Gaumen. Wir gratulieren sehr herzlich!

Bernhard Struckl
9462 Bad St. Leonhard, Twimberg 72

HONIGPRODUZENTEN IN ÖSTERREICH

Ernst Freilinger ⓝ
3180 Lilienfeld
Platzl 8
Tel.: 0664 73 25 48 70
ernst.freilinger@aon.at

Seit seinem 15. Lebensjahr ist Ernst Freilinger mit dem „Imkervirus" infiziert und beherbergt in seinem Garten sechs Bienenvölker, die für köstlichen Blütenhonig sorgen. Ab Hof.

🍯 **Lilienfelder Blütenhonig**

Margarete Gspaltl ⓝ
8333 Riegersburg 160
Tel.: 0664 735 89 910

Die fleißigen Bienen von Margarete Gspaltl sorgen im steirischen Vulkanland für exzellenten Blüten-, Wald-, Creme- und Kastanienhonig, ebenso wie für feine Propolisprodukte.

🍯 **Kastanienhonig**

Imkerei Hohl ⓝ
8580 Köflach
Bergmannsgasse 55
Tel.: 0676 485 91 48
johannhohl@gmx.at
www.imkereibetriebe.at

Schon vor über 40 Jahren hat Johann Hohl die Liebe zur Imkerei vom Vater übernommen. In seinem Betrieb in Köflach kann man u. a. besten Blüten-, Creme- oder Waldhonig erwerben.

🍯 **Steirischer Waldhonig**

Aloisia & Willibald Klug ⓝ
8511 St. Stefan ob Stainz
Zirknitz 32
Tel.: 03463 81 473
willi.klug@gmx.net

Willi und Aloisia Klug sind eingesessene steirische Meisterimker. Ihr Blüten-, Wald-, Tannen- und Kastanienhonig (u. v. m.) wird ab Hof oder in Geschäften im Umkreis verkauft.

🍯 **Cremehonig**

Imkerei Toni Mairhofer ⓝ
6335 Thiersee
Mitterland 117
Tel.: 0699 88 44 66 91
toni.mairhofer@gmx.at

Die fleißigen Bienen der zwölf Völker der Imkerei Mairhofer freuen sich über die kleinstrukturierten Wiesen und Almen Tirols. Darauf entsteht der köstliche Wald- und Waldblütenhonig.

🍯 **Waldblütenhonig**

Albin Otti ⓝ
9241 Wernberg
Umbergerstraße 24
Tel.: 04252 3616

Der Wernberger ist Honigspezialist mit Leib und Seele und produziert mit über 200 Bienenvölkern feinste Honigsorten, die in vielen Delikatessengeschäften Kärntens erhältlich sind.

🍯 **Echter Kärntner Bienenhonig**

HONIGPRODUZENTEN IN ÖSTERREICH

Peter Pessl Ⓝ
8171 St. Kathrein a. Offenegg Nr. 209
Tel.: 0664 428 59 01

Seit knapp zehn Jahren ist Peter Pessl voller Begeisterung nebengewerblicher Imker. Seine 40 Bienenvölker produzieren Wald,- Blüten- und Cremehonig sowie Propolis. Erhältlich ab Hof.

- Waldhonig

Bienenhof Imkerei Senemann Ⓝ
8323 St. Marein bei Graz
Kienegg 47
Tel.: 0664 136 95 02
dietmarsenemann@gmail.com
www.bienenhof-imkerei-senemann.at

Neben einer kleinen Landwirtschaft ist Familie Senemann auch unter die Imker gegangen. Verkauft werden verschiedenste Honigsorten, Propolis, Honigwein und Kerzen ab Hof.

- Akazienhonig

Bernhard Struckl Ⓝ
9462 Bad St. Leonhard
Twimberg 72
Tel.: 0664 427 68 01 oder 0650 702 77 93
bernhard.struckl@aon.at

Der gelernte Harmonikamacher aus dem Lavanttal lebt seine große Leidenschaft für Bienen und Honig mit Bravour aus. Fern von Umweltsünden stehen seine 25 Völker auf 1050 Meter Seehöhe.

- **GAULT&MILLAU HONIG DES JAHRES 2020**

- Löwenzahnhonig •

Imkerei Vogt Ⓝ
6780 Schruns
Silvrettastraße 229
Tel.: 0664 840 35 86
a.vogt@vol.at

50 Bienenvölker produzieren den hochwertigen Alpenrosenhonig auf 1500 Meter Seehöhe im Montafon, aber auch Waldhonig, Blütenhonig und andere Imkereiprodukte. Ab Hof erhältlich.

- Alpenrosenhonig

Gault&Millau 2020

Die neuesten Ergebnisse aus der Haubenwelt:
800 Restaurants, neu getestet und bewertet.

Plus: Die besten Weine, Wirtshäuser, Hotels und Almhütten.
Neu in dieser Ausgabe: Golfclubs, Cafés und Bars.

Zwei Bücher, ein Preis: € 39,- für Ihren Wegweiser
in die Welt des guten Geschmacks
www.gaultmillau.at

Bleiben Sie up to date mit unseren täglichen Nachrichten
auf **Facebook** und **Instagram**.

SPECK

Das Schwein als Auszeichnung
für den besten Speck Österreichs

LIEBE FREUNDINNEN UND FREUNDE DES SPECKS,

auf der ganzen Welt gibt es wohl kaum ein Produkt, das es schafft, derart große Emotionen zu erzeugen wie Speck. „Speck macht alles besser" scheint der allgemeine Konsens zu sein, wer nicht leidenschaftlich dafür brennt, wird in der Regel schief beäugt.

Dabei wurde Speck lange Zeit nicht wegen des Geschmacks hergestellt. Räucherung, Salzung und Trocknung zählen zu den ältesten belegten Methoden, Fleisch zu konservieren und so über einen längeren Zeitraum lagern zu können.

Bereits im alten Rom gab es Räucherkammern für Speck, Schinken und Würste und in fast jedem bäuerlichen Haushalt fand man ein Salzfass für die Einlagerung von Fleischprodukten.

Auf das reine Haltbarmachen kommt es heutzutage zum Glück nicht mehr an und so können die Speckproduzenten ihrer Kreativität freien Lauf lassen, mit Gewürzmischungen experimentieren und unterschiedliche Arten des Räucherns und Trocknens ausprobieren. Die zahlreichen köstlichen Speckvariationen wurden bei der Prämierung des „Speck-Kaisers" bereits von der Messe Wieselburg verkostet. Die besten Produkte unterschiedlicher Kategorien schafften es zur großen Gault&Millau-Blindverkostung, bei der eine namhafte Jury, darunter die Haubenköche **Konstantin Filippou** und **Peter Zinter**, die Aufgabe hatte, den „Gault&Millau Speck des Jahres" zu küren. Auf den folgenden Seiten finden Sie die sechs besten Produkte aus der Verkostung.

Jury Gault&Millau: Konstantin Filippou, Peter Zinter, Roland Huber (Haubenköche), Paul Golger, Wolfgang Schedelberger (Gault&Millau), Frido Hütter, Jürgen Schmücking (Journalisten)

SPECK
DES JAHRES 2020

Karreespeck vom Duroc-Schwein

Der oberösterreichische Fleisch- und Wurstspezialist Pöll aus Vorchdorf hat heuer den Sieg für den „Speck des Jahres" erlangt.

Der Karreespeck vom heimischen Duroc-Schwein wurde perfekt von Meisterhand hergestellt und ist sehr fein im Biss, saftig und gut durchzogen.

Am Gaumen entfaltet der gut gereifte Speck seinen typisch rauchigen, mildwürzigen Geschmack.

Eine wahre Delikatesse.

Friedrich Pöll GmbH + Co KG
4655 Vorchdorf, Bahnhofstraße 27

SPECKPRODUZENTEN IN ÖSTERREICH

Mario und Sandra Forstinger ®
4654 Bad Wimsbach
Kösslwang 6
Tel.: 0664 577 61 43
forstinger6@aon.at

Die hausgemachten Köstlichkeiten vom Hof der Familie Forstinger (Speck, Bratl, Fleischlaberl, aber auch Brot, Mehlspeisen und Säfte) können am Linzer Südbahnhof gekauft werden.

🐷 Bauchspeck vom Schwein geräuchert

Girnerhof Mitteregger
8774 Mautern
Grazerberg 15
Tel.: 03846 8632
mitteregger@girnerhof.at
www.girnerhof.at

Der steirische Landwirtschaftsbetrieb Mitteregger, vulgo Girnerhof, gehört zur Elite der Fleischproduzenten Österreichs. Berühmt für Fleisch-, Wurst-, Selchwaren und Brände.

🐷 Kräuterspeck

Mostschank Kirnbauer ®
2640 Gloggnitz
Gasteil 5
Tel.: 02662 43512
kirnbauer.most@aon.at
www.kirnbauer-most.at

Nur Tiere, die am Hof von Familie Kirnbauer gezüchtet und großgezogen wurden, werden verarbeitet und veredelt. Die hochwertigen Produkte gibt es ab Hof oder im Mostheurigen.

🐷 Schinkenspeck geräuchert

Fleischerei Lechner ®
3270 Scheibbs
Hauptstraße 26
Tel.: 0664 595 94 15
blunzensemmerl@aon.at
www.blunzensemmerl.at

Im Fleischereigeschäft gibt es rund 70 Wurst- und Schinkensorten. Die Rinder, Schweine und Lämmer kommen aus der Region und werden im eigenen Schlachthof zerlegt und veredelt.

🐷 Rinderrohschinken

Fleischerei Lechner
3233 Kilb
Marktplatz 7
Tel.: 02748 7330
0664 5747490
fleischerei.lechner@aon.at
www.fleischerei-lechner.at

Die Fleischhauerei erzeugt seit 1853 bestes Frischfleisch, Wurst- und Rohschinkenspezialitäten (auch gluten- und laktosefrei). Als kleiner Betrieb macht der Meister vieles selbst.

🐷 Karreespeck nach italienischer Art

Leibetseder ®
4150 Rohrbach
Stadtplatz 27
Tel.: 07289 42761
info@essenvombesten.at
www.essenvombesten.at

Die Fleischhauerei aus 1961 hält engen Kontakt zu den Lieferanten und verkauft hausgemachte Wurst- und Schinkenprodukte sowie dry-aged Beef o. ä. im eigenen Lokal und Café.

🐷 Kräuter-Lardo vom Mangalitza

SPECKPRODUZENTEN IN ÖSTERREICH

Friedrich Pöll GmbH + Co KG Ⓝ

4655 Vorchdorf
Bahnhofstraße 27
Tel.: 07614 6259
office@poell-vorchdorf.at
www.poell-vorchdorf.at

Der Traditionsbetrieb aus Vorchdorf verarbeitet nur regionales Rind-, Schweine-, Kalb- und Lammfleisch zu hochwertigen Lebensmitteln und hat den besten Leberkäse.

• **GAULT&MILLAU SPECK DES JAHRES 2020**

🐖 Karreespeck vom Duroc geräuchert •

Speckmeister e.U.

4323 Münzbach
Innernstein 33
Tel.: 07264 4554
office@speckmeister.at
www.speckmeister.at

Der Münzbacher Betrieb veredelt Fleisch von verantwortungsvoll geführten Bauernhöfen der Region zu wahren Schmankerln. Diese sind im Geschäft und im Onlineshop erhältlich.

🐖 Osso Collo

Buschenschank-Weinbau Josef Wiesböck Ⓝ

2403 Wildungsmauer
Wildbachstraße 3
Tel.: 02163 3360
0699 10165976
kontakt@buschenschank-wiesboeck.at
www.buschenschank-wiesboeck.at

Der traditionelle Familienbetrieb hat neben der Landwirtschaft auch einen Buschenschank, in dem hausgemachte Fleischspezialitäten (Wild!) und eigene Weine angeboten werden.

🐖 Hirschrohschinken (Spießer)

Gault&Millau
2020

Die neuesten Ergebnisse aus der Haubenwelt:
800 Restaurants, neu getestet und bewertet.

Plus: Die besten Weine, Wirtshäuser, Hotels und Almhütten.
Neu in dieser Ausgabe: Golfclubs, Cafés und Bars.

Zwei Bücher, ein Preis: € 39,- für Ihren Wegweiser in die Welt des guten Geschmacks
www.gaultmillau.at

Bleiben Sie up to date mit unseren täglichen Nachrichten auf **Facebook** und **Instagram**.

Gault&Millau PRÄSENTIERT

Steirischer Kernölbetrieb
Gault&Millau 2020
Prämierter

Jury Gault&Millau: James Baron, Konstantin Filippou, Roland Huber, Paul Ivic, Silvio Nickol, Rudolf Obauer, Alexander Posch, Erich Pucher, Philip Rachinger, Johann Schmuck, Matthias Schütz, Max Stiegl, Hubert Wallner, Alain Weissgerber, Peter Zinter (Haubenköche), Josef Schellnegger (Direktor LBS Bad Gleichenberg), Barbara Eselböck, Birgit Reitbauer (Gastronominnen), Paul Golger, Karl Hohenlohe, Martina Hohenlohe, Daniela Riedl, Tamara Schramek (Gault&Millau), Katharina Baumhakel, Natalie Ezzo, Frido Hütter, Anita Kattinger, Gabriele Kuhn, Marion Nachtwey (JournalistInnen), Christina Dow (PR-Expertin), Philipp Hutter (Presse), Sepp Kniendl

BESTES STEIRISCHES KÜRBISKERNÖL

Heutzutage muss alles den Beinamen „Superfood" tragen, um als gesund eingestuft zu werden. Die ungesättigten Fettsäuren der Avocado senken das Cholesterin, Kurkuma und Ingwer sollte man am besten jeden Tag zu sich nehmen, um Krankheiten vorzubeugen. Doch was zeichnet ein Superfood wirklich aus? Mehr Nährstoffe als andere Lebensmittel soll es liefern und möglichst naturbelassen sein.

Um diese Eigenschaften zu finden, muss man nicht in ferne Länder blicken, denn wie so oft liegt das Gute so nah.

In diesem Fall in der Steiermark. Kürbiskerne enthalten zahlreiche Vitamine, Mineralstoffe und Proteine, sind gesund für Haut und Haar und wirken blutdrucksenkend. Doch das ist nicht der Grund, warum sie so beliebt sind. Traditionell verarbeitet und frisch gepresst entsteht aus ihnen ein unverwechselbares, grünlich rot schimmerndes Öl. Sein Körper ist manchmal kräftiger, manchmal feiner. Die Nuancen von Schokolade, Kaffee und Brotrinde sind unverkennbar.

20 hervorragende Produkte, aus 514 Ölen vorselektiert, wurden von einer namhaften Jury, bestehend aus den besten Haubenköchen des Landes, darunter **Rudolf Obauer, Konstantin Filippou, Silvio Nickol, Hubert Wallner, James Baron und Max Stiegl**, getestet, um nach den Bewertungskriterien Farbe, Viskosität, Reintönigkeit, Frische und Röstnote das beste Kürbiskernöl zu prämieren. **Wir freuen uns, die Ölmühle Kiendler zum zweiten Mal in Folge als Gault&Millau-Sieger auszeichnen zu dürfen.**

Herzliche Gratulation!
Martina & Karl Hohenlohe
Herausgeber Gault&Millau

Die Gault&Millau-Prämierung des besten steirischen Kürbiskernöls 2020 soll Ihnen die Auswahl erleichtern und zu authentischen Geschmackserlebnissen verhelfen.

1. Ölmühle Kiendler
Ulrich Kiendler
Ragnitz 5, 8413 Ragnitz
Tel.: 03183 8201
office@kiendler.at, www.kiendler.at

- ab Ölmühle-Laden, Spar Steiermark, Meinl am Graben
- Mühle seit 300 Jahren im Familienbesitz, Herstellerverfahren seit Generationen unverändert

2. Familie Hütter
Rosemarie Hütter
Wollsdorf 11, 8181 St. Ruprecht a. d. Raab
Tel.: 0664 921 2873
ruperthuetter@aon.at

- ab Hof Mo–Fr 8–18, Sa 8–12 Uhr
- Familienbetrieb seit 1919, Hofladen mit Produkten aus eigener Landwirtschaft

3. Estyria Naturprodukte GmbH
Melanie Kainz
Wollsdorf 75, 8181 St. Ruprecht a. d. Raab
Tel.: 03178 2525-0
melanie.kainz@estyria.com, www.estyria.com

- im Lebensmittelhandel und in der Gastronomie, online über www.steirerkraft.com
- traditionelles Stempelpressverfahren

4. Nebauer
DI Hermann Tappler
Stiefing 7/2, 8413 St. Georgen a. d. Stiefing
Tel.: 03183 60246
office@kuerbiskernoelshop.com
www.kuerbiskernoelshop.com

- ab Hof Mo–Fr 8–17, Sa 8–12 Uhr, Webshop
- Familienbetrieb, weltweiter Online-Versand

KÜRBISKERNÖL

5. Ab-Hof-Verkauf Macher
Maria Macher
Feldbacherstraße 51, 8083 St. Stefan im Rosental
Tel.: 0664 73 48 06 48

gottfried.macher@aon.at

- ab Hof Mo–Fr 8–19, Sa 8–15 Uhr, Versand ebenfalls möglich
- Produktion im Familienbetrieb seit mehr als 15 Jahren

6. Ölmühle Ploder
Christa Ploder
Weitersfeld 29, 8473 Weitersfeld a. d. Mur
Tel.: 03472 2093

ploderoel@gmail.com, www.oelmuehle-ploder.at

- ab Hof Mo–Do 7–17 Uhr oder nach tel. Vereinbarung, Versand
- Familenbetrieb, Kürbisanbau seit 1976

7. Kernölmühle Wolfgang Lorenz
Wolfgang Lorenz
Sulb 35 a, 8543 St. Martin i. Sulmtal
Tel.: 03465 7036

office@kernoelmuehle-lorenz.at, www.kernoelmuehle-lorenz.at

- ab Hof Mo–Fr 7.30–12 und 13.30–18 Uhr, Sa 7.30–12 Uhr, Online-Shop
- Familienbetrieb

8. Ölmühle Leopold
Josef Leopold
Frauentaler Straße 120, 8530 Deutschlandsberg
Tel.: 03462 2294

info@oelmuehleleopold.at
www.oelmuehleleopold.at

- ab Ölmühle, Webshop, Lebensmittelhandel
- traditioneller Familienbetrieb seit 1932

9. Ölmühle Pelzmann GmbH
Mathias Pelzmann
Pelzmannstraße 3, 8435 Wagna
Tel.: 03452 82368

office@pelzmann.com, www.pelzmann.com

- Lebensmittelhandel
- Familienunternehmen in 4. Generation, gegründet 1935

10. Ölmühle Schmuck
Isabella Schmuck
Blumauweg 77, 8530 Deutschlandsberg
Tel.: 03463 41181

info@kuerbishof-schmuck.at, www.kuerbishof-schmuck.at

- ab Hof Mo–Fr 9–17 Uhr, Webshop
- Familienbetrieb, seit 1980 auf Verarbeitung von Kürbissen spezialisiert

KÜRBISKERNÖL

Ölmühle Esterer GmbH
Nicole Sauseng, Franz Esterer
Triesterstraße 95, 8073 Feldkirchen b. Graz
Tel.: 0316 2951 12
office@kernoel-esterer.at, www.kernoel-esterer.at

- ab Hof Mo–Fr 7–18, Sa 8–12 Uhr, Webshop, Billa Regionalregal Steiermark
- Produktion seit 1897

Familie Feirer
Hubert Feirer
Großfeiting 7, 8412 Allerheiligen b. Wildon
Tel.: 0664 404 59 89
hubert.feirer@aon.at

- ab Hof, Versand, Adeg Kurzmann
- Produktion seit Mitte der 90er-Jahre

Familie Franz Fuchs
Franz Fuchs
Weitendorfstraße 11, 8410 Weitendorf/Wildon
Tel.: 0664 4299025
fuchskg@gmail.com

- ab Hof Mo–Sa 7–20, So 8–17 Uhr
- Familienbetrieb, Produktion seit 45 Jahren

Familie Johann Koch
Johann Koch
Sulb 39, 8543 St. Martin i. Sulmtal
Tel.: 0676 432 92 95
johann-koch@hotmail.com, www.kernöl-koch.at

- ab Hof täglich von 8–17 Uhr oder direkt über den Online-Shop
- Familienbetrieb

Ölmühle Kremsner
Gerhard Kremsner
Mantrach 23, 8452 Großklein
Tel.: 03456 50 92
office@oelmuehle-kremsner.com, www.oelmuehle-kremsner.com

- ab Hof Mo–Fr 8–18, Sa 8–12 Uhr, Online-Shop
- traditionsreicher Familienbetrieb

Labugger Kürbiskernölpresse KG
Franz Labugger
Dorfstraße 38, 8403 Lebring
Tel.: 03182 488 47
info@kernoel.tv, www.labuggers-kernoel.at

- ab Hof Mo–Fr 8–17 Uhr, Merkur Steiermark, Maxi Märkte, Online-Versand
- Familienbetrieb, CO_2-neutrale Produktion, Schaupresse mit Filmvorführungen

Elisabeth Thaller
Leitersdorf 18, 8271 Bad Waltersdorf
Tel.: 03333 32 23, 0664 116 41 42
hofmolkerei.thaller@gmx.at, www.hofmolkerei-thaller.at

- ab Hof Mo–Fr 7–18, Sa 7–17 Uhr
- Anbau von Kürbissen seit 15 Jahren

Familie Wechtitsch
Erich Wechtitsch
Oberlatein 32, 8552 Eibiswald
Tel.: 0664 224 62 03
hof@bachbauer.com, www.bachbauer.com

- Hofladen 8–18 Uhr, Online-Versand, Lebensmittelhandel
- Produktion seit 1995 im Familienbetrieb

Regina und Anton Zöbl
Regina Zöbl
Am Dorfplatz 5, 8410 Weitendorf
Tel.: 0664 207 48 99
post@zoebl-oel.at, www.zoebl-oel.at

- ab Hof Mo–Sa 8–18 Uhr, Online-Versand, Lebensmittelhandel
- Familienbetrieb, Produktion seit über 40 Jahren

Andrea und Otto Zurk
Siebing 31, 8481 St. Veit i. d. Südsteiermark
Tel.: 0664 570 11 91
info@kernoel-zurk.at, www.kernoel-zurk.at

- ab Hof Mo–Fr 8–19 Uhr, Sa–So nach telefonischer Vereinbarung, Webshop
- von Anbau bis zur Verpressung alles aus einer Hand, Familienbetrieb

JAHRGANGSBEWERTUNGEN

Gault&Millau
präsentiert

Jahr	Niederösterr.	Burgenland	Steiermark	Wien	Südtirol	Piemont	Toskana	Bordeaux	Burgund	Rioja	Kalifornien
1998	6	6	5	5	5+	7	6	6	5	6	7
1999	7	7	7	7	5+	6	7	5	6	6	6
2000	6	7	6	7	5+	6+	6	6	6	5	6
2001	6	6	6	5	5	6	5	5	6	6	7
2002	6	7	6	6	4	4	4	4	6	5	5
2003	5+	7	6	7	5+	6	6	5+	5	5	5
2004	5+	5+	4+	4	5	6	6	5	5	6	5
2005	5	4	5	5	4+	5	4+	6	5+	5+	5+
2006	6	7	5+	6	5	5	6	5	5	4+	4+
2007	5	5	5+	5	5	5	6	4	5	4+	5
2008	4	5	5+	5	4+	5	5	4–6	5	5	4+
2009	7	7	6	6	7	7	7	7	6	6	5
2010	3–5	4–5	5	4–5	5	5	5	7	4	6	4
2011	6	6–7	6	6	5	5	5	4–5	4–5	4–5	4–5
2012	6	6	6	6	5	6	6	4	6+	5	6
2013	6	6	6	6	6	5	5	3	5	4	5
2014	4	4–5	3–4	4	4+	5+	5	5	5	4	6
2015	7	7	7	6	7	6	6	7	7	6	6
2016	5	5	4	7	5	6	6	6	4	6	5
2017	6	7	6	6	5	4	5	4	6	5	6
2018	6	7	6–7	6	6	7	6–7	6	6+	5+	7

0 = abzulehnen; 1 = schlecht; 2 = klein; 3 = mäßig; 4 = gut; 5 = sehr gut; 6 = erstklassig; 7 = hervorragend

WINZER-INDEX VON A BIS Z

A

Achs Werner, 7122 Gols 150

Aigner Wolfgang, 3500 Krems 50

Allram, 3491 Straß im Straßertal 68

Alphart am Mühlbach, 2514 Traiskirchen 130

Altenburger Markus, 7093 Jois 166

Alzinger, 3601 Unterloiben 34

Ambrositsch Jutta, 1030 Wien 140

Andert, 7152 Pamhagen 150

Angerer Kurt, 3552 Lengenfeld 68

Angerhof – Tschida, 7142 Illmitz 151

Arndorfer Martin & Anna, 3491 Straß im Straßertal 69

Artner, 2465 Höflein 120

Atzberg, 3620 Spitz 34

Auer, 2523 Tattendorf 130

Auer Michael, 2465 Höflein 120

Aumann Leo, 2512 Tribuswinkel 131

B

Bauer Familie, 3471 Großriedenthal 108

Bauer-Pöltl, 7312 Horitschon-Unterpetersdorf 180

Bayer Heribert, 7311 Neckenmarkt 180

Beck Judith, 7122 Gols 151

Berger Leginthov, 7123 Mönchhof 152

Biegler, 2352 Gumpoldskirchen 131

Brandl, 3561 Zöbing 69

Braunstein Birgit, 7083 Purbach 166

Bretz Jörg, 2465 Höflein 152

Bründlmayer, 3550 Langenlois 70

Bründlmayer Philipp, 3485 Grunddorf 50

Buchegger, 3552 Dross 51

C

Casa Amore, 4707 Schlüßlberg 226

Ceel Wines, 7071 Rust 167

Christ, 1210 Wien 140

Cobenzl, 1190 Wien 141

D

Direder, 3470 Kirchberg am Wagram 108

Diwald Martin, 3471 Großriedenthal 109

Dockner Josef, 3508 Höbenbach 51

Dockner Tom, 3134 Theyern 102

Domäne Wachau, 3601 Dürnstein 35

Domaines Kilger, 8551 Wies 224

Donabaum Johann, 3620 Spitz 36

Dr. Hans Bichler, 7083 Purbach 167

E

Ebner-Ebenauer, 2170 Poysdorf 82

Ecker – Eckhof, 3470 Kirchberg am Wagram 109

Edlinger Josef, 3511 Furth-Palt 52

Edlmoser, 1230 Wien 141

Ehmoser Josef, 3701 Tiefenthal 110

Ehn, 3550 Langenlois 70

Eichinger Birgit, 3491 Straß im Straßertal 71

Ernst Bernhard, 7301 Deutschkreutz 181

Esterházy, 7061 Trausdorf 168

F

Faber-Köchl, 2130 Eibesthal 82

Feiler-Artinger, 7071 Rust 168

Fidesser, 2051 Platt 83

Figl Leopold, 3133 Traismauer 102

Fischer, 2504 Sooß 132

Fischer Josef, 3602 Rossatz 37

FJ Gritsch, 3620 Spitz 39

Frank, 2171 Herrnbaumgarten 83

Frauwallner, 8345 Straden 218

Friedrich, 8511 St. Stefan 224

Frischengruber, 3602 Rührsdorf 37

Fritsch, 3470 Oberstockstall 110

Fritz Josef, 3701 Zaussenberg am Wagram 111

Fuchs-Steinklammer, 1230 Wien 142

Fuhrgassl-Huber, 1190 Wien 142

WINZER-INDEX VON A BIS Z

G

Gager, 7301 Deutschkreutz 181
gebeshuber johannes, 2352 Gumpoldskirchen 133
Gerngross, 8441 Fresing 204
Gesellmann, 7301 Deutschkreutz 182
Geyerhof, 3511 Furth-Oberfucha 52
Gindl Michael, 2223 Hohenruppersdorf 84
Gisperg Johann, 2524 Teesdorf 133
Gober & Freinbichler, 7312 Horitschon 182
Goldenits Robert, 7162 Tadten 153
Gottschuly-Grassl, 2465 Höflein 121
Graben Gritsch, 3620 Spitz 38
Grabenwerkstatt, 3622 Trandorf 38
Grassl Philipp, 2464 Göttlesbrunn 121
Grenzlandhof Reumann, 7301 Deutschkreutz 183
Groiss Ingrid, 2014 Breitenwaida 84
Gross, 8461 Ratsch an der Weinstraße 204
Grosz, 7521 Gaas 194
Groszer Wein, 7473 Burg 194
Gruber, 3743 Röschitz 85
Gschweicher, 3743 Röschitz 85
Gsellmann Andreas, 7122 Gols 153
Gut Oberstockstall, 3470 Oberstockstall 111

H

Hagen Anton, 3503 Krems-Rehberg 53
Hager Matthias, 3562 Mollands 71
Haider, 7142 Illmitz 154
Hajszan Neumann, 1190 Wien 143
Hammer Wein, 7071 Rust 169
Hardegg Graf, 2062 Seefeld-Kadolz 86
Hareter Thomas, 7121 Weiden am See 154
Harkamp Hannes, 8430 Leibnitz 205
Harm Maria und Andreas, 3508 Krustetten 53
Hartl Heinrich, 2522 Oberwaltersdorf 134
Hartl Toni, 2440 Reisenberg 169
Heinrich Gernot und Heike, 7122 Gols 155
Heinrich Silvia, 7301 Deutschkreutz 183

Herrenhof Lamprecht, 8311 Markt Hartmannsdorf ... 218
Hirsch, 3493 Kammern 72
Hirtzberger Franz, 3620 Spitz 39
Högl, 3620 Spitz 40
Hofbauer-Schmidt, 3472 Hohenwarth 86
Hofmann Rudolf, 3133 Traismauer 103
Huber Markus, 3134 Reichersdorf 103

I

Iby, 7312 Horitschon 184
Iby-Lehrner, 7312 Horitschon 184
Igler Hans, 7301 Deutschkreutz 185
Igler Josef und Melitta, 7301 Deutschkreutz 185
Iro Markus, 7122 Gols 155

J

Jäger, 3610 Weißenkirchen in der Wachau 40
Jalits, 7512 Badersdorf 195
Jamek Josef, 3610 Joching 41
Jaunegg Daniel, 8463 Leutschach an der Weinstraße .. 205
Jöbstl, 8551 Wernersdorf 225
Johanneshof Reinisch, 2523 Tattendorf 134
Juris, 7122 Gols 156
Jurtschitsch, 3550 Langenlois 72

K

Kartäuserhof Karl Stierschneider, 3610 Weißenkirchen ... 41
Kirchknopf, 7000 Eisenstadt-Kleinhöflein 170
Kirnbauer Christian, 7301 Deutschkreutz 186
Kirnbauer K + K, 7301 Deutschkreutz 186
Klein Julius, 2052 Pernersdorf 87
Knoll, 3601 Dürnstein 42
Kodolitsch, 8430 Leibnitz 206
Kögl, 8461 Ratsch an der Weinstraße 206
Kolfok, 7311 Neckenmarkt 187
Kollwentz – Römerhof, 7051 Großhöflein 170
Kopfensteiner, 7474 Deutsch Schützen 195
Koppitsch, 7100 Neusiedl am See 156
Krispel, 8345 Hof bei Straden 219

WINZER-INDEX VON A BIS Z

L

Lackner Tinnacher, 8462 Gamlitz 207

Lagler Karl, 3620 Spitz..42

Landauer-Gisperg, 2523 Tattendorf 135

Langmann, 8511 St. Stefan 225

Leberl Alexander, 7051 Großhöflein 171

Lehrner Paul, 7312 Horitschon....................................187

Leindl, 3561 Zöbing 73

Leitner, 7122 Gols..157

Lenikus, 1190 Wien 143

Lentsch Josef, 7141 Podersdorf am See....................157

Lesehof Stagård, 3500 Krems-Stein 54

Leth Franz, 3481 Fels am Wagram..............................112

Lichtenberger-Gonzalez, 7091 Breitenbrunn.............171

Loimer, 3550 Langenlois 73

M

Machherndl Erich, 3610 Wösendorf 43

Maitz, 8461 Ehrenhausen 207

Malat, 3511 Furth/Palt..55

Mantler 31, 3471 Großriedenthal..................................112

Mantlerhof, 3494 Gedersdorf..55

Markowitsch Gerhard, 2464 Göttlesbrunn................122

Markowitsch Lukas, 2464 Göttlesbrunn 122

Mayer am Pfarrplatz, 1190 Wien.................................144

Mehofer – Neudeggerhof, 3471 Neudegg 113

Minkowitsch, 2261 Mannersdorf...................................87

Möth, 6921 Kennelbach 226

Moritz, 7312 Horitschon 188

Moser Hans, 7000 Eisenstadt/St. Georgen 172

Moser Sepp, 3495 Rohrendorf bei Krems 56

Mrozowski Christian, 2223 Hohenruppersdorf 88

Müller-Grossmann, 3511 Furth-Palt.............................56

Muff Mike, 7122 Gols 158

Muhr Dorli, 2472 Prellenkirchen...................................123

N

Nachbaur, 6832 Röthis.. 227

Nehrer, 7000 Eisenstadt/St. Georgen 172

Netzl, 2464 Göttlesbrunn 124

Neumayer Ludwig, 3131 Inzersdorf ob der Traisen ...104

Neumeister, 8345 Straden 220

Nigl, 3541 Senftenberg 57

Nikolaihof, 3512 Mautern 43

Nimmervoll, 3470 Engelmannsbrunn 113

Nittnaus Gebrüder, 7122 Gols....................................158

Nittnaus Christine und Hans, 7122 Gols...................159

Nothnagl Anton, 3620 Spitz.. 44

Ö

Öhlzelt Barbara, 3561 Zöbing 74

O

Obenaus Martin, 3704 Glaubendorf............................ 88

oberGuess, 8463 Leutschach..................................... 208

Ott Bernhard, 3483 Feuersbrunn 114

P

Pasler Franz, 7093 Jois..173

Payr, 2465 Höflein...124

Pfaffl, 2100 Stetten 89

Pichler F.X., 3601 Dürnstein... 44

Pichler Franz, 3610 Wösendorf................................... 45

Pichler Rudi, 3610 Wösendorf..................................... 45

Pimpel Gerhard, 2464 Göttlesbrunn 125

Pitnauer, 2464 Göttlesbrunn..126

Pittnauer, 7122 Gols...159

Ploder-Rosenberg, 8093 St. Peter am Ottersbach ... 220

Pöckl, 7123 Mönchhof 160

Polz, 8472 Spielfeld 208

Pongratz, 8462 Gamlitz... 209

Potzinger Stefan, 8424 Gabersdorf 209

Prager, 3610 Weißenkirchen... 46

Pratsch, 2223 Hohenruppersdorf 97

WINZER-INDEX VON A BIS Z

Prechtl, 2051 Zellerndorf 90
Preisinger Claus, 7122 Gols 160
Preisinger Georg und Katharina, 7122 Gols 161
Preiß, 3134 Theyern 104
Prieler, 7081 Schützen am Gebirge 173
Proidl, 3541 Senftenberg 57

R
Rabl, 3550 Langenlois 74
Renner, 7122 Gols 161
Reumann, 7301 Deutschkreutz 183
Riedmüller Michaela, 2410 Hainburg 123
Rotes Haus, 1190 Wien 144
Rücker Elisabeth, 2074 Unterretzbach 91

S
Sabathi Erwin, 8463 Leutschach 210
Sabathi Hannes, 8462 Gamlitz 210
Salomon Undhof, 3500 Stein a.d. Donau 58
Sattlerhof, 8462 Gamlitz 211
Schabl, 3465 Königsbrunn am Wagram 114
Scharl Josef, 8354 St. Anna am Aigen 219
Schauer, 8442 Kitzeck im Sausal 211
Schiefer, 7503 Großpetersdorf 196
Schloss Gobelsburg, 3550 Gobelsburg 75
Schloss Maissau, 3743 Röschitz 91
Schlumberger Robert, 2540 Bad Vöslau 135
Schmelz, 3610 Joching 46
Schmelzer Georg, 7122 Gols 162
Schmid Josef, 3552 Stratzing 58
Schnabl Karl, 8443 Gleinstätten 212
Schneider, 2523 Tattendorf 136
Schödl, 2225 Loidesthal 92
Schönberger, 7072 Mörbisch 174
Schröck Heidi, 7071 Rust 174
Schützenhof, 7474 Deutsch Schützen 196
Schuster, 3471 Großriedenthal 115
Schwarzböck, 2102 Hagenbrunn 92

Seher, 2051 Platt 93
Setzer, 3472 Hohenwarth 93
Seymann's Weinhandwerkerei, 2052 Pernersdorf 94
Skoff Peter, 8462 Gamlitz 212
Soellner, 3482 Gösing am Wagram 115
Sommer, 7082 Donnerskirchen 175
Stadlmann, 2514 Traiskirchen 136
Stadt Krems, 3500 Krems 59
Steininger, 3550 Langenlois 76
StephanO, 7474 Deutsch Schützen 197
Sternat Lenz, 8463 Leutschach 213
Stift Altenburg, 3743 Röschitz 94
Stift Göttweig, 3511 Furth 59
Stift Klosterneuburg, 3400 Klosterneuburg 116
Stiftsweingut Herzogenburg, 3130 Herzogenburg ... 105
Straka, 7471 Rechnitz 197
Strehn, 7301 Deutschkreutz 189
Stubits, 7512 Harmisch 198
Studeny, 2073 Obermarkersdorf 95
Sutter, 3472 Hohenwarth 95

T
Taferner, 2464 Göttlesbrunn 126
Taubenschuss, 2170 Poysdorf 96
Tauss, 8463 Leutschach 213
Tegernseerhof, 3601 Unterloiben 47
Tement, 8461 Berghausen 214
Tesch, 7311 Neckenmarkt 189
Thiery-Weber, 3495 Rohrendorf 60
Tinhof, 7061 Trausdorf 175
Topf Johann, 3491 Straß im Straßertal 76
Triebaumer Ernst, 7071 Rust 176
Türk, 3552 Stratzing 60

U
Uibel Weinhof, 3710 Ziersdorf 96
Unger Petra, 3511 Furth-Palt 61

WINZER-INDEX VON A BIS Z

V

Velich, 7143 Apetlon 162

Vorspannhof Mayr, 3552 Dross 61

W

Wachter Thom, 7474 Eisenberg 198

Wachter-Wiesler, 7474 Deutsch Schützen 199

Wagentristl, 7051 Großhöflein 176

Waltner Gerald, 3470 Engelmannsbrunn 116

Warga-Hack, 8441 Sankt Andrä-Höch 214

Weinhofmeisterei, 3610 Wösendorf 47

Weinlaubenhof Kracher, 7142 Illmitz 163

Weinrieder, 2170 Kleinhadersdorf-Poysdorf................97

Weixelbaum, 3491 Straß im Straßertal 78

Wellanschitz, 7311 Neckenmarkt 190

Weninger, 7312 Horitschon..190

Wenzel, 7071 Rust 177

Wess Rainer, 3500 Krems 62

Wieder Juliana, 7311 Neckenmarkt 191

Wieninger, 1210 Wien 145

Wimmer-Czerny, 3481 Fels am Wagram 117

Wine by S. Pratsch, 2223 Hohenruppersdorf..............97

Winiwarter Reinhard, 3552 Stratzing bei Krems.........62

Winkler-Hermaden, 8353 Kapfenstein 221

Winzer Krems, 3500 Krems 63

Wohlmuth, 8441 Kitzeck im Sausal 215

Wutzl, 3550 Gobelsburg...78

Z

Zahel, 1230 Wien 145

Zederbauer Franz, 3511 Palt...................................... 63

Zehetbauer Stefan, 7081 Schützen am Gebirge 177

Zillinger Herbert, 2251 Ebenthal..................................98

Zillinger Johannes, 2245 Velm-Götzendorf 98

Zöhrer, 3500 Krems 64

Zöller, 3552 Droß 64

Zuschmann-Schöfmann, 2223 Martinsdorf................ 99

Zweytick Ewald, 8461 Ratsch an der Weinstraße......215

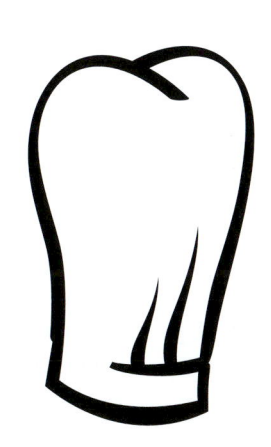

Gault&Millau

Besuchen Sie uns auf Facebook unter
www.facebook.com/Gault.Millau.Oesterreich

ERLEBNIS WEINWELT

1

13er-Haus (Zederbauer), 3511 Palt 244

A

Aigner Wolfgang, 3500 Krems 280
Alphart Mühlbach, 2514 Traiskirchen 246
Alzinger, 3601 Unterloiben 263
Amador (Hajszan Neumann), 1190 Wien 236
Auer Leopold, 2523 Tattendorf 246
Aumann, 2512 Tribuswinkel 263

B

Bauer Familie, 3471 Grossriedenthal 278
Beck Judith, 7122 Gols 254
Buschenschank in Residence, 1190 Wien 247

C

Christ, 1210 Wien 247
Cobenzl, 1190 Wien 289

D

Dockner Josef, 3508 Höbenbach 242
Dockner Tom, 3134 Theyern 261
Domäne Wachau, 3601 Dürnstein 286
Donabaum Johann, 3620 Spitz 283

E

Ebner-Ebenauer, 2170 Poysdorf 257
Edlmoser, 1230 Wien 247
Esterházy, 7061 Trausdorf 273

F

Fischer, 2504 Sooß 288
FJ Gritsch, 3620 Spitz 273
Fuchs-Steinklammer, 1230 Wien 249
Fuhrgassl-Huber, 1190 Wien 283

G

Gager, 7301 Deutschkreutz 277
Georgium, 9313 St. Georgen/Längsee, Kärnten ... 234
Gesellmann, 7301 Deutschkreutz 252
Geyerhof, 3511 Furth-Oberfucha 253
Graben Gritsch, 3620 Spitz 244
Grosz, 7521 Gaas 287
Gut Oberstockstall, 3470 Oberstockstall 233
Gut Purbach, 7083 Purbach 234

H

Hardegg Graf, 2062 Seefeld-Kadolz 271
Harkamp, 8505 St. Nikolai im Sausal 234
Hechingers Heuriger, 2433 St. Margarethen a. M. ... 244
Heinrich Gernot und Heike, 7122 Gols 253
Heinrich Silvia, 7301 Deutschkreutz 277
Heurigenhof Bründlmayer, 3550 Langenlois 232
Heuriger Spätrot, 2352 Gumpoldskirchen 232
Hirsch, 3493 Kammern 255
Högl, 3620 Spitz 259
Hofmeisterei Hirtzberger, 3610 Wösendorf 237

I

Iby-Lehrner, 7312 Horitschon 279
Igler Hans, 7301 Deutschkreutz 286

J

Jäger, 3610 Weißenkirchen in der Wachau 247
Jaglhof (Domaines Kilger), 8462 Gamlitz 230
Jamek Josef, 3610 Joching 232
Johanneshof Reinisch, 2523 Tattendorf 246
Josefs Himmelreich, 3701 Zaußenberg 237
Juris, 7122 Gols 267

K

Kästenburg, 8461 Ratsch an der Weinstraße ... 288
Kögl, 8461 Ratsch an der Weinstraße 281
Krispel, 8345 Hof bei Straden 242

L

Lackner Tinnacher, 8462 Gamlitz 267
Langmann, 8511 St. Stefan 246
Lentsch Josef, 7141 Podersdorf am See 233
Loibnerhof (Knoll), 3601 Dürnstein 230
Loimer, 3550 Langenlois 255

M

Macherndl Erich, 3610 Wösendorf 263
Magnothek & Wirtsh. am Zieregg, 8461 Ehrenh. ... 230
Maitz, 8461 Ehrenhausen 230
Malat, 3511 Palt-Krems 281
Minkowitsch, 2261 Mannersdorf 269
Möth, 6900 Bregenz 240
Moser Sepp, 3495 Rohrendorf bei Krems 271

ERLEBNIS WEINWELT

N

Nachbaur, 6832 Röthis 244

Nikolaihof, 3512 Mautern 269

Nimmervoll, 3470 Engelmannsbrunn 253

O

Obenaus, 3704 Glaubendorf 278

Ö

Öhlzelt Barbara, 3561 Zöbing 289

P

Pasler, 7093 Jois 279

Pfaffl, 2100 Stetten 261

Pfarrwirt (Mayer am Pfarrplatz), 1190 Wien 236

Pichler F.X., 3601 Dürnstein 252

Pichler Rudi, 3610 Wösendorf 263

Pittnauer, 7122 Gols 254

Ploder-Rosenberg, 8093 St. Peter am Ottersbach 288

Pöckl, 7123 Mönchhof 257

Polz, 8472 Spielfeld 283

Pongratz, 8462 Gamlitz 287

Prechtl, 2051 Zellerndorf 249

Preisinger Claus, 7122 Gols 253

R

Rathaus im Georgium, 9313 St. Georgen/Längsee 234

Riedmüller Michaela, 2410 Hainburg 240

Rücker Elisabeth, 2074 Unterretzbach 283

S

Sabathi Erwin, 8463 Leutschach 257

Salomon Undhof, 3500 Stein a.d. Donau 273

Sattlerhof, 8462 Gamlitz 232

Saziani Stub'n (Neumeister), 8345 Straden 236

Schauer, 8442 Kitzeck im Sausal 279

Schloss Gobelsburg, 3550 Gobelsburg 267

Schloss Kapfenstein, 8353 Kapfenstein 279

Schloss Maissau, 3743 Röschitz 271

Schlumberger, 1190 Wien 273

Schmelz Johann, 3610 Joching 287

Schützenhof, 7474 Deutsch Schützen 276

Schuster, 3471 Großriedenthal 279

Seymann's Weinhandwerkerei, 2052 Pernersdorf 288

Skoff Peter, 8462 Gamlitz 240

StephanO, 7474 Deutsch Schützen 277

Stift Altenburg, 3743 Röschitz 271

Stift Göttweig, 3511 Furth 267

Stift Klosterneuburg, 3400 Klosterneuburg 269

Stiftsweingut Herzogenburg, 3130 Herzogenburg 269

Straka, 7471 Rechnitz 244

Strehn, 7301 Deutschkreutz 240

Stubits, 7512 Harmisch 242

Studeny, 2073 Obermarkersdorf 257

T

Tauss, 8463 Leutschach 281

U

Uibel Weinhof, 3710 Ziersdorf 249

V

Velich, 7143 Apetlon 276

W

Wachter Wieslers Ratschen, 7474 Deutsch Schütz. 230

Wagentristl, 7051 Großhöflein 255

Weinbeisserei (Matthias Hager), 3562 Mollands 242

Weinhaus Nigl, 3541 Senftenberg 234

Weixelbaum, 3491 Straß im Straßertal 283

Weninger, 7312 Horitschon 255

Winkler-Hermaden, 8353 Kapfenstein 279

Winzer Krems, 3500 Krems 287

Z

Zahel, 1230 Wien 249

Zillinger Herbert, 2251 Ebenthal 277

Zöhrer, 3500 Krems 280

Zuschmann-Schöfmann, 2223 Martinsdorf 281

SEKT KELLEREIEN

A
A-Nobis, 7122 Gols 299

B
Bründlmayer, 3550 Langenlois 294

D
Dockner, 3508 Höbenbach 295

F
Fuchs & Hase, 3550 Langenlois 295

H
Harkamp, 8430 Leibnitz 296
Hugl Christina, 3562 Mollands................................. 294

J
Jurtschitsch, 3550 Langenlois 296

K
Kästenburg, 8461 Ratsch an der Weinstraße 297

L
Loimer, 3550 Langenlois 297

M
Madl Christian, 2172 Schrattenberg 298
Malat, 3511 Palt/Krems 298
Moser Sepp, 7143 Apetlon 299

N
Nobis, 7122 Gols 299

P
Polz, 8471 Spielfeld 300

S
Schloss Gobelsburg, 3550 Gobelsburg 300
Schlumberger, 1190 Wien 301
Schödl, 2225 Loidesthal 301
Schwarzböck, 2102 Hagenbrunn 302
Steininger, 3550 Langenlois.................................... 302
Stift Klosterneuburg, 3400 Klosterneuburg 303
Szigeti, 7122 Gols 303

W
Weinviertler Sektmanufaktur, 2165 Stützenhofen.... 304

Z
Zuschmann, 2223 Martinsdorf................................. 304

Gault&Millau

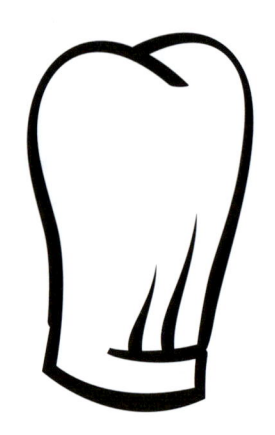

Gault&Millau 2020 – alle Ergebnisse ab sofort auch
unter www.gaultmillau.at erhältlich

BRAUEREIEN IN ÖSTERREICH

1
100 Blumen, 1230 Wien 314

A
Alefried, 8010 Graz 314
Augustiner Bräu, 5020 Salzburg 315

B
Beer Buddies Brewing Company, 4284 Tragwein 315
BEVOG, 8490 Bad Radkersburg 316
Bierschmiede, 4853 Steinbach am Attersee 316
Brauküche 35, 2022 Schalladorf 317
BrauSchneider, 3533 Schiltern 317
Brauwerk, 1160 Wien 318
Brew Age, 1220 Wien 318

C
Collabs Brewery, 1150 Wien 319

D
Der Belgier, 2100 Korneuburg 319
Die Marktbrauerei, 4020 Linz 331

E
Egger Bier, 3105 St. Pölten-Unterradlberg 320
Engelszell Trappistenbier, 4090 Engelszell a. d. Donau ... 320
Erzbräu, 3292 Gaming 321

F
Fohrenburger, 6700 Bludenz 321
Forstner, 8401 Kalsdorf 322
Freistädter Bier, 4240 Freistadt 322

G
Gablitzer Privatbrauerei, 3003 Gablitz 323
Gallier Bräu, 2486 Landegg 323
Gösser, 8700 Leoben 324
Golser Bier, 7122 Gols 324
Gratzer, 8224 Kaindorf 325
Grieskirchen, 4710 Grieskirchen 325
Gusswerk Brauhaus, 5322 Hof bei Salzburg 326

H
Hirter Bier, 9322 Micheldorf 326
Hofstetten, 4113 St. Martin 327
Hopfenspinnerei Schloss Walpersd., 3131 Walpersd. ... 327
Hubertus Bräu, 2136 Laa an der Thaya 328

K
Kaltenhausen Hofbräu, 5400 Hallein 328
Kapsreiter, 4780 Schärding/Inn 329
Kiesbye's, 5162 Obertrum 329

L
Lakeseidel, 7100 Neusiedel am See 330
Laxenburger Brauhandwerk, 2361 Laxenburg 330
Loncium, 9640 Kötschach-Mauthen 331

M
Mohrenbrauerei, 6850 Dornbirn 332
Murauer Bier, 8850 Murau 332
Muttermilch Vienna Brewery, 1060 Wien 333

N
Neufeldner BioBrauerei, 4120 Neufelden 333
Next Level Brewing, 1210 Wien 334
Noom, 8333 Riegersburg 334

O
Ottakringer Brauerei, 1160 Wien 335

P
Perchtoldsdorfer, 2380 Perchtoldsdorf 335
Pinzgau Bräu, 5671 Bruck 336
Puntigamer, 8055 Graz 336

R
Raschhofer Brauerei, 4950 Altheim 337
Rieder, 4910 Ried im Innkreis 337
Rodauner Biermanufaktur, 1230 Wien 338

S
Schalken, 1160 Wien 338
Schiffner Bierspezialitäten, 4160 Aigen-Schlägl 339
Schladminger Bier, 8970 Schladming 339
Schlägl Stiftsbrauerei, 4160 Schlägl 340
Schleppe, 9020 Klagenfurt 340
Schnaitl, 5142 Eggelsberg 341
Schremser, 3943 Schrems 341
Schwechater, 2320 Schwechat 342
Stiegl, 5017 Salzburg 342
Sudhaus, 8054 Graz 343

T
Ten.Fifty., 1100 Wien 343
Trumer, 5162 Obertrum am See 344
Tschöams, 2344 Maria Enzersdorf 344

U
Uttendorfer Brauerei, 5261 Uttendorf 345

V
Villacher Brauerei, 9500 Villach 345

W
Weißbierbrauerei „Die Weisse", 5020 Salzburg 346
Weitra Bierwerkstatt, 3970 Weitra 346
Wenzl Privatbräu, 4783 Wernstein 347
Wieselburger, 3250 Wieselburg 347
Wildshut Stieglgut, 5120 St. Pantaleon 348
Wimitz Bräu, 9311 Kraig 348
Winzerbräu, 2074 Unterretzbach 349

X
Xaver, 1160 Wien 349

Z
Zebedäus Bräu, 2052 Zellerndorf 350
Zillertal Bier, 6280 Zell am Ziller 350
Zwettler, 3910 Zwettl 351

SCHNAPS BRENNEREIEN

A
ascaim, 85609 Aschheim 362

B
Baumgartner Johann, 6492 Imsterberg 360

Brugger Bernd, 88085 Langenargen-Oberdorf 362

C
Crownhill-Destillerie, 6334 Schwoich 359

D
Die Brennerei, 6020 Innsbruck 360

E
Edelbrennerei Destilleum, 63762 Pflaumheim 363

F
Flunger Brennerei, 6423 Mötz 359

G
Gasteiger Matthias Edelbrände, 4820 Bad Ischl 356

Gratznhäusl, 39040 Ridnaun 363

H
Honky, 4150 Rohrbach-Berg 357

K
Kaufmann Spirits, 6352 Ellmau 361

Kohlmann-Destillerie, 7312 Horitschon 355

L
Landwirt. Fachschule Eisenstadt, 7000 Eisenstadt... 355

P
Pirker, 8630 Mariazell 357

S
Semlitsch, 8493 Klöch 358

W
Wernbacher, 8662 Mitterdorf 358

Wurth Markus, 77743 Neuried-Altenheim 361

Z
Zotter Obsthof, 7543 Kukmirn 356

FRUCHTSAFT PRODUZENTEN

A
Allerstorfer Franz & Sigrid, 4101 Feldk. a. d. Donau... 373

B
Bucher Wolfgang, 3714 Sitzendorf a. d. Schmida 374

F
Felberjörgl Weingut, 8442 Kitzeck im Sausal 376

Fuchs Obsthof, 8273 Ebersdorf 375

G
Gruber's Fruchtsaft, 2203 Putzing 373

M
Mörwald, 4451 Garsten 374

P
Passauerhof, 4073 Wilhering 375

Peterseil Bioobstbau, 4225 Luftenberg 375

Pichler Buschenschank, 8271 Bad Waltersdorf 373

Preiß Weinkultur, 3134 Theyern 375

R
Rosenbaum Leopold, 3163 Rohrbach/Gölsen 374

S
Schiefermüller, 4611 Buchkirchen 376

Simon Johann, 2620 Mollram 373

Steiner Johann & Stefanie, 4363 Pabneukirchen 376

Z
Zimmermann, 2124 Oberkreuzstetten 374

LIKÖR PRODUZENTEN

D
Dicker, 5133 Gilgenberg 382
Diermayr, 4911 Tumeltsham 381

H
Hainzl-Jauk, 8523 Frauental 381
Höfinger, 3004 Ollern 382
Huber, 4892 Fornach 381

M
Maurer's Manufaktur, 8411 Hengsberg 381

N
Nöbl, 6591 Grins 381

S
Schönleitner, 5113 St. Georgen 382
Stierschneider, 3622 Mühldorf/Wachau 382

W
Welser Heide, 4616 Weisskirchen 381

SPECK PRODUZENTEN

F
Forstinger, 4654 Bad Wimsbach 393

G
Girnerhof Mitteregger, 8774 Mautern 393

K
Kirnbauer, 2640 Gloggnitz 393

L
Lechner Fleischerei, 3270 Scheibbs 393
Lechner Fleischerei, 3233 Kilb 393
Leibetseder, 4150 Rohrbach 393

P
Pöll, 4655 Vorchdorf 394

S
Speckmeister, 4323 Münzbach 394

W
Wiesböck, 2403 Wildungsmauer 394

HONIG PRODUZENTEN

F
Freilinger, 3180 Lilienfeld 387

G
Gspaltl, 8333 Riegersburg 387

H
Hohl, 8580 Köflach 387

K
Klug, 8511 St. Stefan ob Stainz 387

M
Mairhofer, 6335 Thiersee 387

O
Otti, 9241 Wernberg 387

P
Pessl, 8171 St. Kathrein 388

S
Senemann, 8323 St. Marein bei Graz 388
Struckl, 9462 Bad St. Leonhard 388

V
Vogt, 6780 Schruns 388

Bei der Zusammenstellung dieses Führers ließen wir größtmögliche Sorgfalt walten, trotzdem können Daten falsch oder überholt sein. Eine Haftung können wir auf keinen Fall übernehmen.

Notizen

Notizen

Notizen

Notizen

Notizen